Meijie Suyang

Shisi Jiang

目　录

第一讲　媒介素养概述

我们大多数人常自以为对媒介所知甚多。我们每天与书报杂志、广播电视等媒介有无数次接触，对当红影视作品如数家珍，能够熟练使用网络、手机等新媒介来为自己寻找所需的信息……很显然，我们中的大部分人在媒介使用上达到了相当纯熟的程度。但事实上我们对媒介的认知水平仍然停留在较低水平，媒介往往在不经意间影响了我们的信息接触习惯，影响甚至改变了我们的生活习惯、思考以及行为模式。提升我们的媒介素养，我们才有能力逐步“摆脱”媒介对我们的影响与支配，才能更好地使用媒介来实现自己的目标，而非被媒介所利用以实现媒介的目标。

第一节　媒介素养的内涵

伴随着 20 世纪以来大众媒介影响力不断扩大，媒介对受众，尤其是儿童与青少年受众广泛而深远的影响开始引发关注。大众媒介在商业利益驱动下所提供的与日俱增的暴力、色情、低级庸俗的内容不断消解精英文化，误导社会公众，并对儿童与青少年受众的成长产生种种负面影响。为此，我们需要提高广大媒介内容接受者尤其是青少年对媒介内容的辨别、防御乃至抵制能力，即受众自身的媒介素养。

一、媒介素养教育的提出

早在 1933 年，英国学者利维斯及其学生汤普森就在所著的《文化与环境:批判意识的培养》一书中,首次提出了在学校教育中加入媒介素养教育内容的建议,意图在于保护本国传统文化、语言、价值取向和民族精神的顺利、完整传承,力求通过媒介素养教育,使学生免受媒介所传播的不良文化、道德观念或意识形态的负面影响。

欧美发达国家和地区都对此问题给予了高度的关注,并相继将媒介素养教育纳入正规学校教育大纲。但在我国,目前的学校教育仍将培养学生的传统素质如读写能力等作为教育的核心,绝大多数学生都处于被动接受各类媒介信息的表层信息阶段,这显然是远远不够的。高质量的媒介素养教育能帮助我们的下一代掌握必要的媒介知识与能力,懂得如何正确接触、使用媒介信息,学会区别、判断、欣赏和运用媒介,从而更有效地学习、更健康地成长。

二、媒介素养教育的必要性

首先,在媒介技术、信息生产与传播高度发达的今天,大多数人对媒介、媒介信息以及媒介生产经营的认识与使用仍然存在很大的不足和误区。普通人每天面对着来自不同媒介渠道、数量巨大、品质良莠不齐、传播方式无孔不入的媒介信息的包围往往显得无所适从。由于个体能够从现实世界中获得的信息与经验极为有限,媒介几乎成为人们最为信赖的知识、经验和信息来源,很多人会不自觉地受到媒介信息的影响而改变自己的思维角度、价值取向乃至行为模式,这种状况在仍然处于身心成长发育阶段的青少年身上体现得尤为突出。他们往往认为媒介所呈现的就是真实的外部世界环境,过于轻信媒介信息内容,盲目追随媒介炮制的最新时尚,对于充斥于各类媒介中数量惊人的负面内容抵御力极弱。中国青少年研究中心副主任孙云晓曾说过:“不良媒介的报道,实际上给未成年人制造了一片他们难以逾越的沼泽地。”①在现今媒介几乎无边的传播影响力下,海量信息和无遮拦的传播让青少年感到力不从心,侵害青少年权益的报道几乎每天见诸报端,而很少有媒介意识到这个问题的存在和严重性,更无从谈起社会公众对媒介的批判与抵制,这样的现状实在是令人担忧。

---

① 黄冲:《媒体不良报道影响青少年,青少年更容易犯罪》,载《中国青年报》2009 年 8 月 17 日。

其次,媒介化信息尤其是新媒介信息内容如今已然进入新生代人群的意识形态,对此国家和政府却缺乏有效的管理途径。在网络媒介逐步成为青少年的主要信息来源的现状下,传统文化与价值日渐远离青少年的文化消费和信息选择的范围,而由网络文化所衍生的新的文化价值取向开始主导青少年的意识形态。一方面,新兴媒介所呈现的意识形态、价值取向都在全球化的影响下日益向欧美等影响力更大的媒介靠拢;另一方面,媒介生产者为了更大的商业利益而大量生产挑战社会风俗道德价值底线的媒介产品,这无疑让媒介素养教育成为青少年教育中迫在眉睫的一环。

再次,媒介生产者与媒介消费者之间存在着不平等关系。在媒介竞争日益激烈的今天,媒介机构对信息的提供往往以受众需求为参照,一味地追求商业利益,而将社会利益、文化利益置于次要考虑。

第四,媒介信息获取已然成为一种日常生活的必然组成部分,媒介信息接收成为人们一日三餐之外的"第四餐"。人们对媒介信息的摄入有时已达到一种病态的程度,过度沉湎于媒介接触而无法自拔。"媒介依存症""网瘾"等社会心理疾病越来越多,不少人沉溺于虚拟社会互动而逐渐隔绝了与现实社会的交往,并形成孤僻、自闭的性格。

鉴于以上种种,如何提高国民尤其是青少年的媒介素养,让人们能够具备正确地选择、分析、评价甚至是传播各种媒介信息的能力,就成为刻不容缓的议题。

三、媒介素养的概念

要搞清楚"媒介素养"这个概念我们有必要区分什么是媒介,什么是媒介素养,什么是媒介素养教育。这三个概念一直都在变化。"媒介"在过去的概念中就是媒介组织,采用一定技术,拥有大规模受众,这是大众传播的一种标志,比如广播、电视、电影、报纸、杂志、书籍、DVD、电子游戏、广告、互联网等。现在媒介传播被看做是一个连续的统一体,从人际传播到大众传播,它的特征是新媒体增加了受众对媒体的控制和参与程度,比如说网络电台、手机短信、微博、DV 等等。

"素养"一词我们从来就不陌生。《汉书·李寻传》中提到"马不伏历,不可以趋道;士不素养,不可以重国";宋代陆游在《上殿札子》中写道"气不素养,临事惶遽";元代刘祁则在《归潜志》卷七中指出

"士气不可不素养。如明昌、泰和间,崇文养士,故一时士大夫,争以敢说敢为相尚"。[①] 这些中国古代文献中所使用的"素养"一词,指的是人的修习涵养。而在英语中,"素养"(literacy)一词原指阅读、识字、读写能力,在早期的用法中往往集中于描述人们的文字阅读能力,着重强调平面媒介内容的使用能力。"素养"进而也指人们通过后天学习而具备的某方面的知识或某项技能,如文学素养、音乐素养等。在媒介教育研究领域被引申为具有使用媒介和利用媒介的一种能力。很多研究者认为,就像具备识字、阅读写作能力一样,当今时代个体必须还要具备一种能力,即获取信息的能力、分析信息的能力、评估信息和传播信息的能力。尤其是在新媒体技术日渐发达的今天,越来越强调公众有没有传播信息的能力,将互联网变成一个民主建设或者社会表达的平台。

大众媒介自上世纪初以来的飞速发展让人们迅速意识到,除了需要具备对平面媒介所使用的文字解读能力之外,也需要对其他媒介内容相应的解读能力,并就此提出了"屏幕素养""图像素养""电视素养""网络素养"等一系列相关媒介使用能力的概念。随着新的媒介技术的不断推出,类似的概念还将继续涌现,也将媒介素养的范围不断拓宽。

"媒介素养"的主要内容就是人们能够科学地认识媒介,理性地选择与接触媒介,正确有效地理解媒介内容,能够积极、主动面对并分析、判断和传播各类媒介信息的能力,是信息时代每个公民都应该具备的基本能力之一,是公民素养的重要组成部分。媒介素养的整体水平也体现出一个国家、一个民族的整体文明程度与文化发展状况。

国外对"媒介素养"的定义大致有以下几类:

1992年在美国举办的"媒介素养领袖会议"(National Leadership Conference on Media Literacy)将"媒介素养"定义为受众有权接触、分析、评估各种媒介讯息,并达到沟通的目的。[②]

日本媒介教育专家铃木则认为"……公民对媒介加以社会性、批

---

① 陈龙:《媒介素养通论》,中南大学出版社2007年版,第3页。

② 陈龙:《媒介全球化与公众媒介素养结构的调整》,载《亚洲传媒论坛》2003年12月。

判性的分析、评论并接触、使用媒介,更以多样的形态创造互动、沟通的力量。获得这种力量所做的努力便称之为媒介素养”①。

加拿大的“媒介素养”定义认为,媒介素养旨在帮助学生发展对大众媒介的本质有知晓和批评的理解力,懂得大众媒介所运用的技术以及这些技术所产生的影响。具体而言,媒介素养是一种教育,这种教育的目的是增加学生对媒介如何运作、如何传递信息、如何组织起来以及如何构建现实的理解和享受。媒介素养也旨在让学生具有创造媒介产品的能力。②

美国的媒介素养专业网站提出,媒介素养是一种能力,用这种能力来接触、分析和评价大众媒介中所传递的诸多复杂信息。媒介素养着重于帮助人们尤其是青年人成为对媒介信息的更谨慎和理性的消费者,从而在有关健康、购物和价值判断的问题上能做出更明智的选择;同时也帮助人们成为对媒介有创新的生产者,从而更有效地传递他们的所思、所想。

国内的研究者对媒介素养的定义则主要有以下几类:

林爱兵等学者将“媒介素养”定义为“掌握各种媒介的特性和使用技巧,并能有效利用媒介来自己创造和制作传播产品的能力”③。

张志安等学者则认为“媒介素养是人们对各种媒介信息的解读和批判能力以及使用媒介信息为个人生活、社会发展所用的能力”④。

张冠文等学者提出“媒介素养就是指人们正确地判断和估价媒介信息的意义和作用,有效地创造和传播信息的素养”⑤。

张开则认为“媒介素养是传统素养(听、说、读、写)能力的延伸,它包括了人们对各种形式的媒介信息的解读能力,除了现在的听、说、读、写能力外,还有批判性地观看、收听并解读影视、广播、网络、报纸、杂志、广告等媒介所传输的各种信息的能力,当然还包括使用宽泛的

① 陈龙:《媒介全球化与公众媒介素养结构的调整》,载《亚洲传媒论坛》2003 年 12 月。

② 同上。

③ 林爱兵:《新媒介时代受众:媒介素养、媒体素养和传媒素养教育》,2003 年中国传播学论坛暨中华传播学研讨会,2003 年。

④ 张志安、沈国麟:《媒介素养:一个亟待重视的全民教育课题》,载《新闻记者》2004 年 5 月。

⑤ 张冠文、于健:《浅论媒介素养教育》,载《中国远程教育月刊》2003 年 7 月。

信息技术来制作各种媒介信息的能力"[①]。

段京肃等学者则将"媒介素养"界定为"公众接触、解读、使用媒介的素质和修养。它包括了三个主要的环节：接触媒介——获取信息；解读媒介——批判地接受媒介信息；利用媒介——借助媒介工作和生活，通过媒介发出自己的声音并维护自己的利益"[②]。

从以上诸多定义可以看出，媒介素养是我们通过媒介观察世界、认识世界的方法；媒介素养是我们掌握媒介、使用媒介的技巧；媒介素养是我们解读、辨别信息的能力；媒介素养还是我们批判、驾驭媒介的一种观念。

大众媒介时代的媒介素养教育，将使得我们具备正确使用媒介、有效利用媒介的能力，帮助我们建立起正确获取媒介信息、理解媒介信息产生的意义和独立判断信息价值的知识体系，并力图使我们具备创造和传播信息的能力。通过媒介素养教育，我们才能够了解媒介语言、媒介信息技术，懂得媒介再现现实的特性，反思媒介信息的意义，分析媒介组织的传播影响和效果。由此可见，媒介素养教育不仅仅是专业技能培养的教育，更是迈向公共素质教育的关键，是全面推进青少年素质教育的当务之急，是信息社会的公民教育的题中应有之义。

第二节　媒介素养教育的基本内容及意义

从20世纪30年代初由英国的利维斯和汤普森提出至今，媒介素养教育得到了越来越多的重视。联合国教科文组织就是媒介素养教育的大力倡导者和支持者。在其推动下，媒介素养教育得到了世界上许多国家和地区的普遍关注和大力推广。

由于各个国家、地区在媒介制度、教育体制上都存在较大差异，各国公民的媒介素养程度与媒介素养意识水平也存在较大差距，因而在媒介素养教育的内容设计上也不尽相同。

---

① 张开：《媒体素养教育在信息时代》，载《现代传播》2003年第1期。

② 段京肃、杜骏飞：《媒介素养导论》，福建人民出版社2007年版，第19页。

一、国外媒介素养教育的主要内容

作为媒介素养教育最早的倡导国,英国的媒介素养教育侧重从媒介认识的角度来安排教育内容,强调公民对媒介整体的理解,主要内容包括:媒介经济、媒介科技、媒介法律、媒介运行机制、媒介政治、媒介文化和美学等。其中,对青少年群体的媒介素养教育侧重于对媒介把关人角色、媒介类型及其相应特征、媒介信息制造技术、媒介语言表达等内容的介绍,概括起来,大致可以分为以下四大类①:

媒介运行机制:主要为了让公民了解媒介的基本特征及政治、经济、文化等各种社会因素对媒介的控制和影响。

媒介真实性的辨别:目的在于让受众学习辨别新闻、纪录片、戏剧及媒介故事与现实世界的差异,认识到由媒介所建构的"镜像世界"与真实世界是无法画上等号的。

媒介基本论题的介绍与分析:针对阶级、性别、种族、年龄等媒介中常常被表现并且往往伴随有"刻板印象"的内容,着重让公民对于媒介的"角色定型"式刻画方式有所了解与警惕。

受众:主要向公民介绍受众与媒介的关系。

而在美国、加拿大等国家,媒介素养教育的内容设计更具系统性和针对性,大多针对不同年龄、不同层次的人群来分别设计难度与侧重点不同的教育主题和内容。以美国为例,其电视素养教育的内容被大致分为四个不同的阶段来进行②:

儿童阶段(幼儿园到小学五年级):电视素养教育的主要内容包括了解并辨识广告的心理影响;区别事实与虚构;辨识与理解不同或相对的观点的呈现;理解电视节目(如新闻、戏剧、纪录片、公共事务讨论等)的形态与内涵;了解电视与印刷媒介之间的关系;区分节目的元素(如配乐、特效、化妆、布景、道具等);对自己的电视观看行为有所了解并给予评估。

初中阶段(六年级至八年级):电视素养教育的主要内容包括电视

---

① Manuel Alvarado, Robin Gutch & Tana Wollen, *Learning the Media: An Introduction to Media Teaching*, Macmillan Education, 1987, p. 112.

② 吴翠珍:《媒介教育中的电视素养》,载《新闻学研究》1996年第53期。

与我们的生活；电视戏剧的组成元素；屏幕之后的电视摄影技术；不同的电视节目形态；电视的劝服意图；如何分析电视新闻；节目的播出与"黄金时段"；了解自己对节目的喜好所在；如何事先过滤节目；如何成为一个具有批判能力的观众等。

高中阶段（九年级至十二年级）：电视素养教育的主要内容包括能够评估并管理个人的电视观看行为；能对电视节目的内容有所质疑；能辨识电视信息的劝服意图；能意识到电视对人类生活的各种可能影响；善用电视观看来加强家庭成员的沟通等。

成人阶段：电视素养教育的主要内容包括透视美国电视工业结构；了解劝服性节目与宣传短片；分析黄金时段节目的结构；探索电视新闻信息来源与社会控制的关系；建议并帮助公民尝试制作新闻节目等。

加拿大的媒介素养教育课程主要采取以下的三种组织形式来开展：

第一种以媒介介绍为主，侧重于介绍特定媒介的特性和优缺点等，譬如对报纸的介绍可能覆盖了报纸的版面设计、报纸的各个组成部分、报纸的种类、报纸的作用、报纸的制作、报纸的运营等详细内容。

第二种则是分主题讨论的形式，就某个特定的话题或事件在不同媒介上如何被呈现和表达进行讨论，如广告中的女性形象、种族、暴力等。

第三种则采用媒介研究单元的形式，针对某一媒介或特定媒介主题进行讨论研究。

德国的媒介素养或称为"媒介能力"，是全国五至十年级学校学生的必修科目，其目的就在于减少媒介的负面影响；引导学生不盲目接收媒介信息；教育学生自主使用各种媒介；鼓励学生自己制作媒介产品。

二、我国媒介素养教育的主要内容

我国台湾地区是较早涉足媒介素养教育的中文教育地区，其媒介素养教育目前已经贯穿了自小学到研究生的各个阶段，教育方式以学校的媒介素养教育课程为主，辅以一定的社会教育项目。

在台湾，电视素养教育的主要内容包括：

电视观看行为的管理：电视的接触目的、电视对日常生活的影响、电视节目评估、安排电视时间等。

电视节目真实性的区分：电视媒介的特质、电视节目的价值观、电视制作技术等。

说服性信息的理解：说服性信息的特征、电视商品广告的说服技巧、电视节目政治性的说服技巧。

媒介生态和组织：电视霸权、媒介帝国主义、文化与电视、电视事业的组织运作及其影响、影响媒介传播的政治经济因素。①

整体分析，我们能够发现台湾地区和国外大多数国家和地区的媒介素养教育内容大致由四个部分构成，即媒介特质、媒介信息特质、媒介生态与组织、受众对自身媒介接触行为的管理与分析。

中科院新闻与传播研究所的卜卫教授也曾对我国媒介素养教育的内容提出了如下一些设想②：

媒介特质：电视、广播、游戏、报纸、计算机、互联网等媒介的特质及其制作技术。

信息特质：媒介现实与社会现实的区分；说服性信息和娱乐性信息的特质；价值观讨论——媒介刻板印象、媒介暴力表现、媒介之间的竞争与合作等。

媒介生态：信息的制作方式；影响媒介运行的因素；对西方媒介生产的新闻、电视剧等媒介产品的理解；媒介帝国主义；媒介管理法规及政策等。

受众管理与分析：媒介选择训练；自我管理能力训练；科学使用媒介的训练；媒介内容评估和批判训练；利用媒介发布信息的训练等。

以上四个方面的媒介素养教育内容，主要是为了让公民对媒介有更深入的了解，同时清楚认识到自身对媒介的需求。

此外，鉴于现今网络传播在青少年群体中的巨大影响力，卜卫还有针对性地提出了网络素养教育的内容：了解计算机和网络的基础知识，对计算机、网络及其使用有相应的管理能力；培养创造和传播信息

---

① 吴翠珍：《媒介教育中的电视素养》，载《新闻学研究》1996 年第 53 期。

② 卜卫：《论媒介素养教育的意义、内容和方法》，载《现代传播》1997 年第 1 期。

的能力;培养保护自身网络安全的能力,即能够应对网络不良信息,保护自己不受侵害。

我国目前的媒介素养教育还处于起步阶段,课程的设置与管理都还不尽完善,但研究者与政府和教育管理部门都已充分意识到了媒介素养教育的重要性与紧迫性,在未来的一段时间内将会把媒介素养教育的广泛开展作为教育的重心之一。

三、媒介素养教育的意义

媒介素养教育是指导学生正确理解、建设性地使用大众媒介信息资源的教育。通过媒介素养教育,学生将逐步培养建立起健康的媒介批判能力,能够充分利用媒介资源来完善自我,参与社会发展。随着现代传播技术的迅速发展,媒介行业不断开拓出新的竞争领域,对于社会生活的渗透影响也无处不在。尤其在互联网诞生之后,网络的迅速普及令强制性的媒介管理方式难于取得显著成效。因此,提高公民的媒介素养,培养公民对媒介的正确认识、判断和理解能力,就成为社会各界共同关注的问题之一。

首先,媒介素养教育能够提高公民对媒介的认识能力。大众媒介干预人们观察世界、认识世界的方式,影响社会成员的价值观。通过提升全民媒介素养教育水平,将会改善并逐步形成良好的媒介环境,帮助公民提升了解媒介信息的形式及其深层本质的能力,熟悉寻求信息的方法,并具备评估、解释、判别、选择、组织及综合信息的能力。

媒介如今已然成为社会追逐和利用的工具和途径,进行信息传播、宣传主张、推销商品、引导消费、享受娱乐。建立解读媒介的思辨模式,就是学会理性辨别信息的意义,辨别媒介真实与社会真实,不盲目相信或采用信息,在此基础上决定公民自己的态度和行为。今天广大公众都应该建立起解读媒介表象与本质、真实与虚假的基本能力,能够客观评价媒介的性质、功能和局限,认清媒介的组织结构及其与政治、经济的各种微妙、隐秘的关系,从而对媒介所传播的信息进行思辨、解读,透视信息背后所隐含的意识形态和价值取向,提高自身对媒介信息的正确评估与选择能力。

尽管现代大众媒介都标榜自己“第四权力”的立场,表明自己客观、公正、中立的态度，但事实上自大众媒介诞生之日起，任何一家媒体都不可能完全超脱社会环境的束缚。缺乏必要的后台和靠山的媒介几乎不可能长期存在于社会中。在阶级社会中，媒介总是被统治阶级掌握，并成为统治阶级和被统治阶级争夺的对象。普通大众在媒介的眼中往往只是被宣传、被说服、被改造的对象，这一点我们在参与大众传播活动时必须有清醒的认识。要善于把握媒介传播活动的动机，不论是政治的还是商业的，不同背景的媒介在事实的选择、传播角度的确定、材料的搭配、传播时机的把握等方面都有所不同，其传递的深层意义也不同。

其次，媒介素养教育能够提高公民对媒介的批判能力。提高受众的批判意识，是媒介教育受众主动参与大众传播活动的重要内容之一，以批判学习的心态对待各种媒介可以有效防止自我意识的消失。这里提出的媒介批判意识的培养，主要强调受众接触媒介和大众传播活动时的主动意识、主动权的培养，是在目前和未来的大众传播媒介信息的“狂轰滥炸”面前保持独立思考的习惯，并不是对大众媒介和大众传播活动的盲目否定。当受众不再盲目地接受并绝对信任媒介的时候，他们才可能成为社会传播活动真正的主人。

再次，媒介素养教育能够提高公民对媒介的利用能力，帮助公民具备和提高操作媒介工具的能力，包括使用计算机、媒介系统和网络进行信息检索、处理及传播。信息的解读技巧不仅要求能读得懂大众传播的媒介信息，更要善于拨开信息表面的迷雾，读懂信息背后所传达的意义。媒介在许多时候都会以非常隐蔽的手段传播一些需要人们具备高超的解读技巧才能识别的信息，而个人的因素往往也会在信息解读过程中发挥令我们意想不到的作用，需要我们对这些因素加以科学地控制。譬如，对于媒介为我们呈现的认知世界的信息素材，每个人都将根据自己的需要、期望、日常的喜怒哀乐、种族立场、性别意识、家庭和宗教文化背景等诸多个人因素来自觉或不自觉的“捕获”甚至“勾兑”媒介信息的意义和蕴涵。受众应该随时保持对所有媒介信息的警惕性和批判性，不能被媒介轻易左右。

媒介素养教育的目的在于提高公众对媒介的认识水平，积极主动地利用媒介为我们的工作、生活和学习服务。

第三节 媒介素养教育的发展历程

媒介素养研究的历史既是文化观发展的历史,同时是媒介的社会发展和理论发展历史。回顾媒介素养教育研究的发展轨迹,一方面帮助我们了解这一理论发展的过程和媒介素养教育在各个时期与社会的互动关系,另一方面也为我国的媒介素养教育提供更多的经验与借鉴。

一、20世纪30年代至50年代

作为媒介素养教育的先行者,英国的媒介素养教育现已成为中小学重要的必修课程。英国媒介素养教育思想的萌发始于利维斯与他的学生汤普森于1933年共同出版的《文化与环境:批判意识的培养》一书。在20世纪30年代,电影、小说、报纸和广告的发展给英国社会带来了前所未有的冲击与挑战,更令人担忧的是这些媒介产物对青年人造成了重要影响。利维斯与汤普森呼吁教师应背负起身为教师的神圣使命,捍卫原有的文化价值,不要让那些媒介毁坏了人类原本所应追求的生活方式。在利维斯看来,值得保存与提升生活品质的事物,是相对于流行文化而存在于精英阶层的高级文化,流行文化带给人们的虽然是立即性的愉悦,但却是不堪一击的肤浅与低层次文化,而高级文化可以透过赏析的方式,进入心理层次的对话与交流。因此唯有发扬和保存高级文化,才是使人类免于心灵腐败及文化堕落的方式。基于这样的理念,利维斯认为教师应竭尽所能地为学生提供高级文化,增加学生与高级文化接触的机会,以避免学生碰触流行文化。汤普森进一步发展了利维斯的思想。从1930年到1970年,汤普森所编纂的教科书、出版的文选集、发表的期刊文章,均奉行其与利维斯在《文化与环境》一书里所坚持的信仰,传承利维斯对于媒介素养教育的理念。在英国的文化保护主义者看来,之所以要保护孩子免受媒介的伤害,是因为媒介传播明显缺乏文化价值,而通过媒介素养教育,能够使学生防范大众媒介的负面影响,自觉追求符合英国传统精神的美德和价值观。

这种教育、强化学生具备甄别和批判意识的方法被后来的批评家称为“免疫法”,这样的媒介素养教育实质上是一种反对媒介的教育。这一时期媒介素养教育的理论基础主要是法兰克福学派的批判理论,对大众文化的欺骗性、麻痹性、虚伪性等进行批判,通过甄别大众文化中的良莠成分,使学生分清好坏,并最终使他们回归传统文化。尽管这一观点在现今看来有点过时,但人们认为保护主义的这种动机不如某些出于实用和政治考虑的动机更能说明问题。但保护主义价值的动机在抵制诸如美国文化霸权的时候仍然具有说服力并很容易得到人们的支持。

到20世纪50年代,媒介素养教育逐步扩散到美国、加拿大及其他欧美发达国家,并得到了很多学者的关注与支持。这一时期,媒介被视为破坏高雅文化、滋生低俗文化的“文化病毒”。基于对大众传媒及其传播的大众文化的批判立场,早期的媒介素养教育采取了完全的保护主义方式,让青少年远离媒介文化的污染。

二、20世纪50年代末至70年代初期

这一时期是媒介素养教育的第二阶段,也是英国文化研究学派形成的初期。与利维斯的观点相反,文化研究学派认为文化表达可以是多样的,既有高雅、贵族式的表现方式,也有日常生活化的、大众的表达方式。大众文化全面崛起,文化也不再是经典巨作的代名词,学者们也纷纷意识到媒介并非一无是处,媒介给人们带来的资讯和文化熏陶等作用都很值得认同和研究。

对大众文化的重新认识和理解使人们逐渐意识到传统学校课程教育已无法满足学生的需要,学生的校外文化逐步得到社会的认可,并在学校课堂中获得合法的地位。教师在这一转变过程中也起到了至关重要的作用。这些教师在自己的成长过程中大多受到过大众文化尤其是电影的影响,因而他们很难接受过去那种完全拒绝大众媒介的保护主义模式,在实践中,他们乐于采纳较为客观的分析模式。媒介素养教育的观点因此发生了根本性的转变,即由抗拒观点转变为培养辨别能力的观点。这被认为是媒介教育一个重要的发展里程。

1963年英国教育与科学部所发表的有关英语教学的纳塞姆报告提出要严肃地研究电视和电影的价值。该报告建议:不应采取抗拒的

态度，而应“训练青少年批判地看待媒介，学习辨别媒介传播的内容”①。因此，学生的任务不再是拒绝媒介，而是区分媒介传播的内容，知道何为优秀的通俗文化作品，何为伪劣之作，并承认通俗文化中已经出现了具有自身完整性的优秀作品。

三、20 世纪 70 年代初至 90 年代中期

这一时期，媒介素养教育进一步在西方国家发展。由于各国政府和联合国教科文组织的介入，学校的媒介素养教育开始形成规模，媒介素养作为一门独立的课程被许多国家和地区纳入正规的课程教育体系，并不断得到重视和强调。

这一时期人们对媒介素养的认识也在发生变化，由之前的抗拒媒介转变为认同和解读媒介。20 世纪六七十年代后，随着媒介的进一步快速发展，尤其是电视的普及，媒介教育开始向更加强调学生的主动性、培养学生分析与批判能力的模式转变，这无疑是比一味反对更为科学、更为有效的教育模式。研究者们认识到，媒介素养教育者不应以自己的体验代替学生的体验，并粗暴地以自己的判断代替学生的判断，而应该是双方在互动的学习中取得共识。教育者应与受教育者一起理解媒介内容，帮助受教育者发展一种认识媒介、建设媒介、使用媒介的能力。随着电视在无论是发达国家还是发展中国家的高度普及，人们接触和享用媒介资源的机会和时间都在增加，越来越多的国家和地区都感受到了发展媒介素养教育的重要性和必要性。联合国教科文组织在 1978 年委托芬兰的媒介研究专家索卡·闵基能设计了一项国际性的媒介素养教育方案，又在 1982、1984、1986 年分别出版了《将大众媒介用于公共教育国际研讨会的最后报告》《媒介教育》《了解媒介：媒介教育与传播研究》等三种读物。

四、20 世纪 90 年代中期至今

20 世纪 90 年代以来，我们意识到媒介消费者也是意义的创造者。因此，媒介素养涉及的不仅是报纸、广播、电视、电影等所传播的内容，

---

① 大卫·帕金翰、宋小卫：《英国的媒介素养教育：超越保护主义》，载《新闻与传播研究》2000 年第 2 期。

人们还试图了解信息背后的意义。信息文本、媒介事件文本和媒介消费者的背景、人生经历、价值体系等相互影响、相互作用。所以,媒介素养教育的目标是赋权予媒介消费者,从而有效处理大众媒介信息,产生关涉自身与社会的意义。每个人都要用自己的方式去接收信息,更要创造机会去表达自己的观点。

这一时期的媒介素养教育不仅在发达国家进一步规范化,而且开始向许多发展中国家扩散。尤其是21世纪开始至今,媒介素养教育成为世界性的现象。美国在媒介素养教育方面异军突起,超过61家高等院校开设了媒介素养课程。我国在20世纪90年代后期引进了媒介素养的概念,并在近年来积极尝试将媒介素养教育纳入中小学教育课程体系。随着媒介技术的进一步发展,尤其是网络和新媒介技术的发展,我们对媒介素养教育的要求将被提升到更高的层次,媒介素养教育的重心从认识媒介转变到培养人们媒介使用的能力方面。同时,现实中的媒介素养问题也日益突出。

媒介素养教育在许多西方学者的眼中其实是一种人文素养的学习经验,主要的目的在于发展受众独立思考的能力,使他们有勇气挑战社会上偏颇的意识形态。今天,媒介素养教育在很多国家和地区都已成为一种终身教育。媒介素养教育在广度上经历了从一国到多国,从教育思想萌芽到教育实践,再到正规化、规模化、体系化的不断拓展和深入的过程;在深度上经历了从"抗拒媒介"到"初步认同媒介"再到"思辨、解读媒介",最终到"人的能力的培养"这一不断进化的轨迹。

第四节　当代大学生媒介素养的培养

CCTV、CNN、半岛电视台,这些知名的媒介在世界上的影响早已超出了人们的想象。随着现代技术的高速发展,媒介在逐渐且不可避免地改变着学生认知和理解世界的方式和态度,也给大学生德育教育带来前所未有的挑战。长期以来西方媒介对于中国的误读,特别是对一些问题的错误报道更让我们认识到青年学生需要正确及时的媒介素养教育与引导,认识到高校的媒介素养教育亟待重视,媒介素养教育必将成为高校思想政治教育的创新点,也是学校教育工作与时俱进、践行科学发展观的新要求。

一、当代大学生媒介素养的现状

首先，媒介对大学生的影响与日俱增。媒介时代的任何一所大学都不再是与世隔绝的象牙塔，电视、电影、电台、报刊、网络、手机、短信、BBS、QQ、微博、微信等多种多样的媒介在满足学生视听感官需要的同时，将大众文化信息传播、渗透到学生的日常生活之中，并逐渐影响着学生的社会认知、行为心理、知识结构等。大学生很难做到不受媒介文化影响，很难做到不受媒介描述方式的干预来观察和认识世界，媒介已经成为学生的另一种课堂，并逐步影响甚至动摇着学校教育的权威地位。第一，媒介为学生群体和个体都提供了社会规范、社会期待和人生理想的模型。榜样会鼓舞学生努力学习和创造，比如学生从各种媒介中了解到中国十大杰出青年、了解到世界500强并发奋图强；同样，媒介的宣传也会使他们去模仿和崇拜媒介塑造的突出形象，比如刘翔，比如超级女声，比如流行偶像。第二，媒介为学生提供了获取知识和社会信息的广泛来源，并对学校教育和行政管理形成补充和冲击。教师的权威地位受到动摇，学生渴望得到老师和学校的重视，学生的维权意识和自主独立意识增强。第三，媒介影响学生的个人行为和心理。比如，媒介的广告带动了学生的消费习惯，在还没有独立经济能力的情况下，过于盲目地追求名牌的消费行为，影响学生的审美意识和日常生活。比如，衣服的品牌、手机的型号、电脑的配置等，有时候学生们会盲目攀比，丢失了勤俭节约的美德，助长了享乐主义和拜金主义，也会导致同学中形成阶层和等级，从而恶化人际关系，造成多种心理问题。

美国心理学家阿尔伯特·班都拉说，人的学习行为可以分为两类，一类是由本人行为后果所引起的学习，一类是通过他人示范过程引起的学习，媒介影响就属于后一类。可是在通常情况下，人们往往更多地注意到媒介在舆论的议题设置、受众的态度引导方面的作用，却忽视了媒介对人的巨大渗透作用，而这种作用可以是价值观的、心理的、文化的等。其实，媒介对学生的社会认知、知识结构、行为心理的影响就是具有巨大渗透力的、长期的，甚至可能是消解学校教育影响力和权威性的。

其次，学生对于媒介的偏颇认识不容忽视。当下的大学校园，沉迷网络游戏、抄袭复制论文、发骚扰短信和邮件、充当电脑黑客等现象不时发生。更有甚者，有些大学生利用自己对网络技术的精通实施高科技犯罪，或破解他人密码，或侵入他人系统，或利用网络实施金融犯罪等。媒介素养的缺失让这些时代的骄子在复杂多变的媒介面前迷失了成才的方向。

学生中存在着不少对于媒介的偏颇认识，主要表现有如下几类：

(1) 偏信媒介的真实性，实际却被不实的媒介报道所误导。由于媒介的议程设置作用，受众从媒介获得的并不像他们想象的那样真实。但是缺少社会经验的学生当看到媒介上危言耸听的报道时，尤其是在未得知事实真相前看到社会网站对校园一些突发事件的报道时，往往会产生先入为主的想法，将这些报道映入记忆并在同学中进行传播，导致了恶劣的影响。

(2) 了解网络媒介的匿名性，认为可以不负责任地发表言论。于是大量非理性、宣泄情感的言论、带有色情意味的文字和图片、不文明的语言在网上屡见不鲜。

(3) 认为媒介是逃离现实的自由空间，可以任意驰骋。有一些沉迷于网络游戏的学生往往对学习失去了信心，或者由于失恋的打击，找不到现实中的自信，但在游戏中可以变得很尊贵，成为杀敌无数的勇者，于是长期的执迷不悟让他们对现实生活和学习逐渐失去了兴趣而对网络游戏不可自拔。

(4) 对于媒介功能的迷茫和不知所措。有些学生进入大学一年多还不知道校园网上有哪些便捷的下载工具，不知道图书馆可以网上续借或者跨校区借阅，不知道学位论文资源怎么查询。有的又错以为媒介是便捷的资料获取渠道，可以非常迅速而且不惊动他人。论文的复制粘贴、没有任何资料出处，甚至全盘抄袭论文的现象从本科生到研究生都有发生。

(5) 认为媒介是方便又不用见面的联系渠道，动动手指就可以实现目的。有些学生不善于言语表达，便利用手机短信或者电子邮件或者 QQ 等聊天工具和欣赏的或许还不太熟悉的异性接触。但是媒介的交往毕竟不同于现实的接触，在得不到预期的回复后，过去频繁的却又非常方便的媒介联系反而变成了对对方的骚扰，影响了他人的正常生活和学习。

以上种种表现,既有非常精通媒介使用技能的,也有对于媒介资源的作用知之甚少的,既有对媒介极端依赖的,也有不敢尝试网络服务的,这说明系统的媒介素养教育对于学生的成长是非常重要的。

二、高校媒介素养教育的实施方案

大众传播媒介一方面反映现实,另一方面也建构现实。大众传播媒介让我们生活在一个拟态环境里面,在这个拟态环境里,我们接收信息,认知环境,也不自觉地成为传播信息者,为他人塑造拟态环境。很多时候,我们的认知环境的形成取决于媒介的体制、传播主体的意识形态、媒介对受众文化认同和需求的理解、我们自己的认知程度以及市场的需要等。因此,对于大多数受众而言,媒介意味着知识、信息、主流文化甚至是权力、威信。在这种情形下,通过媒介素养教育来培养大学生认识和利用大众传播媒介的能力就显得尤为紧迫和必要。

目前国外进行媒介素养教育实践的方式主要有四种模式:一是把它作为一门独立的科目,二是作为某一科目中的一个组成部分,三是将它融于所有的科目中,四是作为一门整合的、跨学科的课题。

在媒介素养教育中,培养学生对媒介信息主动质疑的态度和习惯是非常重要的目标之一,因此,了解媒介技能和媒介传播策略是媒介素养教育的核心。

培养学生的媒介素养首先应培养学生学会询问,对任何媒介信息都可以询问以下五个基本问题:谁制造了这个信息以及为什么要制造这个信息;它用了什么技术吸引了我的注意力;它代表了怎样的生活方式、价值和观念;别人与我对这条信息的理解会有多大的不同;其中什么样的信息被剔除了。其次要鼓励学生去质疑媒介。只有质疑,才能使学生对媒介信息的认识更加理性和客观。通过质疑,使学生学会区分各种形式的媒介,查证和核实信息来源,并比较和对照同一信息的不同版本,从中发现偏见或政治控制的痕迹,并对信息进行深层次的反思,进行更具批判性的思考,做出更加客观的判断。

媒介素养是一种综合能力的培养,在高校的人才培养过程中,跨学科、多学科的知识养分可以打造既有科学素质又有人文关怀的全面发展的人才。媒介素养教育要从专业教育的起点走向素质教育的公共平台，成为大学生的通识教育的重要组成部分。

第一，积极引导学生对媒介的接触，向学生传授使用媒介的技能。比如定期组织在校大学生参观邻近的媒体编辑部，播放有关媒介内容制作的电视节目，利用公益广告进行简单的媒介知识普及等。媒体还可以与大学联手，举办有关媒介素养教育的知识讲座和讨论会。与学生接触较多的学生教育管理者要与学生同步了解媒介的发展，注重引导学生客观地认识和利用媒介资源。对于新生，辅导员要使其尽早熟悉校园的媒介资源集中地，如图书馆、报栏、机房等，帮助他们学会使用媒介资源来辅助学习。教师的课堂教学尤其是人文社科类课程更要重视使用媒介。

第二，开设媒介素养教育的相关必修、选修课程，或者在德育课程中增加媒介素养教育的内容。利用本校或借用其他高校的新闻传媒师资力量，启动和推广媒介素养教育，讲解媒介的历史发展、特点功能、传播技巧等理论知识，分析现代社会中的媒介实践案例，帮助学生系统地了解媒介的相关知识、学会判断媒介的信息、认识媒介的操控力量，从而形成应对媒介的素质。

第三，做好学生教育管理工作与媒介的创新结合。学校要充分发挥校园广播、电视台、网络等媒介的正面宣传作用。学生工作者要积极引导校园 BBS 论坛的发展，与学生保持信息的沟通，一方面利用电子信箱、QQ、手机短信、微博、微信等在学生中深受欢迎的新兴媒介做好学生的教育管理和心理疏导工作；另一方面要进行人际情感教育，避免学生出现媒介依存症，将他们从媒介的虚拟引导到校园的现实中。

第四，兼顾传统与现代文化，开展校园文化活动。既要利用网络配合现实生活开展丰富多彩的校园文化活动，也要组织开展温习传统文化活动，比如开展书法、绘画、读书、古乐等活动。以原有的素质教育为依托，在课外活动、社会实践活动、党团支部活动中增添媒介素养教育内容，以丰富多彩、形象生动的方式推广，将媒介素养教育课程与其他音乐、舞蹈等课外艺术活动放在一起实施教育。当然，在借助社会媒介力量时要适当得体，避免将不适合校园氛围的媒介人物引入到校园从而引起负面效应。

第五，加强学生的自我管理、自我教育和自我服务能力和诚信品质。针对学生在媒介传播中缺乏主见和难以把握自我的特点,有的放矢地加强学生的自我管理、自我教育和自我服务能力,引导学生增强自主、自律意识,养成诚实守信的品质和习惯。

第六,建章立制,规范学生在网络等媒介上的言行,探索学生日常行为规范中与校园网络等媒介使用有联系的制度的出台。比如因上网而耽误上课、影响他人休息,因发送骚扰短信或邮件影响他人正常生活和学习,盗窃他人账号上网,充当网络黑客攻击他人机器或系统,利用网络发布色情文章、图片等,学校可按规定给予相应的纪律处分和处理。同样,对于在遵守信息道德规范方面表现出色的学生也要有相应的肯定和奖励机制。

总之,媒介素养教育与大学教育和大学文化建设有着不可分割的联系。大学教育和大学文化建设,是为了继承文化、传播文化和创造文化,通过文化的继承、传播和创造,促进受教育者的社会化、个性化、文明化,从而塑造健全的人、完善的人。大学阶段是形成价值观和世界观的关键时期。在复杂的媒介环境中,大学生应具有的"素质"概念必须超出传统素质的范围,延伸到媒介素养上来。媒介素养教育是大学生思想政治教育和素质教育的新要求。媒介素养教育就是要使受教育者在媒介围绕的社会里更加健全、更加完善地接受素质教育,通过建设性的媒介接触行为来丰富自身的大学生活和学习,丰富大学文化建设的时代内涵。因此,高校引进媒介素养教育,提高大学生应对现代媒介的素质,有助于建立大学文化的开放格局,适应大学校园被大众文化包围和影响的状态,也有助于学生适应将来复杂多变的社会和媒介环境。

第二讲　大众传播功能认知

大众传播是维持人类社会生存发展的一项基本活动,作为人类社会系统的一个子系统,它的存在和实践必然对人类社会产生作用,也就是大众传播功能。只有对大众传播所具有的功能有了一个大致清楚明晰的了解与认知,才能在此基础上进一步探讨大众传播在人类社会发展历程中的影响,探讨如何更好地利用大众传播为人类自身谋福利。

第一节　大众传播概述

1984 年美国传播学者拉斯韦尔发表了一篇题为《传播在社会中的结构与功能》的文章,从传播的内部结构和外部功能两个方面对传播进行了相关论述,并奠定了此后人们关于大众传播的主要研究方向。大众传播作为一个过程、一种活动,我们不仅需要了解这个独立的系统的内部结构与要素,而且还需要研究这个系统与外部社会之间的关系。

一、大众传播的研究源起

关于“传播”(communication)的定义,有各种不同说法:“传递意见”“传播社会价值”或“交流经验”等。这些都是“传播”,而传播的含义则又多于它们的总和,传播是一个“过程”,它包含一系列的运动,是一个用来传递意见、传播社会价值和交流分享经验的运动过程。

在美国,人们把传播分为“人际传播”与“大众传播”两种。“人际传播”主要指人与人面对面的思想交流，不借助于传播媒介，因而是一种范围很小的传播。而“大众传播”则是借助于传播媒介如报纸、广播、电视、电影等所做的传播，范围极广，可以为很多人知道，因此，就被称为“大众传播”或“公众传播”。根据施拉姆的观点，大众传播诞生于15世纪40—50年代，其标志是德国工匠古登堡使用印刷机和金属活字技术，成功地印刷出了第一批油印的《圣经》，施拉姆把这个日子称为“庆祝大众传播开始的日子”。金属活字印刷的发明，极大地降低了印刷品的成本，使得文字内容产品对于特权阶级之外的普通大众首次成为触手可及之物。这项大规模复制技术的发明将人类带进了大众传播的时代。但真正意义上的大众传播（我们所界定的大众传播）的诞生，却是近400年发生的事情，确切地说，近代大众传播的起点，应该是以19世纪30年代大众报刊的出现为标志。

19世纪末和20世纪初，西方人开始以这样的方式思考新闻传播的行进：新闻与社会的平稳发展和民主政治的成功有着密切的相关性，电气化、摄影术、电影、留声机、电话、广播等新的传播技术戏剧性地变革着媒介领域，也给人们提供了生活基础，以至于传播的变化能戏剧性地改变人们的思想与行为。同时，人们所处的时代还是垄断资本时代，在追求高额利润的过程中，作为公众舆论必不可少的滋养品的新闻，已被耸人听闻、浅薄无聊所“污染”，并且威胁着民主政治。① 在他们所处的年代，报纸已成为拥有大量读者的、重要的大众媒体，社会进步的信念使他们中的一些人着迷于报纸在社会变迁过程中的潜力。于是，新闻学的问题被纳入社会学视野，“传播”被作为人与人互动的关键要素纳入其思想过程。比如，杜威向他的学生灌输的一个重要观念便是“大众传播是社会变迁的工具”，并且从未放弃借用媒体改良社会的可能性。②

而在库利看来，人与他人互动，有如一面镜子，帮助个人自我概念的形成，“传播”就是“镜中我”形成过程中“唯一”的关键要素，它提供

---

① 单波：《反思新闻教育》，载《新闻与传播研究》1998年第4期。

② 〔美〕埃弗里特·M. 罗杰斯：《传播科技学理》，庄克仁译，台湾正中书局1988年版，第97页。

社会化的一种方法，有如结合社会的齿轮。① 本来，关心大众媒体的库利已经注意到了大众传播效果问题、媒体所有权问题以及媒体在儿童社会化过程中的角色问题。但对报业操作手段过于强调商业主义的排斥，使得他只是在人际传播的范围内"诠释"其社会进步的信念。米德则从杜威和库利的学说出发，提出"个人乃经由与他人互动，进则认识自己"的自我理论，朝着强调人类传播是社会化的重要代理人这个方向大步迈进。② 帕克在 11 年的记者生涯中发现了新闻塑造民意的作用，并带着对这一问题的浓厚兴趣离开新闻界，进入社会学领域，使传播成为社会学领域的一个中心问题。在他那里，所谓传播就是"个人能以某种意识，到达某种程度，对别人采取态度与观点的一种社会心理过程"③，新闻是人际交流的基础。他所关注的主要问题是，人际网络如何与大众媒体结合，报纸影响民意的程度如何，报纸如何为民意所控制，以及媒体如何能促进社会变迁。④

有观点认为，大众传播研究是 20 世纪前半期的产物。也有人认为，1920 年以来，传播技术引起了许多专家的注意，其中包括政治学、社会学、心理学、语言学、工程学等领域的学者，他们试图从自己学科的角度，研究大众传播的一个方面，第一次世界大战中和其以后的宣传分析是早期大众传播研究的重要方面。

19 世纪 80 年代以后，随着商业与技术浪潮的冲击，欧洲人引以为荣的公共广播电视系统逐渐被瓦解。1980 年，西欧 17 个国家共有 41 个电视频道和 61 个广播站，绝大部分都是"公共"性质；而到 1990 年，一下子冒出 36 个商业频道，与 40 个公共频道及其他有线电视频道相抗衡。变化了的媒介环境对欧洲媒介研究产生了深刻的影响，按麦奎尔等欧洲学者的说法，欧洲媒介研究开始进入由"旧秩序"向"新秩序"转变的过程，即以公共服务和政府控制为重要特点的"旧秩序"，受到新科技的冲击以及跨国商业势力与欧洲情势变化的影响，进入抗

---

① 〔美〕埃弗里特·M. 罗杰斯：《传播科技学理》，庄克仁译，台湾正中书局 1988 年版，第 99 页。

② 同上书，第 105 页。

③ 同上书，第 103 页。

④ 〔美〕兰德斯、波斯纳：《知识产权法的经济结构》，金海军译，北京大学出版社 2005 年版，第 460 页。

拒、冲突及调适阶段，逐渐由新的媒介运作法规孕育出新的秩序，同时新秩序的基本规约再经过受众、市场的考验，导引出欧洲新的媒介模式——私人和不同的市场机会构成的私人媒介与公共媒介的双元系统。[①] 如此一来，一些欧洲传播学者便开始整合市场研究模式和文化批判研究模式，在麦奎尔切割出媒介—文化论、媒介—唯物论、社会—文化论和社会—唯物论四个不同面向的同时，法国传播学者米涅把传播研究的内容和范围界定为五个方面：其一，研究传播技术装置和信息的产生与意义的产生的关系；其二，研究社会对技术的干预，特别是使用者—消费者的活动如何使技术装置在社会层面上普及应用；其三，研究显现信息的文字形式（形象、声音、图式）和支配它们的概念以及它们实现的条件；其四，研究信息传播活动的社会维度、政治维度和经济维度以及这些维度和新信息传播载体的发明和试验的关系；其五，研究传播交换中调解过程的变化。[②] 在这种整合的趋向中，文化批判研究常常转化为“文化效果”研究。以“媒介帝国主义”（亦称文化帝国主义）理论为例，作为法兰克福学派对西方文化进行全面批判的思想结晶，它包括“媒介表述论”和“媒介传送论”两个基本要素。在“媒介表述论”方面，认为意识形态、文化背景以及传播内容产地的文化和社会形态等决定了传播媒介的表现形式；在“媒介传送论”方面，指出在大众传媒中大量传播的西方文化形成了对第三世界国家的巨大影响，具有消解民族认同、扼杀第三世界人民的创造性与参与精神等作用。这后一方面的表述就常常吸引研究者去关注大众传播所达到的资本主义文化效果，从而借用实证主义的研究方法，精细地描述多种媒介工业在全球特别是第三世界国家的影响力。于是，在后来的媒介批评研究中，出现了广泛描写媒介帝国主义具体实例的现象。

二、大众传播的内涵

20 世纪以来，随着广播、电视等电子媒介的诞生和发展，信息的大

---

① McQuail, Danis, Mateo, Rosario de and Tapper, Helena, *A Framework for Analysis of Media Change in Europe in the 1990's*, in Siune, Karen and Trvetzschler, Wolfgang (eds.), 1992, *Dynamics of Media Politics*, p. 16.

② 陈卫星：《西方当代传播学学术思想的回顾与展望（下）》，载《国外社会科学》1998 年第 2 期。

规模复制与广泛传播成为现实,大众传播已成为普遍的社会现象并日益推动着社会环境和文化环境的演变。“大众传播”这一提法逐渐成为人们一个耳熟能详的词汇,人们的生活与大众传播活动日益紧密交织乃至无法分割,每个人都能列举出报纸、杂志、广播、电视等一系列从事大众传播的媒介机构,人们生活的每一天都伴随着读报纸、看电视、听广播、上网、手机信息浏览等大容量、高频率的大众传播接触活动。但这种频繁的、随时随地发生的大众媒介接触并不能让我们准确认知大众传播的实质,我们仍需要借助于学者的理论研究所给出的定义来正确理解何为大众传播。

“大众传播”概念首次出现于 1945 年 11 月在伦敦发表的联合国教科文组织宪章中。关于大众传播,学者们的定义众说纷纭。杰诺维茨在 1968 年给出的“大众传播”的定义在相当长时间内都为西方学者所广泛采用。在此定义中,杰诺维茨认为“大众传播由一些机构和技术所构成,专业化群体凭借这些机构和技术,通过技术手段(如报刊、广播、电影等)向为数众多、各不相同而分布广泛的受众传播符号内容”①。杰诺维茨在这个定义中对大众传播中的传者、受众、信息传递渠道以及被传播的信息都给予了明确的界定,认为大众传播是具备多种功能的媒介组织机构借由先进的媒介技术手段向一个具有普遍特性的群体大规模传递某种可以大规模生产和复制的符号内容的产品。

德弗勒则更为关注传播的效果,他认为大众传播的实质就在于“使受众领会的含义和传播者的本意基本一致,也就是说,传播者与接受者共同感受其含义”。因此德弗勒所提出的“大众传播”定义,在杰诺维茨定义的基础上更加强调了传播的效果:“大众传播是一个过程。在这个过程中,职业传播者利用机械媒介广泛、迅速、连续不断地发出讯息,目的是使人数众多、成分复杂的受众分享传播者所要表达的含义,并试图以各种方式影响他们。”②丹尼斯·麦奎尔认为大众传播是“由一些机构和技术所构成,专业化群体借助这些机构和技术,

① 〔英〕麦奎尔、〔瑞典〕温德尔:《大众传播模式论》,祝建华、武伟译,上海译文出版社 1997 年版,第 7 页。

② 〔美〕德弗勒、丹尼斯:《大众传播通论》,颜建军等译,华夏出版社 1989 年版,第 12 页。

通过技术手段向为数众多、各种不同而又分布广泛的受众传播符号的内容”①。

其他常见的“大众传播”的定义还有：

“大众传播是指特定的社会集团通过文字（报纸、杂志、书籍）、电波（广播、电视）、电影等大众传播媒介，以图像、符号等形式，向不特定的多数人表达和传递信息的过程。”②

“大众传播是一个大规模的信息传送过程，在这个过程中，职业化和组织化的传播者出于各种目的，利用媒介系统广泛、迅速、连续不断地发出讯息，传递给人数众多、成分复杂的受众。”③

由于大众传播本身具有的复杂性，我们很难用简单的语言概括出大众传播的全部特征。从以上各个“大众传播”的定义中不难看出，学者们在界定“大众传播”时主要考虑了大众传播的四个主要要素，即传者、受众、传播的信息内容以及传播的技术手段。因此，综上所述，所谓大众传播，就是专业化的媒介组织运用先进的传播技术和产业化手段，以社会上一般大众为对象而进行的大规模的信息生产和传播活动。

三、大众传播的特点

从以上大众传播的定义中，我们可以看到大众传播具有如下主要特点：

第一，大众传播中的传播者是专门从事信息生产与传播的专业化媒介机构，包括报社、杂志社、出版社、广播电台、电视台、以提供网络信息内容服务为主营业务的网站、以大量发行为目的的各类音像制品制作企业以及网络发行出版企业等。大众传播是这些媒介机构所从事的有组织的传播活动，具有明确的组织目的和经营方针。这些媒介机构的从业人员往往受过专业培训，具备专业的素养，以媒介内容生产和传播为职业，收集、管理、传播各类信息，通过专门的媒介渠道向

---

① 张鑫：《大众传播功能浅析》，http://www.docin.com/p-12836462.html，2014年3月1日访问。

② 沙莲香：《传播学：以人为主体的图像世界之谜》，中国人民大学出版社1990年，第145页。

③ 胡正荣、段鹏、张磊：《传播学总论》，清华大学出版社2008年，第110页。

广大公众传播新闻、娱乐、教育等方面的信息内容。

第二，大众传播运用了先进的媒介技术和大规模的产业化生产和复制手段，大范围、多渠道、快速、连续、公开地传播信息内容。已经得到广泛使用的高速轮转机使得印刷品得以高速大量印制发行；电子通信技术则早在上个世纪就让广播和电视成为远距离大范围传播信息内容的高效媒介；现如今激光排版、编辑软件、通信卫星、数字化多媒体技术、网络、手机技术等快速发展的媒介技术手段将大众传播的规模、速度、效率和覆盖面提到了前所未有的程度。

第三，大众传播的受众往往是社会上的一般大众，即社会上所有的"一般人"。这些不分性别、年龄、受教育程度、职业、社会阶层的"一般人"，只要有接触大众媒介、接触大众传播信息内容的行为，就是大众传播的受众。因此，大众传播的受众具有如下几个特性：大众媒介覆盖面广，因而受众人数众多，规模庞大；大众传播的受众分布在全球各地区，地理位置分散，难以掌控；大众传播的受众构成成分复杂，年龄层次不同、文化程度不同、兴趣爱好不同、宗教信仰不同、风俗习惯不同、种族民族不同；大众传播受众的态度和需求各不相同，也很难被大众媒介直接、全面地了解掌握；大众传播的受众既是一个具有普遍共性的整体，也是一个个具有独立个性的个体，会根据自身的个性选择性地接受、理解媒介提供的信息内容。大众传播受众的广泛性与复杂性意味着大众传播所提供的必然是能够满足社会上大多数人需求的信息，这样的信息传播活动必然涉及面广，影响力大。

第四，大众传播所提供的信息是兼具商品属性和文化属性的信息产品。媒介企业作为信息产品和服务的专业提供机构，是依靠其提供的信息内容产品来获取商业利益的。人们无论是想要读书、看报、看电视、看电影，还是上网或使用手机浏览信息，都需要支付相应的费用，这说明信息内容产品具备了一般的商品属性。但另一方面，信息内容产品也有有别于一般的物质商品之处，人们支付一定的费用所换取的并不是诸如纸张、光盘 CD 等信息内容产品的载体，而是这些有形载体上所承载的无形的信息内容。简言之，人们对信息内容产品的消费是一种意义消费，而意义是一定社会文化的产物，具有文化属性（这里的文化，是广义上的文化，涵盖了社会的思想、观念、科学、道德、政治、法律、宗教、价值标准、行为规范等广泛的内容，而大众传播的信息与这些内容是分割不开的)。

第五,大众传播媒介,尤其是以报纸杂志、广播电视等为代表的传统大众媒介,是单向性很强的传播媒介。虽然这些媒介具有互动机制,但互动性都较弱,主要采用的是读者来信、热线电话、短信、网络等方式在阅读、收听或收看之后对这些媒介所提供的信息内容加以反馈。这种反馈与信息的发送之间存在一定的时滞,无法做到受众与媒介之间即时的、直接的互动。另外,这种反馈是间接的,受众与媒介组织通常不会就反馈意见直接沟通,媒介组织也无法及时根据反馈意见做出相应的调整。同时,受众在与大众传播媒介进行互动时也缺乏多样化的、灵活有效的互动渠道。以上这些特点限制了受众对大众传播媒介的反作用力,使得受众只能在有限的范围内及程度上对大众传播媒介及其所提供的信息服务内容及质量给予反馈。此外,大众传播的单向性还体现为媒介单方面提供信息,受众只能对媒介所提供的范围之内的信息加以选择和接收,而无法主动要求个性化的定制信息内容。

第六,尽管大多数大众媒介,尤其是传统大众媒介的反馈间接、零散且有一定的时滞,但由于这些反馈信息可以汇集在一起形成较为强有力的意见,足够引起媒介组织的重视并从中获取改进修正意见,从而提高媒介信息服务的质量,并为媒介的未来发展方向提供参考依据,因此,大众媒介组织往往会通过诸如收视率调查公司之类的专业机构来收集汇总受众的反馈意见,采用科学严谨的抽样调查和统计分析方法来对受众的情况和他们的反馈意见进行总结和推断,使得媒介组织能够更准确地了解受众的组成情况和信息服务需求,进而改进信息内容的制作,达到更为理想的大众传播效果。

第七,由于大众传播从事的是大规模生产、大范围传播的信息产业,并且所提供的信息服务内容与当前社会的价值观念和行为规范都紧密相关,因而具有难以估量的社会影响力,进而被各国政府纳入社会制度体系,为维护特定社会制度的稳定发展起作用。

大众传播是一个具有强大社会影响力的社会信息系统,任何一个国家和社会都会把它纳入社会制度的轨道,因此大众传播是一种制度化的传播。20 世纪 70 年代以来,发展中国家的媒介制度理论受到了人们的关注。

大多数发展中国家经济比较落后,发展经济是国家的首要目标。政局不稳,有些国家甚至经常面临内战、政变和外来颠覆的威胁;从大众传播的状况而言,在硬件和软件两个方面对西方发达国家依赖程度很高。发展中国家的媒介制度和理论大致反映了这种现实状况。其要点包括:

(1) 大众传播活动必须和国家政策保持同一轨道,以推动国家的发展为基本任务。

(2) 媒介的自由必须伴随相应的责任和义务。

(3) 在传播内容上要优先本国文化、优先使用本民族语言。

(4) 在新闻和信息合作领域优先发展同地理、政治和文化比较接近的其他发展中国家的关系。

(5) 在事关国家利益和社会稳定的利害问题上国家有权对传播媒介进行检查、干预限制乃至管制。

总而言之,大众传播为我们提供新闻、信息和知识,帮助我们了解外部世界的动向和变化,安排日常生活。

第二节　大众传播的社会功能

"功能"是就整个大众传播系统而言的,大众传播的功能指的是它对社会的具体作用,是一种宏观性研究,作为现代社会中具有普遍影响的信息传递系统,大众传播的功能是复杂和多方面的,不同的学者对其表述也各有不同。

一、拉斯韦尔的"三功能说"

对传播过程研究和宣传分析有突出贡献的美国著名的政治学家哈罗德·拉斯韦尔在《社会传播的结构和功能》这篇文章中概括了大众传播的三个显著功能:"监视周围环境,联系社会各部分以适应周围环境,一代代传承社会文化"①。这三种功能可以简单地概括为:

---

① 〔美〕沃纳·赛佛林、小詹姆斯·坦卡德:《传播理论——起源、方法与应用》,郭镇之译,华夏出版社 2000 年版,第 347 页。

（一）环境监视功能

环境监视是大众传播最主要的功能。环境监视功能指的是大众传播帮助人们持续地、及时地注意环境的变化，这种功能通过向受众提供新闻信息来完成。

大众传播媒介不断地向人们提供关于其所身处的社会上发生的各类事件的讯息，例如对于那些即将到来的自然灾害或战争威胁，大众传播媒介能够及时地向人们发出警告，促使他们及早采取防御措施，保护自身安全。除此之外，大众传媒还提供有关人们日常生活环境的信息，比如关于公共事业、经济状况等方面的消息，以满足社会和个人的日常信息需要。更为重要的是，大众传播的环境监视还可以把某些有违社会规范的行为在媒介上公开，激起社会的谴责，使社会规范得以巩固和加强。

（二）社会联系与协调功能

联系功能指的是大众传播"指示人们应如何对周围发生的事件作出反应"①，因此在大众传播中发挥联系功能的主要是言论信息。大众传播的协调功能是一种组合功能，即大众传播通过对新闻信息的选择、解释与评论，提出相应的解决方案与策略，从而把人们的注意力集中到其所认为的适应当前环境中最为重要的事件上。

在对社会的各组成部分加以组合以应付当前事件的活动中，大众传播的联系与协调功能通常表现为激励和动员群众投入当前的事件并提出对策抵御有碍社会稳定的各种威胁，或通过解释与评论防止因报道某些事件和敏感问题造成的过度刺激等。对社会或个人来说，大众传播的联系与协调功能都有助于他们对信息的摄取，以防止受传者因信息过量而无所适从。

（三）文化遗产传承功能

文化遗产传承功能指的是大众传播通过对知识和社会规范的传播，使之在社会成员中一代一代地传递下去，促成社会成员共享同一的价值观、社会规范和社会文化遗产。

---

① 〔美〕沃纳·赛佛林、小詹姆斯·坦卡德：《传播理论——起源、方法与应用》，郭镇之译，华夏出版社 2000 年版，第 348 页。

传播是促进文化变革和创新的活性机制,大众传播的历史源远流长,伴随着人类的发展而发展。同样,人类文化也是一个不断流动、演化着的生命过程,文化一经产生就有一种向外扩散和传递的冲动,传播是文化的内在属性和基本特征,一切文化都是在传播的过程中得以生成和发展的。比如中国早在春秋战国时期就有许多思想家提出许多观点来规范人们的道德礼仪或表达自己的各种思想。这些观点并未随着时间的流逝而消失,反而被人们所逐渐接受并通过种种方式传播下来,人们至今仍受其潜在影响。如孔子的“己所不欲,勿施于人”、孟子的“老吾老以及人之老,幼吾幼以及人之幼”等。

二、赖特的“四功能说”

对美国社会问题有着强烈关注的美国社会学家查尔斯·赖特(Charles Wright)在《大众传播:功能的探讨》(1959)一书中,又补充了大众传播的另外一个功能即提供娱乐的功能。这一功能指的是大众传播通过传播娱乐性信息来提供娱乐,让人们放松身心。“四功能说”可以简单概括为:

(一)环境监视功能

大众传播的环境监视功能主要指大众传播在特定社会的内部和外部收集和传达信息的活动。这里主要包括两个方面:一是警戒外来威胁;二是满足社会的常规性活动(政治、经济、生活)的信息需要。同样,大众传播的环境监视功能可以通过对某些人物加以报道,从而使其获得威望,提高他们的社会地位,即所谓的“授予地位”功能。从社会统治的角度来说,保证新闻自由流通在一定程度上有助于维持和巩固统治,具有监视或管制舆论的作用。但环境监视也有负功能:有些反映真实情况的新闻信息如战事失利、领导人的劣迹等消息,以及敌对方的宣传,一旦得到传播的机会,就会影响统治者的威信,甚至危及他们的统治。

(二)解释与规定功能

大众传播并不是单纯的“告知”活动,在回答何人在何时、何地、发生了何事的同时,它所传达的信息中通常伴随着对事件的解释,并提示人们应该采取什么样的行为反应。

大众传播的解释功能是媒介组织向人们迅速、及时地提供新近发生的新闻和信息，并在报道事实的基础上向人们提供深层的说明性、分析性信息的功能，它着重分析事实，回答这一事件为什么发生，包括事实解释和意义解释。从当前的媒体传播现状和发展趋势看，报纸的告知功能正在弱化，而解释与规定功能逐步被强化。

（三）社会化功能

大众传播在传播知识、价值以及行为规范方面具有重要的作用。

社会化功能主要是针对大众传播在潜移默化地改变人们的行为和世界观方面的作用。当下社会大众传播已经无孔不入，传播技术的发展和传播理念的创新使人们越来越模糊了传媒的虚拟世界与真实世界的差别。例如，现代人消费的更多的是一种理念还是商品？大众传播媒体通过直接对受众进行信息输送，或一定范围内的议程设置，在长期的潜移默化的影响下，人们的价值观、世界观和人生观都会或多或少发生相应的变化。

（四）提供娱乐功能

大众传播中的内容并不都是务实的，其中相当一部分是为了满足人们精神生活的需要，尤其在电视媒体中，娱乐性内容占其传播信息总量的一半以上。

随着文化的发展和与外界环境的接触不断增多，传播学研究已经越来越强调大众传播的娱乐功能。而传播技术的不断创新，使得不同层面上的娱乐的需求被以各种形式满足。与此同时，提供娱乐的正负功能都表现得极为明显，这也引起了人们的重视。例如，大众传播所传递的文化和各种娱乐节目等，其特点是快速、大量、通俗、浅显。它是和少数上层阶级人所享有的精英文化相对的。大众传播在关于大众文化和大众鉴赏力方面，是否会增加人们的被动性，降低他们的审美情趣，并可能助长厌世情绪，从而转移整个社会的注意力，限制人们的社会性行动，就曾在传播学界引起过一些争论。

三、施拉姆的大众传播社会功能观

威尔伯·施拉姆（Wilbur Schramm），传播学科的集大成者和创始人，被誉为“传播学鼻祖”“传播学之父”。他建立了世界上第一个大学的传播学研究机构和第一个传播院系,编撰了第一本传播学教科书,授予了第一个传播学博士学位,也是世界上第一个具有传播学教授头衔的人。

威尔伯·施拉姆在《传播学概论》(1982)一书中,将以上这四种传播的功能概括为:雷达功能、控制功能、教育功能和娱乐功能。这种四功能说在大众传播学领域得到了广泛的认可。与此同时,施拉姆从政治功能、经济功能和一般社会功能三个方面对大众传播的社会功能进行了进一步总结。他认为,大众传播的政治功能主要包括:监视、协调、社会遗产、法律和习俗的传递。施拉姆的这种分类法的突出贡献在于它明确提出了传播的经济功能,指出了大众传播通过信息的收集、提供和解释,能够开创经济行为。大众传播的经济功能并不仅仅限于为其他产业提供信息服务,它本身就是知识产业的重要组成部分,在整个社会经济中占有重要的地位。

(一)政治功能

1. 监视(收集情报)
2. 协调(解释情报;制定、传播和执行政策)
3. 社会遗产、法律和习俗的传递

(二)经济功能

1. 关于资源以及买和卖的机会的信息
2. 解释这种信息
3. 制定经济政策
4. 活跃和管理市场,开创经济行为

(三)一般社会功能

1. 关于社会规范、作用等的信息
2. 接受或拒绝它们,协调公众的了解和意愿
3. 行使社会控制,向社会的新成员传递社会规范和作用的规定
4. 娱乐(消遣活动,摆脱工作和现实问题,附带的学习和社会化)

四、拉扎斯菲尔德和默顿的功能观

随着对大众传播功能研究的逐渐深入,学者们也开始意识到在以上关于大众传播功能的论述中忽视了对传播负面功能的研究,而大众

传播是否完美无瑕，它又在什么程度上会对受众产生不良影响？在此基础上，部分学者集中而深入地探讨了大众传播的负面功能，即他们认为“除了这些功能之外，媒介还可能产生功能障碍，或称反面功能”①，也就是过度使用大众传播或不恰当地使用大众传播会引起的负面作用。而这四种功能中的每一种都可能产生相对应的负面作用。

在传播效果研究和传播机制研究方面有突出贡献的两位美国著名社会学家拉扎斯菲尔德（Paul Lazarsfeld）和默顿（Robert Merton）在《大众传播的社会作用》一文中则特别强调了大众传播的三种功能：社会地位赋予功能、社会规范强制功能和麻醉功能。

（一）社会地位赋予功能

社会地位赋予功能指的是“任何一种问题、意见、商品乃至人物、组织或社会活动，只要得到大众传播的广泛报道，都会成为社会瞩目的焦点，并获得很高的知名度和社会地位”②。由于“人们普遍认为，在大众传播媒介上有限的版面或节目时间内得到传播的讯息都是重要的……于是，这些得到传播的讯息所涉及的个人或集体，在无形之中也被认为是重要的，是值得引起人们注意的。因此，传播把关的一个显然结果，就是使那些常被报道的个人或集体赢得了声望和地位”③。这种功能其实是大众传播的一种派生功能。这种地位赋予功能，会给大众传媒支持的事物带来一种正统化的效果。

（二）社会规范强制功能

社会规范强制功能指的是大众传播“通过将偏离社会规范和公共道德的行为公之于世，能够唤起普遍的社会谴责，将违反者置于强大的社会压力之下，从而起到强制遵守社会规范的作用”④。一般而言，社会规范是由一定的社会组织提出的，是依据社会组织自身的利益需要及价值观确定的，具有鲜明的社会制约性。大众传播通过赋予一定的社会规范以合理的社会地位，它便具有了社会约束力，成为用以衡

---

① 〔美〕沃纳·赛佛林、小詹姆斯·坦卡德：《传播理论——起源、方法与应用》，郭镇之译，华夏出版社 2000 年版，第 347 页。

② 郭庆光：《传播学教程》，中国人民大学出版社 1999 年版，第 115 页。

③ 董天策：《传播学导论》，四川大学出版社 1995 年版，第 334 页。

④ 郭庆光：《传播学教程》，中国人民大学出版社 1999 年版，第 115 页。

量每个单独的个体社会行为的价值标准。同样,社会规范随社会历史条件及社会组织的变更而变化,具有鲜明的历史性,当社会组织发生一定的变化与更替时,组织内的各种规范也必须随之变化,及时反映本组织的利益与目标。

(三)作为负面功能的"麻醉功能"

麻醉功能指的是大众传播对人们生活的一种负面影响。拉扎斯菲尔德和默顿认为,现代大众传播将现代人淹没在表层信息和通俗娱乐的洪流中,人们每天在接触媒介上花费了大量的时间和精力,降低了积极参与社会实践的热情,他们很容易把这些媒介接触活动当做现实行动的替代物。他们把这种现象称为大众传播的"麻醉作用",认为过度沉溺于媒介提供的表层信息和通俗娱乐中,就会不知不觉地失去社会行动力,而满足于"被动的知识积累"。

传媒的"社会麻醉"是一个不容小觑的问题,它是大众传播负面作用中影响最大的。随着我国改革开放、经济的增长,大众传播媒介得到了长足的发展,人们接触媒介的时间和范围都极大地增加。媒介在发挥正面影响的同时,同样不可避免地带来了"社会麻醉"的负面影响。例如现代传媒通过市场运作,介入社会权力和影响社会制度,作用于现代人的人格和心智,如果任其"麻醉"作用泛滥,最终伤害的是整个社会的肌体。因此,我们在发展文化产业的过程中,需要认真考虑如何加强制度的规范和文化的引导,从而尽量规避传媒可能带来的否定性社会影响。

从以上的介绍可以看出,西方学者对大众传播的主要功能研究得很多,但同时,他们的研究并不全面,而且在分类的标准上,还有不尽科学之处。

要想全面科学地概括大众传播的功能,必须把大众传播的功能分出不同的层次。因为一个事物的功能往往是多方面的,但这些功能又往往不在同一个层次上。例如,大众传播的功能也有基本功能、具体功能和派生功能的区分。相应地,我们借鉴西方学者大众传播具有负功能的观点,这里每一层次的每一种功能都可能会产生相应的负面作用,也就是说每一种功能都可能有相应的负功能。

大众传播的基本功能指的是大众传播这一活动最基本、最重要的功能。传播的基本功能是交流沟通,也就是说人们可以利用传播来交流信息,从而维持人类的生存和发展。大众传播是大规模的媒介组织向大范围的受众传递大批量信息的过程。所以它的基本功能和传播的基本功能有相同之处,又有不同之处。相同之处在于人们都是利用它们来交流沟通,它们都是人类生存发展所必需的活动;不同之处在于,大众传播这种大规模的特性使这种交流沟通更加方便、快捷。

大众传播的具体功能指的是大众传播由于传播种类不同的信息对人类所起到的不同的作用,主要包括政治功能、经济功能、文化功能和构建社会的功能。其中政治功能通过大众传播,一方面可以使人民的知情权、表达权、监督权和参政议政权得以实现;另一方面,权力结构也可以洞察民情,并使主流意识形态得到有效传播,体现大众传播的喉舌作用。在经济功能领域,大众传播可以通过发挥信息优势,反映经济形势,传递经济信息,提供经济分析,创造良好的经济环境,同时,大众传播本身就创造着巨额的经济效益。而大众传播的文化功能在于保存、传扬、创造文化,在文化艺术大众化方面具有不可替代的重要作用。大众传播正是通过对以上政治功能、经济功能、文化功能的综合运用,实践着其构建社会的功能。

大众传播的派生功能指的是由它的基本功能引发出来的一些其他功能,大众传播的派生功能除了包括上述指出的授予地位功能和社会规范强制功能等,还包括议程设置功能和舆论功能。

大众传播的议程设置功能指的是大众传播通过反复播出某类问题,强化该话题在公众心目中的重要程度的作用。这一理论是由美国学者马克斯韦尔·麦库姆斯(Maxwell McCombs)与唐纳德·肖(Donald Shaw)于1972年提出的,其基本思想是:“在特定的一系列问题或论题中,那些得到媒介更多注意的问题或论题,在一段时间内将日益为人们所熟悉,他们的重要性也将日益为人们所感知,而那些得到较少注意的问题或论题在这两方面则相应地下降。”而且,“受到某议程影响的受众成员会按照该媒介对这些问题的重视程度调整自己对问题重要性的看法”①。简单说就是某一问题若被大众传播所关注,那么该问题在公众心目中的重要位置也会得以提升。

---

① 〔美〕梅尔文·德弗勒、埃弗雷特·E.丹尼斯:《大众传播通论》,华夏出版社1989年版,第344页。

大众传播的舆论功能包括两个部分:一是大众传播引导舆论的功能,二是大众传播舆论监督的功能。舆论指的是公众的意见,即公众(也就是大多数人)对某一事件、问题的看法。大众传播引导舆论的功能指的是大众传播能够促进舆论形成的作用。大众传播舆论监督的功能指的是大众传播利用形成的舆论来监督社会不良现象的作用。只有在舆论形成以后,大众传播才可以利用舆论来对不良社会现象进行监督,所以大众传播舆论监督的功能要在大众传播引导舆论功能实现的基础上才可以完成。

大众传播在舆论的形成上起着非常重要的作用,这种作用主要是通过两个步骤来完成。首先是通过议程设置来决定大多数人将要谈论什么,即议题。其次是通过传播一定的观点、意见来决定大多数人对此议题的看法。这其实也就是大众传播引导舆论的具体过程。在此基础上,大众传播还可以实现它监督舆论的作用。

总之,大众传播的功能是复杂的、多方面的,通过对既有理论不断地梳理,我们才可以更清晰地把握在不同的时代发展脉络中,大众传播功能的内涵和外延的变化。同样,随着新的社会问题的不断产生、新的传播媒介的不断融合,我们关于大众传播功能的探讨也在与时俱进地发展着;也只有在此基础上,我们才可以对大众传播的功能进行更深入的研究。

第三节 社会文化转型与媒介功能新认识

现代人生活在大众媒介环境之中,接触大众传媒,是现代人的一种生活方式和生活中必不可少的一部分。施拉姆在《传播学概论》中曾这样介绍美国人的生活与大众媒介的关系:美国人平均把醒着的四分之一的时间用在这些媒介上,而且这个数字还在继续增长。①

20 世纪中后期以来,以微电子技术广泛应用为标志的新技术革命,把人类带入一个以比特技术为主要内容的"信息时代"。互联网是一个非常复杂的信息平台,它既是个人信息处理的工具,也是人际传

---

① 谭洪:《大众传媒对青少年行为影响分析及对策》,http://www.docin.com/p-122694468.html,2014 年 3 月 1 日访问。

播、群体传播和组织传播的手段,而大众传播也是它的一个基本功能。互联网传播的革命性意义,并不仅仅在于它创造了几乎“全能”的自身,还在于它正在推动传统大众传播的转型。与互联网传播的融合,实现了自身全面的数字化转型,已经成为大众传播亟待解决的课题。

信息化浪潮冲击着世界经济结构和政治结构,对社会一切领域产生深广的影响,当然也对社会文化带来巨大冲击,促使其加快实现由传统文化向现代文化的转型。在现代社会中,大众传播是社会文化转型的主要营造者,大众传播媒介在形成社会文化转型方面的优势主要体现在两个方面:传播媒介通过信息的大量生产、复制和大面积传播,能够在短时间内将同类信息传遍整个社会;同时,这种优势还与它所传达的信息的公开性、权威性、显著性和直达性密切相关。因此,在社会文化转型这一过程中,大众传播媒介不仅成为最为活跃、最受关注的一个因素,也表现出许多有别于传统的新功能。

一、信息社会与文化转型

所谓信息社会,就是“经济建立在信息上”的社会,是“创造、生产和分配信息资源的社会”①。在信息社会里,信息取代资本成了重要的战略资源,是社会进步、经济繁荣和科技发展的重要因素。德国学者哈贝马斯在《公共领域的结构转型》一书中论述了信息社会的文化特质。他说,在信息社会里,“文化作为一种公共领域应该是公共权力和民主原则的共有领域,是公共性本身表现出来的一个独立的领域;公共性是一种民主原则,公共领域的主体是作为公众舆论中坚力量的公众”。他指出,“只有当个人意见通过公众批判而变成公众舆论时,公共性才能实现”②。

哈贝马斯认为,进入20世纪中后期以来,文化已变成一种由主体间性产生、公众所信奉的现象,它有益于提供同一性的源泉、社会交往的途径和共同体意识。随着公众文化继续不断地被商业化和市场化,一种建立于更加大众化基础之上的更为离散的全球文化正在兴起,以取代各民族国家的各种陈旧的一体化文化。这种跨国文化正在构建

---

① 〔美〕莱斯比特:《大趋势》,华夏出版社1998年版,第1页。

② 〔德〕哈贝马斯:《公共领域的结构转型》,吉林出版社1999年版,第252页。

新的同一性，削弱关于民族协同性的各种较为陈旧的看法。在这一过程中，媒介起到了关键性的作用。①

从总体上来说，我国文化具有一定的封闭性和稳定性特征。但即便如此，文化的转型在中国从来就没有停止过，所不同的是这种转型时而激烈，时而平缓。

文化的主体无疑应该是大众文化。所谓大众文化，就是将人类的生活方式视为一个文化整体，这一整体具有从物质到精神的文化两极，即通常所说的物质文明和精神文明。在物质文明与精神文明之间，还有一个中介因素即政治因素在起着重要的调控作用。只有通过基于政治文明之上的社会调控，物质文明与精神文明的生产才有可能正常进行，从而形成独具特色的民族文化，成为推动社会发展和人类进步的合力。

有学者曾指出，各国之间进行文化交流的可行程度，与各国文化转型的现实水平之间有着相关性：在文化转型的现实水平差距不大的状态之中，文化交流一般呈现为双向互补的现实运动。因此西欧国家新闻事业在出现时间上的差距也就相应地缩小，彼此之间的时间差以十年为计算单位；在文化转型的现实水平差距大的状态之中，文化交流主要表现为单向影响的现实运动，西方国家与东方国家的新闻事业在出现时间上的差异由此而相应增大，彼此之间的时间差以世纪为计算单位。②

由于文化转型水平的高低不平衡，在高位文化与低位文化之间就不可避免地形成了位势差，导致东西方文化交流中从“欧化”到“西化”的说法一再出现。大量事实说明，社会现代化程度与社会开放水平之间呈现着一种正相关：社会开放水平越高，社会现代化程度相应也越高；反之则越低。社会开放的一个后果，就是可能带来外来文化对本土文化的冲击。外来文化强势越明显，对本土文化构成冲击的可能性就越大。对外来文化的消极抵制是没有用的，关键在于增强本土文化的竞争力，而社会文化的真正伟力深藏于人民大众之中，并不由

---

①　刘行芳：《“和谐社会”语境下媒介功能再认识》，载《现代传播》2006年第4期。

②　郝明工：《无冕国度的对舞——中外新闻比较研究》，云南人民出版社2002年版，第117页。

少数社会精英定义。

进入21世纪后,人们明显地感受到我国文化正从精英文化转向大众文化,这一特征在大众传媒上表现得尤为突出。

（一）社会文化形态决定大众传媒的文化走向

大众传媒是当代文化的一个核心标志,它的运行完全遵守着社会文化价值观。如果说新闻媒体结构受文化体制的决定性影响,那么,新闻控制的文化模式则表现出文化体制的本质性要求。新闻控制总体上有两种方式,或者以法律为基础来促成新闻调控与新闻制约之间的一致,或者以政策为基础来维持新闻调控与新闻制约之间的平衡。以法律为基础的新闻控制体现了社会公众的普遍意志,注重的是新闻媒体“能够做什么”,提供对新闻自由权利的保障;而以政策为基础的新闻控制,更多的是体现着执政者的思想,关注的是新闻媒体“应该做什么”,强调的是对新闻自由的义务规定。在权利与义务对等的背景下,无论是权利保障还是义务规定,都有可能实现新闻调控与新闻制约之间的统一。不同之处是,法律调控表现为寓义务于权利之中,具有一定的灵活性;而政策调控表现为寓权利于义务之中,具有较强的规定性。

（二）构建和谐社会必须最大限度地发挥媒介潜在功能

2001年“9·11”事件和2003年春发生的SARS灾难,使我们再次认识到,在社会面临危机时,传媒的作用不可代替。在美国,新闻关系一切,大众传媒提供了与他们生活息息相关的各种有用信息,并使得他们对于世界有一种参与感,使得市民的合作成为可能。在灾难面前,大众传媒作为充满感情、能够提供详尽报道和解释的心灵抚慰剂,成为人们渡过危机的忠实伴侣。在西方,报纸是要卖给读者看的,如果报纸不反映读者兴趣,就卖不出去。因此,报纸的编辑必须经常研究读者,以便及时提供相关信息。这样,它就在很大程度上成为民意的代言人。西方当权者十分明白其中的道理,他们对媒体的调控从总体上来说,必须认真对待民意的走向。

站在唯物史观的角度出发,在马克思、恩格斯看来,报刊是社会的“第三种因素”,它具有“公民的头脑和市民的胸怀”,能够理智地从全体人民的利益出发考虑问题;它可以不通过官方的中介,原封不动地将人民的怨愤传送到国家权力机构面前。[1] 报刊是社会的捍卫者，是针对当权者孜孜不倦的揭露者，是无处不在的耳目，是热情维护自己自由的人民精神的千呼万唤的喉舌，能够反映当前的整个局势。[2]

因此，构建和谐社会必须最大限度地发挥媒介潜在的功能，争做决策层和社会精英意见的传送带，能够反映出当前的整个局势，使人民群众和社会有机体紧密联系在一起，并根据形势发展的要求，赋予媒介在特定时期的特有功能，从而引导中国社会朝着良性运行和协调发展的方向前进，推动人类社会和谐运行。

二、媒介功能的再定位

我国目前正处于社会发展和转型时期，在经济高速发展的大背景下，贫富差距、食品安全、房价飞涨等问题引起公众的焦虑，政府面临着经济建设和精神文明建设的双重任务。大众传媒随着经济的迅速发展，竞争日益激烈，与此同时，受众对媒介的使用和认知水平不断提高，自我意识不断增强，对大众传播媒介的功能定位也提出了新的要求与期望。

（一）大众传播社会功能的失调

大众传播的社会功能也存在着一些不可忽视的失调现象：

1. 环境监测功能的失调

当新闻等各种信息未经筛选、解释而纷至沓来时，或是某些大众传媒对个别事件予以夸大或作煽情主义报道时，就会对社会体制产生威胁，导致人们的不满。

2. 社会协调功能的失调

大众传播具有公开性的特点，所以它的解释、评论触及现存社会和当前时局的时候，不得不受到官方或非官方的限制。这会妨碍社会变革，助长公众顺从社会现状的心理。受众的主动精神也会受到不利影响。

---

① 吴廷俊：《马列新闻活动与新闻思想史》，华中理工大学出版社 1992 年版，第 310—314 页。

② 郑超然、程曼丽、王泰玄：《外国新闻传播史》，中国人民大学出版社 2000 年版，第 167—168 页。

3. 文化传递功能的失调

大众传播发挥的文化传递功能会扩大“大众”社会。标准化教育会使社会成员失去学习的独创性和想象力。

4. 娱乐功能的失调

大众传播的过度娱乐功能会增加受众的被动性,使他们沉迷于“媒介假日”中,降低审美情趣,限制他们的社会性行动。

(二) 大众传播功能的新认识

在信息社会里,在构建社会文化转型的大背景下,大众传播媒介的原生性功能得到重新确认,正在发生不可替代的作用。这主要包括:

1. 人类决策的信息库

人类在日常生活中,需要作出各种决策,而他们决策的依据就是其所掌握的信息。在市场经济体制已经确立的今天,受众不再是被动的信息接收者,他们需要媒介及时提供充足的信息,借以作出决策;他们拥有和精英一样的权利和地位,成为各种信息的主动获取者和支配者;他们有与传播者同样的文化背景,也与传播者一样面临着各种相同的问题,有着同样的社会理想和人生追求。因此,大众传播越来越成为信息的汇聚过程,成为为公众决策提供信息资源的服务性活动。以传播观念为目的的宣传或者劝服,或者是对公众思想的“教化”“灌输”,与信息社会和和谐社会的要求越来越格格不入。在这种背景下,传播与公众成为一种共生关系,不再以传媒为本位,而应在“主体间性”理念下处理与受众之间的关系,以受众为中心来建构新时期的传播体制。

2. 人民智慧的倍增器

要培养智力活跃的人民,建设创新型国家,除了优化学校教育、提升国民教育水平外,媒介充当着人民最直接、最经常的社会教育者的角色,是最值得人民群众信赖的良师益友。它不间断地给人民输送着精神食粮,开发着他们的智慧,启发他们的自治能力。

在数千年形成的中华文化传统中,有精华也有糟粕,如男尊女卑等观念、封建等级观念,特别是“愚民政策”等,就是中国文化中极坏的传统,它阻断了人际的正常交流,扼杀了民族的创新精神和创造才能,使真理成为权力伴生物,表达权与社会身份成正比。这或许就是数百年来中国积贫积弱、备受外族凌辱的原因之一。因此,摆在传媒面前的当务之急,是要重新给自己定位,主动去启发公众的创造精神,为培养智慧的人民作出贡献。

3. 社会沟通的润滑剂

在传统新闻理论中,对媒介功能的定位有两种决然相反的认识,一种理论认为媒介是"第四等级",是"监督政府的哨兵",是与政府势不两立的社会制衡力量;另一种理论则认为,媒介作为意识形态的一种方式,必须反映时代的价值观,必须成为社会管理的一种机制,应该成为社会管理者用以规范或教化公民的思想和行为的工具。显然,这两种观念都失之偏颇。构建和谐社会理念的提出,就意味着我们对社会各种存在的认可,意味着对多种利益主体、多种价值观念甚至多种意识形态的认可,并且承认它们具有平等合法的主体资格。基于这一认识,媒介就必须改变传统的提法,应该成为社会各阶层人们平等对话的平台。通过媒介的机制,人们可以在不同文化群体之间畅通地交流意见,形成共识,消除隔阂,建立正常的交往关系。因此,媒介贴近实际,贴近生活,贴近群众,就成为正确选择。只有这样,媒介才能在各社会成员之间架起沟通的桥梁,成为社会的"公共领域",做社会运行的润滑剂。

4. 民族精神交往的主渠道

在几千年的人类发展史上,解决矛盾冲突离不开暴力方式。媒介诞生后,矛盾冲突才有了通过对话和讨论来加以解决的可能。今天,和平与发展是世界的两大主题,经济一体化、政治多极化、文化多元化成为时代的强音,不同民族、不同种族、不同文明之间相互尊重,平等对话,相互学习,彼此融合。人们希望利用媒介来沟通信息,连接世界。媒介新秩序的一大理想就是要自由而不受阻碍地向世界播放"无疆界的电视节目"。时代华纳公司的前任总裁史蒂文·罗斯认为传播正"走在通向真正自由、公开竞争的道路上"。他相信,媒介"能推动实现全球人民,不分种族、宗教、信仰、国籍,都享有平等与尊严"。在罗斯看来,借助新的传播媒介,全球共享的体验会帮助人们超越不同文化、不同社会制度之间的差异,最终走向"真正的相互信任与理解",实现社会的长久和谐。①

传播媒介的发展是具有继承性的,信息社会同样是对以往传播媒介功能的融合与继承,虽然传播方式变动极大,但同时,原有的政治、经济权力组织实际也掌握着网上的信息源。因此,在信息社会与文化转型的新形势下,我们应构建一个更加全方位的视野来审视媒介功能,形成一个真实的互动体系,来衡量媒介与社会的相互作用。

---

① 〔英〕戴维·莫利、凯文·罗宾斯:《认同的空间》,南京大学出版社 2001 年版,第 15—16 页。

第三讲　媒介机构与媒介制度

对媒介机构和媒介制度的研究，必须把握媒介最基本的属性。首先，媒介是一个社会资讯的传播渠道；其次，媒介也是政治控制的一种工具。媒介制度是由一个社会的政治结构和经济技术特征决定的。要研究媒介制度，我们应该厘清不同媒介形态的机构组成。

第一节　媒介机构的构成

媒介不仅是一种传播信息的载体，也是人类社会的有机组成部分。在媒介经济学中，媒介产业被定义为一个特殊的产业门类，涵盖了报纸、杂志、图书等印刷媒介和电视、广播、电影、音像等电子媒介。新中国成立以来，媒介机构一直实行的是事业单位的管理体制，近年来，随着媒介业体制改革的深入进行，部分媒介机构已经由事业单位改制为企业。

一、媒介机构概述

要想界定“媒介机构”，首先我们必须明确“机构”一词的含义。

在《现代汉语词典》中，机构指机关、团体或其他工作单位。周恩来在《全国文代会上的报告》指出：“我们新民主主义的政权机构里面的文艺部门，也需要我们全体文艺工作者来积极参加工作。”机构也指籍贯、团体的内部组织。

泰勒和威利斯在《媒介研究：文本、机构与受众》一书中对“媒介机构”作如下界定：

第一种，它们可以被当做在资本主义社会生产商品的工业或公司。在这个意义上的机构受制于它们运作的经济气候，因此媒体机构可以是暂时的，它们出现又消失，产品时而走红、时而无人问津。

第二种，从更广泛的意义上来说，机构可以被看做在任何社会都存在的大型组织实体和结构。这些广泛的、相互关联的机构，如家庭、教会、司法、国王、教育以及我们所关注的媒体，都在参与制造和规范我们社会中流动的文化价值和信仰。在后者意义上的机构更加长久和稳定。但是，这两种定义并不矛盾，它们分别描述了媒体机构的不同侧面。①

从经济环境的视角来看，媒体机构被视为工业，新闻报道的流程就是媒介产品的生产过程，追求利益最大化。大多数媒介产品都是大规模生产的，媒介机构是大型的、规范有序的、等级森严的、有明确分工合作的工业体系。在社会环境的视角下，媒体担负着社会文化的构造功能。

二、媒介机构的构成

媒介机构从事的是新闻传播业务，因此，媒介机构也被称为新闻传播机构，主要是指报社、广播电台、电视台、杂志社、有线电视台、互联网等机构。

媒介机构具备一些共通的特征。首先，都有专门的组织机构；其次，有一定数量的专业人才和专业设备；再次，有一套规范而严密的媒介制度和管理体制。媒介机构所在的语境中，包含了其他权力机构。在商业、社会和文化所组成的系统当中，媒介机构具备特殊的地位，但是媒介机构并没有凌驾于其他机构之上。在这个语境中，媒介机构也会与其他机构进行互动，在西方的新闻学研究中，战争时期，电视媒介会与前方的军队进行互动，在卫生部门进行重组时，报刊的文章与其进行互动。②

---

① 〔英〕泰勒、威利斯：《媒介研究：文本、机构与受众》，北京大学出版社 2004 年版，第 85 页。

② 〔英〕伯顿：《媒体与社会：批判的视角》，史安斌译，清华大学出版社 2007 年版，第 12 页。

（一）各类媒介机构的构成

媒介机构的构成更多的是指媒介的组织架构，也就是一个媒体内部如何对工作任务进行组织、分配和协调。组织架构的设置决定了一家媒体的基本议事程序和决策程序。

就纸媒而言，报社或者报业集团由负责新闻宣传且具有独立事业法人地位的报社，以及负责经营且都具有独立企业法人的母子公司组成；集团各报刊采编部门及人员编制均隶属于报社，集团经营系统各部门及人员编制属于母子公司；集团党委是集团的最高领导层（也可称为管委会）。从较为宽泛的层面来说，报社有新闻部，负责新闻的采写、编辑和评论；广告部，这是报社主要的经济来源；发行和营销部，负责报纸的发行和销售；管理部，负责报社内部的人力资源管理、行政管理、物业管理；印刷部，负责报纸的印刷业务。

报纸除了广告以外，一切与内容相关的事务均归编辑部管理，其余归属行政经营方面管理。编辑部由总编辑负责，再分为两块，一块是新闻编辑部，一块是社论评论部。社论版由总编和主要评论家组成，负责确定社论和重要评论的选题；新闻编辑部由总编辑负责，设执行总编、副总编、助理总编若干人。在此，扁平化管理原则在报纸生产中体现得非常明显，同时在结构的设置上注意了采编独立的原则。

杂志社是以宣传政治理论、社会理念、科学知识为目的，以创建社会文化为己任，编辑各种杂志的机构。① 杂志作为纸媒的一种类型，跟普通日报相比，周期性更长，报道更有深度和厚重感。杂志社的组织结构与报社具备相似之处。社长是杂志社的主要负责人，下设主编和总经理，主编负责杂志的采编，而总经理则负责杂志的印刷和售卖。经营与采写分离，有利于新闻专业主义的发挥，也有利于杂志维持自身的品格，坚持自身的定位。新闻编辑部根据新闻类别的不同进行区分，包括法制新闻、经济新闻、科技新闻、文化新闻、社会新闻等。视觉中心是对杂志进行包装的部门，负责杂志的设计和图片的制作与处理。

---

① 杂志社，http://www.baike.com/wiki/%E6%9D%82%E5%BF%97%E7%A4%BE，2014年1月4日访问。

我国的电视媒体主要包括国有电视台和一些民营的电视节目制作公司。由于电视产业尚未实现完全的制播分离，在讨论电视媒体的结构时，我们主要指的是地(市)级以上的国有电视台。在有线电视尚未普及的时代，国内的电视台大多仅有一两个无线频道的播出资源，基本采取的是职能式组织结构。各部门之间的独立性比较小，层级比较多，信息传递的程序非常缜密，整个电视台实行集中的控制和统一的指挥。在电视节目市场供不应求的时期，这样的构成能够使电视媒体达到必要的规模和播出效率，同时保证了所播出的电视节目不会出现政治问题。

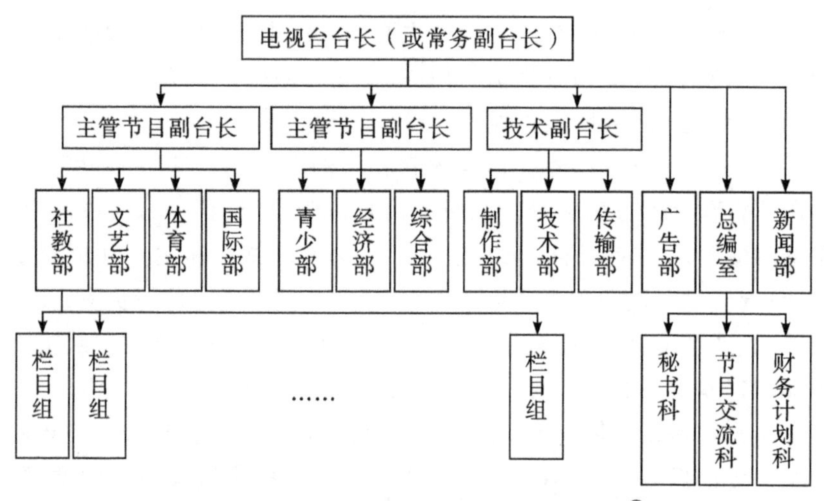

图1　中国电视媒体职能式组织结构示意图①

随着电视信号传输技术的不断发展，有线电视和卫星电视的发展改变了中国电视产业的竞争格局，电视频道资源大大增多。中国电视媒体的构成表现为以频道资源为单位设立一个有相当自主权的利润中心，相对独立地进行日常运营，每个频道都是一个职能型的播出机构。这样的组织架构使得权责更加相称，节目的设计策划者和制作者能够更加直接地了解观众的需求，同时出现了电视节目同质化现象严重、设备资源缺乏统筹规划、节目改版缓慢等弊端。

---

① 王冬冬、王雅林：《中国电视媒体组织结构设计分析》，载《哈尔滨工业大学学报》(社会科学版)2008年1月。

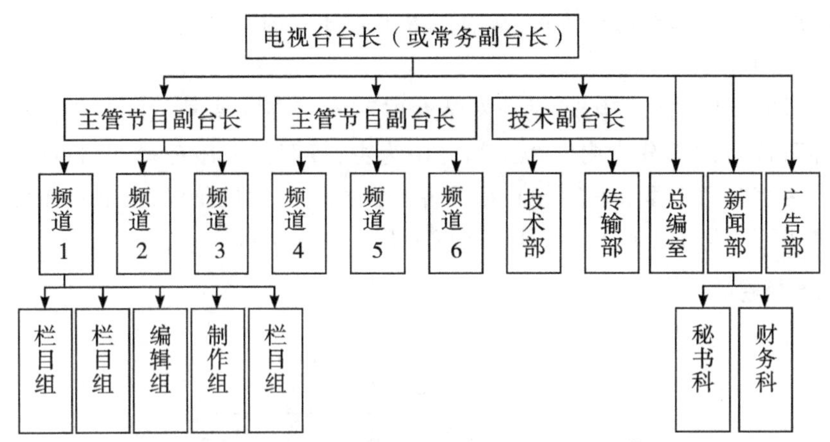

图2　中国电视媒体事业部制结构示意图①

就出版行业而言，无论是大众出版社、专业出版社还是教育出版社，也不管是单个的出版社还是出版集团，其内部的工作人员都是根据工作职能的不同划分为不同的部门，这些部门构成出版企业的内部组织结构。部门与部门之间相互关联，组成有机的企业整体，完成整个企业的工作流程。出版社的内部组织结构，根据业内人士的分析，首先遵循动态原则，通常以出版社运营的市场规模大小为依据，根据不同的历史发展时段，设置内部职能部门、业务部门、经营部门，避免机构设置过多，避免冗员，避免业务高峰时人手不够；其次遵循效率优先原则，尽可能减少管理层次，避免决策混乱与互相推诿责任；再次是坚持以人为本原则，要有明确的岗位责任，因事设岗，因岗选人，让每个人都清楚自己的职责和整个系统的工作流程。②

目前我国的出版社大多沿用20世纪50年代计划经济体制下形成的组织模式，即以编辑室为中心的单元式结构，在社长和总编辑集权式领导下，靠行政命令垂直管理。③ 当前随着文化体制改革的不断深入，为迎合读者日益多样化的阅读需求，出版社走上了“转企改制”的路线，注重以效率为基本原则，优化配置人才资源，从文字生产型组

① 王冬冬、王雅林：《中国电视媒体组织结构设计分析》，载《哈尔滨工业大学学报》（社会科学版）2008年1月。

② 耿相新：《论出版社组织结构》，载《中国出版》2006年第6期。

③ 李桂福：《出版社应建立以效率为原则的组织架构》，载《出版发行研究》2010年第8期。

织转变为文学营销型机构,从而使得出版社在图书市场竞争中获得最大化的收益。

互联网的机构组成根据网站性质不同而存在差异。按照基本属性可以将网站分为内容为主和应用为主;按照信息服务模式,将网站分为综合门户型和垂直门户型两种。在不同的发展阶段,互联网企业具备不一样的组织机构,具体如以下几个图例所示。①

开发阶段

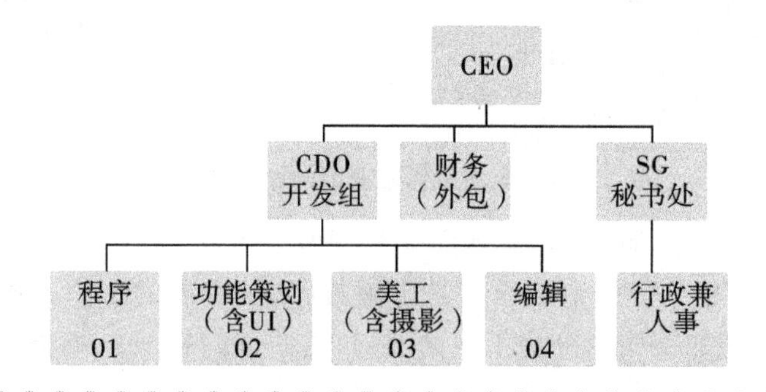

推广阶段

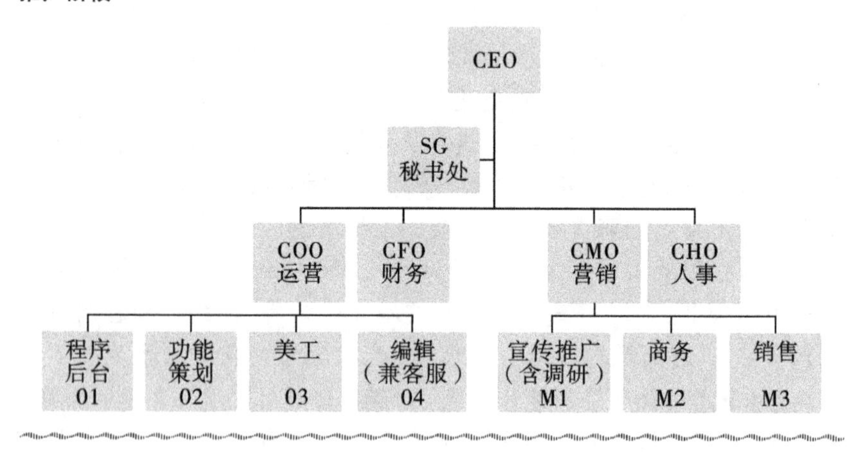

① 《互联网企业五个阶段的组织结构图》,http://set44.blogbus.com/logs/35177506.html,2014 年 1 月 4 日访问。

发展阶段

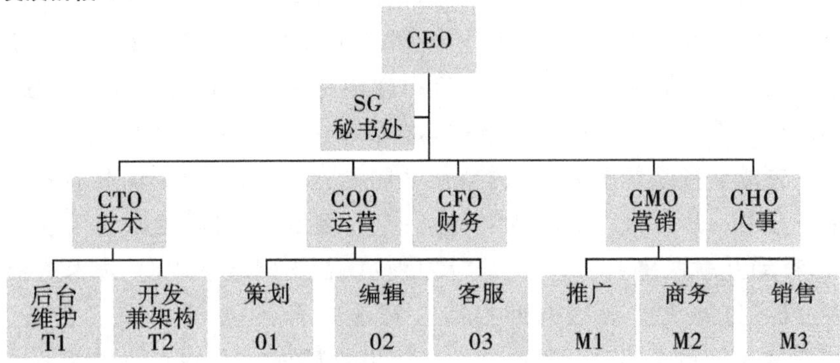

成熟阶段

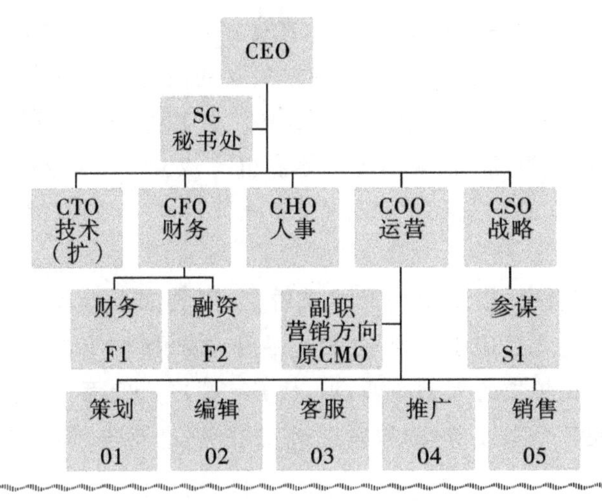

扩张阶段

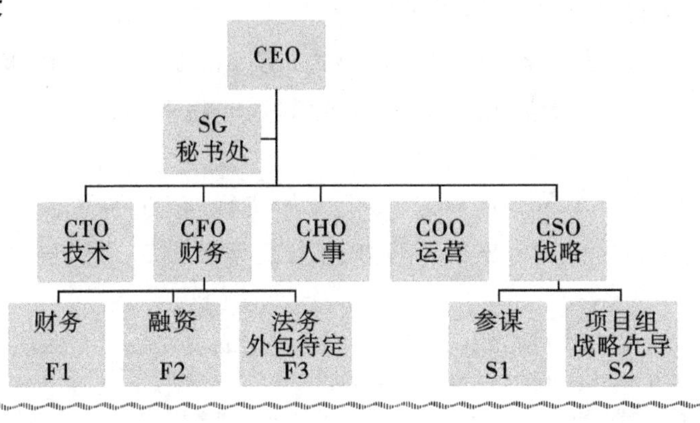

2010年以来，多家门户网站对自身的组织架构进行调整，这既是企业战略的投射，也是企业对于外部市场环境的一种应对措施。在竞争日益激烈的情况下，及时调整组织架构是一种明智的选择。例如，2012年5月，腾讯继2005年结构调整以来进行了第二次的大型调整，将原先的业务系统制，升级为事业群制，共划分出了六个事业群和一个子公司。其中这六个事业群包括：企业发展事业群、互动娱乐事业群、移动互联网事业群、网络媒体事业群、社交网络事业群、技术工程事业群；另外成立腾讯电商控股公司这一子公司，专做电子商务。2012年12月，新浪进行了内部组织架构的调整，在门户板块成立了门户技术部，将原产品事业部的视频和博客产品以及技术团队划归门户板块，与相关的门户运营团队合并；在微博板块，将原微博商业化产品和技术团队并入微博事业部，并成立独立的微博开放平台，由原来的微博开放平台和微博商业拓展团队组成。2013年6月7日，百度进行组织架构调整，组建"前向收费业务群组"，成立"搜索业务群组"，其中"搜索业务群组"包括：销售体系、商业运营体系、网页搜索部、搜索产品市场部。

从以上网站的组织结构形式来看，采用的都是事业群/部制。事业部制结构主要适用于产业多元化、品种多样化、各有独立立场，而且市场环境变化较快的大型企业。① 对于互联网行业而言，这样的组织形式能够使各个事业群/部权责明确，并能促进竞争，提高效率，增强盈利能力。

（二）报业集团的机构组成

报业集团是企业集团的一种形式，是以报纸为核心，以报业和带有报业外延性质的实业为主体，兼营其他非报业经济实体的经济联合体。②

自1978年改革开放以来，报业开始实行"事业单位性质，企业化管理"的经营方针，1988年3月新闻出版署和国家工商局联合颁发

---

① 《这一年，细数互联网企业组织架构大调整》，http://money.163.com/13/0610/17/911A3K2F00253B0H.html，2014年1月4日访问。

② 报业集团，http://baike.baidu.com/view/699858.htm，2014年1月3日访问。

了《关于报社、期刊社、出版社有偿开展服务和经营活动的暂行办法》,此后我国报业的多种经营正式启动。1992年10月,《中国报协对有关报纸行业产业政策和体制改革的五项意见》下发后,中国报业获准从事办实业、旅游业、金融、贸易、经营房地产等跨行业经营活动,不再受与报业有关的范围的限制。至此,报业经济进入一个全新的发展时期。①

20世纪90年代以来,社会主义市场经济体制逐步确立,我国的报业在传媒行业的竞争中寻求改革创新和发展突破,最初的改革表现为一些报纸增设周末版、特刊,随即市场上出现了更多的晚报和都市报。一方面,读者对报纸的阅读和购买需求不断提升,另一方面,报社的采编能力和经济实力也在不断增强,更多的报纸开始寻求多方面的经营和多样态的发展。

当前,我国报业集团的主要传媒产品包括报纸、期刊、图书出版物和新闻网站等,以纸媒产品为主,通常是以一份党报为母报或者以主流媒体为中心,多种报刊并存,并兼顾发展网络新媒体。虽然报业集团初具规模优势,但是缺乏强势媒体;另外,报纸的分众化定位不清晰,缺乏明显的竞争力;第三,网站的发展建设比较滞后,也没有实际的经济效益。

国家新闻出版总署在《全国报纸出版业"十一五"发展纲要》中提出了"优化报业结构和转变发展模式"的目标。② 自此,报业集团进入一个调整产品结构、逐步实现多元化内容产品经营的新时期。

基于各地不同的经济发展水平、受众结构、地理环境和传媒生态,各地的报业集团应突出差异化,打造自身特色,避免落入同质化的俗套。例如,广州日报报业集团通过连锁经营做强党报,将产业链不断延伸发展,推动子报子刊的壮大,集团拥有二十多个媒体,是我国规模最大的报业集团;而南方报业传媒集团主打"品牌影响力",注重经营品牌报纸,同时关注图书出版和网络媒体建设;湖北日报报业集团重

① 黄雯、李佳佳:《财政金融——加入WTO对中国报业的影响及对策》,载《群文天地》2008年第11期。

② 《全国报纸出版业"十一五"发展纲要出炉》,http://news.sina.com.cn/o/2006-08-05/07519663480s.shtml,2014年1月4日访问。

点建设纸媒,培育了6份报纸和7份期刊,成为我国第一家拥有发行“双百万”报刊的报业集团。

根据报业集团内部的产品结构及其相互之间的关系,我国报业集团的组织架构有以下三种方式:

第一种是以党报为核心的报业集团发展模式。在经济发达的大都市,通常都是以党报为核心的。早在报业集团成立之前,我国报业是以中央级党报、省级党报、市级党报为核心,重视党报的主流地位。另外,报社作为一个事业单位有行政级别的差异,党报的行政级别是最高的,具有先天的地位优势,更容易得到政策的扶持。然而这种模式的条件要求比较严格,目前发展成功的报业集团并不多见。在这一发展模式中,问题在于并不能保证将党报发展成为集团内部最具品牌影响力、最具创收能力,继而成为集团内部顶梁柱的报纸。党报虽然具有先天的“出身”优势,但是同时受到了一些政策的限定。

第二种模式是以子报为支柱的报业集团发展模式。集团内部有一些子报,包括都市报、晚报、专业报等多种形式的报纸。由于宣传任务没有那么重,舆论导向的要求也没有那么严格,政策环境相对而言比较宽松,更易于走向市场化的道路,在市场化的浪潮中发展壮大。在这种情况下,党报在集团内部的地位让给了子报,子报成了经济支柱,这是国内报业集团中比较常见的现象。

第三种模式是多品牌的报业集团发展。有些报业集团在发展的历程中维持并壮大了党报和子报,两者都取得了长足的进步和发展,党报占据了舆论制高点,同时能满足政治宣传的任务需求,子报也依据自身特色稳健发展。在这种报业集团发展模式中,南方报业传媒集团是典型的代表,此外还有深圳报业集团、文汇新民联合报业集团等等。

(三)广电集团的机构组成

2001年12月6日,号称中国广电集团“航空母舰”的中国广播影视集团挂牌成立。堪称我国广电集团化道路上的里程碑。自从国办〔1999〕82号文件发出之后,一个以“有线与无线合并”“造大船”“集团化”的新一轮改革,启动了电视走向新世纪的改革新阶段。①

我国广电行业的集团化发展有市场和政府两方面的因素,其中政府的因素显得更为重要。1992 年,党中央在《关于加快第三产业发展的决定》中,明确将广播电视列入第三产业。1998 年,全国九届人大第一次会议提出,国家今后对包括广播电视在内的大多数事业单位,将逐年减少拨款,三年后这些事业单位要实现自收自支。② 近年来广电行业面临着前所未有的激烈竞争:一是中国加入 WTO 之后来自境外广电传媒的竞争压力增加。和国外的传媒巨头相比,我国广电行业的实力相对弱小,难免有很强的危机意识,做大做强几乎成为学界和业界的共识。然而做大容易做强难,如何从粗放经营过渡到集约经营、从单纯量的扩张过渡到质的转变,从“物理反应”过渡到“化学反应”,仍然是大多数广电集团亟须解决的问题。二是国内广电业从相对垄断竞争到全面竞争阶段过渡,从区域性有限竞争向全国范围内的竞争过渡。随之各省纷纷推出自己的卫星电视,形成了央视、卫视、地方电视互竞的局面。三是随着频道专业化的深入发展,数字电视、付费电视的兴起,竞争从以台为基础的模式过渡到以频道、频率为基础的模式,从而使得广电业的竞争向专业化、纵深化的方向发展。③

当前我国广电集团有三种组织结构模式:第一种的典型代表是湖南广播影视集团,是广播电视集团与广电电视局合署办公,领导班子交叉任职,政企、政事职能在内部相对分开;第二种典型是江苏省广播电视总台,广播电视集团与广播电视局“两块牌子、两套人马和两套领导班子”,政企、政事职能分离;第三种以上海文广新闻传媒集团为代表(现为上海东方传媒集团),虽然也是两套领导班子,但是领导班子中少数人员需要兼职。④

---

① 徐晴:《我国广电媒体集团化现状与发展趋势研究》,载《湘潭师范学院学报(社会科学版)》2006 年 5 月。

② 黄敏:《X 广电集团集团化组织机构改革的研究》,西南财经大学 2008 年硕士论文,第 25—26 页。

③ 孟建、刘成付:《中国广电集团发展模式新探——以上海文广新闻传媒集团改革为例的分析》,载《声屏世界》2004 年第 11 期。

④ 董国栋:《广电集团化研究综述》,载《江汉大学学报(人文科学版)》2003 年 6 月。

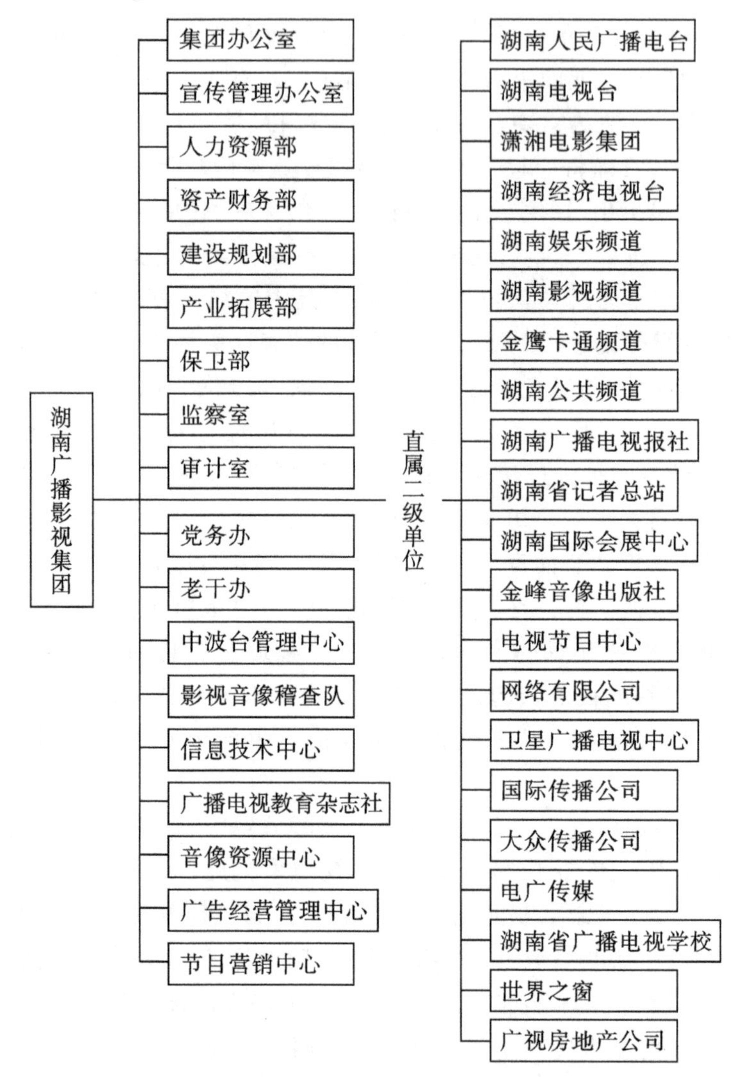

图 3 湖南广播影视集团的组织架构图

湖南广播影视集团由新组建的湖南广播电视总台、潇湘电影制片厂、湖南广播电视报社等企事业单位组成，具备独立法人地位，是国有大型事业集团。

从组织结构而言，湖南广电集团将综合职能部门和需要扶持的事业化单位放在集团的直接管理部分，将频道和产业化公司放在直属的二级单位。[①] 可见,湖南广电的管理是根据业务的事业和产业属性来划分的,能够充分发挥集团化管理的优势也能推动附属产业的发展。根据以上架构,我们发现湖南广播影视集团主要是以广播、电视、报刊等媒体为依托,以影视为产业,同时兼营会展、房地产等业务。

江苏省广播电视总台成立于2001年6月,下设电视新闻中心、广电技术中心、影视中心、教科中心等九大事业部门,具体组织架构如图4所示,除了主打的广播电视行业外,江苏省广播电视总台涵盖了几乎所有的媒介形态。从图4我们发现,江苏省广播电视总台实行总台制,除了综合管理部门之外,其他业务单位是以中心制来组织的,能够将最优秀的资源集合在一起,省略了一些基础性的管理工作,使得专业技术人员能够将更多的时间和精力投入到电视节目的创作中。

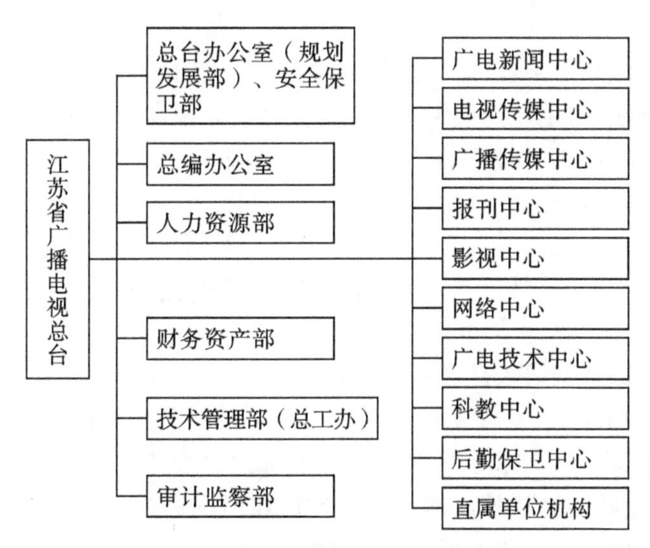

图4 江苏省广播电视总台组织架构

此前的上海文广新闻传媒集团隶属于上海文化广播影视集团,是一家集广播、电视、报刊、网络等于一体的多媒体集团。[②] 而现在我们看到的上海东方传媒集团有限公司(SMG)是上海文广新闻传媒在

① 黄敏:《X广电集团集团化组织机构改革的研究》,西南财经大学2008年硕士论文,第30页。

② 上海东方传媒集团,http://baike.baidu.com/view/2868311.htm,2014年1月6日访问。

2009年底通过“事企分离”改革重组而成的。上海东方传媒集团是上海广播电视台台属、台控、台管的控股企业集团，由企业本部业务部、若干家子公司和职能部门组成，是我国第一家获得广电总局正式批准推进广播电视制播分离改革的单位。

上海东方传媒集团的成员单位包括：东方卫视、艺术人文、ICS、上海第一财经传媒有限公司、星尚传媒（上海）有限公司、上海电视传媒公司、五星体育传媒有限公司、上海新娱乐传媒有限公司、上海东方盛典传媒有限公司、真实传媒有限公司、炫动传播有限公司、上海东方广播有限公司、上海五岸传播有限公司、上海东方电视购物有限公司、上海文广互动电视有限公司、百视通新媒体公司、每周报业传媒有限公司、上海广电影视制作公司、上海广播电视广告经营公司。

从组织架构来看，上海东方传媒集团经营范围非常广泛，主要经营频道和频率，也涵盖新媒体和平面媒体。它跟湖南影视集团和江苏省广播电视总台的差别在于，没有过多事业化的单位，产业化更为彻底全面，是比较完全的集团化发展。

第二节　中外传媒制度的比较

在中国逐步融入世界一体化的进程中，传媒业的发展也融入了国际化的发展潮流，一些发达国家的传媒制度对于我国来说，具备重要的借鉴意义。从全球范围来看，传播制度的总趋势是由管制发展为疏导、由限制转变为扶持。本节将中外传媒制度进行对比分析，探讨我国传媒制度的变革和传媒生态的改善。

一、传媒制度概述

要了解传媒制度的界定，首先我们必须了解“制度”的含义。在词典中，制度最一般的含义是：“要求大家共同遵守的办事规程或行动准则。”①在学界，不同学者对于“制度”有不同的理解。

---

① 制度，http://baike.baidu.com/link? url = sT3FpJ3PfVjsbqtOKBfh3dBlkh9WhhbVVysBPPukZ6Mrarz Yqo4EcJMaAuLty4Kz，2013年12月11日访问。

新制度经济学派的代表人物诺思认为,制度在管理学中,是“一系列被制定出来的规则、守法程序和行为的道德伦理规范”①。

V.W. 拉坦则认为:制度和组织没有差别。“人们常常将制度与组织区分开来。一种制度通常被定义为一套行为规则,它们被用于支配特定的行为模式与相互关系。一种组织则一般被看做是一个决策单位——一个家庭,一个企业,一个局——由它来实施对资源的控制。就我们的目的而言,这是一种没有差别的区分。”②

休·E.S. 克劳福德和埃里诺·奥斯特罗姆在《制度的语法》一文中把对制度的刊发归纳为三种:(1)制度是一种均衡。(2)制度是一种规范。(3)制度是一种规则。可见,静态地看,制度是一种规范或规则;动态地看,制度是一种博弈均衡。前者揭示了制度的表现形式,后者则进一步揭示了制度的形成机制。③

陈怀林借用诺思关于制度划分的两个层次,将传媒制度分为三个层次:传媒的制度环境、传媒的制度安排和传媒的制度规例。传媒制度环境是同传媒有关的基本的经济、政治、社会及法律规则的集合,它是传媒生存、运作、发展的基础,是有关传媒的宗旨和基本原则。传媒制度安排指的是传媒组织与运作的目标和准则。而传媒规例则是体现传媒制度的、可操作的、成文的政策、法规和不成文的传统、惯例。④

传媒制度是传媒组织运行的内外部规则。具体而言,是指“嵌入于政治、经济、文化等社会结构中的媒介组织及媒介运行的正式与非正式的程序与规则”。传媒制度并非一个孤立的制度,而是一个制度的系统,是由各项具体制度构成的有机整体,因而具备制度系统的共同特征:相关性、层级性以及演化过程中的次序性。⑤

传媒制度不仅包括媒介与政府的关系,也包括媒介与社会群体、广大受众的关系,言论出版自由的权利和义务的关系。

传媒制度可以分为传媒的正式制度与传媒的非正式制度,传媒正

---

① 〔美〕道格拉斯·C. 诺思:《经济史中的结构与变迁》,上海人民出版社 1994 年版,第 225—226 页。

② 潘祥辉:《论媒介制度的内涵及其分层演化原理》,载《理论界》2012 年第 2 期。

③ 同上。

④ 同上。

⑤ 同上。

式制度包括:宏观管理制度(媒介法律法规)、采编制度(采访制度、编辑制度)、经营制度(广告制度、发行制度)。

传媒非正式制度包括:宏观管理制度(管制中的潜在规则)、采编制度(采编中的潜在程序)、经营制度(经营中的潜在做法)。

二、我国的传媒制度及其发展变革

中国现代意义上的媒介产生与演变是在近代“西学东渐”的背景下发生的,一开始就是西方植入的结果,传教、贸易与战争极大地影响和改变了中国历史的进程,也给中国媒介制度的变迁带来了深远的影响。中国传媒体制的研究最早可以追溯到20世纪80年代改革开放之初,对媒介事业和产业双重属性的思考是当时学者讨论的重点。

我国现行的传媒制度,是在中华人民共和国成立初期,全面学习、移植苏联的政治、经济和社会制度的背景下,在继承中国共产党的办报传统的基础上形成的,是来源于革命根据地时期品种单一而级别分划的党的机关报的体制。1949年新中国成立以后,曾在短期内出现过党报和非党报共存,国营、公私合营和私营报纸并存的局面。但是不久,民营报纸逐渐消失,新闻事业被称为党的新闻事业,共产党开始组织管理各类新闻事业。这样的传媒制度在宣传党和国家的各项方针、政策,促进和推动工作,在向人民群众宣传先进思想方法方面,具备显著的优势。然而,这种传媒制度在一定程度上忽略了受众的反馈机制,也较少同时传播两种以上相反的意见和观点。

根据武汉大学媒体与发展研究中心的学者李明在《中国传媒体制改革研究述评》一文中的归纳总结,中国传媒体制的改革是以1978年中国改革开放为起点,历经三个大的阶段,即初步市场化、传媒集团化以及“转轨改制”。[①] 有学者将这三个阶段细化为四个阶段:(1)初始阶段(1978—1991年),“事业单位企业化管理”二元运作机制的确立,以传媒经营意识加强、自负盈亏为主要特征;(2)深入阶段(1992—1998年),以将传媒行业定义为第三产业为主要标志,明确其产业属性;(3)整合阶段(1999—2004年),以传媒的集团化发展为标志;

---

① 李明:《中国传媒体制改革述评》,载《东南传播》2010年第10期。

(4)调整阶段(2005 年以来),以文化体制改革战略思想的提出为向导。① 也有学者从制度变迁的主体、内容、方式、受益者四个关键因素的角度考察,将中国传媒制度的变迁分为四个阶段:第一阶段,政府主导、以经营分配环境为突破口的"财政成本拉动型"的企业化制度变迁;第二阶段,由下而上,以新闻采编环节为突破口的"经济效益推动型"的市场化制度变迁;第三阶段,创新集团推动、以产业组织环节为突破口的"行政力量控制型"的产业化制度变迁;第四阶段,上下合谋,以培育市场主体为突破口的"政治与资本合作型"的资本化制度变迁。②

我国的传媒制度与传媒机构的运作是在计划经济体制下设计的,制度的本身是排斥有效竞争的,根据制度变迁的路径依赖理论,"某一路径的既定方向会在以后的发展中得到强化"。人们过去作出的选择决定了他们现在及未来可能的选择。

1978 年中国传媒产业化启动,但是总体上仍以原有管制体制内变革为主。2000 年至 2001 年,中国大众传媒领域经历了一定的徘徊。2001 年以后,在徘徊中呈现加大改革开放力度的态势。2001 年 8 月的中国传媒政策有了实质性变动。进入 2004 年,传媒体制改革进一步呈现开放姿态。

中国传媒产业未来转型的关键是党和政府对传媒领导体制的变革,要确保传媒企业自主经营,设立合理的制衡机制,遏制滥用审查审批权限的现象。传媒生产与服务单位应该实行所有制股权结构的适度多元化。

学界对于传媒业是进行运作机制的变革还是彻底的体制改革曾经有过一番争议,部分学者认为中国传媒业改革只需进行局部改良或者是体制改造。潘忠党教授的观点具有鲜明的代表性,他认为,"新闻改革"并不是旨在以某一个已知的体制替换现存的体制,而是在现存体制的基本框架内,引进一些充分体现这一体制之核心原则的新型运作机制。冯建三教授则明确指出,中国传媒的改革没有必要使媒介产

① 陈建华:《谈中国传媒体制改制》,新闻传播学习网,http://www.100xwcb.com,2014 年 1 月 24 日访问。

② 周劲:《转型期中国传媒制度变迁的经济学分析——以报业改革为案例》,载《现代传播》2005 年第 1 期。

权政策清晰化以免使之成为使自由产权合法的政策，中国传媒的改革不一定要完全遵循资本主义模式，更应具有社会主义市场模式的特点。也有不少学者持反对意见，他们认为，运作机制层面的改革只是一种小修小补的战术性方案，并不能解决深层次的产权问题，产权改革应当是传媒体制改革的核心内容，因此进行彻底的体制改革，不是修修补补的局部改良才是传媒改革的根本。①

三、西方的传媒制度

各国政治、经济、文化上的差异对各国传媒制度的影响很大。政治和文化的差异使得各国利用不同的政策手段，管理信息传播活动，这是传媒制度的“软件”差异。而经济发展程度的不同导致各国信息传输基础设施水平的不同，形成了新闻生产中的“硬件”差异。在全球经济一体化的浪潮中，传媒业的发展也应该与国际潮流保持同步。西方传媒制度对于我国来说，具备一些借鉴意义，总体而言，世界范围内的传播政策总的趋向是由管制到疏导、由限制到扶持。

传媒制度是传播环境的质的指标。它主要是指国家权力机关与传媒机构之间的关系。国家权力机关与媒介机构的自身状况，各类媒体之间的关系，都是媒介环境中质的反映。

西方的传媒制度的理论基础包括：极权主义理论、自由主义报刊理论、社会责任论、苏联共产主义理论。基于此，西方传媒制度的基本类型可以分为以下四类：以“极权主义理论”为基础的媒介制度、以“自由主义理论”为基础的媒介制度、以“社会责任论”为基础的媒介制度、以“苏联共产主义理论”为基础的媒介制度。

（一）以“极权主义理论”为基础的传媒制度

极权主义（authoritarianism）也被称为威权主义。极权主义理论是一种在对社会事物进行评价和判断时，不从事物的内在价值，而从事物与外部或权威的关系上考虑问题的一种认知态度和思维方式。极权主义是西方新闻学者对16、17世纪欧洲封建主义社会经济形态下的新闻思想所作的理论概括。极权主义者主张一切社会事务必须以权力或权威为转移，强调社会等级制度的森严和上下级之间的绝对支

① 李明：《中国传媒体制改革研究述评》，载《东南传播》2010年第7期。

配和服从关系,维护专制主义统治的理论:主张必须一切以权力的意志为转移,一切为统治者服务,形成于印刷术的发明、文艺复兴和宗教革命的发展时期。

极权主义理论有三点基本假设。第一,人具有社会性,一个人只有作为社会成员的时候,才能发挥其全部的潜在力量,个人的力量和作为是有限的;第二,集体组织的最高形式,也就是国家,在价值尺度上代替了个人,唯有将个人置于国家的统驭之下,才能达到他的目的,并使自己成为一个文明人,因此,国家是人类充分发展的基本要素;第三,真理来自神的谕示,来自领袖的优越能力,这样一来,不仅真理是有限制性的,即并非人人可得而有之,而且,真理成为一种标准,社会成员非加以遵守不可。

因此,极权主义国家的一种功能就是:保持社会成员在思想和行动上的统一,而同时又维护其自身的领导权永恒不变。

极权主义的媒介制度以及它所内含的规范理论是在15世纪中叶印刷术发明之后产生的,它的主要内容包括:(1)报刊必须对当权者负责,维护国王和专制国家的利益;(2)报刊必须绝对服从于权力或权威,不得批判占统治地位的道德和政治价值;(3)政府有权对出版物事先进行检查,这种检查是合法的;(4)对当权者或当局制度的批判属于犯罪行为,将给予严厉的法律制裁。

在二战中的德意日法西斯的传播体制是一种现代极权主义,它通过积极的改造使传播媒介成为国家和战争的宣传机器,对人类社会带来的危害远远超过了古典的极权主义。在极权主义制度下,报刊及一切相关出版物受到的管制是非常严厉的乃至残酷的。

(二)以"自由主义理论"为基础的传媒制度

自由主义传媒制度规范理论是在17、18世纪资产阶级革命时期,在同极权主义制度及其规范理论的斗争中形成的。

自由主义传媒制度的具体细则包括:(1)任何人都拥有出版自由而不必经过政府当局的特别许可;(2)除了人身攻击以外,报刊有权批评政府和官吏;(3)新闻出版不应接受第三者的事先检查,出版内容不能受到任何强制;(4)真理和"谬误"的传播必须同样得到保证。"尽管我不同意你的意见,但是我誓死捍卫你发表不同意见的权利",民主的精神不仅在于少数服从多数,更重要的还在于少数人的权利也必须受到尊重。

早期的自由主义理论对打破极权主义专制制度和等级支配观念，确立自由、平等和权利思想发挥了不可磨灭的功能。后来自由主义理论本身发生了蜕变，成了维护垄断资本利益的理论。今天则进一步演变成了个别传播大国推行文化帝国主义的理论。

自由主义理论存在一些弊端。首先，在自由主义原则下传媒处于被放任自流的状态，孕育着滥用新闻自由的危机；其次，传媒商业化又孕育着导致滋生盈利至上的倾向的危机。放任自流的传媒市场竞争的结果就是导致实力雄厚的传媒大公司兼并弱小媒介机构，传媒垄断日益加剧，传媒日益集中地控制在少数拥有者手中，影响着人们运用新闻自由权等。

（三）以“社会责任论”为基础的传媒制度

社会责任理论被认为是传统自由主义理论的“替换”理论，是传统理论上的一个新思想的接枝。“社会责任论”的奠基之作是美国新闻自由委员会（哈钦斯委员会）1947年发表的题为《一个自由而负责任的新闻界》的报告。

社会责任理论的大前提是：自由主义是伴随着义务的；而享受我们政府特权地位的报刊，就对社会承担着当时社会的公众通信工具的某种主要职能。

社会责任理论的理论框架包含了以下要点：

首先，社会责任论拓展了原有的新闻自由的概念。社会责任论提出，新闻自由包含两层意思，即新闻界有“不受……控制/约束的自由”（freedom from）和“做……的自由”（freedom for），也就是所谓的“消极的自由”和“积极的自由”。

其次，社会责任论重新界定了新闻传媒与政府的关系。政府所应做的不能仅仅只是允许新闻业的信息传播自由，而是要将这项自由权利的行使听其自然而已。政府还应积极促进传媒为公众利益服务。

最后，社会责任论认为，人由于思想上的懒惰，会厌倦运用理性，从而会陷于无所用心的盲从状态。而“如果一个人要保持自由，他就必须依靠理性来生活，而不只是被动地接受它所见、所闻、所感受的东西”。因此，新闻界有责任倡导道德，捍卫社会公德，激励公民运用理性。

在“社会责任论”的理论体系中，现代社会对传媒工作应有以下五项具体要求，这也是以“社会责任论”为基础的传媒制度：(1)新闻媒介应提供真实的、综合的、明智的关于最新事件的报道，清楚说明事件的来龙去脉和事件的影响及发展。(2)新闻媒介应敢于成为“交流评论和批评的论坛”。这一要求意味着媒介机构应当将自己视为公众讨论的公共传递者。传媒巨头应该刊播同其自身见解相反的观点，而又并不放弃自身的主张。(3)新闻媒介应描绘“社会各组成群体的典型图画”，不应存在偏颇，由于人们倾向于根据头脑中的刻板成见来对事物作出判断，不正确的或者不全面的形象会扰乱受众的判断。(4)新闻媒介应负责陈述和阐明社会的目标和价值观，对受众作出正确的舆论引导。(5)新闻媒介应使受众“充分获得当天的信息”。

关于政府在改进传媒工作中的责任，社会责任论提出的建议是：在承认新闻业必须仍然作为私有企业存在的前提下，也有三个方面的工作要做，以便帮助为公民提供他们所需要的那种传播体系：(1)鼓励，即鼓励新闻业中有利于负责任的新闻自由的新尝试；(2)立法，即通过新的法律手段，纠正对新闻自由的长期的、明显的滥用；(3)介入、补充，即必要时可以介入大众传播实践，以补充私有媒介的不足。

一方面，这是为了防止由于传播事业的高度垄断而引起的资本主义内部的社会矛盾激化；另一方面，为了防止传媒内容的浅薄化、煽情化、刺激化而引起的社会道德和文化的堕落。社会责任理论在一定程度上对自由主义理论进行了修正和改良，但仅仅把希望寄托于“媒介自律”，其效果是微乎其微的。

(四) 以“苏联共产主义理论”为基础的传媒制度

以“苏联共产主义理论”为基础的传媒制度的核心思想是，传媒是国家和党的宣传工具。它的思想根源在于，社会是重要的，个人是社会的产物，个人的终极目标存在于完成社会的永恒发展。基本观点包括：传播媒介和传播资源是国家共有财产，不允许私人占有；媒介必须为工人阶级服务，必须接受党的思想和组织上的领导；媒介必须按照马列主义原理、社会主义意识形态和价值体系来传播信息，宣传、动员、组织和教育群众；真理是唯一存在的，而且只有党或党的领袖能充当真理的发言人；在服务于社会总体目标的同时，媒介应满足群众的愿望和需求；国家有权监督和管理出版物，取缔反社会的传播内容。

施拉姆引用列宁关于报纸应该是“集体的宣传员，集体的鼓动员……集体的组织者”的观点，认为苏联的传媒理论关于传媒作用的观点的核心，是将传媒工具化：将媒介视作国家通过对传播的物质设施的控制而加以控制的工具，视为应该用来传播克里姆林宫所解释的“言论”的工具、应该置于一个高度统一的和严密划定的参照框架中用作社会变化和社会控制的工具、应该为严肃的社会目的服务的工具。

在施拉姆看来，苏联的传媒制度是受到严密控制的制度，他把苏联的党对传媒的控制归纳为三种方法：以其可靠的党员担任要职；发出大量的指示和训令；经常进行检查和批评。

施拉姆把苏联的传媒制度看做极权主义制度的另一种形态，因为专门探讨了这种制度“同其他极权主义制度的关系”，他认为两者的区别在于：(1)苏联的制度消除了出版和广播的牟利动机，因而传媒可自由地尽其作为国家和党的工具的职责，而不是作为博取公众欢心的竞争者。(2)苏联的制度积极地界定大众传媒的作用，而旧时的集权主义则消极地限制它。(3)“维持现状”是传统集权主义下的大众媒介的责任；而苏联共产主义中的传播事业则负有“完成某种特定变革”的重任，例如揭露和批判资本主义社会宣扬本国制度的优越性。(4)苏联对于大众传媒采取集权主义的政策的理由，与旧时的集权主义国家的理由大为不同。“苏联的行动是基于经济决定论的，而不是基于神权的。苏联的集权主义是建立在阶级斗争的概念上的，目的在于一个阶级的统治并最后实现无阶级的社会。”(5)大众媒介在传统集权主义中，只是一种“受控制的媒体”；而苏联共产主义的大众媒介则是“计划外的媒体”，它如同国家的军队和钢铁工厂，经过政府的整合与计划，为党或国家完成某种特定的目标。

第四讲　媒体理论认知

自从有了大众传播活动以来，就有学者对其活动的规律进行探讨和总结。在当前的信息化时代，大众传媒对社会生活的影响已经远远超过以往任何一段历史时期，对媒体的研究也持续处于丰富和扩大当中。总结、阐明人类新闻活动（主要是新闻事业）的基本规律，目的是更好地服务于社会的政治制度、经济体制、文化传统和老百姓的社会生活。媒体理论从媒体实践中抽象出来，又指导媒体实践，是新闻事业活动规律的一般原理，也是大众学科的重要组成部分。

第一节　新闻价值与新闻选择

一篇新闻作品，从采集、制作到面向社会公开传播，是一个复杂的系统工程。客观事物的多样性，新闻工作者的立场观点、认识水准、价值取向、评价标准，无一不对新闻作品产生影响。在当下信息爆炸的年代，面对每天层出不穷的新闻事件和纷繁复杂的新闻线索，新闻记者必须迅速判断哪些新闻事件值得报道、哪些新闻事件值得重点报道、哪些新闻线索是虚假线索、哪些新闻线索值得追究，即对新闻事件和新闻线索进行价值预判和选择。

一、新闻价值的内涵及构成要素

（一）新闻价值的内涵

新闻价值是事实所包含的足以构成新闻的种种特殊素质的总

和[①],或是事实本身所包含的引起社会各种人共同兴趣的素质。[②] 新闻价值是衡量事实能否成为新闻事实,并值得媒体报道的客观标准,一般来说,事实之所以能够构成新闻,是因为这些事实的共同特质在于客观上能够满足受众了解事实的需要。

(二)新闻价值的构成要素

衡量一个新闻事实是否具有新闻价值,主要从以下五个方面入手:

1. 时新性

陆定一在著名新闻学名篇《我们对于新闻学的基本观点》一文中,提出了那个几十年来一直为我国新闻界普遍认同和广泛使用的新闻定义:“新闻是新近发生的事实的报道。”该定义充分认识到了“新近”和“事实”对于新闻报道的意义,只有符合时间上、内容上是新近发生的事实,才能作为新闻工作者报道的对象。因此,时新性即是从时间和内容两方面来衡量和判断新闻事实。事实发生的时间与报道的时间差距越小、内容越不为人知的新闻事实,新闻价值相对来说就越大,越值得引起新闻工作者的重视。相反,事实发生的时间与报道的时间差距越大、内容已为大众熟知的新闻事实,新闻价值相对来说就越小,甚至不具备报道价值。

新闻是时间上的易碎品,减少时间差已经成为新闻业界的广泛共识,引起了媒体的充分重视。随着经济的日益发展和科技的不断进步,媒体报道的技术手段越来越成熟多样。各新闻媒体都不惜重金购置高科技采录设备,并在各地派设记者站,都是为了能在新闻事实发生时第一时间赶到现场,采制最新鲜及时的新闻报道,减少事实发生和新闻报道间的时间差,力争在最短的时间内将新闻报道呈现给受众。美国东部时间 2001 年 9 月 11 日上午“9·11”恐怖袭击事件发生时,正是中国北京时间 9 月 11 日晚间,在中国的大多数媒体忙于整理当天新闻稿件还没有对该事件进行报道时,香港凤凰卫视就在没有现场记者的情况下,即时利用 CNN、ABC、BBC 等国际通讯社的新闻画面和素材进行选择和转播,同时增派记者赶赴世贸大厦采集现场新闻图

---

① 何梓华:《新闻理论教程》,高等教育出版社 1999 年版,第 39 页。

② 李良荣:《新闻学概论》,福建人民出版社 1995 年版,第 259 页。

像，率先向国内观众报道了这一令人震惊的恐怖袭击事件。用《时代周刊》的话来说，"'9·11'恐怖袭击事件之后的几个小时内，香港的凤凰卫视是千千万万中国人的唯一信息来源"①。可以说，凤凰卫视在减少时间差上狠下功夫，即便没有现场报道的条件，也想尽办法创造现场报道的氛围，努力做到"新闻发生时我在现场"，快速传播新闻信息。

相对于减少时间差而言，当下各媒体之间相互竞争的利器更多地体现为挖掘内容新鲜、意义重大、主题鲜明的新闻事件，争取独家新闻报道、典型新闻报道，深度挖掘看似平凡的事件背后的意义。

2. 重要性

重要性是指新闻事件事关全局、影响深远、与当下的社会生活和人民切身利益有着密切联系，是判断新闻价值的主要因素，关系越密切，重要性越大，新闻价值也越大。客观事实对社会、公众形成较大影响，关系国家前途、民族命运、人民生活、社会和谐的新闻事件，或者在其专业领域内具备较大影响力的新闻事件，都会引起社会普遍关注。政局变动、经济发展、科技进步等影响较大的新闻事件也是媒体重点报道的对象。例如中国每年的两会召开、神五系列航天器飞天期间，中国各大媒体都会成立专题报道小组，派驻现场或是深入民间，全方位、多角度、细致地报道两会信息，不仅如此，有越来越多的国际知名通讯社也纷纷报名参与两会报道，争取采访提问的机会。

除此之外，灾难性事件会受到人们的普遍关注，类似玉树地震、伊拉克战争、日本海啸等事件，新闻价值的重要性是不言而喻的。

3. 显著性

显著性是指新闻事件涉及的人物、时间、地点、情节、结果等要素本身具有的比较显著和突出的特征，较容易引起公众关注。新闻人物具有较大影响力，新闻事件本身超出情理，这类新闻就会被公众津津乐道。

同样一件事，发生在名人身上与发生在普通人身上，报道的效果是大不相同的。这也解释了为何时下类似微博"大V"等公众人物的

---

① 钟大年、于文华：《凤凰考：建构一个新传媒》，北京师范大学出版社2004年版，第140页。

新闻能够制造轰动效果。对公众人物的关注在娱乐新闻报道中显得尤为明显,2013年关于李某某强奸案的新闻报道几乎是天天见,各种细节被充分挖掘,几乎制造了一个全民参与讨论的社会现象。其实仅就其事件本身而言是一个普通的法律案件,只因犯罪嫌疑人的父母是文艺娱乐界人士,该事件竟被炒成了一个全民关注的娱乐新闻事件,关于其事件进展能够每日见诸报端。

新闻事件的情节曲折或是出乎意料,也容易引起公众的广泛讨论。如近来日本首相安倍晋三不顾中国再三警告,一意孤行参拜靖国神社,公然蔑视中国官方态度、践踏中日友谊,中国和国际知名媒体对该事件都给予了充分的关注。

4. 接近性

接近性的实质是利用受众对自身利益的关注心理,新闻事实中存在的与受众相关的事实加以突出报道,从而引起受众注意。[①] 接近有两种含义:一是新闻所报道的事件或人物在地理上与受众靠近,因为本地发生的事情,要比外地发生的、性质相似的事情更能引起观众的兴趣;二是报道的内容与受众心理贴近,能唤起观众的关注、同情和共鸣,有些事情虽然发生在远方,但由于经济上、文化上有密切联系,也会引起公众感情上、心理上的共鸣。

5. 趣味性

奇闻逸事能引起人们的关注和兴趣,弱势群体、妇女儿童等这些方面的事件总是让人产生同情心;现实中发生的富有冲突和悬念的事件,比虚构的文学更令人激动、兴奋;奇闻趣事、幽默搞笑之类的事件也是公众喜闻乐见的东西,所有这些都因为容易唤起普遍兴趣,而成为新闻价值的因素。

新闻价值对于采访、制作、编辑等新闻业务有直接的作用。在采访前,记者依据新闻价值判断某一新闻线索有无采访的必要。在采访中,记者依据新闻价值估量获得的各种事实,以便抓住要点,深入采访;在制作中,记者依据新闻价值选取、组织、体现材料,编辑依据新闻价值审视新闻稿,决定稿件的取舍、修改以及版面设计或节目的安排。

---

① 胡正强:《正确理解新闻界接近性的内涵》,载《当代传播》2005年05期。

二、媒体工作者的新闻选择

所谓新闻选择，是新闻媒体对现实生活中发生的事实加以鉴别，选择新闻媒介值得传播的事实。① 新闻选择贯穿采写编评的全过程，其实质则是对新闻事实的选择。采访、写作、编辑是采制新闻的三个主要环节，它们都与新闻选择有密切关系，可以被视为发现、筛选和精选新闻事实的三个步骤。新闻采访是发现新闻事实的环节，新闻写作是筛选新闻事实的环节，新闻编辑是整合新闻事实的环节。

新闻选择主要有两个标准：一个是新闻价值标准；一个是新闻政策标准。只有新闻价值标准和新闻政策标准的和谐统一，才是新闻的最佳选择。

（一）新闻价值标准

如前所述，新闻价值是新闻事实所包含的足以构成新闻的种种特殊素质的总和，包括时新性、重要性、显著性、接近性和趣味性等五个方面。正如传播学者德弗勒指出的："不论是面对面的传播，还是由电视把讯息传送给百万观众，人类传播的实质是传播者和接受者之间实现相同含义的交流。"②任何新闻事实，只要具备时新性和其他的任何一种素质，即可作为新闻选择的对象，可以作为新闻线索进行挖掘。新闻事实涵括的新闻素质越多，新闻价值就越大，越容易引起媒体工作者和受众的兴趣。

（二）新闻政策标准

新闻政策是国家和政党依据特定的社会制度、政治纲领及其任务而制定的新闻宣传的准则和新闻工作的规范。世界各国都根据各自的国情分别制定了具有针对性、阶段性的各种新闻政策。新闻政策的价值标准体现出党和政府在新闻领域的价值取向。如果不符合新闻政策和法规，或涉及有关国家机密或者国家全局的利益，与国家的新闻政策相违背，即使新闻价值再大，也坚决不能予以报道。因此，新闻事实能否及时传播出去，除了考虑事实的新闻价值外，还要受到宣传价值、政策法规的制约。

---

① 李良荣：《新闻学概论》，福建人民出版社 1995 年版，第 252 页。

② 梅尔文·德弗勒等：《大众传播学诸论》，华夏出版社 1989 年版，第 10 页。

1. 宣传价值

新闻事业隶属于一定的阶级，就不可避免地受到阶级、政党或社会集团的制约，从新闻选择开始，新闻作品就不可避免地具备了政治性。

中国共产党成立以来，新闻宣传工作就是党的工作的重要组成部分。江泽民同志曾撰文指出，“我们的新闻工作是党的整个事业的一个重要组成部分。因此不言而喻，必须坚持党性原则”①。社会主义新闻事业党性原则要求新闻作品体现无产阶级及思想意志、政治要求、组织原则和行为准则。2008 年 6 月，胡锦涛同志考察人民日报社时指出：“坚持以人为本，是做好新闻宣传工作的根本要求。”②社会主义新闻事业是党的新闻事业，又是人民的新闻事业。群众观点是党的群众路线在社会主义新闻工作中的必然要求，属于人民、服务人民、依靠人民，是社会主义新闻事业的显著特征。我国的新闻政策以党和人民的利益为依据，是中国共产党领导中国革命和建设长期经验的结晶。

在中国的新闻生态环境中，新闻作品旨在对客观事实进行报道，体现出无产阶级新闻思想，给广大人民群众指明方向、提供经验、推动和指导群众为更好地实现建设中国特色的社会主义服务，更积极乐观地面对学习、工作和生活。新闻虽然不等于宣传，但是我们不否认社会主义的新闻事业的一个重要目的是宣传和引导舆论，新闻工作者利用大众传播媒体将内容传递给受众和宣传对象，达到“以正确的舆论引导人”的目的。新闻与宣传的相互交叉渗透在各级党委机关报和主流媒体的新闻性节目中表现得最为普遍，社会主义新闻事业强调把新闻作品的导向性和新闻宣传的艺术性相结合。例如在题材的选择上，大众媒体更多选择那些带有教育功能和思想启迪作用的新闻稿件，要求记者的新闻作品具有较强的指导性、针对性和思想性，以便教育和启迪广大读者，高扬社会新风，鞭笞社会丑恶现象。自 2003 年以来，中共中央更加注重科学发展观和和谐社会的建设，反映到新闻作品中

---

① 江泽民：《关于党的新闻工作的几个问题》，载《学习马克思主义新闻观》，吉林人民出版社 2001 年版，第 353 页。

② 胡锦涛：《在人民日报社考察工作时的讲话》，载《人民日报》2008 年 6 月 21 日（第 1 版）。

则是报道了大量的讴歌社会繁荣和谐、传递社会正能量的典型事例。在历届中国新闻奖一等奖的获奖作品中，弘扬社会主义主旋律的典型作品占据了绝大部分，这一方面与“以正面报道为主”的新闻宣传思想有关，另一方面也与中国社会历史与现实相关。

2. 新闻法规

新闻法规指的是强制性地限定新闻传播内容的法律、党纪和政令。新闻法规一般由国家立法机关指定，对新闻事业有强制性，目的在于约束新闻报道，避免危及国家利益或人民利益。

中国的新闻工作者应当遵守国家的宪法和各项法律，增强法制观念，遵守党的纪律，避免任何违背党纪国法的新闻公开传播。根据《中华人民共和国宪法》第5条第3款规定：“一切国家机关和武装力量、各政党和各社会团体、各企业事业组织都必须遵守宪法和法律。一切违反宪法和法律的行为，必须予以追究。任何组织或者个人都不得有超越宪法和法律的特权。”这对中国的所有新闻媒体都适用。

法制是新闻传播活动的重要规范，但并不是唯一的政策规范。党的政策和新闻职业道德都对新闻传播活动起着规范的作用。[①] 中国的新闻事业都是由执政党领导的，因此新闻媒体还必须遵守党的宣传纪律。此外，中国的新闻事业还要受各级党委宣传部门和新闻出版、广播电视行政管理机构的经常性的指导和管理。这方面的具体指示和规定被称为新闻政策，它根据社会发展和宣传的现实需要，对媒体传播内容进行若干限制，往往是新闻选择的具体规定。

在西方国家，政府无权为新闻媒体制定新闻政策，媒体所受的强制性约束来自各种完备、精细的法律。鉴于法治的威严，西方新闻媒体的把关人通常将剔除不能或不宜出版、播放的内容作为新闻选择的首要依据。

总之，新闻政策和新闻价值是相辅相成的，二者互为制约，缺一不可。在对新闻事实进行选择时，首先判断其新闻价值的大小，再依据其宣传价值，最后核查是否在国家政策法规允许范围之内，才能进行信息的传递。而中国的新闻作品，既反对只偏重新闻价值，也不赞成一味追求宣传价值，二者结合起来考虑才符合当前的国情。

---

① 黄瑚编：《新闻法规与职业道德教程》，复旦大学出版社2009年版，第5页。

第二节　记者的权利与职业道德

美国著名新闻工作者普利策做过一个著名比喻来说明记者的社会角色："倘若一个国家是一条航行在大海上的船，那么新闻记者就是船头的瞭望者。他要在一望无际的海面上观察一切，审视海上的不测风云和浅滩暗礁，及时发出警告。"[①]作为社会的瞭望者和观察家，记者的职业是神圣且艰苦的，但其职业的神圣性不因市场经济的利益驱动而消失，而必须依靠法律和道德的规范而生存。记者的权利与其所承担的社会责任、所享有的社会荣誉不可分割。

一、记者的权利

记者的权利是指专职从事新闻采编工作的人员在担任信息采集与新闻报道工作时依法行使的权利和享受的利益。新闻记者以守法为底线，在法律允许的范围内开展新闻活动是维护新闻媒体权威性和公信力的基本前提条件。另一方面，新闻记者顺利开展新闻活动还应该获得法定授权，享受法律权利的保护，否则，自由的新闻活动就难以顺利开展，新闻权利也无法得到有效的维护。[②]

我国宪法第 22 条[③]、第 35 条[④]等关于知情权、监督权、批评建议权的规定和关于言论自由、出版自由的规定等，都为记者行使职务权利提供了最高法律依据。其他法律，如民法、刑法、著作权法、广告法等法律中也有涉及记者职务权利与新闻报道的条款。2008 年，新闻出版总署出台了《关于进一步做好新闻采访活动保障工作的通知》，指出"新闻机构对涉及国家利益、公共利益的事件依法享有知情权、采访权、发表权、批评权、监督权"。2010 年修订通过的《新闻记者证管理

---

① 胥亚编：《新闻学导论》，湖南人民出版社 2004 年版，第 289 页。

② 顾理平：《新闻权利必须依法得到有力保护》，载《中国广播电视学刊》2006 年 07 期。

③ 《宪法》第 22 条第 1 款："第二十二条　国家发展为人民服务、为社会主义服务的文学艺术事业、新闻广播电视事业、出版发行事业、图书馆博物馆文化馆和其他文化事业，开展群众性的文化活动。"

④ 《宪法》第 35 条："中华人民共和国公民有言论、出版、集会、结社、游行、示威的自由。"

办法》,也对新闻记者的工作性质、职务权利做出了明确的界定,明确了记者在新闻机构工作拥有的新闻采访、编辑、报道的职务权利。同时,各地也出台了很多地方性法规,涉及保障记者自由采访权、出版权等多方面,这些法规明确地方各级人民政府及涉及公共利益的职能部门不仅不能阻挠新闻记者采访,而且应为新闻记者的采访合理创造便利条件。

（一）采访权

指新闻工作者在法律不禁止的情况下在任何公共空间搜集新闻信息并自主选择记录方式的权利,或新闻工作者有权要求法律规定有义务公布信息的采访对象提供真实、准确和全面的相关信息,不受他方外力非法地阻止和侵犯,媒体及记者的财产权、人格权受法律保护。新闻权利的核心内容是对采访权的规定,因为其他新闻权利的享受都与这项权利有关。

新闻工作者在进行负面新闻报道的采写过程中,也就是发挥大众媒体的舆论监督功能时,往往受到威胁、殴打、关押,甚至有生命的危险。近年来,关于记者被打、被抢摄像机、被破坏采访设备的新闻报道也时常见诸报端。然而,社会进步需要这样的调查性、揭丑性新闻报道,需要记者和媒体曝光社会的阴暗面,这不仅仅是满足公众的知情权,更重要的是以新闻报道为武器,与丑恶的社会现象作战,以推动社会的进步。正因为如此,记者的采访权就时时受到侵害的威胁,充满挑战性和危险性。无论是身处枪林弹雨中的战地记者,还是在和平年代的普通记者,在采访时随时可能面临采访对象的非人性化对待,但是绝大多数记者能够为了拿到第一手材料甘冒危险和困境。记者的目的,就是依法行使自己的采访权,实现公众的知情权,实现新闻媒体的职能。如果没有新闻记者享有的采访权作为基础和保障,新闻媒体的职能将无从实现。

（二）报道权

指法律范围内,记者有权从各方面获取新闻、材料和数据,并有权予以发表。报道权是保障采访权能够最终实现的权利,有效行使的结果是采访内容直接对社会公众产生影响。新闻传媒是社会公器,而记者则是社会的“信息公仆”,是受聘于社会大众的“包打听”。新闻记者通过报道新闻事实与意见,介绍社会的光明与美好,抨击社会的腐败与丑恶,达到传递信息、服务社会的目的。新闻报道权是新闻活动得以正常开展的基础。所以,新闻记者自由的新闻采访活动只要没有妨碍公民和政府其他合法权益,就不能受到限制,或者不能以"无可奉告"之类的外交辞令变相设阻。

（三）评论权

指新闻媒体和记者依法享有的通过新闻媒体对新闻事实发表意见、看法的权利。记者享有的评论权,是表达意见、提出建议、进行监督的重要权利,在法治社会,记者发表的评论对推进社会公平正义具有重要作用。[①] 法律上未明文禁止之事项,报纸都有权评论。记者评论权的实现形式,通常独立于新闻报道,以"言论"的文体作载体,如社论、评论、短评、时评、编者按等。报纸提倡个人署名的评论专栏,来体现记者个体发表意见的权利,以活跃报章的评论。

（四）批评权

即当下常说的"舆论监督权"。这同样是记者履行社会责任必备的一种权利。它是新闻媒体拥有运用舆论的独特力量,帮助公众了解政府事务、社会事务和一切涉及公共利益的事务,并促使其沿着法制和社会生活公共准则的方向运作的一种社会行为的权利。针对社会上某些组织或个人的违法、违纪、违背民意的不良现象及行为,媒体通过报道进行曝光和揭露,抨击时弊、抑恶扬善,以达到对其进行制约的目的。舆论监督是现代反腐败斗争的重要手段。

法治状态下的新闻舆论监督权,必须在宪法和其他法律允许的范围内行使。新闻舆论监督权利,不是行政权力的延伸,新闻舆论监督也不是"办案"。新闻媒体与司法监督、行政监督各司其职,又有其自身的局限性。司法、行政监督具有强制性,却常常追惩于事后;新闻舆论监督虽然不具有强制性,却有警示、教化于前的功能。二者优势互补,相辅相成,同是法治状态下制约监督体系的不可或缺的组成部分。

此外,新闻记者是具有血肉之躯的自然人,在民法上也享有一切自然人所享有的人格权。在中国,自然人是民法上最主要的民事主

---

① 胡新桥:《记者的职务权利及面临的挑战》,载《青年记者》2012年13期。

体，享有民事主体所享有的一切人格权。其中生命权、健康权和身体权是最基本的人格权，维护的是人作为主体存在的物质基础的人格。其他的，还享有名誉权、隐私权、肖像权、人身自由权等作为民事主体必须具有的精神性的人格。法律赋予自然人享有这些人格权，就是要保障其在法律地位上的基本人格，使其真正成为一个完整意义上的民事主体，真正作为一个"人"在社会上存在。

二、新闻职业道德

新闻职业道德，是从事新闻信息传播活动的人们，在长期的职业实践中形成的调整相互关系的行为规范的总和。它源自人类早期的信息传播活动中形成的一些相应规则，是现代新闻事业出现后、应人类新闻传播实践的需要而产生的。①

（一）国际新闻职业道德建设

瑞典不仅被认为是世界上最早制定新闻法规的国家（1766 年，瑞典议会通过了《报业自由法案》），而且被公认是世界上第一个实行新闻道德自律的国家。② 1874 年，瑞典政治家俱乐部成立后就制定了职业守则，对报业行为进行规范。

1910 年，国际期刊业联合会在布鲁塞尔宣告成立，其宗旨之一是保护期刊业的道德利益、确保公众与官方的信任。1916 年，美国密苏里大学新闻学院院长沃尔特·威廉姆斯（Dr. Walter Williams）主持制定的《报人守则》（"The Journalist's Creed"）为第一届世界报业大会所接受，成为第一个国际性的新闻职业道德规范。1926 年，第一届泛美报业协会通过一项新闻职业道德规则，要求新闻从业人员正确而真实地报道新闻、不在报道中掺杂个人意见、不得借用报纸在其他方面享有特权等，以协调美洲各国之间的新闻传播活动。1946 年 6 月，国际新闻工作者协会通过章程，对新闻工作者提出了一系列职业道德要求，呼吁各国新闻界通过自由、正确和公正地报道公众舆论，来维护和平，发展各国人民之间的友谊，达成国际谅解。1948 年 4 月，联合国新

① 黄瑚编：《新闻法规与职业道德教程》，复旦大学出版社 2009 年版，第 220 页。

② 蓝鸿文：《世界扫描：新闻自律的一项基本建设——道德信条》，载《国际新闻界》2001 年 02 期。

闻自由会议通过《国际新闻自由公约草案》。1950 年 11 月 4 日,通过《欧洲人权公约》(又称《保护人权与基本自由公约》),其中包括有关新闻职业道德问题的规定,强调行使新闻言论自由时,新闻工作者应有的责任和义务。

1954 年,联合国经济和社会理事会草拟《联合国国际新闻道德公约》,由联合国大会颁发给各会员国新闻工作者协会参照执行,它将新闻自由与新闻道德联系起来考察,认为新闻职业道德的建设是新闻自由权利的有效保障。之后,该公约经过数次讨论修订,以适应不断变化的传媒生态环境。1966 年 11 月,联合国教科文组织大会第 14 届会议通过并颁布《国际文化合作原则宣言》,强调各国之间的文化交流应着重创造一种友好和平气氛的思想和价值,并避免任何敌意的痕迹,在提供资料和传播资料时,应力求保证资料性的真实性。

1992 年,第三届国际报业评议大会(又称"新德里大会")在新德里召开,正式通过《世界报业评议联合会章程》(以下简称《章程》)。根据《章程》的有关组织原则和规定,世界报业评议联合会正式建立,标志着世界各国在联手加强新闻职业道德建设方面迈出了重要一步。《章程》还详细规定了该组织的宗旨、组织原则和行动原则,其前言部分明确阐述了这一组织的核心思想:言论自由是民主国度中不可侵犯的一项人权,媒体自由不仅指记者、编辑和新闻从业者的自由,也包括受众对公众事务的知晓权,自由媒体理应对公众负责,这是其内在的和天赋的义务。媒体评议会是保持并促进媒体自由和责任的方式。

(二) 中国新闻职业道德建设

中华人民共和国成立前,我国新闻事业史上的第一个,也是唯一的全国性的新闻职业道德准则《中国新闻记者信条》(以下简称《信条》),于 1942 年问世,是时任国民党中央政治学校新闻系主任的马星野为中国新闻学会指定的行为准则。《信条》主要有十二款共三个方面的内容,前三条说明报人努力的目标在于争取民族独立,维护世界和平,捍卫国家利益,实现民主政治和促进民生福利;第四条至第七条说明新闻事业的道德准则,即新闻要正确,评论要公正,副刊要有教育意义,广告要信实负责;第八条至第十二条,说明记者必须有高尚的品德，严谨的生活，广博的知识，健全的身心以及专业的精神。[1] 马星野曾在美国密苏里大学新闻学院留学，因此我们不难看出，该《信条》受到了院长沃尔特·威廉姆斯制定的《报人守则》的影响，并根据中国新闻业的实际国情而制定。

中华人民共和国成立后，中国共产党的新闻职业道德，随着新中国新闻事业的进步而同步发展。1978 年 5 月 11 日，《光明日报》刊登题为《实践是检验真理的唯一标准》的特约评论员文章。文章论述了马克思列宁主义的实践第一的观点，指出任何理论都要接受实践的考验。文章也引发了一场关于真理标准的大讨论，此后一场维护新闻真实性原则、反对"假大空"报道的运动在新闻界展开，讨论者从新闻职业道德建设的角度考量如何确立新闻的真实性原则。

1978 年 12 月党的十一届三中全会召开以来，随着改革开放的展开和深入，新闻职业道德及其建设，受到业界和学界的广泛关注。1981 年，中共中央宣传部和首都各新闻单位共同研究制定了《记者守则（试行草案）》，标志着我国新闻职业道德建设的起步。[2] 其内容基本涵盖了社会主义新闻从业人员所应遵循的职业道德要求，其重点也在于维护新闻真实性原则、反对新闻失实。

1982 年 9 月，党的"十二大"的大会报告明确提出"在各行各业加强职业责任、职业道德、职业纪律的教育"。社会主义新闻职业道德及其建设问题，开始成为新闻职业道德研究的重点。1987 年 9 月 9 日，中共中央宣传部、新闻出版署和中国记协联合召开有关新闻职业道德建设的座谈会，发布《关于纠正当前新闻界不正之风的几点意见（草稿）》，提出不得搞各种形式的"有偿新闻"，记者不得利用采访之便索贿、受贿、划清新闻与广告的界限，专业新闻采编人员不得从事广告经营活动并从中提成，新闻单位不得向专业广告经营人员发放记者证等具体要求。

此后，关于新闻工作者职业道德准则的相关条文的制定就一直在酝酿中。1991 年 1 月中华全国新闻工作者协会第四届理事会第一次

---

① 李瞻：《新闻道德》，台湾三民书局 1987 年版，243 页。

② 黄瑚编：《新闻法规与职业道德教程》，复旦大学出版社 2009 年版，第 267 页。

会议一致通过了《中国新闻工作者职业道德准则》,1997 年 1 月进行了修订,2009 年 11 月 9 日进行了再次修订。

第三节 受众特点与媒介定位

大众传播作为人类最重要的一种传播形式,是指专业化的媒介组织通过一定的传播媒体,在接受国家管理下,对受众进行大规模的信息传播活动。而具体到新闻媒体的传播过程,是传者、媒体、受众等组成部分既矛盾又统一的有序运动过程,其中传者与受众是一对主要矛盾。受众是传播活动的积极参与者,传者只有了解传播对象——受众的特性和偏好,调整媒体的定位方向,才可能取得良好的传播效果。

一、受众的特点

受众是指信息传播的接受者,包括报刊的读者、广播的听众、影视媒体的观众、互联网用户、手机用户,以及各种移动数字终端等新媒体的用户。随着传播媒体的多样化,受众的范围也逐渐扩大。在大众传播学研究史上,关于新闻传播活动的主体、受众的特征和地位,一直都是学界研究的重点之一。

早期的传播学者从宣传的角度出发,提出了“枪弹论(Bullet Theory)”的传播效果理论。枪弹论也被称作“皮下注射论”或“刺激—反应论”,枪弹论认为,软弱的受众像射击场的靶子,无法抗拒子弹的射击。而新闻工具有如枪弹,能够把观念、情绪、认识以及行动因素“击中”“注射”给受传者。① 受众消极被动地等待和接受媒体所灌输的各种思想、感情、知识或动机。枪弹论将传播效果绝对化,夸大传者的作用,也忽视了受众的内在能动性。

随着研究的发展,传播学者们发现受众并不是单纯的、被动的接受者,也不是同质的,不同的受众对于同一传播信息会产生不同的反应,受众在传播过程中的作用开始受到重视。1959 年,美国社会学家 E. 卡茨首次提出“使用与满足(Use and Gratification)”模式研究,倾向于把受众视为能动的参与者,认为媒体发送者和信息接收者之间存在

---

① 张隆栋编译:《美国大众传播学简述(上)》,载《国际新闻界》1982 年 02 期。

相互作用,突出了受众的主体地位。[①] 1964年,鲍尔提出了“顽固的受众(Obstinate Audience)”理论。1979年,英国学者布鲁姆勒提出了“主动的受众”观点,受众转变为相对于传播主体而存在的客体,受众是传播的主动者,媒体是被动者。受众在研究者的眼中发生了从“群体客体”向“群体主体”的转变。

著名传播学者威尔伯·施拉姆也提出了著名的“自助餐厅(Cafeteria)”理论:受众参与传播就好像在自助餐厅就餐,媒体在这种传播环境中的作用只是为受众服务,提供尽可能让受众满意的饭菜(信息)。至于受众吃什么,吃多少,吃还是不吃,全在于受众自身的意愿和喜好,媒体是无能为力的。[②] 该理论重视受众的个体信息,如个人需求、个人使用、个人满足。除此之外,德国学者伊丽莎白·诺依曼提出“沉默的螺旋”受众模式与理论,该理论认为在传播过程中占支配地位的或得到支持的意见的一方会日益得势,另一方则越来越失去支持的声音。这样,一方大规模的表述而另一方沉默的倾向便开始了一个螺旋过程,这个过程不断把一种意见确立为主要意见。如果这个过程有大众媒体参与,螺旋往往形成得更快,也更明显。“沉默的螺旋”理论确立了受众在新闻传播过程中的中心地位。

大众传播过程中受众的整体特征,主要体现在如下三方面:

(一)广泛性

这里指的是受众成员的多元和地域分布上的广泛性。新闻传播的受众在空间或者说地域位置上的分布十分广泛,难以限定,可以遍及地球上的任何角落。广播电视的发明,使电子媒介受众散布在无线电波所及之处。同步通信卫星的出现,使地球上的大多数人可以同时成为某一电视节目的受众。新闻媒体是面向全社会开放的。从广义上讲,所有社会成员都是新闻媒体现实或潜在的受众群,无论种族、性别、年龄、职业,他们共同的身份就是大众传播的对象。新闻媒体的普及也使受众超越了地域的间隔,聚集成媒体的受众群。同时,受众的个体差异化也是非常明显的,每一个受众在接收到同一讯息的时候,由于各自的教育程度、成长经历、兴趣偏好的差别,接受程度、行为改

---

① 廖圣清:《西方受众研究新进展的实证研究》,载《新闻大学》2009年04期。

② 〔美〕威尔伯·施拉姆:《传播学概论》,陈亮等译,新华出版社1984年版,第202页。

变都不会相同,媒体纷纷开办专版、专栏,也正是为了迎合差异化传播的需要。

(二)自主性

受众并不是消极被动的接受者,相反,他们是积极的参与者,甚至可以说,是整个新闻传播活动最活跃的决定性因素。受众对媒体最经常、最权威的评价就是对各种各样媒体的接触程度,即报纸发行量、电台节目收听率、电视节目收视率。发行量、收听率、收视率是新闻媒体的生命,而这条生命线就掌握在受众手中。互联网媒体时代和手机时代的来临,使受众的自主性有了随时体现的平台,受众身份也随之变得复杂,既可以是接受大众传媒讯息的受众,又可以是自主采集信息进行传递的传者,传受身份也可以随时变化。

(三)隐蔽性

受众需要决定于受众对客观世界关注的程度。受众经济活动、生活水平、教育程度、文化素质越高,社会责任感越强,知政、议政、参政的欲望越强,个人和社会生活关系越密切,获取新闻的欲望也越强。受众又因社会地位、职业、年龄、兴趣等不同,需要也有所不同。但是现实中的受众并不是一个聚居的群体,而是分散居住,互不相识,大部分的受众彼此行动范围无交集,没有共同体验,也没有共同意见。每位受众在接受讯息后的态度、倾向、行动也各不相同。尽管分散的受众成员有时也采用各种形式直接、间接参与新闻媒体工作,如加入受众参加节目,来信、来电反映意见和要求,或参与、接受媒体组织的受众调查等,但在总体上,受众对于新闻媒体来说,是看不见的,是一种笼统的、隐蔽的存在。

二、媒介的定位

新闻媒介的定位,是借鉴市场营销学中的“市场定位”理论生发出的概念。[①] 1972 年,美国营销大师阿尔·里斯和杰克·特劳特最早提出市场定位思想。他们认为,企业应根据竞争者现有产品在市场上所处的位置,针对顾客对该类产品某些特征或属性的重视程度,为本企

① 蔡雯:《谈新闻媒介的受众定位和功能定位》,载《中国报业》2002 年 03 期。

业产品塑造与众不同的、给人印象鲜明的形象，并将这种形象生动地传递给顾客，从而使该产品在市场上确定适当的位置。定位理论帮助企业赋予自己生产的产品以特色，使其在消费者心目中树立某种特殊形象，从而和竞争者的产品有所区别，有利于企业赢得竞争。

由于媒介产品的特殊性，尤其是在中国，社会主义新闻事业要始终坚持党性和人民性的统一，除了应发挥媒介的基本信息传播功能外，还必须以马克思主义作为宣传报道的指针，坚持报道的真实性和客观性，正确发挥新闻媒介舆论引导和舆论监督的功能。媒介鲜明的社会政治功能要求媒介定位时必须将社会效益放在第一位，而不是一味追求经济利益最大化。

媒介定位，就是媒介根据受众的特点和对信息的需求，确定媒体的内容取向及市场传播地位。媒介定位意味着传播的目标化，它使传播活动的目标更加具体、明晰。媒介定位的具体内涵包括受众定位、内容定位和市场定位。

（一）受众定位

受众定位，就是确定媒介的目标受众，是立足于对媒介市场的分析对媒介产品的市场占位做出决策。在大众传播活动中，作为传送客体，受众占有十分重要的位置。传播活动的所有环节，都是围绕着受众而展开的。传播活动成功与否，最终的评价标准是目标受众接收信息后的刺激反应如何。受众定位是媒介定位的基础，合理的受众定位有利于传播效果的实现。

由于传播技术条件的限制、传播内容的差异化、受众的广泛性等原因，任何媒体都不可能全覆盖社会上的全体人群。媒体必须对信息接收者的特性进行分析，这些分析要素主要是区域、年龄、职业、经济能力、兴趣、消费偏好等，相对于其他的种族、性别等个人要素而言，这些要素更能够影响受众对媒体和媒体内容的选择。

（二）内容定位

媒介不只是毫无意义的传播渠道，也不是具有完全独立意识的主体。这种特殊的状态，使它向上接受所有者的控制，向下对使用者施加影响，这种功能上的双重性导致了它的短期效果的可操纵性和长期效果的不可操纵性之间的矛盾。[①] 而其短期效果的可操作性，主要体现为媒介对内容的选择和过滤，即合理的内容定位。

内容定位，是根据受众定位，确定媒体的制作内容，其核心是讨论选择什么样的信息，以及以何种方式传递给受众。受众每天接触到不同的媒介、接受不同的内容轰炸，但是人们总会有意或无意避免无意义的信息刺激，不由自主地对可能接触到的信息内容进行筛选和过滤，提供能够获得受众注意的内容是有一定难度的。尤其是进入以信息经济为特征的新(知识)经济时代，物质和信息都极大丰富而不再是稀缺资源时，受众的注意力已经变成了稀缺资源。因此，媒介的内容定位就显得极其关键，恰当选取信息传播战略和策略，合理选择和安排信息的传播方式，是媒介的重要任务。

(三) 市场定位

媒介的市场定位是指媒介的管理者应该根据受众对媒介内容的重视程度，给媒介确定一定的市场地位，制造特色、树立形象、建设品牌，以满足受众的需求和偏好。它并不是管理者对媒介内容做改变，而是在潜在受众群心目中做改变。其市场定位的实质是使本媒体与其他媒体严格区分开来，使受众明显感觉和认识到这种差别，使媒介产品和形象在目标受众心目中占据一个有价值的位置。

---

① 左康华:《媒介形态理论是“技术决定论”吗?》,载《东南传播》2012 年 08 期。

第五讲　传统媒体认知

媒体译自英文的“media”一词。从传播学的角度看，媒体通常是指传达、增大、延长人类信息的物质形式。换言之，媒体是人体的延伸。① 而大众传播媒体是人们传递信息、交流思想感情的一种载体，如报纸、杂志、书籍、广播、电影、电视、录音、录像以及计算机网络、移动设备、通信卫星等。它以其特有的优势：传递迅速、纷繁多样、具体形象、信息量大、涵盖面广、导向性强等特点，广泛地影响着当今社会生活的方方面面。

第一节　印刷媒体

印刷媒体主要指的是以印刷作为物质基础和技术手段，以平面视觉符号（文字和图像符号）作为信息载体的信息传播工具。印刷媒体的主要类型有：书籍、报纸、杂志、招贴传单、商品说明书和其他印刷品如包装，其主体是报纸、杂志和图书。在其他媒体形式出现之前，印刷媒介曾长期呈现出一枝独秀的状态，当人们需要获得新的新闻资讯，最为大众接受的方式就是阅读报纸或杂志。

一、印刷媒体的产生和发展

无论是中国还是西方，都以早期报纸作为其新闻事业的发端。在

---

① 〔加〕马歇尔·麦克卢汉：《理解媒介——论人的延伸》，何道宽译，商务印书馆 2000 年版，第 2 页。

20世纪电子媒介出现之前的漫长时期里，报纸作为唯一的大众新闻传媒，垄断着新闻发布的最主要渠道。东西方各媒介产业发达国家，无一例外都是在其报业得到充分发育的基础上发展壮大其新闻事业，并直接导致和影响各自新闻体制的形成。

（一）中国印刷媒体的产生和发展

中国报纸产生的源头，可以上溯到汉唐时代的“邸报”。“邸”起源于汉朝，本是指古代王侯或地方官在京城的住所，后衍变为地方各郡在京师设立的一种专门机构，主要用于“通奏报，待朝宿”。所谓“通奏报”，即传抄一切诏令奏章以报诸侯，联络传递君臣之间的信息。这种皇帝诏令和大臣奏章的传抄件，经不断发展完善，到唐朝逐渐形成我国古代报纸的雏形。

从唐朝文献中我们不难发现关于邸报的记载，如开元杂报是开元年间流传于外的官报，载于孙樵《经纬集》卷三收录的《读开元杂报》一文，是有证可查的最早的唐代官报。此文中：“樵曩于襄汉间，得数十幅书，系日条事，不立首末……此皆开元政事，盖当时条布于外者。”[①]这里的“数十幅书”是没有任何款式和名称的，所以“开元杂报”一名，只是孙樵为了行文方便而随意使用的称呼，指的就是邸报。唐代邸报每份只有一张，卷成一卷便于携带。上面按日罗列“朝廷近所行事”等图，均是“开元政事”。整份报纸没有报头，各则消息没有标题和结束语，即孙樵所言“系日条事，不立首末”。这些描述表明邸报虽已具备了报纸的某些特征，不过显然还并不完备。比如孙樵指出邸报“书帛而漫志其末”，就足见唐朝邸报仍停留于手抄阶段，而不是印刷品，与现代意义的报纸还有很大差距。邸报不仅见于文献典籍之中，而且今天还有实物流传下来。伦敦大不列颠图书馆收藏有20世纪初英国考古学家斯坦因从我国敦煌石窟盗走的一份《进奏院状》，这实际上是公元887年从京城发往敦煌的一份邸报。这份世界上现存最古老的手抄报纸充分证明中国古代报纸最迟不晚于唐朝就已出现。唐朝邸报已形成一套出版发行系统，藩镇在京城长安设有进奏院，各地藩王、节度使派驻有邸吏，负责邸报的传达。从唐朝邸报的发行范围来看，邸报是在统治阶级内部流传的官报，普通百姓鲜有机会接触；

① 复旦大学新闻系：《中国新闻史文集》，上海人民出版社1987年版，第1页。

从邸报的内容来看,它实际上更像一种公文,这与报纸作为大众传媒应具有的广泛性、公开性要求还相去甚远,远远不是严格意义上的现代报纸。

鸦片战争前,一些外国传教士来华创办报纸,揭开了中国近代报纸的序幕。1807 年,英国伦敦布道会的马礼逊成为第一个来到中国的基督教传教士。1813 年,布道会又派传教士米怜来华协助马礼逊工作。1815 年,米怜带着中国刻字工人梁发等到达英国殖民地马六甲,建礼拜堂,办基督学院,设立印刷所,出版了中文月刊《察世俗每月统纪传》和一些宗教书籍及英文期刊,成为中国历史上第一份近代化报纸。

《蜜蜂华报》(*A Abelha da China*)是学者们一致评定的中国境内出版的近代第一份报纸,中国第一份由外国人创办的报纸和澳门第一份报纸。[①]《蜜蜂华报》以周刊形式出版,葡文刊载,创刊于 1822 年 9 月 12 日(清朝道光二年),于 1823 年 12 月 26 日停刊,共出版了 67 期。由于《蜜蜂华报》印量少,主要发行对象限于居留在澳门的葡籍人士,所以其影响主要在当时的澳门葡籍人士社区,对当时的中国人来说,影响力十分有限。尽管如此,可以肯定的是《蜜蜂华报》的面世是澳门报业的开端,也是近代中国首次向国外发行的报纸,定期向国外传播关于中国的消息。

1853 年 8 月 1 日,英国传教士麦都思创办《遐迩贯珍》,以时事新闻为报道重点,该报不仅是香港最早出版的中国刊物,也是最早使用铅印的中文报刊。1857 年 1 月 26 日,英国传教士伟烈亚力主编的《六合丛谈》创刊,这份报纸不再单纯宣传基督教义,也开始涉及自然科学、商业行情和中外新闻。

第二次鸦片战争之后到 1894 年前,外国传教士在中国先后出版的教会中文报刊达十余种,其中最为著名的是 1874 年由《中国教会新报》改版成的《万国公报》,该报的宗教内容也较少,除了刊载新闻、西学知识和商业信息外,也开始增设论说文字。此后,《申报》等中文商业性报刊也得到迅猛发展。《申报》于 1872 年 4 月 30 日创刊,首创刊

---

①　程曼丽:《中国历史上的第一份外报——〈蜜蜂华报〉传播手段分析》,载《新闻与传播研究》1997 年第 4 期。

登文学作品，也开设言论专栏，鼓吹现代化，并开始社会新闻的连载报道，其中影响较大的是杨乃武与小白菜的案件报道。《申报》也积极经营出版事业，创设期刊《瀛寰琐记》《点石斋画报》等。

19 世纪 60 年代，洋务运动兴起，大批知识分子提出政治改良的主张，宣传主张的方式主要就通过创办报刊。1874 年 2 月 4 日，王韬在香港创办《循环日报》，是我国最早的政论性报纸，宣传我国早期资产阶级改良思想。它由中华印务总局印刷出版。每日报首有论说一篇，多出自主编王韬之手。《循环日报》标榜该报由“华人资本、华人操权”①，王韬用他的笔杆子在《循环日报》发表的政论，为变法强国制造舆论，树立了文人不一定要“学而优则仕”在清朝官府当官才能影响政治的榜样，开创“文人论政”的先河。

1915 年，陈独秀创办并主编《青年杂志》（后改名为《新青年》），提倡民主与科学，抨击封建伦理道德，成为最早宣传马克思主义的报刊之一。1918 年 12 月《每周评论》在北京创刊，鲜明地宣传反帝反封建思想，并倾向社会主义，陈独秀和李大钊都是其主要撰稿人。1919 年五四运动以后，我国新闻业开始进入一个新时期。1920 年 11 月，由李达主编的《共产党》在上海创办，是一份半公开的理论机关刊物。此后，共产主义小组在我国纷纷成立，出版革命刊物，向工人宣传马克思主义思想。1942 年《解放日报》改版确立了通过党的报刊指导党的工作，以及“全党办报”“群众办报”的基本理念和原则，在贴近群众、贴近生活和改造文风方面有了很多积极变化。

1949 年 5 月，解放区南下的新闻工作者在上海黄浦区汉口路申报馆原址出版了曾经担任过中共中央机关报的《解放日报》，从此，旧中国报业成为历史，新中国的报业开始了新的征程。1956 年中国社会主义改造完成后，报刊在性质上完全国有。但是从 1966 年开始，中国报业进入了一段长达二十余年的黑暗历史，全国大部分报刊被迫停刊。直到 1978 年党的十一届三中全会之后，报纸杂志才开始进入迅猛发展时期，中央以及各省、地市、县级报刊纷纷成立。

1996 年，广州日报报业集团作为我国第一家报业集团试点单位正式挂牌成立，此后光明日报集团、经济日报集团、南方日报集团、羊城

---

① 萧永宏：《〈循环日报〉之版面设置及其演变探微》，载《新闻大学》2011 年第 1 期。

晚报集团、文汇新民联合集团等六家报业集团纷纷成立。中国的报业集团如雨后春笋在各地纷纷组建,几乎覆盖了国内大部分的省、自治区、直辖市和计划单列市,开始报业资本运营和跨行业经营的新管理模式。

(二) 西方印刷媒体的产生和发展

公元前59年,罗马执政官恺撒下令创立《每日纪事》,公布每天元老院的工作报告。方法是在元老院门口立一块表面涂蜡的木板,称为"阿尔布",因为当时尚未发明纸张,所以消息就直接刻写在木板上。"阿尔布"存在了大约五百年,这块元老院门口的木板应该说是整个欧洲最早的新闻媒体。

公元2世纪,《每日纪事》的消息随罗马帝国版图的扩张传至南欧、西亚和北非,罗马城成为欧洲政治、经济和文化的中心,也是当然的新闻传播的中心。各地的王公、贵族、商人都想探听罗马的消息,于是有人开始从事抄录政府公报并分送各地以获取酬金的活动。这种原始的文字新闻传媒,史称"新闻信"(news letter)。新闻信的发行人通常拥有奴隶,备有船只,发行人亲自到官邸抄录《每日纪事》内容,然后上船口述,由奴隶转抄,奴隶每到一地,就把新闻信分卖给订户。与中国到宋朝出现的专为一种叫"小报"的出版物打探消息的人相比,罗马"新闻信"的发行人及其奴隶的活动要早了几个世纪,他们被认为是世界上第一批职业新闻工作者。

16世纪初出现的"手抄新闻"、16世纪末出现印刷形式的"新闻书",这两者通常被认为是近代报刊的雏形。[①] 16世纪初,由于新航路的发现,欧洲航海业发展起来,威尼斯成为当时最大的贸易港口。当时的商人、银行家等出于商业目的,需了解船期、行情以及一些社会情况,产生了专门的消息售卖生意,由专门的信使负责传递,商人负责销售,逐渐,需要的人多了,他们就把同一内容抄很多份分寄,这就是所谓"手抄新闻"。手抄新闻在形式上几乎就是新闻信的翻版。

1566年在意大利单张印刷出版的《威尼斯公报》,是世界上最早的印刷报纸,因为其单份售价为威尼斯一枚硬币"格塞塔"(Gazetta),以至于该词成为西欧"报纸"的同义词。

---

① 廖基添:《邸报是古代报纸吗?——中国古代报纸发展线索再梳理》,载《新闻与传播研究》2010年第1期。

德意志地区是欧洲近代早期报纸的发源地。1605年,真正意义上的近代报纸《通告:所有新奇及值得深思的故事》在德意志地区的斯特拉斯堡诞生。《通告》的内容涉及地中海的海盗袭击,天主教会高层的新决议,罗马的教皇以及意大利数学家、物理学家、天文学家伽利略新发明的望远镜。由于新闻的需求越来越大,报纸的订阅者逐渐突破斯特拉斯堡的地域范围,《通告》的读者群体里甚至包括萨勒姆和博登湖修道院的僧侣和修女。1609年,德意志地区出现了最早的周报《报道和新闻纸》。1660年,最早的日报《莱比锡新闻》也在德意志诞生。

此后,世界各主要资本主义国家先后有日报诞生。英国的第一份日报是1720年在伦敦出版的《每日新闻报》。法国的第一份日报是出现在1777年的《巴黎日报》。①

进入18世纪后半叶,独立报纸开始兴起。《泰晤士报》诞生于1785年元旦,创始人是约翰·沃尔特。诞生之初,称为《每日环球纪录报》(*The Daily Universal Register*),1788年元旦,正式改为如今的名称。约翰·沃尔特同时也是《泰晤士报》的第一位总编。约翰·沃尔特曾经因为诽谤罪而入狱16个月。然而正是在约翰·沃尔特职掌时期,《泰晤士报》最先将新闻视角延伸至英国之外的其他欧洲国家,尤其是法国。这为《泰晤士报》在政界和金融界内赢得了很高的声誉。同时期的还有美国的《纽约时报》(*The New York Times*),在全世界发行,成为美国高级报纸和严肃刊物的代表,长期以来拥有良好的公信力和权威性。由于风格古典严肃,它有时也被戏称为"灰色女士"(The Gray Lady)。它最初的名字是《纽约每日时报》(*The New-York Daily Times*),创始人是亨利·贾维斯·雷蒙德和乔治·琼斯。1882年,日本的福泽谕吉创办日报《时事新报》,确立了一种"独立不羁"的办报方针,遵循不偏不倚的立场,争取到了不同派别的读者,引导了社会舆论。

二、印刷媒体的传播优势

从今天的传播现状来看,印刷媒体主要的媒体形式有报纸和杂志,结合其物理特性,可以总结出以下传播特点:

---

① 张隆栋编译:《法国的报业》,载《国际新闻界》1985年第4期。

（一）历史悠久，专业操作

传统印刷媒体经过了上百年历史的积累，已经成为一项专业的技术工作。无论是深度思考新闻现象和新闻线索、操作新闻报道机器、快速播报新闻信息，还是合理选择新闻评论角度，新闻工作者已经积累了相对专业科学的经验，拥有数量众多的专业新闻人才、编辑人才，他们深谙观察、组织、分析、出版、发布新闻信息等专业性工作，保证提供的信息的完善、平衡、客观。

（二）深度报道，公信度强

现代媒体的发展只有十多年的历史，而印刷媒体经过了几十年上百年的积累，印刷媒体经过多年持续的经营，在人们的生活中早已具有举足轻重的地位。文字符号的抽象性可以对新闻事件进行高度抽象的概括，相对于拥有纷繁影像、声音的现代媒体来说，文字更容易进行“冷思考”，挖掘新闻背后的意义，预测新闻事件的发展方向，具备更强大的公信力。

（三）获取容易，保存方便

印刷媒体的售价通常比较低廉，尤其是报纸媒体中的都市报更是在价格上显得亲民，因此读者可以很轻松地获得印刷媒体进行阅读。阅读过程中，读者的主动性也体现得非常明显，可以根据自己的兴趣爱好、阅读习惯来选择报刊、阅读时间、阅读版面，还可以反复阅读、反复思考。此外，印刷品适宜长期保存，成为记录历史的档案，使得信息传播量可以超越时空的限制。

第二节　广播媒体

广播是指通过无线电波或导线传送声音的新闻传播工具。通过无线电波传送节目的称无线广播，通过导线传送节目的称有线广播。人类最原始的传播方式就是用口述的方法传播信息。最早的广播员被称为叫街者（Town Crier）和浪游的乐师（Wandering Minstrel），到了17世纪，美国出现了沿街报告新闻的“敲钟人”。直到后来社会上出现了传单、报纸之后，“敲钟人”宣告失业。

一、广播的产生

19 世纪初,以机械革命为主的工业化浪潮席卷欧洲,有关原料需求和货物销售的市场情报,成为工业化社会生命攸关的信息。这种社会化大生产与高密度的协作分配的情势,迫切需要一种既快速又有效的远程通信工具,以代替“邮寄”或“放鸽子”式的通信方式。同时,工业化的浪潮也为热衷于物理实验和发明的天才创造了一个很好的环境,同时物理学的发展又使新型通信工具的发明成为可能。

(一) 有线广播的产生

广播的出现与其他传媒的出现一样,经历了漫长的探索过程,尤其是其电子媒介固有的技术特质,使它的出现经历了长期的实践过程。1838 年莫尔斯发明了电报机,拉开了电信时代的序幕。[①] 1876 年,亚历山大·贝尔成功完成了利用电流传递声音的试验,试制出世界上第一部电话。1877 年,爱迪生发明了留声机,使声音再现的假想变为现实。1880 年,俄国人 U. 奥霍罗维奇成功利用导线把剧院里的音乐节目传输出去。1893 年,匈牙利的布达佩斯连接了 700 多条电话线,定时广播新闻,形成正式的有线广播。1924 年苏联开办有线广播,德、法等国也利用电话网传送广播节目,遂发展成能输送多套节目的有线广播网。

(二) 无线广播的产生

真正令电子科技的发明对大众传媒产生革命性改变的当属无线电领域。无线广播是人们最早也最普遍采行和推崇的电子媒介。作为无线广播物质基础的无线电技术距今已有一百多年的历史了。科学家对无线电波存在的探索,最早可以追溯到 19 世纪中叶。

1831 年,英国科学家法拉第发现了电磁感应现象,并最终提出了电磁感应定律,为电磁理论奠定了基础。1864 年,英国理论物理学家麦克斯威尔发现了电磁学基本原理,他通过数学论证证明,电波向外传播的速度和光速一样,每秒钟约 30 万公里,相当于绕地球七圈半,这是人类在认识光的本质方面的又一大进步。

---

① 王明亮:《传真技术传入中国考:兼述其在新闻事业中的应用》,载《国际新闻界》2013 年第 9 期。

1895年5月7日，俄国物理学家亚历山大·斯捷潘诺维奇·波波夫发明了不用导线传送信号的无线电接收装置——雷电指示器。1896年3月24日，波波夫用自己研制的两部无线电收发机传递了最早的一份无线电报；波波夫研制的无线电设备很快应用在俄国的军事上。1895年春，意大利青年工程师马可尼也取得了无线电通信实验的成功。波波夫和马可尼发明了无线电通信技术，第一次给人类提供了远距离传送信息的工具，开创了无线电波传递信息的新纪元。

1906年，加拿大物理学家、美国匹兹堡大学教授费森登实现了利用无线电波进行声音传播的设想。12月25日，费森登在马萨诸塞州布兰特岩城的实验电台进行了一次实验广播，通过电波向空中播送圣经路加福音中的圣诞故事和音乐，这是人类第一次在空中传播自己的声音，也是广播信号的第一次发射成功。

20世纪初，人类开始实现播送语言和音乐的声音广播。1920年，在美国匹兹堡诞生了世界上第一座无线广播电台，代号为KDKA。20世纪20年代末30年代初，又实现了同时播送声音和活动图像的电视广播。从此无线电广播在人们生活中占有更为重要的地位。

（三）广播电台的产生

1916年，美国马可尼公司的无线电报务员向公司建议把现有的笨重的收音设备改制成一种有几个波长可供选择的无线电收音盒。不久，一种当时叫“音乐盒”的收音机在美国无线电公司诞生了。此时，由于收听条件的限制，人们尚未产生广泛使用无线电收音的意识，一些无线电爱好者出于兴趣，将其作为一种娱乐工具。

1919年11月，苏联下新城无线电实验所试制成功第一台无线电发射机。1920年1月11日成功播出世界上第一个语言广播节目，4天之后，又成功地进行了从下新城到莫斯科的试验广播。但由于国内政治环境的影响，这个广播电台一直处于试验性广播阶段，1922年才正式开播，同年11月7日被命名为“共产国际广播电台”。

美国联邦商业部向西屋电气公司的当权者戴维斯颁发了商业电台营业执照，并批准了KDKA这一呼号。戴维斯同时征得匹兹堡《邮报》同意，将该报的新闻用电话向KDKA广播室传送，以供播出。1920年11月2日，匹兹堡KDKA广播电台开始播音。这次广播的第一个节目，是报告哈定和考克斯两人竞选总统的选举结果。广大选民聚在公共扩音器前收听最新消息，由于开票统计数字及时被播送出来，产生了极为轰动的效应。由于总统候选人哈定和考克斯都是报纸发行人，他们被提名也象征了报界在权力结构中的地位，而 KDKA 广播的出现是打破这一政策格局的开端。[①] KDKA 电台是第一家获得联邦政府商业执照的广播电台，享有"世界电台先锋"的美誉，成为世人公认的第一家广播电台。它的开播标志着广播事业的正式诞生，广播揭开了自己的历史，并同时掀开了世界广播新闻事业新的一页。此后一年里，美国从商业部取得营业执照的商业广播电台就达五百多家，掀起了一股办广播热。与此同时，世界各国广播电台如雨后春笋般涌现：1921 年，法国邮电部建立广播电台；1922 年英国伦敦广播电台开始播音；1923 年 1 月，美国人把无线电广播引入中国；1923 年 10 月，德国柏林广播电台开始播音；1924 年，意大利广播电台开播；1924 年 11 月，日本广播电台开播……到了 1930 年，无线广播几乎遍及世界。

1940 年前，广播工程技术只限于调幅广播；1940 年美国建立了调频广播；1942 年，调频广播风行世界。

二、广播的发展

广播的发展可以分为以下几个阶段：

（一）迅猛发展时期

第二次世界大战期间，是广播发展的"黄金时期"。人们依赖广播了解新闻和前线的战事，各国电台数量猛增。节目内容和形式丰富多样。广播的功能也不再是过去单纯的娱乐商业服务为主，开始加入了更多的政治服务功能。

第二次世界大战中，广播成为当时重要的宣传工具，各国的电台及时报道战争消息，所有参战国都抱着把广播作为进行心理战宣传的最有力的武器。1941 年 12 月 7 日，美国哥伦比亚广播公司在转播橄榄球实况时，突然中断，报道了日本偷袭珍珠港的消息；1944 年 6 月 6 日，英美军队在法国西北部诺曼底登陆，开始大规模进攻，通过所有的广播网，最早报道了进攻的消息，当时广播的收听率达到高峰。第二次世界大战中，希特勒十分重视广播，将广播列为陆海空之后的第四

---

① 郭镇之编译：《美国电视演变史》，载《国际新闻界》1988 年第 3 期。

条战线，利用广播开展心理战。1939年，西欧许多国家开始以广播对抗德国的宣传。世界电波战发展到登峰造极的地步。大战末期，美苏日等国也参与了电波战。以苏联为例，据联合国新闻委员会的一个报告透露，苏联对外广播自1946年以来急剧发展，时间由每周295小时增至2022小时；语种由30种增至83种。美国在远远落后的情况下，里根政府上台后在削减财政支出的同时增加了对外广播的经费。

有的广播电台还派出记者奔赴前线采访，报道真实生动的战况。美国哥伦比亚广播公司记者爱德华·默罗就以他创造的《这里是伦敦》的现场报道而声名大噪。一些国家元首也通过广播电台发表演讲，动员人民同法西斯斗争到底。美国总统罗斯福1933年所作的"炉边谈话"更是成为广播史上的重要事件，他亲民而幽默的谈话通过无线电波深入美国的每个家庭，使身处逆境的国家和人民都感受到了一种从未有过的信心，具有"呼风唤雨"的作用。

当时广播给社会公众带来的轰动效应超出新闻工作者的想象。20世纪30年代末，美国一家电台播出了一个关于火星人入侵地球的广播剧，故事描述的火星人登陆地点是新泽西州，广播剧播出后，当地的人们因为对故事深信不疑纷纷逃离了家园，尽管广播剧在播出期间，电台不断告诉听众，这是一个虚构的科幻故事，但还是在社会上引起了巨大的恐慌。事后有关方面调查，当时至少有600万以上的美国人收听广播，其中有28%的人误认为这是新闻广播而受到惊吓。

二战结束后到上世纪60年代初，世界广播的发展速度日益加快。全世界的广播电台此时达到12700多座，其中美国就拥有电台5200多座，英国250多座，日本也由战争结束时的42座广播电台猛增到60年代的480多座。

荷兰、英国、法国、德国是最早开办对外广播的国家。1932年英国广播公司(BBC)开始用英语对全世界广播，法国对非洲开办了主要针对殖民者地的广播。但早期的对外广播多是使用本国语言，广播的对象也多是殖民地和其他国家的侨民，所以还不是完全意义上的对外广播。

当时，苏维埃俄国是唯一真正理解外语在国际广播中的意义并认真加以执行的国家。1929年，莫斯科国际广播电台成立，开始连续提供德语、法语和英语节目。1933年，德国希特勒掌权后，开始以外语来进行国际广播宣传。1934年,意大利开始用阿拉伯语对阿拉伯世界进行广播。1941年年底美国卷入二次大战,并于1942年开办了《美国之音》。在二战期间,国际广播发挥了巨大的“心理战”作用。[1] 到二战结束后,开办对外广播的国家已从战前的27个发展到55个。

与此同时,随着广播技术的不断提高,调频广播试制成功,标志着广播技术进入了一个较为成熟的时期。上世纪50年代中后期,许多国家纷纷采用调频广播。这种广播的优点是音质好、抗干扰能力强,频率资源相对丰富,维护改造费用相对较低,仅美国到1955年就已建立调频电台552座。

(二)繁荣竞争时期

进入上世纪70年代以后,电视逐渐普及给广播造成了前所未有的竞争压力,在许多国家(地区),广播的收听率明显下滑。面对冲击广播开始努力寻找自身优势,在竞争中求发展。

广播科技的不断进步,大大拓宽了广播的生存和发展空间。20世纪70年代后,收音机日益小型化,成为便携式的“随身听”,使广播成为伴随收听的最佳传媒。继调幅广播之后,出现的调频立体声广播,使广播传媒在音乐节目的传递上显示出了独特的优势。之后,随着信息高速公路的迅速发展,世界范围的广播开始向数字化方向迅速转变。

加强对外广播,寻找对外广播的新起点也是世界各国寻求广播发展空间的重要举措。以全世界为对象的环球广播迅速崛起,其特点主要是“环绕全球”“昼夜不停”和“传播新闻”。尤其以美国、苏联、中国、日本、法国等国家最为突出。如“美国之音”“英国广播公司”等都已建立了英语环球广播。

中国的广播业自20世纪80年代中期到现在发展速度迅猛。党的十一届三中全会后,特别是1983年党中央批转的《关于广播电视工作的汇报提纲》[2]贯彻实施以来,中国广播电视事业进入了日新月异、突飞猛进的发展时期,全国基本形成了从中央到地方,无线和有线相结合的广播和电视、城市和农村、对内和对外并重的现代化广播电视

---

① 郭镇之:《中外广播电视史》,复旦大学出版社2002年版,第21页。

② 《关于广播电视工作的汇报提纲》(中发[1983]37号)。

宣传网。随着广播发射功率的扩大,广播专用微波电路的延伸,广播转播台站和地方台站遍布全国,而系列台、专业台的诞生,又打破了由一家电台垄断受众的局面。20 世纪 90 年代,在应用调幅、调频两种技术以后,广播进入数字化发展阶段,数字音频广播纷纷开办、卫星数字多媒体广播服务开始出现。同时,传统的无线广播与网络媒体相结合,借助互联网络制作和传送广播节目。近年来,广播业又以广播传播为龙头,涉足报纸、电视和电讯系统,兴办第三产业,综合广播行为带动我国广播电视集团化的演变过程。

三、广播媒体的传播优势

与印刷媒体相比,广播媒体具有以下传播优势:

(一) 传播快捷,时效性强

广播传播以电波为载体,电波的速度为每秒 30 万公里,相当于绕地球七圈半,传播到收听者间的时间差几乎等于零。被广播记者盯上的事,其新闻传播速度几乎可以等同于事件的进展速度,因此,现场报道是广播新闻最能吸引听众的报道形式。广播开创之初,其主要功能还是以娱乐、商业广告为主。直到第二次世界大战前夕,由于人们急于获知战争情况,广播传播快捷的特点满足了人们先知先觉的需求。于是广播新闻得到了人们空前的重视。

电子新闻传媒的报道时效高于印刷媒介,而在电子媒介中语言广播又快于电视广播,这是语言广播的最大优势,因此,在事实无误、观点正确的前提下,广播电台要争取做到“先声夺人、以快取胜”。

(二) 受众广泛,费用低廉

广播使用有声语言传播信息,受众不受年龄大小、文化水平的限制,从学龄前儿童到年逾古稀的老人,从文盲到专家学者,只要具备听觉能力,都可以成为广播的传播对象。由于广播信号覆盖广阔,收听限制少,不管天南地北、高山海洋、平原沙漠、城市乡村、居室内外、田间地头,广播都能到达,相比较印刷媒体而言,广播信号更容易突破地域的限制。此外,受众收听广播时可以不受环境的限制,无论是工作或是休息,都可以收听广播,适应现代生活的快节奏和现代人对密集资讯的需求。在现代社会的大众传播媒体中,广播是获取信息价格最低廉的媒体。受众只需要花费不多的金额购买收音机即可收听节目，且大多数受众在收听过程中不会产生后续费用。

（三）声音符号，形象生动

报纸传播信息主要依靠文字符号，广播传播信息则依靠声音符号（包括各种音响及有声语言）。声音符号作用于人的听觉器官，人们可以通过音响和有声语言较直接地理解传播的内容。声音的不同处理和运用本身也可以表达出许多平面文字所无法传递的信息。主持人主持节目的风格，对节目的把握，能大大增强节目的吸引力。他们对稿件的再创造、再提高，能对听众认识、理解、接收信息产生很大的影响。

第三节 电视媒体

电视媒体是运用电子技术手段传输影像和声音符号的现代化大众传播媒介，其主要表现形式是电视媒体和电影媒体。电视和电影的技术原理都是利用人眼的视觉暂留效应，运用录像和录音手段把外界事物的影像和声音保存在胶片上，然后通过在银幕（电视屏幕或者电影屏幕）放映造成活动影像和同步声音，形成视觉上的活动图像，用以进行信息的传播。电视媒体因其视听兼备的传播特性，相比较印刷媒体和广播媒体而言，受到更加广泛的接受和欢迎，在人们的日常生活中占据重要地位。

一、电视媒体的产生与发展

19 世纪末，少数电视先驱者开始研究设计传送图像的技术。1880 年，法国人莱布朗克提出使一个镜面在两个不同轴线上以不同速度振动，形成往返直线扫描，从而对图像进行分解和再现。1883 年圣诞节，德国电气工程师尼普科夫用他发明的“尼普科夫圆盘”使用机械扫描方法，做了首次发射图像的实验。每幅画面有 24 行线，且图像相当模糊。1923 年，俄裔美国科学家兹沃里金申请到光电显像管、电视发射器及电视接收器的专利，他首次采用全面性的“电子电视”发收系统，成为现代电视技术的先驱。电子技术在电视上的应用，使电视开始走出实验室，进入公众生活。

1924 年,英国和德国科学家几乎同时运用机械扫描方式成功地传出了静止图像。但有线机械电视传播的距离和范围非常有限,图像也相当粗糙。1925 年,英国科学家贝尔德根据“尼普科夫圆盘”进行了新的研究工作,发明机械扫描式电视摄像机和接收机。当时画面分辨率仅 30 行线,扫描器每秒只能 5 次扫过扫描区,画面本身仅 2 英寸高,一英寸宽。不久,贝尔德在伦敦一家大商店公开展示了他制造的机器,成功地传送了人的面部活动。1928 年,贝尔德开始将其电视系统正式播送,并且开始研究和试验彩色电视。1929 年英国广播公司(BBC)与贝尔德签订许可合同,采用他的发明试验性播出电视。1936 年,BBC 在伦敦建立世界上第一个电视信号发射台,利用无线电在世界上首次实现了定时电视广播。但此时贝尔德的电视采用机械式技术路线的局限性也显现出来了。尽管他做了很大努力,但是传送的画面质量一直存在问题,扫描精度受转动速度限制,图像清晰度不够,闪烁的画面使观众头疼。

对此问题进行改进的是美国人。1928 年,美国纽约 31 家广播电台进行了世界上第一次电视广播试验。由于显像管技术尚未完全过关,整个试验只持续了 30 分钟,收看的电视机也只有十多个频道。此举宣告了作为社会公共事业的电视艺术的问世,是电视发展史上划时代的事件。1929 年美国科学家伊夫斯在纽约和华盛顿之间播送 50 行的彩色电视图像,发明了彩色电视机。1933 年兹沃里金又研制成功了可供电视摄像用的摄像管和显像管,完成了使电视摄像与显像完全电子化的过程。至此,现代电视系统基本成型。今天电视摄影机和电视接收的成像原理与器具,就是根据他的发明改进而来。

1935 年,贝尔德与德国公司合作,成立了第一家电视台,每周播放三次节目。1936 年,英国播送当时全世界最清晰的公共电视节目。1939 年,美国播出固定的电视节目。人们的生活从此与电视产生了深刻而复杂的联系。1938 年,德国人弗莱彻西格提出三枪三束彩色显像管设想;1949 年,美国首次研制出世界上第一只三枪三束彩色显像管;1957 年研制出全玻璃壳彩显管;1964 年研制出全玻壳矩形显像管;1969 年研制出黑底显像管使亮度提高了一倍;1968 年,日本索尼公司研制成一枪三束彩显管;1972 年,美国研制成功自动校正会聚误差彩显管。至此,彩色电视的发展进入成熟期。

1985年,英国电信公司(BT)推出综合数字通信网络,它向用户提供话音、快速传送图表、传真、慢扫描电视终端等服务。1991年11月25日,日本索尼公司的高清晰度电视开始试播。从此,数字电视、高清电视开始广泛进入人们的日常生活。进入21世纪以来,网络电视、手机电视和移动电视等新型数字技术电视表现方式日益普及,使得电视媒体的表现手段越发多样化和大众化。

我国的第一台黑白电视机于1958年诞生于天津,由于经济条件和生活水平的限制,当时的中国只有五十多台黑白电视机。1958年,中央电视台(建立之初称"北京电视台")正式开播,当时的演播室是由一个五十多平方米的排练厅临时改装的。试播当天播出的黑白电视节目有先进生产者的讲话、新闻纪录片、科教影片、诗朗诵和舞蹈等。中央电视台的发射半径只有25公里,全北京市只有三十多台电视接收机。但是,北京地区上空的电视节目讯号表明:中国自力更生在首都创建了全国第一座电视台——中华人民共和国国家电视台。中央电视台的建立标志着中国电视事业的起步。以后,全国各省市自治区也相继建立了电视台。1973年5月1日,中央电视台试播彩色电视节目,完成了从黑白到彩色的飞跃。随着全国各地"村村通广播电视"工程的迅速进展,从根本上解决偏僻边远地区农村群众看电视难的问题已为期不远。对外电视传播也获得较大进展,中央电视台的国际频道节目信号,已通过卫星传送覆盖全球,并正在各大洲逐步落地。

1990年4月18日,全国第一家省级有线电视湖南有线广播电视台开始试播。有线台的成立,打破了无线电视一统天下的局面。从2003年开始,我国的IPTV(网络电视)产业开始起步,我国基础电信运营商也开始进入IPTV的运营领域。

进入新世纪,全国各省级卫星电视台也积极进行资源整合、纷纷组建以文化广播影视为主业的新闻文化集团,并拓展旅游、宾馆、演出、会展等相关产业。如2001年建立的上海文广集团拥有一批重要的广播电视传统媒体和宽频电视、互动电视、移动电视、IP电视、手机电视等新媒体,同时又是全国重要的影视剧生产基地,拥有一批高水平的文艺表演团体和丰富的文化娱乐资源。

二、电视媒体的传播优势

相对于印刷媒体和广播媒体，电视媒体能准确地“还原”现实世界，给人逼真、身临其境的感觉。电视媒体具有以下传播优势：

（一）现场感强

电视媒体突破印刷媒体单一文字和广播媒体单一声音的局限，利用影视设备表现现场的声音和图像，让观众有身临其境的感觉，现场感强烈。尤其是“现场新闻”的采访和播报，观众几乎能直接观察到新闻事件发生发展的过程，真实感十足。电视媒体的直观性使其超越了读写障碍，成为一种最大众化的宣传媒体。它无须对观众的文化知识水准有严格要求，即便不识字，不懂语言，也基本上可以理解电视媒体传达的内容。

（二）感染力强

电视媒体用忠实地记录的手段再现讯息的形态，即用声波和光波信号直接刺激人们的感官和心理，以取得受众感知经验上的认同，使受众感觉特别真实。声画合一、视听结合的特点也被当代电视媒体应用得十分到位，电视媒体创意承载能力强，适合承载音乐、故事、比较、示范及印象形式等创意，文字、声音、图像等要素综合利用使得综艺节目、战争片、灾难片等影视作品能产生直观的感染能力。

（三）兼容性强

报纸由于受到版面的限制，信息传播量有限，而电视媒体可以同时连续播出几十个甚至上百个频道的节目，不受到“版面”的限制。数字电视的出现，使得电视媒体播放的节目更加丰富和多元化。另外，报纸只能传播文字符号和静止的画面符号，广播传播新闻、音乐、音响等声音符号，而电视不仅可以形象地传播新闻信息，组织各种社会服务，还可以囊括戏剧、舞蹈、杂技、综艺节目等多种节目形式。

第四节 网络媒体

网络媒体指的是以互联网作为信息载体的信息传播工具。与传统的印刷媒体、广播媒体和电视媒体相比,它是一种“第四媒体”。①借助互联网络的硬件设施,图像、声音和文字信息可以在有计算机的用户和地区之间进行即时传递,真正实现多媒体的传播方式。

一、网络媒体的产生和发展

1969年,世界上第一个计算机网络——阿帕网(ARPANET)正式面世,由美国国防部国防高级研究计划署资助建立,开始时只有4个节点。1970年,阿帕网已初具雏形,并且开始向非军用部门开放,许多大学和商业部门开始接入,同时阿帕网在美国东海岸地区建立了首个网络节点。当时阿帕网只有四台主机联网运行,甚至连局域网(LAN)的技术也还没有出现。1971年,阿帕网扩充到15个节点。经过几年成功的运行后,已发展成为连接许多大学、研究所和公司的遍及美国领土的计算机网,并能通过卫星通信与相距较远的夏威夷州、英国的伦敦和北欧的挪威连接,使欧洲用户也能通过英国和挪威的节点入网。1975年7月,阿帕网移交给美国国防部通信局管理。到1981年已有94个节点,分布在88个不同的地点。

1974年,计算机网络互联的核心技术网际协议(IP)和传输控制协议(TCP)诞生,这使全球的电脑联为一体成为可能,最终导致了Internet的大发展。1986年,美国国家科学基金会(NSF)投资,在普林斯顿大学、匹兹堡大学、加州大学圣地亚哥分校、伊利诺伊大学香槟分校和康奈尔大学建立五个超级计算应用中心,并通过通信线路互相连接,形成了NSFNET的出行。由于NSF的鼓励和资助,很多大学、政府机构甚至私营研究机构纷纷把自己的局域网并入NSFNET中。1991年,时任美国国会参议员的戈尔提出建立“信息高速公路”的设想。1993年,美国总统克林顿宣布正式实施“国家信息基础设施行动计划”,并在1994年投入启动资金5400万美元。这一宏大计划的展开,使互联网受到全世界的热切关注。从1994年开始,互联网开始由科研教育服务为主向商业性计算机网络转变,一批以提供搜索引擎为主

① 1998年5月,联合国秘书长安南在联合国新闻委员会上提出,在加强传统的文字和声像传播手段的同时,应利用最先进的第四媒体——互联网(Internet)。自此,“第四媒体”的概念正式得到使用。

要服务内容的公司，如 Yahoo 等应运而生。1994 年 11 月，美国网景公司推出互联网浏览器 Netscape Navigator 1.0，这极大方便了人们在网上的搜索和浏览，激起了用户上网的高潮。美国国家科学基金会于 1995 年宣布不再向互联网提供资金，互联网完全走上商业化的道路。1996 年以后，由于各国对网络基础设施建设投入的加大，互联网在全球迅猛拓展。

经过四十多年的发展，互联网已成为连通世界上几乎所有国家的交际网，也是当今世界推动经济发展和社会进步的重要信息基础设施。同时，互联网迅速渗透到经济与社会活动的各个领域，推动了全球信息化进程。全球互联网内容和服务市场发展活跃，众多的 ISP（Internet Service Provider，即互联网服务提供商）参与到国际互联网服务的产业链中。由此带来了互联网服务的产业活跃发展，推动形成了一批 ISP，如 Google（谷歌）、Yahoo（雅虎）、腾讯等，成为具有全球影响力的互联网企业。2014 年 2 月初，根据美国 Market Watch 网站①显示，Google 公司目前的市值已超过埃克森美孚，成为全球市值第二高的公司，仅次于苹果公司。

中国互联网的应用始于 1986 年 8 月 25 日，比国际互联网晚 20 年左右。当时瑞士日内瓦时间 4 点 11 分 24 秒（北京时间 11 点 11 分 24 秒），中国科学院高能物理研究所的吴为民在北京 710 所的一台 IBM-PC 机上，通过卫星链接，远程登录到日内瓦欧洲核子研究组织的一台机器名为王淑琴的账户上，发出了一封电子邮件。1987 年 9 月，在德国卡尔斯鲁厄大学（Karlsruhe University）的维纳·措恩教授所带领的科研小组的帮助下，王运丰教授和李澄炯博士等在北京计算机应用技术研究所（ICA）建成一个电子邮件节点，并于 9 月 20 日向德国成功发出了一封电子邮件，邮件内容为“Across the Great Wall we can reach every corner in the world.（越过长城，走向世界）”。1988 年初，中国第一个 X.25 分组交换网 CNPAC 建成，当时覆盖北京、上海、广州、沈阳、西安、武汉、成都、南京、深圳等城市。

不久，中国计算机科技网（CANET）项目启动，旨在组织中国众多

---

① Market Watch 公司是道琼斯公司的全资子公司，也是全球领先的商业新闻、评论、个人金融信息，及投资工具和数据提供商。

大学、研究机构的计算机与世界范围内的计算机网络相连。1989 年 10 月,国家计委利用世界银行贷款重点学科项目——国内命名为:中关村地区教育与科研示范网络,世界银行命名为:National Computing and Networking Facility of China(简称 NCFC)正式立项。11 月,该项目正式启动。NCFC 是由世界银行贷款“重点学科发展项目”中的一个高技术信息基础设施项目,由国家计委、中国科学院、国家自然科学基金会、国家教委配套投资和支持。项目由中国科学院主持,联合北京大学、清华大学共同实施。当时立项的主要目标就是通过北京大学、清华大学和中科院三个单位的合作,搞好 NCFC 主干网和三个院校网的建设。1990 年 11 月 28 日,在王运丰教授和维纳·措恩教授的努力下,中国的顶级域名.CN 完成注册,钱天白任行政联络员。从此在国际互联网上中国有了自己的身份标识。

中国科学院高能物理所从 1987 年起,通过国际联网线路进入 Internet 使用电子邮件,1991 年以专线方式实现同 Internet 的连接,并开始为全国科学技术与教育界的专家提供服务。自 1994 年以来,高能物理网、中科院教育与科研示范网、国家教委科研教育网、国家公共数据网以及其他一些计算机网,先后完成了同 Internet 的连接。1994 年 4 月 20 日,NCFC 工程通过美国 Sprint 公司连入 Internet 的 64K 国际专线开通,实现了与 Internet 的全功能连接。从此中国被国际上正式承认为真正拥有全功能 Internet 的国家。

1994 年 6 月 8 日,国务院办公厅向各部委、各省市明传发电《国务院办公厅关于“三金工程”有关问题的通知(国办发明电[1994]18 号)》,“三金工程”即金桥、金关、金卡工程。自此,金桥前期工程建设全面展开。同年 8 月,由国家计委投资、国家教委主持的中国教育和科研计算机网(CERNET)正式立项。该项目的目标是利用先进实用的计算机技术和网络通信技术,实现校园间的计算机联网和信息资源共享,并与国际学术计算机网络互联,建立功能齐全的网络管理系统。

值得注意的是,1995 年 5 月,为了满足国内用户对互联网的强烈需求,中国电信开始筹建中国公用计算机互联网(CHINANET)全国骨干网,从此中国互联网开始了商业化管理的历史。

1997 年,互联网开始进入公众视野和日常工作,1999 年迅猛普及到教育、商贸、金融等诸多领域,这也是互联网工作者始料未及的。

1997年元旦,《人民日报》主办的人民网进入国际互联网络,这是中国开通的第一家中央重点新闻宣传网站。1999年8月,在全国高等学校招生工作中,六个省、市的二百余所高校使用“全国高校招生系统”在CERNET上进行第一次网络招生获得成功。1999年9月6日,中国国际电子商务应用博览会在北京举行。本届博览会由外经贸部和信息产业部主办,是首次由中国政府举办的电子商务应用博览会,也是中国第一次全面推出的电子商务技术与应用成果大型汇报会。1999年9月,招商银行率先在国内全面启动“一网通”网上银行服务,建立了由网上企业银行、网上个人银行、网上支付、网上证券及网上商城为核心的网络银行服务体系,并经中国人民银行批准首家开展网上个人银行业务,成为国内首先实现全国联通“网上银行”的商业银行。

进入21世纪,网络媒体与传统的印刷媒体、广播媒体和电视媒体的结合越发频繁。2005年4月底,上海文广新闻传媒集团下属上海电视台正式获国家广电总局批准开办以电视机、手持设备为接收终端的视听节目传播业务。这是广电总局在国内发放的首张IPTV业务经营牌照。同时,中国的互联网企业开始走出国门,2005年8月5日,百度公司在美国纳斯达克挂牌上市。股票发行价为27美元,在首日的交易中,以66美元跳空开盘,股价最高达151.21美元,收盘价122.54美元,涨幅达354%,创下2000年互联网泡沫以来的五年间纳斯达克IPO首发上市日涨幅最高的纪录。2005年8月11日,雅虎宣布以10亿美元以及雅虎中国的全部资产换取阿里巴巴40%的股份及35%的投票权,雅虎在中国的全部业务交给阿里巴巴经营管理。这开创了国际互联网巨头的中国业务交由中国本地公司主导经营的先例。

2005年也是互联网深入影响人们传统交际方式的一年,以博客为代表的Web 2.0概念推动了中国互联网的发展。Web 2.0概念的出现标志着互联网新媒体发展进入新阶段。在其被广泛使用的同时,也催生出了一系列社会化的新事物,比如Blog,RSS,WIKI,SNS交友网络等。互联网不再仅仅是工作和生活服务的工具,已经全面进入老百姓的日常生活,成为一种个性化的生活方式。2008年5月开始,开心网、校内网等SNS(Social Networking Service)网站迅速传播,SNS成为2008年的热门互联网应用之一。从2009年下半年起,新浪网、搜狐网、网易网、人民网等门户网站纷纷开启或测试微博功能。微博客吸引了社会名人、娱乐明星、企业机构和众多网民加入，成为2009年热点互联网应用之一。

互联网企业的利好势头在2007年充分体现，本土互联网企业腾讯、百度、阿里巴巴市值先后超过100亿美元，中国互联网企业跻身全球最大互联网企业之列。同年，批批吉服饰上海有限公司（PPG）共获得5000万美元的国际风险投资①，这种无店铺、无渠道的B2C新型电子商务直销模式体现了互联网的渠道价值，表明了传统产业与互联网的进一步融合。

2008年5月23日，在四川"汶川地震"抗震救灾报道中，人民网、新华网、中国新闻网、中央电视台网已发布抗震救灾新闻（含图片、文字、音视频）约12.3万条，发挥了主导作用；新浪网、搜狐网、网易网、腾讯网整合发布新闻13.3万条。上述八家网站新闻点击量达到116亿次，跟帖量达1063万条。互联网在新闻报道、寻亲、救助、捐款等抗震救灾过程中发挥了重要作用，我国网络媒体的发展进入了一个新的阶段。

2009年1月7日，工业和信息化部为中国移动通信集团、中国电信集团公司和中国联合网络通信有限公司发放三张第三代移动通信（3G）牌照。3G技术的应用，极大地提高了移动终端的网络速度，迅速吸引了大批手机用户成为3G技术的忠实拥护者。腾讯公司于2011年1月21日推出微信手机客户端，微信用户数量一直保持快速增长。根据腾讯发布的数据，截至2012年12月微信注册用户已达2.7亿，甚至有微信抢占传统三大移动服务供应商的手机用户的舆论出现。

中国的互联网发展虽然起步比国际互联网发展晚，但是进入21世纪以来，同样快速发展，互联网已经成为影响我国经济社会发展、改变人民生活形态的关键行业。截至2013年12月，中国网民规模已达6.18亿，全年共计新增网民5358万人。互联网普及率为45.8%，较2012年底提升3.7个百分点。同时，截至2013年12月，中国手机网民规模也已达5亿，较2012年年底增加8009万人，网民中使用手机上

① 中国互联网络信息中心（CNNIC）：《2007年中国互联网发展大事记》，http://news.xinhuanet.com/hlw/2007-01/11/content_5593864.htm，2014年2月12日访问。

网的人群占比提升至81.0%，手机上网用户数量已超过计算机上网用户数量。[①] 中国互联网的发展主题已经从“普及率提升”转换到“使用程度加深”，互联网应用正逐步改变人们的生活形态，对人们日常生活中的衣食住行均有较大改变。

二、网络媒体的传播优势

（一）交互性强

交互性强是互联网络媒体最大的优势，它不同于传统媒体的信息单向传播，而是信息互动传播。传统的印刷媒体、广播媒体和电视媒体的传播信息是从发送者到接收者的单向流动，受众只能被动地接受。在这种传播模式中，媒体占有绝对地位，利用本身的优势进行大量的漫无目的的信息传递，受众目标不明确，且带有一定的盲目性和强制性；同时受众面对的是强大的宣传压力和无休止的广告轰炸，对信息只能是被动地接受甚至产生逆反心理，这就造成了媒体和受众的信息不对称，进而导致传受关系的不平衡。

而随着Internet的普及和网络技术的发展，单向交流的垄断已经被打破，受众可以更容易地进行信息的浏览，自主选择信息内容和浏览顺序，订制个性化的新闻内容，还可以随时发表意见态度，参与新闻信息的传播、反馈和再传播过程。传者和受众的角色可以随时进行互换和交替，形成一个动态的交流系统，最终传递的信息内容将取决于交流过程中传受双方共同发出的讯息。

（二）不受时空限制

通过国际互联网络，网络媒体可以将信息24小时不间断地传播到世界的每一个角落。只要具备上网条件，任何人在任何地点都可以接收和浏览信息，这是传统媒体无法做到的。近年来，我国手机上网用户数量快速增加，掌机即可随时实现对信息的接收和处理，突破了时间和地域的局限。同时，网络媒体的整合性可以将文字、声音、画面完美地结合之后供用户主动检索，重复观看，适应生活节奏加快、生活压力加大的现代城市生活。

---

① 中国互联网络信息中心（CNNIC）：《中国互联网络发展状况统计报告》2014年1月，第5页。

（三）海量信息

与传统媒体相比，网络媒体更加注重新闻时效，新闻事件发生的当下，即可通过网络进行播报。此外，互联网的超链接功能使得每一条信息可以链接到相关的文本或网页中，搜索引擎功能将海量信息的传播发挥到极致，用户可以通过链接查询目标文献或知识，互联网24小时不间断地为全世界的用户提供新闻信息、生活服务等资讯。

在人类信息传播史上，经历过五次革命：语言的诞生、文字的发明、印刷媒体的诞生、电子媒体的出现、互联网技术的普及。伴随着每一次传播技术的进步，都会带来传播史上的一次革命。四大传统媒体对人类文化的传播和普及做出了贡献，推动了社会民主的进步，也给老百姓的现代社会生活带来了乐趣和方便。现代人的生活离不开大众传播媒体。今天，当以数字技术、移动终端的进步和普及为标志的新的信息革命浪潮将我们带入了信息时代，作为“第五媒体”的新媒体已经快速闯入我们的生活，也给传统的四大媒体的生存和发展带来了巨大的冲击和挑战。

第六讲　新媒体认知

随着信息技术和通信技术的迅猛发展，新媒体已成为当今世界最重要的信息集散枢纽，迅速渗透到世界各国政治、经济、思想以及文化等诸多领域，推动人类文明不断向更高层次迈进。传统媒体面临一场巨大的革命。

何为新媒体，业界与学界至今没有较为普遍认可的看法。早期，联合国教科文组织对新媒体下过一个定义：新媒体就是网络媒体。与之类似的是把新媒体定义为"以数字技术为基础，以网络为载体进行信息传播的媒介"。①

清华大学熊澄宇教授提出，所谓新传媒，或称数字媒体、网络媒体，是建立在计算机信息处理技术和互联网基础之上，发挥传播功能的媒介总和。它除具有报纸、电视、电台等传统媒体的功能外，还具有交互、即时、延展和融合的新特征。互联网用户既是信息的接收者，又是信息的提供和发布者。包括数字化、互联网、发布平台、编辑制作系统、信息集成界面、传播通道和接收终端等要素的网络媒体，已经不仅仅属于大众媒体的范畴，而是全方位立体化地融合大众传播、组织传播和人际传播方式，以有别于传统媒体的功能影响我们的社会生活。②

上海交通大学的蒋宏和徐剑从内涵和外延两个方面对新媒体做出了界定：就内涵而言，新媒体是指 20 世纪后期在世界科学技术发生

---

① 陶丹、张浩达：《新媒体与网络传播》，科学出版社 2001 年版，第 3 页。

② 熊澄宇、序毅文：《新媒体——伊拉克战争中的达摩克利斯之剑》，http：i/news.xinhuanet.com/newmedia/2003-06/10/content 910340.htm，2013 年 11 月 15 日访问。

巨大进步的背景下，在社会信息传播领域出现的建立在数字技术基础上的能使传播信息大大扩展、传播速度大大加快、传播方式大大丰富的，与传统媒体迥然相异的新型媒体。就外延而言，新媒体包括了光纤电缆通信网、有线电视网、图文电视、电子计算机通信网、大型电脑数据库通信系统、卫星直播电视系统、互联网、手机短信、多媒体信息的互动平台、多媒体技术广播网等。①

中国人民大学匡文波教授认为，“新媒体”是一个通俗的说法，严谨的表述是“数字化互动式新媒体”。从技术上看，“新媒体”是数字化的；从传播特征看，“新媒体”具有高度的互动性。新媒体亦是一个宽泛的概念，是利用数字技术，通过计算机网络、无线通信网、卫星等渠道，以及电脑、手机、数字电视机等终端，向用户提供信息和服务的传播形态。目前，新媒体主要包括网络媒体、手机媒体、网络电视等媒体形态。②

本章在充分研究和分析各种新媒体学说的基础上，基于新媒体的即时交互、无限兼容等数字媒体特性，对集通信、娱乐、公务处理等多功能的移动手持终端——手机媒体及基于手机媒体而兴起的微博、微信等社交媒体传播形态进行解读和评析。

第一节　手机媒体

1973 年，摩托罗拉公司的工程技术人员马丁·库帕(Marty Cooper)发明了世界上第一部移动电话，体积约有两块砖头大。随着收集技术的革新以及应用领域的扩张，电话不再是单个人信息交流的工具，迅速地成长为一种多媒体视听集成终端，成为继报刊、广播、电视、互联网后的“第五媒体”。

手机媒体，是以手机为视听终端、手机上网为平台的个性化信息传播载体。它是以分众为传播目标、以定向为传播效果、以互动为传播应用的大众传播媒介。著名传播学者匡文波认为：“手机媒体是借助信息传播的工具；随着通信技术，例如 3G 等计算机技术的发展与普

① 蒋宏、徐剑主编：《新媒体导论》，上海交通大学出版社 2006 年版，第 14 页。
② 匡文波：《“新媒体”概念辨析》，载《国际新闻界》2008 年 06 期。

及，手机就是具有通信功能的迷你型电脑，而且手机媒体是网络媒体的延伸。”①也有学者认为，手机媒体是“以手机为视听终端，以定向为传播效果，以互动为传播应用的大众传播媒介”②。

一、手机媒体发展的历史与现状

21 世纪人类社会发展的三大主题分别是全球化、知识经济和可持续发展，换言之，即充分利用高科技成果或手段加强行业内以及行业间的联盟，并在共赢的基础上实现可持续发展。在人类传播发展史上，每一次新媒体的出现，不仅代表着知识领域的革命性进步，更带来了人类思想、行为、观念、生存环境和社会生活的发展与革新。

手机具有高度的便携性，可以随时随地进行通话，这是手机最初被发明出来时的基本功能，也是其被大众接受的基础。

2000 年 5 月 17 日，中国移动公司正式开通短信(SMS)服务。从 2001 年到 2005 年，全国短信发送总条数由 189 亿条猛增至 2600 亿条以上，市场份额达 200 多亿，成为移动通信公司的最快经济增长点。随着短信增长的趋缓，彩信(MMS)和彩铃相继登场。彩信是在移动网络的支持下，以 WAP 无线应用协议为载体传递多媒体的内容和信息，包括文字、图像、声音、数据等各种多媒体格式。彩铃则是一种手机铃声定制业务，因其个性化的优势而迅速风靡全国。

2004 年 2 月 24 日，人民网推出国内首家以手机为终端的“两会”无线新闻网，首次实现借助手机报道国家重大政治新闻的历史性突破。5 月，中国联通发布了一项名为“视讯新干线”的手机视频服务。7 月 18 日，全国第一家手机报——《中国妇女报·彩信版》问世。11 月，作家黄玄所著《距离》正式上线，被称为“中国第一部真正意义上的手机小说”。

2005 年 3 月，《约定》在北京开机，这是国内首部用胶片制作的、专门在手机上播放的电视连续剧。2005 年 9 月，中央人民广播电台与联通和网易合作，在 CDMA 手机上开通“手机广播”。2006 年 11 月 7 日，国家通讯社新华社开通“新华手机报”，第一时间播报新华网发布

---

① 匡文波：《手机媒体：展望 2006》，载《传媒》2006 年第 1 期。

② 蒋晓丽：《传媒文化与媒介研究》，四川大学出版社 2007 年版，第 307 页。

的重要即时新闻,并根据手机的特点进行了摘选和浓缩,为全国手机用户带来全新阅读体验。

随着手机功能的扩展延伸和移动网络技术的飞速发展,用户通过手机还可以读新闻、看电视、玩游戏、炒股票、写博客……手机作为各种应用最终实现的工具,作为与用户直接接触的终端,已成为移动通信网络的重要组成部分。

由此可见,手机媒体作为以手机为中介,传播文本、视听、娱乐等多媒体信息的互动性的传播工具,比电脑更普及,比报纸更互动,比电视更便携,比广播更丰富,集四大媒体的优势于一身,必将带来一场视听方式和传播模式的革命。

二、手机媒体的传播特点

手机媒体的基本特征是数字化,最大的优势是携带和使用方便。从传播角度而言,手机媒体拥有着独特优势:高度的便携性,跨越地域和电脑终端的限制,几乎做到了与新闻同步;接收方式由静态向动态演变,用户自主地位得到提高,可以自主选择和发布信息;信息的即时互动或暂时延宕得以自主实现,使人际传播与大众传播完美结合。

(一)传播方式的特点

第一,手机媒体作为网络媒体的延伸,具有网络媒体互动性强、信息获取快、传播快、更新快、跨地域传播等特性。

手机媒体不仅提供线性方式传播,而且提供非线性方式的点播和下载,实现了实时性传播和异时性传播的共存。带有移动互联网的智能手机是一种随身媒体,可以随时随地收听收看新闻信息、获取服务,填补了人们等车、候机、坐地铁等“离散时空”,通过吸引受众非连续的、间歇的和零散的时间段与空间的注意力来获得经济收入,创造出“离散眼球经济”。在空间上,由于移动通信网实现了全球覆盖和全球漫游,手机媒体彻底打破了媒介的地域性,无论身处世界的哪个角落,手机用户都可以获取需要的信息,实现超越空间的沟通。例如,不少受众都是通过手机观看了“神舟六号”升空的壮丽场景;诸如 2013 年 12 月发生的“中石化爆燃事故”等突发事件的手机视频点击率也都较高。

第二,手机媒体消除了不同媒介之间的隔断,实现了媒介大融合。

手机的物理性能决定了其强大的媒介融合能力。通过手机,人们可以借助文字、图像、声音、视频等多种手段的有机组合来开展传播活动，可以采用手机报、手机广播、手机电视、手机网站、手机博客等不同形态实现信息传播的意图，满足信息传播的需要。以手机媒体广告为例，大众、本田等汽车公司，都在手机广告中为用户提供广告视频播放、官方手机壁纸及 MP3 免费下载等服务，这充分体现了手机广告 2.0 服务理念中重视受众愉悦体验和带给受众附加值的观点，取得了良好的营销效果。

第三，手机媒体消除了大众传播与人际传播的主从关系，使传播更多地表现为个体性行为。

在传统的新闻传播格局中，大众传播居于主导地位，人际传播则处于从属状态。手机的媒介化改变了这一格局，信息的生产与发布不再为媒体所垄断，只要有一部手机，人人都是信息的生产者、传播者，颠覆了传统的信息生产流程和规则。例如，在 2008 年 5 月 12 日发生汶川大地震时，大多数人是利用手机获得或发布了有关这次地震的消息。传统媒体的新闻生产，要经过编辑的筛选、过滤和把关，手机用户是以独立的身份参与信息生产活动，他们没有追求经济利益和承担社会责任的压力，不需要在一定时间内用一定量的内容来填充版面和节目时间；也不需要遵循媒体的立场和编辑方针，传播过程没有把关人，具有很强的突发性、随意性、随机性和独立性，他们唯一遵循的是自己的表达欲、价值观和倾向性。

第四，手机媒体消除了传播者与受传者的界限，使新闻传播从单向传播向多向互动传播转变。

在手机参与到大众传播之前，大众传播是点对面的传播。在这种传播格局中，传播方式是单向的，受众往往处于被动地位，所谓的信息反馈只能在有限情况下发生，而且通常是滞后的、延时的。手机媒体的传受双方可以随时根据对方的反馈调整、修正、补充自己的传播内容，从而实现新闻传播的高质高效。“两会”期间，手机新闻网站纷纷开通了互动性栏目，用户可以通过短信、手机上网等方式发表对“两会”热点问题的建议、看法，献言献策。

由此可见，发展到如今的手机媒体，业已成为海量信息资源汇集和流转的工具。网络的开放性使互联网在继续开展信息由点到面扩散的大众传播的同时，也满足了不同数量、不同群体、不同类型的人们进行信息交流和交换的需要。而手机与互联网的结合,使以往单向度的线性传播被双向度的互动传播、传染性的间接扩散传播、回环的网状传播等新方式取代。手机媒体的传受者身份双重性、传受双方身份转换易位频繁造就的传播双向化也将成为手机媒体传播的一大亮点。手机媒体使得传播更加平民化、大众化。①

(二) 传播内容的特点

1. 新闻自身被手机媒体注入新内容

在手机媒介化时代,传统的新闻价值观受到冲击,只要是信息,就能成为新闻。手机用户创造的海量"微内容",源源不断地进入公共话语空间,成为手机媒体乃至传统媒体的新闻来源。例如,在 2007 年 4 月弗吉尼亚校园枪击事件中,全球观众看到的唯一一段有枪声的现场影像就是一名美国公民用手机拍摄的。在国内,北京大兴电视台 2006 年 5 月起在其主打新闻节目中开设"手机新闻眼"栏目,专门播发用手机拍摄的影像素材,截至 2007 年底已编发手机新闻 600 多条。

2. 内容构成更加趋向多元性

尽管有越来越多的专门机构加入,数以亿计的手机用户仍将是手机媒体传播队伍的主体。在这种情势下,媒介精英们将失去在新闻传播中的垄断地位,大众将成为新闻议程的主要建构者,推动新闻传播的内容构成进一步趋向多元化。

3. 确立了分众化、个性化的受众定位

传统的大众传播的受众群体,对于其信息发布者而言往往是笼统含混的、难以识别的,传播的控制和主导权掌握在信息传者手里。受众无法选择接收信息的内容,只能决定自己是否参与传播过程而成为事实上的受众。

手机媒体出现后,面对的是更多可以延伸到手机终端、有着不同需求的个性化受众。这类受众更为明确清晰,因为他们都是经由网络和手机渠道连通的、通过精确定位后形成的受众终端。他们享有极大的信息选择自由权,能够作为信息消费者自由地在网络中选取所需信

---

① 李艺多:《关于手机媒体若干问题的研究》,东北师范大学 2006 年硕士论文,第 7 页。

息，因而必然被信息传播者定位在分众化、个性化的层面上，并带来传播内容的适应性变化。

三、手机媒体与传统媒体的融合

手机不断与传统媒体对接，又不断将之超越，在从通讯终端逐渐演变成为信息终端的过程中，手机越来越媒体化。目前，手机报、手机广播、手机视频等手机媒体的应用形式已逐渐渗透到人们的日常生活中。①

（一）手机媒体与报纸的互动融合——手机报

手机报吸纳了互联网、手机媒体等数字化的传播手段，发挥报业在内容和终端营销方面的优势，成为报业数字化转型的产物之一。

2004年7月18日，北京好易时空公司和中国妇女报推出了全国第一家手机报——《中国妇女报·彩信版》。手机报是依托手机媒介，由报纸、移动通信商和网络运营商联手搭建的信息传播平台，用户可通过手机浏览到当天发生的新闻。手机报包括两种模式：一种是彩信手机报模式。这种模式类似于传统纸媒，就是报纸通过电信运营商将新闻以彩信的方式发送到手机终端上，用户可以离线观看。另一种是WAP网站浏览模式，即手机报订阅用户通过访问手机报的WAP网站，在线浏览信息，类似于上网浏览的方式。中国移动提供的手机报业务是将两者相结合，所有手机报付费用户都可以免费（不计流量）登录手机报WAP网站，浏览各类新闻等。

（二）手机媒体与广播的互动融合——手机广播

所谓“手机广播”，就是利用具有收音和上网功能的智能手机收听广播。它有两层含义：一是随着GPRS、3G、WAP等无线通信技术和服务的发展与完善，依托移动通信网络和互联网络，用上网手机实时收听或点播网络广播节目；二是在手机中内置了FM广播调谐器，用手机可以直接收听电台广播节目。对广播电台而言，手机广播拓展了广播的新时空；对于电信部门而言，手机广播开发了新的商机，更是技术上的一次创新，而直接受益者则是广大的广播受众。

---

① 王菲：《媒介大融合：数字新媒体时代下的媒介融合论》，南方日报出版社2007年版，第55页。

有关资料显示,2010 年末全球有 1.2 亿用户收听手机广播,而中国将成为"手机广播"服务最为普及的国家之一。手机广播将会越来越深入大众生活,同时也会不断推进传统广播的发展。

(三) 手机媒体与电视的互动融合——手机电视

手机电视开辟了一种全新的、不受时空限制的信息传播渠道,兼备电视媒体的直观性、广播媒体的便携性、报纸媒体的滞留性和网络媒体的交互性,具有巨大的发展潜力。

2004 年 4 月,中国联通在全国范围内推出"视讯新干线"移动流媒体业务,与国内 12 家电视频道达成协议,为视讯新干线提供内容,其中包括中央电视台新闻频道,中央电视台 4 套、9 套,凤凰资讯台,BBC 等。12 月初,天津联通开通基于 CDMA 手机的掌上电视(GOGOTV),利用 CDMA 移动通信网络,在手机上成功实现流畅清晰的视音频传输,用户可轻松收看中央电视台、天津卫视及其他省市电视台的近二十套节目。2005 年,上海移动与上海文广传媒集团联手,推出中国第一部"手机短剧"——《新年星事》,使"抱着手机看电影"成为现实。手机与电视的结合,是媒介融合数字化发展的必然趋势。

四、手机媒体的问题与管理对策

尽管受制于技术标准、政策、商业模式、终端等因素,手机媒体的发展存在着许多不确定性,但手机媒体正在改变现有的传播格局,形成新的交流环境:媒体生态更加复杂,传播主体更加多元,用户分化更加明显,冲击舆论调控机制。因此,我们必须认清手机媒体发展的问题,完善管理对策。

(一) 手机媒体存在的问题

第一,传播虚假与不良信息。一些不法分子利用手机发布虚假信息,散布谣言,进行违法犯罪活动;各种淫秽信息和流言蜚语借助手机流传,败坏了社会风气,误导了公众,导致社会秩序的混乱。据报道,2003 年 2 月 14 日,珠海市公安局通讯监察处抓获两名通过发送移动电话短信息,散布大米、食盐将面临紧缺等谣言,造成市场严重混乱的违法分子。此次案件是一起有预谋、有组织的破坏行动,社会影响极坏。第二,侵犯个人隐私。如多媒体短信 MMS 手机的摄像头安装在背部，佯装打电话便能轻而易举地拍摄照片、视频，窃取商业机密或侵犯个人隐私。第三，信息垃圾泛滥，给手机用户带来烦恼甚至经济损失。根据中国互联网协会调查，中国网民平均每周收到16封电子邮件，其中垃圾邮件有8.3封，数量与正常邮件数量相当，并大有超过正常邮件的趋势。第四，手机芯片程序中的漏洞或缺陷，手机病毒的播发蔓延，也对信息安全造成了较大威胁。

（二）手机媒体的管理对策

对手机媒体的监管存在不少难点，诸如传播者身份的隐蔽性、手机用户的海量性、跨地域传播带来的挑战、政策法规滞后等。当前，对手机媒体进行规范和管理应从以下方面入手：

第一，要健全手机传播的法律法规建设。在手机媒体的发展中，政府部门的重要性是不容忽视的。政府部门有责任净化手机传播环境，保障手机网络安全；国家有关部门应制定与完善相应的法律法规措施，全面加强管理和规范，在确保通信自由的前提下，涤荡阴霾和污垢，使手机媒体健康、有序、蓬勃发展。

第二，要加强对通信的监督管理。政府通信管理部门要加大对运营商和内容提供商的监督力度，对违规者依法予以惩治；同时鼓励健康的、积极向上的手机文化产品的生产与流通，制定相应政策。2002年，针对手机广告短信泛滥现象，韩国情报通信部制定并出台了一项措施：广告商在发布手机短信广告时必须注明广告字样和发送者单位的电话及手机号码，如果手机用户不愿意接收该信息，所产生的电话费将通过080免费电话讼告并由广告发送者承担。① 这一措施大大降低了垃圾短信的数量。

第三，要完善技术手段，具体包括两个层面：一是从源头遏制不良信息的传播，采用入网实名登记。例如韩国采取用户一网、机号一体的手机号码入网登记制度；购买手机时必须出示身份证，然后由售货员将顾客的身份证号码、住址等信息输入电信运营商的中心数据库。二是要加强信息过滤技术，普及手机过滤软件。如何在不侵犯公民隐私权的前提下对有害信息进行过滤，是当前亟须解决的技术难题。目

---

① 高福生：《学学外国整治"垃圾短信"》，http://news.xinhuanet.com/mrdx/2008-03/29/content_7878883.htm，2008年3月29日访问。

前，大批通信设备公司都在加紧研制禁发、屏蔽黄色、违法短信的管理平台。高科技的运用在一定程度上可以屏蔽手机传播中的不良信息。①

此外，还应加强社会教育与宣传。社会是进行公民道德教育的大课堂。要发动家庭、学校、机关、企事业单位和社会各界，运用多种形式和手段，大力宣传手机使用的基本道德知识，鼓励发布进步、健康、有益的信息，防止违法、迷信、淫秽、庸俗等不良内容通过手机传播。

手机媒体的传播管理是一项极其复杂、艰巨而又长期的任务。任何手段都只能起到有限的管理作用，无论是硬性的法律监督、技术手段还是柔性的道德规范和自我约束，无论是他律还是自律，都无法彻底消除手机媒体传播中的负效应。因此，对手机媒体的传播管理应当是一种综合管理，形成一个相互管理、相互配合、相互协调的综合管理框架，才能营造健康、和谐、有序的手机媒体信息交流环境。

第二节 社交媒体之微博

随着通信技术与信息技术的快速革新，我国的信息传播已进入"微博时代"。微博，即微博客(Micro blog)的简称，是一个基于用户关系信息的分享、传播和获取平台，用户可以通过 WEB、WAP 等各种客户端组建个人社区，以 140 字左右的文字更新信息，并实现即时分享。微博时代的信息传播以新型、便捷的显示终端为载体，综合文字、图像、音频、视频等多种方式，凸显信息的实时性、高效性和互动性。不同于传统媒介的宏大性与整体性，这种灵巧多样的信息产品的生产与传播方式，使得私人表达空间与公共交流空间的边界逐渐模糊，在观点表达与意见交换的过程中形成信息对流，相互作用，甚至影响着人与人之间意见分流和聚合的方式。②

一、微博发展的历史与现状

2010 年被称为"中国微博元年"，处于行业领先地位的新浪微博

① 李建伟、王克茹：《手机媒体发展现状及前景展望》，载《新闻界》2009 年第 1 期。

② 周湘智：《"微时代"谣言传播：特质、危害与治理》，载《求索》2012 年第 9 期。

和腾讯微博,注册用户数均已超过 1 亿,微博碎片化信息渗透到社会生活的诸多领域,掀起了社会信息传播的"微博热"。作为新媒体的典型代表,微博已经成为中国最具影响力的社交媒体。

与国内众多互联网产品一样,微博是从国外传至中国的"舶来品"。总体上看,我国微博的发展大致经历了以下三个主要阶段:

(一) 微博进入中国(2007 年)

纵观微博在世界范围内的发展,其诞生背景可以追溯到信息全球化浪潮中 Web 2.0 概念的兴起。随着 Web 2.0 产品在全球互联网的升温,微博作为一种"迷你博客"应运而生。微博在诞生初期并未推广开来,直到 2006 年 Obvious 公司正式推出 Twitter,微博才开始显现其网络价值。作为当时最具影响力的微博,Twitter 的迅速走红带动了国内微博的发展。2007 年,中国本土的微博服务商开始出现,微博进入中国。2007 年 5 月,中国第一个微博产品——饭否(fanfou.com)诞生,创始人王兴。饭否的推出,成为微博进入中国的标志。

(二) 微博初步发展(2007 年—2009 年 7 月)

饭否的开通,开启了微博在中国的发展历程。同年,微博网站叽歪开通,创始人李卓桓。饭否、叽歪成为中国最早的微博产品。2007 年 8 月,腾讯公司推出了微博滔滔的公测,可以算作中国第一家尝试微博产品的门户网站。之后,微博网站数量有所增加,如做啥网、嘀咕网。2009 年 7 月 8 日,饭否服务器被关闭,叽歪等中国市场最早的微博产品也相继停止运营。这一阶段,国内的微博处于初始、缓慢发展阶段,在数量和规模上,主要是为数不多的几家小网站,并且缺乏经验;在服务和功能上仿效国外微博产品,尚不成熟,用户相对较少,关注度相对偏低,微博的价值尚未得到充分体现。

(三) 微博快速崛起(2009 年 8 月至 2011 年)

得益于互联网的快速发展和普及,微博开始在中国崛起。2009 年相继涌现出一批新的微博网站,包括 9911 微博客、同学网、Follow5、新浪微博、搜狐微博、百度贴吧等,并在中国微博市场呈现出竞争态势。尤为值得一提的是,2009 年 8 月开始公测的新浪微博发展最快,在中国微博领域居于领先地位。

2010 年,微博出现了井喷式的发展,国内微博产品达到二十余种。

不仅搜狐、腾讯、网易等门户网站相继推出微博,新华网、人民网、凤凰网以及和讯财经等多家媒体网站也推出微博。据艾瑞咨询公司 User Tracker 发布的监测数据,2010 年 3 至 10 月间中国微博月访问规模增长明显。数据显示,2010 年 10 月,中国微博服务的访问用户规模达到 1,252,117 万人,累计活跃注册账户数突破 6500 万个,用户渗透率达 36.9%。2011 年伊始,微博保持快速发展的态势,"两会"更是带来了微博问政的升温。

这一阶段最为明显的特征是,微博取得了突飞猛进的发展,并且开始对社会各个领域产生了巨大而深刻的影响。微博逐渐改变着人们的信息获取方式、社会交往和生活方式,并在众多公共事件中影响着公共舆论。随着门户网站微博的异军突起,微博作为一种互联网产品,在快速发展中开始走向成熟。①

二、微博的传播特点

微博可以将 Web 网页、手机短信、IM 工具、社交网站、博客等多种媒体聚合在一起,实现信息的同步共享。从传播渠道上看,微博基于开放式平台,具有强大的媒介融合功能。门户网站的微博虽然在内容上只对注册用户开放,但是都十分注重微博产品与其他产品之间的互通,这使得多渠道的信息传播更加便捷畅通,不仅形成多种信道的叠加效应,而且促进了信道之间的互相作用。例如,新浪微博整合的信息渠道和传播方式包括手机上网、手机短信、桌面客户端、其他网站、在线更新、多种即时通信应用、其他微博等,甚至可以通过输入法更新微博。从理论上说,微博的信息传播功能具有无限延伸的可能性。这种特性也使微博极易成为各方信息的"集散地"和"中转站"。

从传播方式上看,微博具有两个主要特色:

(一)碎片化表达和公民性传播

微博发布的信息通常篇幅有限。因此,微博信息呈现出明显的碎片化特征。尽管微博不能进行大篇幅的文字传播,但是微博可以通过链接图片、音频、视频和网页地址 URL,进行内容的拓展传播。也正是微博的"短",才造就了其传播速度的"快"。

---

① 谢耘耕、徐颖:《微博的历史、现状与发展趋势》,载《现代传播》2011 年第 4 期。

除此之外,微博具有“自媒体”即“每个人都是一个媒体”的特征,每个人都可以成为微博信息的发布者与传播者。个体用户发布和转发消息可能并不注意核实消息来源,也不注意遵循客观、公正和平衡等新闻准则,这也造成了大量真假难辨的小道消息甚至谣言不胫而走,成为微博传播负效应的诱因之一。①

(二) 裂变式传播和名人效应

微博传播不是点对点、点对面的传播,而是裂变式的广泛传播,一个人的微博可以被其“粉丝”转发,再被“粉丝”的“粉丝”转发,这就形成了巨大的网状传播结构。在这个结构中,信息一经发布,便可通过粉丝的关注与再关注、转发与再转发和链接与再链接等功能,产生几何级数裂变的立体传播效果,迅速蔓延。也有人将微博传播模式概括为“病毒式传播”,即微博信息能够迅速地传播和扩散,具有爆发式的影响力。微博的病毒式传播,主要通过其传播工具的便捷化、人际传播模式的高效率、社会网络的广泛性实现,使信息在短时间内从一个节点传播到不计其数的节点,成为一种特点鲜明的大众传播形式,加速了社会信息的流通。此外,微博简短的信息量、充分的信息传播互动功能和多元化的传播渠道整合等因素也促进了这种病毒式传播。

此外,新浪、腾讯等微博网站都通过实名认证的方式吸引各领域的领袖、精英加入,“意见领袖”的作用显著,其一言一行都能够引发庞大的粉丝群体的“蝴蝶效应”。

从传播速度上看,微博实现了信息传播的实时性和高效性。微博用户既可以登录网站更新微博,也可以使用移动终端设备(手机、平板电脑等)即时发布信息,体现了 Web 2.0 时代应用程序可以在任何设备(PC 或者移动电话)上运行的特点。这种可移动性大大增加了微博用户登录微博的频率,使信息发布和接收可以随时随地进行。②

值得注意的是,微博传播过程中还存在“把关人缺失”的现象。“把关人”的概念最早是由传播学先驱之一库尔特·卢因在其 1947 年发表的《群体生活渠道》一文中提出的。卢因认为,信息的传播网络中

---

① 余欢欢:《微博时代的谣言传播及对策》,载《宁波广播电视大学学报》2011 年第 3 期。

② 张娇娇:《微博的传播效果研究及应对策略》,载《今传媒》2012 年第 9 期。

布满了把关人,对信息进行把关,过滤信息的进出流通。具体而言,把关的过程包括以下四个方面,即搜集信息、过滤信息、加工信息和传播信息。在报纸、广播、电视等传统媒体的信息流通过程中,“把关人”掌握着信息报道权和解释权,只有符合把关人价值标准的信息内容才能进入传播渠道。而微博的自媒体特征是一种“所有人面向所有人”的传播,这也意味着每个人都有可能成为影响信息传播和流动的关键节点,从而导致信息封锁和监控的成本加大。[①]“把关人缺失”使得任何人都有发布信息的渠道,也都有散布虚假信息及谣言的可能。

三、微博的功能

(一)微博促进了社会性的交往与互动

微博作为典型的社交媒体,充分发挥了社会性服务网络的功能,促进了社会交往与互动。以新浪微博为例,其人际网络主要通过“关注”构建起来的“粉丝”关系实现,而信息互动则通过“评论”“转发”等功能体现,二者在信息传播的过程中相互影响、相互促进。尤为重要的是,众多微博如新浪、搜狐、腾讯微博等推出的实名认证功能,进一步强化了其与现实社会的联系,成为真实的社会网络在虚拟的网络社区上的延伸。

微博不仅能够将现实生活中的社会网络延伸至网络,对其进行重塑,还能对其进行拓展,甚至聚集民众的智慧与力量,通过“关注”推动社会的改观与进步。微博的社会救助和社会公益充分体现了这一点:2011 年 2 月 12 日“微博求血”的生死营救大接力,使生命垂危的网民在好心网友的献血和帮助下获得了及时的救助;2011 年年初倡导的“微公益”,鼓励人们从小事着手助力社会公益;在重大灾难、事故或突发性事件中,微博的“祈祷”“祈福”“哀悼”“祭奠”“捐赠倡议”等集体行为广为传播;此外还有微博打拐、救助流浪小动物等。

微博与传统博客及其他众多网络应用的不同之处在于,信息传播的形态不同,所依赖的传播媒介不同。因此,微博更便于通过移动媒体进行信息传播与交流,也促进了社会网络中连接各个节点的线条的

---

① 文远竹:《试析微博中的谣言传播及其控制》,载《电视研究》2011 年第 9 期。

黏性增强。①

（二）微博“设置议程”影响公共舆论

目前，微博率先“爆料”，传统媒体随即跟进，通过议题互动，掀起舆论高潮，已成为一种新的、常见的舆论形成机制。

微博为大众媒介设置议程，往往通过意见领袖得以实现。据统计，我国报纸发行量过百万（包括100万）的只有19份，而微博粉丝过百万的公众人物远多于此。以新浪微博为例，截至2011年3月8日，粉丝数量超过100万的微博数量为177，公众人物微博占据绝大多数。“意见领袖”发布的微博经过其庞大粉丝群体的评论和转发，信息的裂变速度和影响力是极其惊人的。关于这一点，网上流传着这样一段话：“当你的粉丝超过100，你就好像是一本内刊；超过1000，你就是个布告栏；超过1万，你就像一本杂志；超过10万，你就是一份都市报；超过100万，你就是一份全国性报纸；超过1000万，你就是电视台。”②

（三）微博舆论监督净化社会风气

在公共事件的传播过程中，微博的舆论监督功能表现得尤为突出。舆论监督是公众的民主权利之一，是公众对国家和社会公共事务公开发表的意见，对社会事务所起到的督促、制约作用的要求与意见。

微博传播中，广大的微博用户是舆论监督的主体。公众利用微博这一公开平台参与、讨论公共事件，表达自己的观点、看法、质疑及意见。通过用户与粉丝、粉丝与粉丝之间的评论、转发、互动，微博信息得以广泛传播和扩散，这种无孔不入的网状结构形成了一个巨大的舆论场，将公共事件的当事人或公权力的代表置身于强大的舆论压力之下，有利于真相的澄清、腐败的清除和社会风气的净化。

例如，在“郭美美事件”中，郭美美杜撰了“中国红十字会商业总经理”的身份并大肆炫富。然而在微博网友强烈的质疑声中，郭美美不到三天便删除了自己吹嘘造假的微博，并公开向公众道歉。尽管如此，网友对中国红十字总会的不满仍未平息，形成了强大的社会影响

---

① 谢耘耕、徐颖：《微博的历史、现状与发展趋势》，载《现代传播》2011年第4期。

② 秦川：《众声喧哗，网络大V更应承担责任》，http://opinion.people.com.cn/n/2013/0816/c368025-22588879.html，2013年8月16日访问。

力及舆论压力。中国红十字总会先后两次发表声明,澄清与郭美美的关系,并在第二次声明中作出自我检讨,宣布撤销商业系统红十字会。尽管暂时渡过了舆情危机,但公众对中国红十字会的信任感与好感度已不可逆转。“表哥”“表叔”“房叔”等一批职务犯罪嫌疑人的落马,也是微博曝光媒体跟进取得的反腐成果,有力地遏制了不良之风,推动了社会的民主法治进程。

(四)微博带来了传媒界的新变革

长久以来,传统媒体一直身兼双重角色——信息中介者(或传播者)和议题主导者。受众作为信息接收的终端,往往处于被动地位。微博的兴起则彻底打破了传统媒体的“专业主义壁垒”,为普通公众提供了一个更为便捷的话语表达平台。任何人只要拥有简单的技术设备和技术知识,都可以成为传播的主体,甚至成为“公民记者”。微博关于突发事件的报道已达到“秒互动”地步,可以即时发布,即时反馈,其实时性、现场感以及快捷性,远远超过传统媒体。

微博带来的改变已经不只是媒介传播方式的改变,而是新闻传播主体的移位,对传统媒体作为信息中介者(或传播者)的地位形成直接挑战。社会信息化进程的加速,现代社会的快速发展,信息瞬息万变,各种新情况、新问题层出不穷,受人力、物力等条件的限制,任何传统媒体都不可能将触角延伸到社会的每个角落。而微博则不同,它散布于世界各地,就像是无所不在的眼睛,可以深入到社会生活的每一个角落,以一种旁观和参与兼备的姿态注视并记录着身边发生的大小事件,并以更为多元化的方式和观点对事件进行传播和诠释。

在微博的即时性和“人人都是记者”的社会化新闻模式的挑战下,传统的新闻媒体和记者也纷纷注册微博账号,拓展新闻信息来源,提升品牌影响力。据初步统计,国内目前已有353家报纸、151家电视媒体、331家广播媒体在新浪网开设了微博。2010年12月11日,美通社发布首个中国记者社交媒体工作使用习惯调查报告,报告称超60%的记者曾经通过从社交媒体上获取的新闻线索或采访对象完成选题报道,47.7%的记者表示“经常使用”微博。①

---

① 谢耘耕、徐颖:《微博的历史、现状与发展趋势》,载《现代传播》2011年第4期。

（五）专业型微博促使微博功能多样化

专业型微博包括政务微博、营销型微博等。政务微博，是政府部门推出的官方微博账户。政府机构通过政务微博发布信息，澄清谣言，有利于满足公众知情权，维护社会秩序稳定；利用政务微博宣讲政策法律，有利于公民素养的提升；政务微博还是问政于民的便捷渠道，有利于更好地倾听和了解民意，科学决策，塑造政府公信力和良好形象，构建阳光型、服务型政府。

营销型微博的代表是企业微博。作为信息载体，企业微博在法律许可的范围内，可以发布一切有利于营销目标实现的企业新闻、产品介绍、促销活动、合作招商、人员招聘等各类商务信息。企业可以通过微博建设体现自己的风格和品牌价值，强化与顾客之间的沟通，从而赢得顾客的好感和信任；以微博为平台全面推广品牌文化，让消费者深度认识和了解品牌的历史和文化，感受品牌文化氛围，并借助微博粉丝的口碑进行宣传。通过企业微博，还可以开展公共关系管理，与网络意见领袖、普通网民、顾客和潜在顾客进行交流互动，汇集消费者的意见和建议，为企业的市场运作服务。此外还能基于企业微博展开事件营销，通过介入重大的社会活动或整合有效的资源策划大型活动，有助于迅速提高企业及其品牌知名度、美誉度和影响力，促进产品销售。①

四、微博传播的问题与对策

微博以其强大的传播机制迅速成为网络舆论中最具影响力的一种传播平台。但微博是一把双刃剑，其积极意义在于扩展了舆论空间，迅速反映社情民意，丰富信息服务，进行社会舆论监督。但微博中虚假信息与一些非理性的声音大面积传播等，也严重影响了微博健康有序的发展。因此，需要从法制、技术、运营等方面入手，加强微博管理、规范微博发展，趋利避害。

（一）微博传播的问题

微博的传播效果是巨大的，正如英国电信首席科学家朗格斯华所

---

① 元世娇：《微博营销的特点与功能初探》，载《江苏商论》2011 年第 5 期。

言，微博产生的蝴蝶效应让人着迷、让人激动，它神话般地拓展了人们获取知识信息的渠道，在提高工作与生活效率的同时，甚至会改变当代人的时间感和空间感。① 然而，微博传播的负效应也是我们应当正视的事实。

第一是微博谣言泛滥。微博作为一种开放式的“自媒体”，缺乏如报纸、广播、电视等传统媒体“把关人”和有效监管，完全以私人形式书写和表达。在不断转发与再转发过程中，不具备新闻工作者职业素养的良莠不齐的普通大众极易将原先的信息进行修改或加入个人观点及主观评价，使信息走形、失真，使谣言传播日益升级和不可控制。一些个人或组织为了最大限度地吸引公众眼球，攫取商业利益，往往不惜歪曲、捏造事实，炮制谣言。例如，以“秦火火”“立二拆四”为首的尔玛公司，就专门通过互联网策划制造网络事件，蓄意制造传播谣言及低俗媚俗信息，恶意侵害他人名誉，严重扰乱网络秩序并非法牟取暴利。如 2011 年“7・23”动车事故发生后，二人在网上编造、散布中国政府花 2 亿元天价赔偿外籍旅客的谣言，挑动民众对政府的不满情绪。他们还捏造了所谓雷锋生活中的奢侈情节、中国残联主席拥有日本国籍，并对我国某著名军事专家、资深媒体记者、知名媒体人等多人进行无中生有的恶意中伤，制造噱头、混淆视听，造成了极为恶劣的社会影响。

第二是网络暴力泛滥。网络暴力，一方面是信息的恶意剪切和失真，另一方面是归因于信息发布者的知识构成及心理因素的情绪化、“跟风”以及盲从。微博传播往往将事件当事人置于舆论的“风口浪尖”，采用“人肉搜索”等极端手段，曝光当事人的个人信息和隐私，给当事人及其亲友造成精神伤害甚至生命财产威胁。网络暴力还会煽动负面情绪，造成社会恐慌，影响秩序稳定。

第三是侵权问题突出。微博传播的虚拟性和便捷性，使网民拥有了一个相对宽松的话语空间，言论自由得到了较大满足。然而，不加节制的自由必然导致权利的被侵犯。微博对隐私权和著作权的侵犯已日趋严重。

---

① 闫坤、李宁：《“自媒体”时代微博的宏观传播效果》，载《新闻爱好者》2011 年第 22 期。

微博传播侵犯隐私权与网络侵权具有相似的特点。① 一是侵权行为人隐蔽。在发生微博传播侵权事件中,侵权行为人往往以虚拟身份出现,且侵权行为发生在网络上,相关证据容易毁灭或转移,权利人想要得到保护必须首先确认侵权人,而此确认过程就相当复杂。二是侵害行为发生迅速。只要将信息或者评论通过微博发布出去,就可在瞬间完成侵害过程。三是侵害后果严重。微博传播的互动性大大降低了信息复制的成本,使得他人不但可以阅读,而且可以随意删节、添加、改动,并以邮件或其他超链接方式广为传播,造成侵权的内容迅速扩展,并可能被永久保存。四是责任追究困难。微博这一新媒体为信息提供了飞速传播的平台。在技术层面上强调开放和共享,微博主体可以不受地域、时间等的限制发布信息。在此过程中,谁扮演了主导角色,谁是幕后推手,或许无人能知。

微博对著作权的侵犯与网络文化的资源共享密切相关。未经原创者的同意,将复制来的文字直接或者进行略微的修改便粘贴发布的行为,就涉及对他人著作权的侵犯。② 2011 年 8 月,著名儿童文学作家郑渊洁在新浪微博上向网友展示他的作品被侵权事件,侵权者甚至没有改变作品的一个标点。2011 年 9 月,创新工场董事长李开复搜索自己原创微博,结果发现已被 195 个用户抄袭,并且都没有标注来源。如果长期缺乏完善的著作权保护体制,必然挫伤原创者的积极性与创造性,使微博共享内容的含金量大受影响,因此,加强微博著作权保护已势在必行。

(二) 微博管理与规范的对策

1. 完善法律监督,建立权威信息发布渠道

微博已经成为现代社会最为活跃的“信息集散地”,但是,就目前的情况来看,我国对于微博上的违法、违规的行为还没有出台相应的专门性法律来进行有效管理和规范。例如,“秦火火”的微博账号前后被封杀了 11 次,但没有现实法律的制裁,只能任其一次次地卷土重来。因此,微博社区公约应建立在完备的法律框架体系的基础之上。

---

① 曹雪明:《网络侵权的特点及其管辖权确定》,载《人民法院报》2001 年 12 月 9 日。

② 赵强:《网络侵权面面观——从三起网络侵权案看网络作品著作权的保护》,载《新闻记者》2000 年第 3 期。

通过制定与完善相关法律法规，规范微博用户的传播行为，加强对微博信息的监管。

法律的空白给微博谣言的扩散提供了可乘之机，而政府权威信息发布的滞后又在一定程度上增强了微博谣言的“生命力”。在当今信息过剩的时代，仅依靠个人的知识水平已经无法对信息的真实性做出有效判断，普通网民“人云亦云”的从众心理很容易导致“三人成虎”现象的产生，进而导致微博谣言的泛滥。因而，及时、公开、透明的权威信息发布是从源头上预防微博谣言的有效方法。

在第二次世界大战中，波士顿《旅行者先驱日报》于 1942 年 3 月至 1943 年 12 月间，开辟了一个名为“谣言诊所”的每周专栏，目的就是反驳当时流传的谣言。谣言由读者自发提出或者由报社专门的情报搜集人员提出，而对谣言的反驳则是以采访领导人或介绍一些使谣言无法成立的事实为主。相对于被动接受民众质询，这是一个主动的辟谣措施，在今天也具有重要的借鉴意义。政府管理部门应当畅通各类即时信息的发布渠道，减少大众的信息盲点。例如开通官方微博，通过信息发布与意见回复，密切与民众的互动。对于紧急的、突发性的事件，尤其是公共危机中的谣言，则可通过通讯媒介如手机短信等及时予以澄清。在进驻新媒体的同时，政府管理部门也要充分利用传统媒体，对各类谣言事件进行深度剖析，以提升民众的辨识与判断能力，减少谣言发生的概率。

2. 强化技术手段，完善微博信息监管

提供微博服务的网站应加强对微博信息的管理，起到微博后台“把关人”的作用。微博中一旦出现谣言传播、网络暴力及侵权现象，提供微博服务的网站有义务删除或屏蔽这些内容。微博上都是匿名者，发布的信息数量庞大，监管虽然不易，但提供微博服务的网站仍应从规章制度、技术手段、信息发布流程和处罚措施等方面积极探索行之有效的监管办法。必要时，也可对微博用户实行“实名制”或“有限实名制”，即前台匿名，后台实名，即在后台对注册用户进行实名登记，使微博用户更负责任地发布信息。

今年 8 月 30 日，新浪微博推出新的微博信用积分制度，信用积分初始为 80 分，造谣一次被证实将扣除 5 分。低于 60 分，将不能再增加粉丝，所发内容不能被转发；低于 40 分的，即使拥有千万粉丝，用户所发的微博也只能“自娱自乐”，相当于零粉丝。类似的措施能够有效遏制“大V”成为“大谣”。

3. 培育“意见领袖”，加强舆论引导

“意见领袖”的概念源于传播学先驱拉扎斯菲尔德在其研究报告《人民的选择》中提出的“两级传播理论”，通常是指“人群中那些首先或较多接触大众传播信息，并将经过自己加工后的信息传播给其他人的人”。意见领袖介入传播过程，加快了信息传播并扩大了影响。他们具有影响和改变他人态度的能力。

以名人明星为代表的微博意见领袖因拥有众多的粉丝而具有很强的社会影响力，其微博往往会通过粉丝的转发引起广泛的关注。因此，在解决微博传播问题的过程中，应当充分发挥名人微博的意见领袖作用，促使其担负起维护微博秩序、清除谣言、营造宽容理性的公共空间的社会责任。此外，“微博辟谣”“谣言粉碎机”等作为专门的辟谣微博，具有较强的专业性和权威性，得到了广大网友的认同和信赖。作为具有专业知识的意见领袖，这些微博所发布的辟谣信息经过其粉丝的大量转发，阻隔了谣言的进一步扩散，发挥了较好的舆论引导作用。

4. 发挥传统媒体作用，过滤微博信息

面对微博所提供的海量信息，人们在浏览信息的过程中，往往不会对信息的来源和真实性进行甄别，仅仅根据个人的兴趣爱好、心理情绪或价值判断来发布或者转发信息。这就需要传统媒体承担起“把关人”的社会责任，在报道新闻时，对于来自微博的信息进行认真核实，确定其真实性和准确性，对虚假信息做到及时过滤，对事实真相进行客观公正的报道。① 此外，媒体还要秉持客观、公正、理性的态度，积极引导舆论和公众理性，而不能对网络暴力采取漠视、放任的态度，更不能推波助澜。

5. 提升用户素养，培育公共理性

微博用户不仅是信息的接受者和消费者，也是信息的生产者和

---

① 张艺玮：《微博谣言的传播特点及辟谣机制分析》，载《时代青年·教育》2011年第11期。

传播者。微博用户素养除了包括对微博信息的辨识和甄别能力、对微博内容的批判性思考和解读能力之外，还要有净化微博传播环境的建设能力。这既是一种媒体素养，也表现为一种社会素养和公民素养。

首先，微博用户要具备对纷繁复杂、瞬息万变以及海量的微博信息基本的辨识与分析能力，要能够去伪存真，履行个人“把关人”的职能。除了对信息基本的事实客观性进行判断外，还要排除信息环境所带来的干扰。

其次，微博用户要有对微博信息的批判性解读能力，即要对微博信息观点的正确性、合理性进行甄别。微博上传播的信息不是来自专业媒体，而是来自素质良莠不齐的各种微博用户。多元的信息环境，常常会引发跟风和盲从。因此，微博用户要学会批判性地审视信息，不应成为被动的受众，而应该是观点与意图的主人。

再次，微博用户要具备合格的信息生产与再生产能力。微博用户不再是传统意义上的受众，他们以写微博、跟帖、互动、转发等方式直接参与信息的生产与再生产。微博用户要加强作为信息传播者的责任意识，负责任地发布信息和言论，进行信息转载等再传播。对于不能验证真实性的信息，以及侵害他人合法权利、危害社会稳定、有损公序良俗的微博信息，不予转载。

最后，微博用户要有理性参与公共事务的能力，防止“恶搞名人”“捣乱取乐”“制造恐慌”等现象出现。微博用户要以建设者的姿态参与微博上的各项事务，即使处于匿名状态，也不能把微博当成个人情绪宣泄的场所或“玩物”，而要具有“网络公民意识”，共同净化微博传播环境。

第三节 社交媒体之微信

微信是腾讯公司于 2011 年 1 月 21 日推出的一个为智能手机提供即时通信服务的免费应用程序。微信支持跨通信运营商、跨操作系统平台通过网络快速发送免费（需消耗少量网络流量）语音短信、文字、图片和视频；同时，也可以使用通过共享流媒体内容的资料和基于位置的社交插件“摇一摇”“漂流瓶”“朋友圈”“公众平台”“语音记事本”等服务插件。当前，微信已成为亚洲地区最大用户群体的移动即时通信软件。

一、作为一种生活方式的微信

自2011年1月以来，微信用户数量直线上升。2012年3月31日，微信用户突破1亿；9月17日，微信用户超过2亿；截至2013年10月24日，微信的用户数量已经超过6亿，每日活跃用户1亿。目前，微信仍在加速普及，成为继QQ和微博之后的新型社会化媒体。正因如此，美国《纽约时报》把微信的横空出世评价为“正积极尝试扭转中国本土互联网产品无法推向世界的命运”；《华尔街时报》中文版更是将2012年“中国创新人物奖”科技类奖项颁给“微信之父”张小龙。① 微信开启了移动互联网传播的新时代。

微信的诞生和发展与Kik密切相关。Kik是一款基于手机通讯录功能的即时通信软件，它打破了运营商壁垒、硬软件壁垒和社交网络壁垒，使手机、平板电脑等移动终端成为新的社交平台。尽管不能发送照片和附件，但Kik在2010年10月19日登陆App Store和Android Market后，短短15天内就拥有了百万用户，其受欢迎程度可见一斑。

国内最早出现的类似Kik应用的是小米科技推出的语聊软件——米聊，作为国内市场最早发布公测的客户端，其新颖的沟通模式使它受到了用户热捧。随后盛大网络等SNS运营商闻风而动，相继推出“盛大KiKi”“开心飞豆”“诺基亚IM”等手机即时通信软件。2011年1月21日，腾讯正式推出基于QQ用户的微信，这款通过网络快速发送语音短信、文字、图片和视频，支持多人群聊的手机聊天软件，使用户与好友之间的交流形式更加丰富和多样。在实际操作中，微信仅收取流量费，从运营商提供的数据来看，微信通过互联网的后台运行每小时只需要2.4K流量。在这场语聊工具大战中，飞聊、口信、翼聊、个聊等类似产品纷纷亮相，最终微信强势取代米聊，成为新霸主。

微信可以说是介于手机QQ和微博之间的第三种社交关系，它正

---

① 张意轩、周飞亚：《寻找文化强国密码：为什么是微信》，载《人民日报》2013年1月8日。

在改变着人们的社交生活方式。在累计经过40余个版本升级后，微信自身形成了一个三维沟通矩阵：X坐标是语音、文字、图片、视频；Y坐标是手机通讯录、智能手机客户端、QQ、微博、邮箱；Z坐标是LBS定位、漂流瓶、摇一摇、二维码识别。纵横交错立体化的社交链，覆盖了工作、生活的多层次需求面，并且在这个三维空间里，各沟通链条完全交叉、各平台互通共享，这是其他任何IM工具都无法比拟的。①

正如广告语“今天，你微信了么?”所言，微信已经成为一种生活方式。

二、微信的传播学解析

美国传播学家拉斯韦尔在《社会传播的结构与功能》一文中明确提出了传播的五个要素，即谁(who)、说什么(says what)、通过什么渠道(in what channel)、对谁说(to whom)、取得什么效果(with what effects)。这就是著名的“5W”模式，分别对应传播学研究的五大领域，即控制分析、内容分析、媒介分析、受众分析和效果分析，②对研究微信传播也具有重要的启迪意义。

(一) 传播主体

第一，微信的传播主体即数量庞大的用户群体。

微信主要依托智能手机等移动平台，手机QQ用户是其主力军。智能手机用户和手机QQ用户的庞大，使微信在推广中具有无可比拟的优势。截至2013年12月，中国手机网民规模达到5亿，年增长率为19.1%，继续保持上网第一大终端的地位。网民中使用手机上网的人群比例由2012年底的74.5%提升至81.0%，远高于其他设备上网的网民比例，手机依然是中国网民增长的主要驱动力。③ 另外，米聊等语聊软件需用户注册账号，微信则可以直接使用QQ号码登录，并与微博、邮箱、音乐等应用相关联，设置、交流方式都更为便捷，对用户的吸引力更大。

---

① 党昊祺：《从传播学角度解构微信的信息传播模式》，载《东南传播》2012年第7期。

② 郭庆光：《传播学教程》，中国人民大学出版社1999年版，第59页。

③ 中国互联网络信息中心：《中国互联网络发展状况统计报告》，http://news.xinhuanet.com/tech/2014-01/16/c_126015636.htm，2014年2月1日访问。

第二，微信充分体现了自媒体传播的“人人皆传者”。

微信与微博相似，也存在“病毒式传播”的机制。病毒式传播需要两个基本条件：一是作为“病原体”的信息富有传播价值，具有强大的吸引力和高关注度，能促使受众转变为传播者并实现口口相传；二是传播的媒体介质方便迅捷，信息内容容易被复制转发。微信的内容具有更新鲜、更私密、更具个性化的特点，信息的编辑与转发也非常方便。因此，在微信传播中，除原始信息源以外，每个用户既是信息的终点，又是信息的起点。微信传播充分体现了基于 Web 2.0 信息聚合与共享的原则：每个人都形成了自媒体，每个人都是信息的生产者和消费者，同时形成了传播的通路。“事实上，因特网的传播中既有原来意义的大众传播，更有人际传播和小组传播，而且以后两者为主。传播者和被传播者的身份也开始模糊。”①

微信正是通过这种“人人皆传者”的模式，采用“点对点”的传播形式，进行口口相传，使信息不断扩散。微信传播是一种直线式的“链式反应”，但这种链式传播并不是孤立的，而是彼此交错的。在微信中，每个用户都拥有自己的朋友圈，朋友圈之间可以交叉渗透。每一个用户在朋友圈发布的信息，都可以被即时传播。当某条信息被不断转发，就形成了一个以每个用户为节点，朋友之间相互叠套的多级传播网络。

由此可见，微信的自媒体性建构了一个点线结合的信息扩散场域，微信用户之间形成了一种基于关系的传播链条。在这里，关系既是传播的渠道，又是传播的驱动力。微信的信息传播不再依靠专业媒介机构的掌控与主导，而是依靠朋友之间的“熟人”关系，因而具有独特的亲和力，以及其他媒介难以比拟的扩散优势和传播效能。②

在四川雅安地震中，微信传播的威力得到了证实。与微博的广播式传播相比，微信“一对一”收集信息，速度更快，目标更明确。2013 年 4 月 20 日 14 时 30 分，微信公众平台开通“芦山地震救助”公众账号，短短 24 小时就收到信息 7.7 万条，用户超 4 万个；震后 48 小时，该

① 陈力丹：《大众传播理论如何面对网络传播》，载《国际新闻界》1998 年 Z1 期。

② 韩红星、赵恒煜：《基于裂变式传播的新媒体噪音初探——以微博为例》，载《现代传播》2012 年第 7 期。

账号收到 43 万条信息；震后 72 小时，该账号收到 54 万条信息。统计显示，截至 4 月 23 日 14 时，微信官方公共账号共收到 700 多条有效寻人信息，经核实，97 人通过微信平台找到亲友；共收到灾区求助信息 28 条，经核实真实信息 25 条，并直接反馈至前方救援组织。由此可见，微信的病毒式传播产生了“裂变式”效应，在一定程度上推动了抗震救灾的有序开展。①

（二）传播内容

第一，微信传播内容具有私密性和即时性的特点。

由于传者和受众的特殊关系，微信信息交流内容也更为私密。微信整合了 QQ 和微博的功能，其内容发布具有即时性，只要用户在线，就能够对信息进行快速接收和反馈；微信还支持 QQ 离线消息的接收，在讯息传达上也较为迅捷。但微信信息仅保留在传受双方的移动终端上，只有传受双方可以看到听到，其他用户无法在自己界面获知。

第二，微信传播内容具有多元化的特点。

文字聊天的障碍在于，传受双方无法真切地感受到文字背后的“表情”，不能准确了解对话者的语气和心情，容易造成信息的不对称和不完整。早前，中国移动曾推出“移动对讲机”功能。用户如果要发送语音短信，需要拨打服务代码加上对方电话号码，在听到语音提示后说出所要传达的内容，最终以提示短信的形式到达讯息的接收者手机，接收者则需要回拨相关代码来听取讯息内容。这种烦琐的流程在一定程度上反而造成了沟通障碍。微信主打语音聊天，点对点的语音交流类似于现场直播，通过声音来传达情感，能够更好地把握传受双方的心理，相对于单纯的文字来讲更有优势。经过近 45 个版本的升级后，今天的微信不仅可以通过语音、文字、图片以及视频来传播信息，在 iPhone 等高端智能手机上还可以直接视频通话，在媒介融合的背景下，微信引领了 3G 时代信息传播的潮流。②

第三，微信传播内容具有碎片化倾向。

微信的载体是手机，手机的移动性决定了人们可以随时随地利用零散的时间来查看和发送信息。微信的简约化文本形式，促使用户更

---

① 童慧：《微信的传播学观照及其影响》，载《重庆社会科学》2013 年第 9 期。

② 党昊祺：《从传播学角度解构微信的信息传播模式》，载《东南传播》2012 年第 7 期。

频繁地更新信息。这种只言片语式的语言形态和短小精悍的语言风格,更符合现代人的生活节奏与"短平快"的阅读习惯,更能在网络平台上真实、直接和个性化地展现个人生活与思想空间,并最大限度地提高传播效率。

微信传播的碎片化主要体现在两个层面:一是事实性信息传播的碎片化,即信息来源的多元化、观察视角的分散化、信息文本的零散性和信息要素的不完整性;二是意见性信息传播的碎片化,这个意义上的"碎片",不仅指零散性,更指意见的分散性和异质性。以往传统媒体所反映出的社会意见的一致性,在网络等新媒体平台上被大大削弱。新媒体平台上的意见形成,通常是各种碎片意见碰撞、冲突的过程。①

(三)传播渠道

微信是一种富媒体传播,它有效整合了手机媒体和社交媒体的各种传播资源,使智能手机的功能得到最大限度的发挥。微信的语音对讲对应着麦克风和扬声器,二维码和图片分享对应着手机高清摄像头,查看"附近的人"对应着 GPS 定位,手写输入对应着多点触屏,"摇一摇"对应着重力感应器,"通讯录"绑定了手机通讯录。

除对手机基本功能的最大化利用外,微信还实现了传播渠道的拓展和优势平台的集中。微信相继推出了二维码、LBS 定位等功能,其中二维码是身份认同,在摄像头前扫描即可辨别用户身份信息,而 LBS 定位功能则可以用来找朋友。此外,微信全面整合了移动互联网的社交媒体资源,它全面打通了 QQ、微博、邮箱等手机传播资源,帮助用户有效管理各个社交网关系链,并发挥了 QQ 传播的独特优势,表现出了移动互联网时代成为平台型产品的潜质。

(四)传播对象

在虚拟社交模式中,可以通过实距将社交圈归为近距离、中距离和远距离三类。微信通过实现三个断面的全面覆盖,形成了全方位、立体化的社交网络,帮助用户更加精确化地开展社交和定向传播。

近距离——"熟人交际圈"。微信最初的受众是"熟人",即 QQ 好

① 彭兰:《碎片化社会背景下的碎片化传播及其价值实现》,载《今传媒》2011 年第 10 期。

友。基于 QQ 好友已经相对成熟的社交关系,传受双方在微信沟通中感情黏性进一步增强,由此形成稳定、成熟、联系最为频繁的熟人交际圈。微信广告正是利用了用户之间的这种"口碑传播"得到了进一步推广。

中距离——"一千米交际圈"。微信设计了"查看附近的人"的功能,在用户所在位置 1000 米范围内的微信用户都能看到。它为用户提供了附近人的头像、昵称、签名及距离,让微信走近用户生活,以便用户之间产生进一步联系,也方便结识身边的朋友,向身边的人寻求帮助或者推广工作业务。

远距离——"陌生人交际圈"。二维码、LBS 定位、"摇一摇"和漂流瓶功能将微信的社交圈由熟人推进至陌生人。①

由此可见,在这三大交际圈中,微信信息的受众分层十分明显,信息传播者可以在未来的沟通中更加有针对性地分配社交精力,确定传播内容。

(五)传播效果

在微信中,虚拟社交圈与现实社交圈彼此交融,人与人之间的交流更加现实化和密切化。可以说,微信创造了一个几乎没有陌生人的世界,完全符合黏性社会的需求。微信传播的有效性也强化了其传播效果。与传统社交网站不同,微信以智能手机的移动互联网为载体。手机的随身携带使微信用户能够随时随地交流信息和分享体验,从而提高了信息传播的有效到达率和实时接收率。

可以说,微信载体的移动性和信息接收渠道的私人化,在很大程度上克服了信息传播的"噪音",提高了人际交流的有效性,增强了人际传播的人情味,推动了社会的黏性化发展。

三、微信公众平台与新闻变革的新机遇

微信公众账号平台主要适用于宣传推广,具有一定的宣传效应与商业价值。账户通过微信提供信息和服务,同时要求认证,这在一定程度上保证了公众账号平台的公信力与可靠性。媒体通过微信开掘新的资讯平台,有利于其功能的拓展和受众面的扩大。"扫一扫二维码"便可实现订阅的使用方法也很容易得以推广。

---

① 党昊祺:《从传播学角度解构微信的信息传播模式》,载《东南传播》2012 年第 7 期。

微信公众平台提供了更多元化的传播渠道,更实时、更透明的互动信息。尤其在重大灾难、事故或突发事件发生后,微信公众平台在资讯的实时发布与用户的及时获取方面具有重要作用。微信的信息推送功能,明显不同于其他同类产品的传统点击功能,不仅可以充分发挥新媒体实时性的功效,也提升了媒体资讯的传播与到达效果。①

2013年4月1日,"央视新闻"公众账号在微信正式上线,并在当日的《新闻联播》进行了推广。《人民日报》《人民网》《光明日报》等官方媒体也相继推出微信公众平台。这是媒体自成功运用微博账号后,通过微信公众平台,又一次在第三方社交平台的全新试水,由原来单向宣传的传统理念改为转向互动交流的全新方式。外交部于5月7日开通"外交小灵通"微信账号,成为首个开通政务微信的中央部委,展现了中国外交的新形象,提供更多高效便捷的服务。

四、微信发展的问题与对策

微信本身是一把"双刃剑"。微信本身的技术复制性产生了大量重复信息和垃圾信息,导致资讯泛滥,信息过剩;人们过度沉溺于微信带来的"快餐式"生活,易被技术所束缚,思维趋于简单化和肤浅化;微信信息呈现出碎片化、主观性强的特征,并且有时良莠不齐、真假难辨。尤其是微信最引以为豪的查看"附近的人""摇一摇"和"漂流瓶"的功能,容易泄露个人隐私,甚至成为不法分子实施犯罪活动的工具。据杭州市公安局统计,从2011年12月到2012年2月,杭州警方共接到与微信有关的诈骗、盗窃案件近二十起。重庆市公安局和广州市公安局都在其官方微博上特意提醒使用微信的年轻女性注意安全。

因此,微信作为新兴的社交媒体,应不断完善自身的功能,丰富用户的需求层次,简化软件的操作方法;在技术创新的同时也要加强自律与引导,以实现自身的健康、长远发展。

---

① 黄艳:《文化与科技融合视野中的微信传播力研究》,载《中国传媒科技》2013年05期下。

第七讲　新闻采访认知

新闻采访是新闻报道的重要环节，也是新闻报道的起点，“七分采，三分写”形象地道出了采访的成功与否对新闻写作的重要性。因此了解新闻采访的程序、采访的方式等，是提高采访技能的前提与基础。

第一节　新闻采访的程序

为了更好地了解和认识新闻采访活动的整个流程，把握新闻采访活动的内在规律，我们可以把新闻采访活动分为若干环节。一般而言，一次完整的新闻采访活动，基本上包括明确报道思想、确立报道选题、做好采访准备、采集新闻素材等四个基本环节。应该注意的是，每一次新闻采访活动都具有各自的特点，完成每一次新闻采访活动并不是像工厂里生产零部件一样有固定的工序，采访对象、采访任务和采访条件随时都会发生变化，因此我们不能完全拘泥于采访程序的限制。就像媒体面对一些非突发的新闻事件时一般会准备几套报道方案，一旦结果发生，立即选择相应的方案进行报道，争取在第一时间推出报道造成轰动效应。有资料显示，某报社在2004年雅典奥运会的赛事报道中就准备了几份不同的预发稿，包括拿了金牌应该怎么报、拿了银牌应该怎么报、没有拿奖应该怎么报，为的正是当比赛结果一出来之后，能够抢得先机。台湾地区有记者曾说过自己提高采访效率的高招就在于，把写过的稿子都存在电脑硬盘里，当今后有类似事件发生时，只需要改几个字就可以了。

一、明确报道思想

（一）报道思想的内涵

报道思想是指“新闻单位制定的用于指导新闻报道的方针和具体实施的方法，主要是解决应该报道什么，不应该报道什么，应该怎样报道，不应该怎样报道等问题”①。报道思想是记者的工作指南，具体包括报道目的、报道内容、报道范围和报道重点等方面的要求。报道思想一般是根据党和国家的方针政策、工作重心以及各地的实际工作情况制定的，并贯穿于新闻传播活动的始终。

具体而言，报道思想又可以分为两种类型：总的报道思想和具体的报道思想。总的报道思想一般是在一定时期内起总体引导作用的，相对较为稳定。比如，当前我国以经济建设为中心，坚持改革开放，新闻媒体也以经济建设和改革开放作为报道的主要内容。这正是当前新闻媒体总的报道思想，只有坚持这一报道思想，新闻媒体才可能在复杂的社会环境中不至于迷失方向。以第22届中国新闻奖三等奖获奖作品《聚焦东莞中小企业倒闭潮》系列报道为例，该组系列报道聚焦东莞中小企业倒闭潮的传闻。2011年7月，坊间传出东莞中小企业倒闭的传闻，而且愈演愈烈。《中国产经新闻》对这一传闻非常重视，最终决定由新闻总监王长风带队，携文字记者王超、摄影记者刘晓凯，并由深圳记者站宋军协助，深入东莞一线进行采访，对东莞中小企业的历史、现状和未来进行了梳理，从不同的侧面了解了我国产业升级下，中小企业遭遇的生存困境，并从历史的纵深角度分析了中小企业发展的趋势。具体的报道思想则是指在某一件比较具体的事或者一段时间之内对新闻工作者作出的非常具体的要求。比如2008年关于北京奥运会的报道要求，2013年有关雅安地震的报道注意事项等。《南方都市报》首席研究员南香红在《巨灾时代的媒体操作：南方都市报汶川地震报道全记录》一书中，记录了2008年汶川地震中《南方都市报》的具体运作，同时附上了“应急操作守则”“实战操作守则”“现场操作守则”“心理调适守则”“编辑守则”“灾难报道保障守则”等一系列报道注意事项。这些具体的报道思想对于记者在实际采访活动中具有非

---

① 沈爱国：《新闻采访学》，浙江大学出版社2002年版，第51—52页。

常强的指导作用。

（二）明确报道思想的作用

在采访活动中首先要明确报道思想，是指新闻工作者在从事新闻采访活动的过程中要明确其所服务的媒体对其采访活动所作的具体要求。也就是说，采访活动中新闻工作者要清楚地知道，自己要采访的是什么、应该采访什么、不应该采访什么、应该怎样采访、不应该怎样采访。这是新闻采访活动程序的第一环，也是记者必须做好的准备工作，这对新闻采访活动的重要性不言而喻。具体而言，明确报道思想对新闻采访活动的作用表现在以下两个方面：

1. 有助于记者把握宏观政策环境，指导采访活动

新闻媒体一般都依附或者从属于一定的阶级、政党或者集团，并为其所依附的阶级、政党或者集团服务。在我国，新闻媒体既是党和政府的耳目喉舌，也是人民的耳目喉舌，因此，我国的新闻媒体是为党和人民服务的，新闻报道也必须体现党和人民的意愿。因此，我国新闻媒体的报道思想，一般是依据党和政府在一定时期内制定的宏观管理方针、政策确定的，在一定程度上反映的是党和政府对国内新闻传播环境总体情况的认识。如在 2005 年 3 月，中共中央宣传部、国家广播电影电视总局、国家新闻出版总署发出《关于新闻采编人员从业管理的规定（试行）》，旨在规范新闻采编人员行为，促进新闻事业健康发展。其中明确规定“新闻报道在新闻媒体刊发时要实行实名制”“与采访报道对象具有亲属关系、友好关系、利益关系或直接地缘关系等，应实行回避”“要杜绝各种有偿新闻行为”等，这些是针对虚假不实报道增多、利用裙带关系从事新闻报道工作、有偿新闻抬头等现象而规定的。虽已时隔九年，这些规定仍然具有极强的指导意义，这也必然是新闻媒体在制定报道思想时的参考依据。

值得一提的是，每个记者的认识能力有限，对事物的认识和把握很难做到完全正确，如果没有明确的报道思想作为引导，对当前的新闻传播环境也许难以有比较清晰的认识，在新闻采访活动中就有可能误入歧途。中国人民公安大学犯罪心理学教授李玫瑾对北京的多起灭门案进行研究后认为，“一种信息传播后，会有两种以上不同的接收方式，正常人是知道信息、了解信息，而犯罪人群就会从中去发现、研

究作案方式和作案手段。对于犯罪人群而言,接收信息就是'方法的告诉'和'犯罪方式的启迪'"①。这就要求新闻媒体在进行新闻报道活动尤其是报道负面消息时,要有明确的报道思想导航,把握大的舆论方向,引导人们培养正确的人生观、价值观。

2. 有助于记者获取有效的新闻素材

报道思想对于记者应该报道什么进行了一个大致的规定,记者在从事新闻采访活动时便可根据报道思想进行有的放矢的采访。因此,在新闻采访活动开展之前明确报道思想,有助于记者清楚知道自己的目的,提高获取新闻素材的效率。以第20届中国新闻奖三等奖电视消息《"正新模式"使民勤治沙获重大突破》(甘肃广播电影电视总台)为例,这是一篇宣传工作成就的会议新闻,这样的新闻往往很容易写成枯燥的数字排列,但是记者写出了新意。事实上,从2007年国务院总理温家宝视察民勤沙化治理工作起,记者就一直在关注民勤的沙化治理工作。民勤县与兰州大学近两年的合作期间,记者不间断地跟踪调查,拍摄了大量第一手资料,并相继报道了相关情况。2009年7月6日,"正新模式"经过专家组论证后,记者第一时间制作,并独家播出了该节目。

(三)怎样明确报道思想

报道思想的确立并不是一朝一夕就能完成的工作,需要从主观认识到客观实践的有机结合。具体来说,明确报道思想包括以下两个方面:第一,从理论层面来说,需要学习党和各级政府的文件,及时了解各项方针政策的变动情况,把握整体局势,同时找出目前较为普遍的、带有倾向性的社会问题。第二,从实践层面来说,需要新闻工作者在采访过程中根据实际情况不断确立报道思想,并通过实际采访对报道思想进行检验及完善。以第21届中国新闻奖一等奖作品《信义兄弟接力送薪》为例,该组报道讲述了一个感天动地的故事:为了在大雪封路之前给农民工发工钱,建筑商孙水林连夜从天津驾车回家,途中不幸遭遇车祸,一家五口遇难。为完成哥哥的遗愿,弟弟孙东林还没来得及处理哥哥的后事,就赶在大年三十之前将33.6万元工钱发到60

---

① 《李玫瑾解析灭门案:凶手均有性格和人格缺陷》,http://www.psycofe.com/read/readDetail_20447_1.htm,2013年9月26日访问。

多名民工手上。当前,我国正处于社会转型期,各种利益、矛盾相互交织,社会诚信体系尚不健全,企业信义缺失比较普遍,尤其是拖欠农民工血汗钱的现象屡见不鲜。信义兄弟这种“今生不欠来生债”的精神,放在当前诚信缺失的大背景下,显得弥足珍贵。如果是一家对时代脉搏不甚了解的媒体,这样的新闻也许会被处理成普通的社会新闻。《楚天都市报》敏锐地捕捉到了新闻价值,迅速启动“重大报道应急反应机制”,成立报道小组,通过头脑风暴,提炼出“信义兄弟”这一时代主题。

二、确立报道选题

(一)报道选题的内涵

报道选题,顾名思义就是新闻工作者选定的要报道内容的题目,具体来说是指“新闻采访活动的具体对象,它涉及采访什么以及从哪个角度进行采访的问题”①。应该注意的是,与报道选题相似的概念有标题、题材、主题等,在确立报道选题时,应该注意与这些概念进行区分。

1. 选题与标题

报道选题是指新闻工作者选定的要报道内容的题目,不过这里的题目并不是指标题,选题的内涵要大于标题。标题是指标明新闻作品及其篇章的简短语句,如《小胡同走出大记者——“张刚现象”启示录》《一诺千金!他为战友母亲当儿子二十年》《28 年坚守山顶上的小学》等,都属于新闻标题。一般而言,新闻标题是记者、编辑根据新闻作品的主题、题材以及受众的吸引力等因素为新闻作品起的“名字”。选题作为新闻采访活动的第二个环节,是在新闻采访活动展开之前就必须要确定的。同一个选题可以有多个不同的标题。

2. 选题与题材

题材在新闻活动中是指新闻作品所报道的社会生活的某个领域。一般而言,题材的涵盖范围更广,所包含的范围大于选题。题材相对模糊,选题则必须明确。举例来说,《21 世纪经济报道》高级记者侯继

① 罗以澄:《新闻采访学新论》,武汉大学出版社 2008 年版,第 139 页。

勇是从事产经题材报道的,这是一个比较模糊的概念。但在谈到侯继勇所做的选题的时候,就必须明确,要说他是去了哪家 IT 公司,采访哪位企业家,准备写哪个方面的报道。

3. 选题与主题

记者在确定报道思想的时候,也许会考虑到主题,但是这个时候的主题应该是模糊的。因为主题是在通过采访掌握了新闻事实的基础之上,对报道的切入点和报道的角度进行深思熟虑的结果。因此,如果在确定报道思想的时候,主题就很明确的话,那就说明记者的采访方法有了问题,即很可能陷入了新闻界所诟病的"主题先行"的问题中去了。应该注意的是,采访活动是主观认识客观的调查研究活动,不能先搭建一个主题架子,然后再在生活中找例子证明。

(二) 如何确立报道选题

确定报道选题,是新闻采访活动中一个非常重要的问题。报道选题如果没有确定下来,新闻采访活动也就无法进行。报道选题确定对了,采访活动就会有明确的方向和目标;报道选题错了,采访就会遇到困难与挫折。具体来说,报道选题的确立,应该注意获取新闻线索。

新闻线索是指"可能成为新闻报道对象的某种事实所传递的信息,或者是将要成为新闻报道的对象所发出的信号"①。它使记者在海量的信息中找到采访目标,从而确定报道选题。对于记者来说,新闻线索是其从海量的信息中寻找采访目标的指南针,是记者确定报道选题的必要条件。

应该注意的是,有了新闻线索,并不等于就有了新闻报道对象,这与新闻线索本身所具有的特点有关。新闻线索具有以下三个特点:第一,简要、概括、不完整。新闻线索的内容一般比较简单,没有细节,也没有完整的过程,甚至有些新闻线索只有零散的片段。以腾讯大楚网的报料台为例,这里每天都有大量的报料发帖,其中有不少只有只言片语,信息并不完整。这并不能阻止不少记者通过报料台寻找新闻线索。资深记者李峰曾经说过:"新闻线索,是表明那里有新闻的那种片

---

① 罗以澄:《新闻采访学新论》,武汉大学出版社 2008 年版。

段的情况。这种线索,有时只是一句话、一件东西、一个数字、一种行动、一种征候。这种片段情况,常常淹没在长篇的讲话或闲谈之中,淹没在成本的文件或报屁股之中,淹没在许多事物或许多数字之中,淹没在错综复杂的生活现象之中"①。第二,不可靠。新闻线索,说到底,只是一种信号而已,有可能是假象,甚至是道听途说,新闻线索只有经过记者求证、核实以后才有可能成为新闻报道。大楚网报料台每天有大量最新发帖,有些发帖看着挺有新闻价值的,但是如果记者在采访之前不加以核实,很可能会走弯路,甚至写出不实报道。第三,直观反映,不稳定。新闻线索是记者直接听到或者看到的感性的东西,这些很可能只是事物的表象,并没有涉及本质。这就需要记者深入思考、分析,对有价值的新闻线索进行深入采访,写出有价值的报道;对于经不起推敲的新闻线索,则予以否定。

新闻线索对记者很重要,但不是记者想要就会有的。整体而言,记者获取新闻线索的途径主要有以下六种:

1. 从党和政府的方针、政策、指示以及各级领导的重要讲话中获取新闻线索

这些文件和讲话,一般都是对当前的政治经济文化等主要情况和问题的一个反映,也是政策动向和新的任务。这些通常可以为我们提供重大的新闻线索。以每年3月召开的全国两会为例,这是中国新闻界每年的重头戏,上至中央级媒体,下至各地方都市报,都会集中大量的人力物力进行报道。因为两会期间发布的《政府工作报告》,各路记者各显神通均可发现大量有价值的线索,变被动宣传为主动出击。

2. 从各机关、部门的会议中获取新闻线索

这些会议中,有不少是传达方针、政策或者总结工作情况的。记者在参加这些会议时,应该跳出会议本身,关注会议反映的情况以及其中的一些重大决议,以期从中找到新闻线索。比如,2012年4月17日,湖北省资本市场建设暨金融交流会议在武汉东湖宾馆梅林礼堂召

---

① 李峰:《关于新闻采访的探讨》,《新闻论丛·第2辑》,新华出版社1983年版,第100页。

开，原证监会主席郭树清出席会议，并指出当前新股发行市盈率过高的问题。《21世纪经济报道》记者聂春林敏锐捕捉到这一信息，发出报道《郭树清不满高市盈率"新股20倍较合适"》。报道推出之后，多家媒体进行转载，产生了较大的影响。

3. 从通讯员、广大群众、朋友等中获取新闻线索

这可以算是最有效的新闻线索来源。记者需要出色的社会活动能力与应变能力，记者的工作性质也要求记者一定要广交朋友，建立广泛的采访网络。受限于时间精力以及个人阅历，记者不可能了解实际生活中的方方面面，通讯员、广大群众和朋友则可以充当记者的耳目，战斗在第一线，获取灵通的消息。记者结交的朋友越来越多，就好像把新闻的触角伸向了四面八方，由此形成了一张巨大的采访网络。这样一来，社会上一旦出现了最新动态，可以在第一时间通过采访网络传到记者手中。

4. 从日常生活和社会交往中获取新闻线索

社会生活丰富多彩，新鲜事儿随时可能发生。记者只要处处留意，做一个生活中的有心人，就会发现生活中充满了新闻线索。正如著名记者田流曾说过的那样，记者应该除了睡觉之外，其余的时间都是在采访，应该是一睁开眼睛就进入到工作中去；记者的办公楼应该在社会上、群众中，而不是编辑部的大楼中。这就要求记者要有敏锐的新闻嗅觉，眼观六路，耳听八方，不断挖掘新闻线索。著名新闻工作者范敬宜曾写过一篇名为《金发碧眼学苏绣》①的报道，就是通过有心观察写出来的。有一次，范敬宜回到家乡，本来是打算陪姨妈去参观苏绣，不料工厂停电，无法参观。范敬宜却看到一群外国游客兴致勃勃的场景，打听之下，得知苏绣研究所开发了一个新的旅游项目：教外国人学苏绣，并颁发证书。范敬宜根据这一线索，最终推出了这篇报道。

5. 从其他媒体中获取新闻线索

有些事实别家媒体抢占了先机，已经先于自己推出了报道。这样的新闻我们是否还有机会呢？答案是肯定的。这就是我们通常所说

① 载《经济日报》1992年6月19日。

的第二落点。新闻的第二落点,"一般是指在第一时间把新闻事实公布于众之后,继续寻找、挖掘新闻蕴含的更多内涵和外延"①。通过对新闻价值高的题材进行多角度、多层次、多侧面的全方位立体挖掘,使新闻事实得到最完整的呈现和最有效的利用。新闻被报道出来以后,如何挖掘新闻事实背后的深层次内涵,通过详尽的深度报道,有针对性地提出一些价值观,独家阐述对新闻事件的看法,及时关注新闻事件的进展,是做好第二落脚点的关键。《21世纪经济报道》华中新闻中心的实习生每日常规工作之一就是搜集武汉及长沙本地媒体的一些报道,旨在寻找新闻的第二落点,不少重要的报道正是这样推出的。2012年7月,武汉本地多家媒体报道了首届免费师范毕业生返校读研的消息,《21世纪经济报道》记者获取了这一新闻线索,在查阅有关资料,并对免费师范生、教育专家以及基层中小学有关人员进行了采访之后,推出了深度报道《免费师范生"下乡"周年考》。

6. 从网络中获取新闻线索

不管是过去还是现在,谁拥有更多的新闻线索,谁掌握的信息越多,谁就能在"新闻大战"中获胜。新媒体、媒介融合的大环境下,获取新闻线索有了更多的途径,从网络中获取新闻线索也成为每个记者必须重视的一条"门路"。以武汉的记者为例,过去逛天涯论坛、得意网、各家媒体在网站上设立的报料台等,现在则又多了微博、微信等平台。以微博为例,微博的信息量非常庞大,用户发布内容几乎不受时间和空间的限制,真正实现了随时随地想发就发。记者通过有选择性地关注一些微博,就可以在第一时间发现新闻线索,并且在第一时间进行采访报道,抢占先机。值得注意的是,由于微博缺乏"把关人",虚假信息泛滥、垃圾信息横行的现象比较普遍。记者在寻找新闻线索时,应注意加以甄别。

三、做好采访准备

在明确报道思想、确定采访选题之后,就应该开始着手准备工作了。采访准备是"记者为采集新闻材料而进行的前期性、基础性的工

① 刘力:《第二落点的第一关注》,载《新闻战线》2012年7月。

作”①,是新闻采访程序中的一个基础环节。

(一) 为何要做好采访准备

“凡事预则立,不预则废。”这句话告诉我们,不管做什么事,事先有计划和准备才有成功的可能,事先没有计划和准备往往做不好。新闻采访也是一样,只有事先做好采访准备工作,采访才有可能获得成功;否则,采访活动很可能会以失败告终。

因为采访准备工作没做好而导致采访失败的案例比比皆是。前美联社记者尤金·莱昂斯是一位经验非常丰富的记者,他曾经在采访前伊朗国王巴列维时因为准备不充分而留下遗憾。由于巴列维日常安排紧张,最初只答应谈五个书面提出的问题。让尤金·莱昂斯没想到的是,巴列维回答完这五个问题之后,谈性上来了,只等尤金·莱昂斯继续提问,尤金·莱昂斯却没有准备更多的问题了。这个事情让他深有感触,当时就在国王办公室立下誓言:“今后哪怕约定只有几分钟的采访,我若不事先准备好供一两小时谈话的问题,便决不再来到世界伟人的面前。”②经济学家吴敬琏曾经在“两会”上因为记者的不专业而给记者上了一堂有益的课。以下是吴老和一位年轻记者的对话:“吴老,您怎么看待去年的证券市场?去年一直处于下跌,您认为这是正常的吗?”“我有一本关于这方面的书,如果你看了以后,觉得对这本书有什么意见,可以再讨论,好不好?”这也给那些没有做好准备、张口就问的记者提了一个醒,让他们知道做好采访准备的重要性。

以上几个鲜活的例子告诉我们事先做好采访准备的重要性。大体而言,做好采访准备工作对记者的采访活动有以下三大好处:

1. 有助于进一步明确采访目的和采访重点

一般来说,记者采访之前确定的报道思想和报道选题,往往比较笼统。不过,在对有关方面的内容进行准备以后,对相应的问题进行了一定研究,自己的报道思想会更明确,目的更清楚,重点也更突出。特别是对一些一般事件进行采访,比如对重大会议、节日以及人物的报道,事先做好准备的意义更明显。以第21届中国新闻奖一等奖作

---

① 罗以澄:《新闻采访学新论》,武汉大学出版社2008年版,第178页。

② 参见杜荣进等:《中外新闻采写借鉴集成》,浙江教育出版社1999年版,第132页。

品《上海世博会纪略》为例，上海世博会临近后半程时，按照有关部门的部署，要采写几篇分量重、留得下、深刻反映世博精神和思想的新闻报道。在时任市委宣传部副部长、上海世博会宣传及媒体服务指挥部副总指挥、上海世博会新闻中心主任的宋超同志亲自策划、组织、实施、改写下，由上海三大报纸《解放日报》《文汇报》《新民晚报》联合派出 4 名最优秀的记者组建写作组，深入世博园区，走访各相关管理部门，大量占有素材，反复讨论，反复提炼，数易其稿。历时一个半月，他们以"和平发展、坚持发展、长远发展、科学发展"为主题，分别撰写了统一署名为任伟本的四篇《上海世博会纪略》的系列报道，于 11 月 5、6、8、9 日在《解放日报》《文汇报》《新民晚报》头版下部围框刊发。报道刊发后，中宣部阅评组编发专题新闻阅评，阅评意见认为："任伟本四篇《纪略》，读来令人扬眉吐气，精神振奋，显示了上海主流媒体牢牢把握正确舆论导向，不断提高舆论引领能力的水准。"①

2. 有助于缩短与采访对象的距离

采访准备做得越是充分，对采访对象也就越熟悉，这样采访起来更容易进入状态，共同语言也多，不至于什么都是从履历表问起，既浪费时间，也容易引起采访对象的反感。有位记者去采访老作家叶圣陶的时候，由于知识面较窄，事前又毫无准备，一见到叶老就问："您是哪里人？""您多大年纪？"这样的问题让八旬老人非常烦躁，也感到更悲哀。② 更让人无语的是，有位记者刚刚采访完夏衍，就转道叶家。当他见到叶老的长子叶至善的时候，一把握住叶至善的手，然后吃惊地说："我刚从夏公那儿来，您岁数比他大些，可没想到这么年轻……"③这样的笑话本来完全可以避免，可就是因为准备不充分，所以才出了洋相。可想而知，采访肯定得不到好结果。

3. 有助于提高采访效率，避免盲目性

采访时间毕竟有限，通过事先准备，可以使问题更加有针对性，获得的有效信息也更多。此外，在做好了充分的准备之后，对整个采访

---

① 《系列，连续，组合报道：上海世博会纪略》，http://news.xinhuanet.com/zgjx/2011-06/20/c_13939935_2.htm，2013 年 10 月 1 日访问。

② 参考荣进：《中外新闻采写借鉴集成》，浙江教育出版社 1990 年版，第 109—110 页。

③ 同上。

活动也有了更好的把握,这样也能更好地掌握采访进程,使采访活动有序进行。即使遇到困难,也能化险为夷,使采访活动取得成功。很多新闻事件或者新闻人物在进行采访之前,就有了一些报道。只要记者事先对这些已有的资料研究一下,很多问题就无须再向采访对象了解。《总统之死》的作者威廉·曼彻斯特第一次采访肯尼迪总统时,规定只谈十分钟,实际上采访了三个半小时,这次成功的采访也为日后多次会见提供了契机。他深有感触地说:"我认为事前准备事关重大。对美国总统这样的人提出一个他早已回答过多次的问题,这是对他莫大的侮辱,他很可能随即对你下逐客令。因此,你的问话应该是他前所未闻的。应该显示出你对他的生涯了如指掌。这样,他就可能尊敬你,有兴趣跟你交换意见,举行会谈。"①

(二)怎样做好采访准备

一般来说,采访准备主要分为两种:一种为平时准备,一种为临时性准备。一般来说,平时准备属于记者平日的基本功,也最能体现出一名记者素养的高低。大体上来说,平时准备主要包括:理论、政策方面的准备;知识方面的储备;业务技能上的准备;对各种资料的积累。平时准备重在日常积累,正所谓"养兵千日,用兵一时",只有平时努力充实自己,才能在有了具体采访任务的时候从容应对。

临时准备一般是在采访选题确定之后记者所做的准备工作,主要包括以下四个方面:

1. 进一步学习与采访活动相关的政策

记者在接到采访任务之后,要围绕采访任务,认真学习与之相关的政策以及有关指示、意见等,从而更好地明确采访活动的指导思想、新闻报道的重点、报道的意图和目的,并把握好新闻报道的口径。比如,在灾难新闻报道中,记者必须严格遵守国务院1997年颁布的国发〔1997〕2号《国务院关于加强抗灾救灾管理工作的通知》中的有关规定:"公开报道灾情,要实事求是,有利于社会安定和抗灾救灾工作,防止产生消极影响。重大灾情的报道由新华社统一发稿,局部灾害一般只在当地报道。报道因灾造成的直接经济损失和人员伤亡情况,应以

---

① 《采访实例》,http://wenku.baidu.com/view/caa8fb325a8102d276a22fca.html,2013年10月1日访问。

主管部门核实的统计数字为准。凡公开报道要慎重，报道内容要按规定经有关部门审核。”①

2. 熟悉采访对象

记者要具体采访某个人、某件事、某个单位或者某个地方时，应该事先想方设法对自己的采访对象有一定的了解，并尽可能多地掌握采访对象的背景资料。

一是关于被采访的某事、某地或某单位的背景资料。记者要到某地采访，就应该多收集资料，尽量对该地区的历史、地理、经济、自然状况有一定的了解。特别是如果要去少数民族地区采访的时候，除了要了解当地的风俗习惯之外，可以的话应该多学几句当地的日常方言。范长江在写《中国的西北角》时，每到一个地方，事先一定会先把这个地方的历史、地理以及历史人物都弄清楚，甚至到了采访目的地之后，还翻阅当地的地方志，旨在获取最真实的历史记录。正是因为这种采访准备工作，使他的作品中往往“既有大量的历史、地理、人文与自然知识，更透露了重大的政治消息，笔触生动而有感情”②。

二是关于被采访的某人的背景资料。记者应该事先了解一下这个人的经历、性格、爱好、生活状况以及人际关系等。尤其要对这个人的爱好、禁忌有大致的了解，以便在采访的时候投其所好，避免采访出现尴尬局面。此外，采访对象的业务专长、有什么得意之作、外界对他有什么评价等，记者也应该有所了解，这在采访中往往是打开采访对象话匣子的敲门砖。对于一些重要的采访，还可以先通过外围采访，如从其同事、朋友、家人、领导、亲戚等处打探一些鲜活的材料。1994年，中央电视台的一位年轻记者到上海采访96周岁的周谷城先生。由于周老身体不适，当时周老不想接受采访。在记者的恳求下，周老答应只说一句话，记者无奈只得答应只提一个问题。记者因为事先做好了充分的准备，看似漫不经心地以叙旧式的口吻问：“听说在当年五四运动的游行队伍里，您曾经跑掉过一只皮鞋？”但因为点到了老人的兴奋之处，他听罢顿时露出了又吃惊又兴奋的笑容，谈性也来了，这次

① 《国务院关于加强抗灾救灾管理工作的通知》，http://www.mohurd.gov.cn/zcfg/gwywj/200611/t20061101_155439，2013年10月1日访问。

② 方汉奇：《中国新闻传播史》，中国人民大学出版社2008年版，第242—243页。

采访最终持续了整整一下午。

3. 制订采访计划

每一次采访，记者都应该制订一个采访计划，避免仓促上阵。一般来说，非事件性新闻的采访、大型活动等，一定要有周密、详细的采访计划；一些动态性、事件性的新闻采访，计划可以相对简单。采访计划主要包括的内容有：采访范围和对象、采访目的和采访要求、采访时机和步骤、报道形式、具体的采访提纲，等等。应该注意的是，制定采访计划的时候，既要细致周密，也要多作设想，考虑多种方案，一切从实际出发，如果计划与实际情况有出入，则及时修改或者推倒重新制定。

4. 必要的物质准备

前面所述准备可以说是"软件准备"，物质准备则可以说得上是"硬件准备"。采访的地点有远有近，采访的时间有长有短，采访的任务各不相同，但是不管什么样的采访，记者都应该做好必要的物质准备。如介绍信、采访本、录音笔、照相机、衣服、钱物等。如果是外地出差，特别是去一些偏远地区的话，还应该带上雨具、常用药物、适量食物等。这些看上去都是些琐事，但是如若考虑不周，则很可能会因小失大，干扰记者正常的采访活动，甚至给采访带来无法挽回的损失。

四、采集新闻素材

新闻采访的主要任务是获取新闻事实，客观的新闻事实则是由各种材料反映出来的，新闻事实的形态、性质、来源、要素等都蕴含在材料之中。因此，采集新闻素材是整个采访程序中的中心环节，新闻采访的活动也只有通过这一环节才能得以实现。

（一）采集新闻素材的要求

采集新闻素材的要求，回答的是应该采集什么新闻素材，以及怎样采访新闻素材的问题，有一些共同的基本要求可供遵守。

1. 尽量获取第一手材料

新闻材料按照来源和传递的角度，可以分为第一手直接材料和第二手、第三手等间接材料。第一手材料指记者不是经过任何中间环节或者中间人，直接从客观事物或现场获取的材料。如果记者和事物或事实之间有任何中间环节，就是第二手资料、第三手资料……

第一手材料的重要性首先在于它有更高的准确性和可靠性，记者和事物的中间环节越多，事实失真的可能性也就越大。其次，第一手材料更加可感，更能增强报道的感染力。近年来体验式报道和嵌入式报道的兴起，就证明了第一手材料的重要性。如《楚天都市报》记者2013年8月26日至9月1日应聘成为位于广埠屯的武汉和雍公司的一名销售人员，展开"卧底"调查。该报记者根据卧底采访的第一手材料，于9月10日推出报道《记者卧底一周揭电脑销售猫腻》，并于11日、12日、13日推出后续报道，吸引了众多眼球，引起相关部门高度重视，工商、物价等部门迅速介入调查。

当然，我们强调第一手材料的重要性，并不是说就要忽视甚至放弃间接材料。一方面由于受客观条件等的限制，记者不可能事事都能亲临现场获取材料；另一方面有时有些间接材料甚至比第一手材料更加权威，可信度也更好。再加上记者受限于专业知识，有时自己获取的第一手材料也未必比从专家那里获得的更加可靠。比如在犯罪新闻的报道中，记者在犯罪现场获得的材料就可能没有从刑侦专家那里获得的材料权威。

2. 注意对材料进行理性加工

为什么要对材料进行加工呢？一方面，获取的材料是杂乱无章的，经过加工才能理清新闻事实的脉络，进而找到一个最佳的叙述角度；另一方面，有些材料不能反映事实真相，这也需要记者从中进行挑选。大体而言，对材料的加工包括核实材料的真实性和鉴别材料的全面性两个方面。

（1）核实材料的真实性。常用的核实材料真实性的方法有：第一，寻找材料的源头。记者在获得材料之后，一定要尽可能追溯材料的源头。第一手材料应该尽量找到新闻事件的当事人或者新闻现场；间接材料则应该查阅原文或者问权威人士。第二，寻找物证。一般来说，口头材料不如文字材料，文字材料不如物证材料。因此，记者应该尽量寻找物证资料。第三，多方求证。通过采访不同的人，根据不同采访对象的说法来核实材料，也是一个方法。第四，逻辑判断。面对手中获取的材料，记者应该要有怀疑意识，结合自己的逻辑思维对材料进行判断。

(2) 鉴别材料的全面性。这可以从两个方面进行考虑。首先是确保材料的种类是全面的,既有正面又有反面,既有点又有面,既有现在又有历史的材料,既有主要又有次要,既有感性又有理性。当然,不可能每次材料都面面齐全,这是不现实的也是不必要的,不过应该说材料越齐全越好。其次,应该确定所获取的材料在结构上是完整的,而不是隔断了各个环节、各部分的联系残缺不全的材料。

(二) 采集新闻素材的方法

一般而言,经常使用的采集新闻素材的方法包括访谈法、观察法、文献法和问卷法等。

1. 访谈法

这是记者通过言语交流的方式向采访对象了解新闻事件发生的始末或其对某一事件的观点的一种方法。访谈法一般分为面对面和电话访问,都是由记者访问采访对象,把所要了解的事实和情况以提问的方式提出,再由采访对象回答,记者根据采访对象的回答以及将采访过程中的一些行为和情况记录下来,以此来获取事实材料。访谈法最大的挑战在于说服采访对象接受采访。说服采访对象的方法归纳起来有两条,一是让采访对象对你的采访感兴趣,二是持之以恒。让采访对象感兴趣的方法有很多,比如采访对象一般对影响力大的媒体有兴趣;此外,记者还可以用巧妙的话语让采访对象产生兴趣。在访谈的过程中,最关键的则在于让采访对象讲真话,以及尽量避免因为个人因素而导致采访对象的谈话趋向某一方向,偏离事实真相。

2. 观察法

这是记者通过感受器官直接观察对象,从实地采集新闻材料的一种方法。观察法是采集新闻素材比较可靠的一种方法,它最大的特点在于直接性,记者不需要经过中介而直接接触观察对象。不过,运用好观察法也需要一定的条件。首先,记者应该带有明确的目的去观察,这样才能观察到与新闻事实有关的现象;其次,记者观察最好有相关的知识为前提,这样对观察对象有一定的了解,才不至于外行人说内行话。观察法成功与否的关键在于如何提高记者的观察能力,要避免因为记者的观察失误而影响新闻素材的采集。而最大的难点则在于,观察法往往难以反映重大社会事件的全貌;此外,对于重大突发事件,记者不可能事事都在现场,观察法也不可能捕捉到每一个重大事件。因此,在新闻实践中,往往需要观察法与访谈法等结合使用。

3. 文献法

这是通过阅读文献来采集新闻素材的方法。文献法可以突破时空的限制,记者可以运用该方法获取跨越时空障碍的资料。互联网为记者获取资料提供了极为便利的条件,记者可以通过互联网获取海量的信息资料。一般来说,记者运用文献法主要是搜集背景资料。背景资料有助于记者考察新闻事实的历史状况、演变并进行对比研究。应该注意的是,记者在面对大量文献的时候,应该保持清醒的头脑,并对文献持怀疑态度,切不可用文献替代实地采访和观察。由于互联网的便捷,当前有些记者存在浮躁的心理,成天想着走捷径,直接从网上扒新闻,东抄抄西改改,变成作品发表出来,这就导致不少新闻作品雷同,甚至出现假新闻。

4. 问卷法

这是记者利用设计好的问卷统计数据的方法,一般用来调查采访对象对某一事实的认知和态度。问卷法主要通过个别发送、电话调查、邮寄问卷、网络问卷调查等方式进行。在世界新闻发展史上,运用问卷法采集新闻素材的案例并不常见,我国记者也较少使用这种方法。随着互联网的发展,问卷法也得到了普及。目前网络问卷调查是比较常见的一种方式,它的成本较低,数据统计较为方便,不过采访对象只能限制在有条件上网的网民。在设计问卷的时候,应该注意使用明确的词语,避免引导性词语,同时谨慎处理敏感性词语。

第二节 新闻采访的方法

新闻采访的方法是指记者为了完成新闻采访活动所采取的手段及表现出来的形式,具体来说,主要包括访问和观察两种方式。

一、访问

访问在记者一生的职业生涯中,是工作量最大的活动,也是新闻采访中最复杂多变的一种采访方式。可以说,记者成熟与否的标志之一就是记者是否善于访问。

（一）访问的内涵

美国《塔尔萨论坛报》的鲍勃·福尔斯说过："笔下的功夫不强照样能当一名出色的记者，但不善于进行访问是决当不好记者的。"①访问又被称为"口头访问""谈话访问""访谈"。从字面上理解，访问就是拜访、电话询问等含义。新闻访问，则是指新闻记者通过提问的方式有目的地与采访对象进行交流，在有限的时间内弄清事实真相及其来龙去脉，进而挖掘出新闻报道所需要的事实材料的社会活动。

从新闻访问的定义来看，新闻访问包括以下五点内涵：

1. 访问的形式使记者与采访对象面对面进行交流

著名传播学者施拉姆曾说："在面对面交流的情况下，有可能刺激所有的感官并使交流的对方同这种全身心的交流相呼应。"②在与采访对象面对面的交流中，记者可以充分发挥主观能动作用，发挥自身的聪明才智，取得最佳的采访效果，进而达到自己的目的；对于记者自身来说，这种面对面式的采访，对记者本身的素质来说，也是一种非常大的考验。如果记者自身的素质不过关，很可能在采访过程中会出尽洋相，甚至导致采访失败。

2. 记者与采访对象处于一种特定的人际关系中

在一次采访活动中，记者是"想要知道发生了什么"的一方，采访对象则是"知道发生了什么"的一方，记者和采访对象之间可以进行信息交流行为。在采访过程中，记者是访问主导的一方，他要主动从采访对象那里"获取"材料；采访对象则是谈话的主角，他向记者"提供"材料。记者和采访对象在一次特定的采访活动中，一方面会因为这种面对面交流而形成一定的情感共鸣、行为互动的良性关系；另一方面，由于记者和采访对象之间存在着有目的的"取"与无偿的"予"的矛盾关系，这种矛盾很可能会造成采访对象心理上的不平衡、不重视。因此，这种矛盾关系平衡的好坏，对记者本身也是一项考验。

---

① 转引自〔美〕杰克·海敦：《怎样当好新闻记者》，新华出版社1980年版，第119页。

② 〔美〕威尔伯·施拉姆：《传播学概论》（中译本），新华出版社1984年版，第123页。

3. 访问的中心环节则在于交谈

只有记者和采访对象之间有交谈,才能称得上是访问。上文中提到的访问中“取”与“予”的矛盾的解决,也是通过记者与访问对象的双向交流、双向合作才能完成的。

4. 访问的目的在于获取新闻素材

记者与采访对象聊天,采访对象能够侃侃而谈固然是好。不过应该注意的是,记者与采访对象的交谈,绝非一般意义的闲聊,而是需要记者从职业的角度出发,通过运用各种访问方式和访问技巧,从采访对象那里获取真话、心里话、从别人那里无法获得的话,并形成自己需要的、有价值的新闻素材。这种特定的目的性,使访问区别于其他谈话,也是记者在访问时需要注意把握的基本点。

5. 访问是在有限的时间内进行的。

一般家长里短式的聊天,可以没完没了、拖拖拉拉,今天聊不完的明天接着聊。新闻访问则不同,应该在能够获取充足材料的前提下,尽量缩短访问时间,提高访问效率。可以说,访问中的时间越少,获得的材料越多越有价值,访问的效率越高。

(二) 访问的分类

新闻访问的类型丰富多样,按照不同的角度可以分为不同的类型。按访问目的是以获取事实为主还是获取意见为主,可以分为事实访问和意见访问;按照访问人数的多少,可以分为个别访问和集体访问;按访问的主攻方向是否以采访对象为目标,可分为详式(正式)和略式(非正式)访问。一般来说,不同的访问方式,其要求和技巧也不尽相同。

1. 事实访问和意见访问

事实访问又被称为信息访问,记者在进行事实访问时侧重于从采访对象那里获取新的事实、新的动态及新的趋向、新的计划、措施和打算、设想。一般来说,事实访问是围绕事实本身及产生的连带反应进行的提问,旨在从采访对象那里获取更多的信息。

一般来说,事实访问旨在为公众提供信息,记者主要通过这种访问获取信息,这种信息的提供者一般为事件的当事人、目击者以及能够对某一事件提供看法的其他人。这种事件一般都是正在发生过程中的,记者想要获取的信息和事件的发生密切相关。值得注意的是,有些重大事件还是由某一领域的权威及政要发布,这类信息一般是比较重要、外界欲知而未知的信息。

意见访问又被称为观点访问,记者向采访对象提出问题,采访对象表明自己的态度,阐述自己或者是所代表机构的观点和主张。意见访问一般侧重于揭示对社会问题的看法、意见及态度,或者是透露重大事件的实质性内容。因此,意见访问的采访对象一般为社会知名人士,他们往往是各自领域的权威、专家学者或者是有一定职务的官员,他们发表的意见一般代表着某一领域、某一流派或者某一阶层的看法,一般具有一定的社会影响。

意见访问涉及的范围较广,政治、经济、宗教、道德、社会等各种问题都可以有观点的交锋。记者在就这些问题与采访对象进行访谈时,不仅要求记者对这一领域有一定的认识,也需要记者有思想家的气质,同时更需要记者对与具体的新闻事件有关的背景资料及采访对象有一定的认知。只有这样,记者才能在与采访对象的交谈中,获取到采访对象不轻易透露的观点。这对记者有较高的要求,需要记者能够从思想上与采访对象进行沟通,在这样的思想交锋下,采访对象也许会不知不觉中道出自己的思想和观点。

2. 个别访问和集体访问

个别访问。个别访问又被称为“一对一”的访问,是指记者与采访对象单独交流,这是记者在新闻采访中比较常用的一种采访方式。

值得注意的是,个别访问中由于每位采访对象的个性、生活习惯、文化素养、爱好等的不同,以及对事实的观点和看法的不同,在每一次个别访问中,面对的采访对象也是各不一样,访问也因人而异。记者为了获取与新闻事实有关的材料,就必须根据实际情况灵活使用各种方法与采访对象交谈。同样值得注意的是,个别访问并非意味着在一次采访中只有采访对象一个人在记者面前。有些情况下,记者为了能够采访到一个人,需要第三人引荐,这时也许采访中会有两个人在场,但是采访对象仍然是一个人,这种情况也属于个别访问。此外,例如当遇到突发情况的时候,记者赶到事件现场时,现场往往会有不少人,记者在采访时虽然问的是一个人,但是不排除有周围人关注、补充,甚至争相发言的情况出现,这样的访问仍然应该归为个别访问一类。因为记者并非有意组织这些人一起谈,记者进行的主要还是对一个采访对象的访问,这种情况也归为个别访问一类。

集体访问。集体访问也可以被称为“一对多”的访问形式,是记者有意邀请或组织多个采访对象的访问。集体访问又分为座谈会和记者招待会两种形式。

座谈会一般适用于涉及面较广的大中型报道题材以及情况错综复杂、矛盾众多的问题。各位采访对象可以从不同角度、不同层次发表看法和意见,有助于从整体把握情况,并可以通过讨论来了解事实真相。对于采访对象来说,几个人一起面对记者,采访对象比较容易放松,采访气氛容易轻松和谐;对记者来说,有助于记者在较短的时间内搜集到较多的新闻材料。值得注意的是,在某些情况下,因为座谈会时间有限以及采访对象对问题谈论心存顾虑等,座谈会之后还应该进行个别访问,推进采访不断深入。

记者招待会一般由政府部门或社会团体、企业事业单位召开,有些情况下也由个人出面召开,这种形式近年来在我国被广为使用。在记者招待会上,记者的采访对象一般是新闻发言人。一般先由新闻发言人发布新闻或者介绍情况,再由新闻发言人回答记者现场提出的问题。一般来说,记者招待会上的新闻发言人由一人组成,有的情况下由于事实的多面性与复杂性,也可由多人组成,各自回答有关问题。

(三) 访问的技巧

记者通过采访提问,让采访对象介绍有关情况,弄清相关问题,同时搜集新闻材料;或提供相关观点,从而把握对有关事实的认识。因此,访问的关键在于提问,访问的成功离不开善于提问。一个记者是否善于提问,是其采访技能是否成熟的重要标志,也是其采访水平高低的直接体现。

1. “善”问的要求

那么,什么样的提问才是好的提问呢? 根据新闻采访实践的经验归纳,“善”问一般应符合以下五点要求:

(1) 问得自然

这主要是指记者提问的态度和采访时的气氛。记者的态度应该是诚恳、亲切的，切忌用“高人一等”的口气提问；问题应该是在采访过程中自然而然地提出来的，应该避免生硬地提问。事先准备问题是必需的，记者也应该将问题记在本子上以免遗忘，但采访时记者应该尽量避免照本宣科，这样的提问方式不仅会干扰采访对象的回答，甚至会引起采访对象的反感。此外，当记者准备的问题与实际情况不符的时候，记者也应该灵活变动，根据实际情况提出相应的问题。

（2）问得合适

这主要是指记者提问的目标指向。记者提出的问题，应该是只有采访对象本身才最适合回答的问题。如果采访对象不适合回答，那么就不应该提；如果提出的问题换一个采访对象也可以回答，那也没有问出水平来。问得合适，还要求记者合理“分配”问题，说这个人的，就不要再问另一个人。尤其要注意的是，千万不要把问题一股脑地都抛出来问一个人，这样的提问很难达到记者原本的目的。

（3）问得关键

这主要是指提问的内容。问得关键，首先是提问要具体。访问的目的在于得到具体的事实或材料，因此，提问要尽量大而化小，化抽象为具体。其次，提问要切中要害，也就是我们俗称的问到点子上。提问的时候应该提出涉及新闻事实最重要的问题，这也是受众最关心的问题。为了能问到点子上，记者要善于突破，找准切入点，由小到大，由浅入深，逐步展开、逐步深入。再次，提问要切合采访对象的兴奋点。这样的问题，采访对象才有兴趣回答，也乐于回答，甚至会因为产生了某些感触而说出情不自禁的肺腑之言。

（4）问得有策略

这主要是指提问的战略战术。记者提问时，应该围绕采访目标，按照逻辑先后顺序进行提问。当有变动时，记者应该灵活变动，进行相应调整。对于一些敏感、棘手的问题，记者尤其需要注意掌握原则、把握分寸。既要能比较自然地引导出采访对象的想法，不回避问题，又要注意避免伤害采访对象的自尊心和感情。

（5）问得简明

这主要是指提问的表达方式。记者提问时，既要明白无误，让人容易理解，又要注意表达简洁、清晰，避免啰唆。即使是一些专业性较强的问题，也应该尽量用通俗、朴素的话语表达出来，这样采访对象不仅明白怎么回答,还能娓娓道来。

2. 提问的方式

记者在向采访对象提问的时候,提问的方式并非一成不变,应该根据采访对象的具体情况采用不同的方法。具体而言,提问方式包括以下四种:

(1) 开门见山法

开门见山法,顾名思义,这是指记者直截了当从正面提出问题。一般来说,记者在采访领导干部、社会名流,或者是其他一些性格开朗、比较健谈的人,以及和记者本来就很熟悉的人时比较适用。此外,对于一些限定时间的提问,比如记者招待会的提问时、广播电视演播室的访问以及其他一些特定场合的现场提问,这种方法也比较适用。可以说,在采访对象允许以及其他的一些具体条件允许的前提下,这种开门见山的方法可以算得上是最有效、最简单、最直接的方法。

(2) 旁敲侧击法

旁敲侧击法,也即我们俗称的“侧问法”。这是指记者在采访的时候,不采用直接提问的方式,而是采用间接的方式,用聊天攀谈的形式,先从侧面入手,绕个弯子,先和采访对象聊一些看起来似乎与采访内容无关的话题,然后再逐步把话题引入正题,获取采访对象的真实想法。这种方法比较适合采访一些不太健谈的人,以及见到记者就紧张、局促的人,或者是对问题有顾虑、不愿说话的人。旁敲侧击法也没有统一的规律可循,一般来说,对于那些不善言谈以及面对记者感到紧张的采访对象,记者能做的就是尽可能快地熟悉采访对象的特点,然后对症下药,先从采访对象熟悉的领域谈起,然后寻找机会把话题牵引到正题上来。而对于那些心存顾虑的采访对象,记者需要做的就是摸清采访对象的心结,然后帮他们打消顾虑。

(3) 故意错问法

故意错问法,也就是我们俗称的激将法。对记者来说,运用激将法是指记者在面对采访对象的时候,故意从反面提出问题,或者故意曲解对方的意思,通过这样的办法来刺激对方,调动起对方的情绪,使其不吐不快。这样的办法一般对于那些虽然健谈但是存在思想顾虑的采访对象比较管用,因为采访对象难以诱导,用话语来激他反而可能奏效。在采用激将法的时候,首先要注意态度上要诚恳,不要使对方产生你在嘲笑他的错觉;其次反话和错话要避免引自记者本身或者具体的第三者,以免对方因为话语而迁怒于记者或具体的第三人。这种办法一般只有在迫不得已的情况下与正常的谈话结合使用。运用得当,记者可以达到自己的采访目的;运用不当,则有可能导致采访气氛变僵。

(4) 内含结论法

内含结论法,也即我们俗称的设问法。是指记者通过假设的方式,提出一些假设性的问题,或者明知故问,以使对方放松戒备,或者引发思考,从而获得或者证实那些已经初步掌握但是尚未得到肯定答案的情况。设问法一般是在记者掌握了一些情况之后,只是由于还没有有力的证据来证明,于是在提问时故意将尚待观察的结论当成已经确定的事实提出来,再以此为基础进行提问。当采访对象肯定了这个问题的时候,实际上也就是肯定了这个"尚待观察的结论"。

二、观察

观察,是指"在事物的自然条件下为一定任务进行的有计划的知觉过程。但不限于知觉,常同积极的思维相结合"①。新闻观察则是指记者通过眼睛和大脑对客观事物的外部现象与联系搜集资料,通过对新闻事实进行的由表及里的察看与思考来进行新闻采访的一项活动。记者在从事新闻采访活动的时候,可以通过观察获取第一手材料,增强新闻事实的说服力;生动形象的细节材料和现场材料,可以为新闻写作创造条件,写出生动的新闻;通过现场观察,也有助于加深记者对客观事物的理解和认识。

值得注意的是,观察是通过眼睛来看,但是用眼睛看了并不意味着就是观察了。俗话说:"看的人不少,看见的人不多。"表达的正是这个意思。"看",只是停留在事物的表层,只是"知其然";观察则不一样,不仅需要用眼睛看,还需要用大脑思考,还要"知其所以然"。因此,在进行新闻观察的时候,记者除了用眼睛看,还需要用心思考。在眼看的时候进行深入的思考,就不仅能够看到事物的外在情况,还能透过现象看到事物的本质。

---

① 《辞海》(缩印本):上海辞书出版社 1980 年版,第 493 页。

(一) 观察的内容

在新闻观察的活动中,记者所进行的新闻观察,主要包括对新闻现场的观察和对人物的观察。

1. 对新闻现场的观察

当新闻事实发生的时候,记者应该第一时间赶到现场,对正在发生的事实进行采访。如果记者无法及时赶过去,事后也应该赶到现场进行现场考察;即使现场已经不复存在,也需要对现场的一些物证进行仔细考察。记者在现场采访的时候,应该注意:

(1) 观察现场的基本情况

记者在现场进行观察时,首先要注意的是对整个现场宏观层面的观察,包括对事件发生的地点等新闻六要素的观察,这样才能准确、全面地把握新闻事件。

(2) 对现场的一些动态和细节要关注

记者在现场观察时,还应该注意关注现场的细节,要把现场事物的动态观察到,这样才能写出生动形象的报道,才能写出特色,报道的可读性也会大大增强。

(3) 学会透过现象看本质

记者在观察时,不能仅仅用眼,还需要用脑,透过现象看到本质,通过一些细微的事件看到背后的大寓意。只有这样,记者才能把问题看深、看透,才不至于让一些看似微小实则有价值的新闻溜走。

2. 对人物的观察

人,既是新闻事件的主体,也是被采访的主体。在观察人物的时候,应该注意以下四点:

(1) 观察人物周围的环境

人物同环境具有密不可分的关系,任何人物都生活在一定的环境之中,环境能够影响一个人。因此,人物周围的环境对于读者了解一个人的精神和气质具有极大的帮助。记者在报道时能够将其所处的环境报道出来,也能使报道更立体,从而增强感染力。

(2) 观察人物的外貌、神态

记者在观察人物时,应该注意将人物的音容笑貌、衣着打扮、姿态神情以及声调举止等外貌特征表现出来。这样写出来的人物生动传神,给人一种跃然纸上的感觉。

(3) 观察人物的动作和语言

人物的动作和语言,往往能够反映人物的内心世界。记者通过观察,把人物的动作和语言捕捉到,并在报道中呈现出来,不仅能够丰富人物的形象,也有助于增强报道的可读性。

(4) 观察人物的内心世界

眼睛是心灵的窗户,一般而言,记者可以通过观察人物的眼睛和眼神的变化来观察人物的心理。这就要求记者在观察时,不仅要细致,还要深入。此外,记者还可以观察人物的一些外部情绪、神态、说话的语气以及对待采访或者某个问题的反应来进行判断。

(二) 观察的分类

新闻观察的方式多种多样,同一个记者在不同的采访活动中也可能采用不同的观察方式。大体上来说,新闻观察的方式主要包括以下三种:

1. 参与性观察

这是指记者以职业身份介入,参加被观察的新闻事实的活动,成为活动中的一员,在参加的同时进行观察的一种新闻观察方式,体验式采访一般就是采用这种参与式观察的方法。如 2013 年十一黄金周期间,《楚天金报》的记者在光谷地铁站内担当志愿者。在担当志愿者的 3 个小时内,记者尝到了站务员岗位的辛苦,也捕捉到了大量的新闻材料,写出了整版报道《光谷地铁站内,担当志愿者的记者成"百事通":七成时间在答疑,平均每 5 分钟就要指次路》。

2. 隐匿性观察

这是指记者不公开自己的职业身份,以隐蔽的方式"混入"事件现场进行观察的一种方式,隐性采访一般使用的就是这种新闻观察方式。如《楚天都市报》记者 2013 年 8 月 26 日至 9 月 1 日应聘成为位于广埠屯的武汉和雍公司的一名销售人员,展开"卧底"调查。该报记者根据卧底采访的第一手材料,于 9 月 10 日推出报道《记者卧底一周揭电脑销售猫腻》,并于 11 日、12 日、13 日推出后续报道,吸引了众多眼球,引起相关部门高度重视,工商、物价等部门迅速介入调查。

3. 非参与性观察

这是指记者以旁观者和目击者的身份进行观察的一种方式,在这种方式中,记者和被观察的对象纯属采访与被采访的关系。如《楚天都市报》推出的报道《一心割肝救子母亲半年日行10公里》,记者在采访"暴走妈妈"陈玉蓉时,就是以旁观者的身份来进行观察的。写出该篇报道的记者在事后对该事件进行总结分析的时候就曾说过,记者应该"尊重客观规律,回归'旁观者'的报道角色"①。

(三)提高观察力的方法

人的观察力,除了受到先天遗传、生理、气质、性格等内在因素的制约外,更重要的是在于后天的培养。因此,不管先天如何,记者应该尽量发挥其主观能动性,最大限度提高自己的观察力。具体而言,提高观察力可以从以下三个方面入手:

1. 宏观能力与微观能力结合

宏观能力,主要指的是记者对全景的把握能力,记者在面对一个新闻现场或者是新闻人物的时候,首先需要做的是对全景的摄取,这样能够从总体上有一个大致的把握。微观能力则是指记者要善于捕捉细枝末节,要善于对事物微小的差别和变动有敏锐的洞察力。

2. 要有孩童的眼睛和老者的眼光

著名雕塑家罗丹曾说过:"生活中从不缺少美,而是缺少发现美的眼睛。"对于记者来说,需要有对生活的满腔热情,像个孩童一样带着新鲜感去观察周围的事物,"记者必须学会用孩童般的眼睛观察世界,他把每件事都看做是新鲜的、各具特色的;同时,他必须用聪明长者的眼光洞察世界,能够区别出有意义的东西和无意义的东西"②。这是具备敏锐观察力的前提和条件。在观察的时候,记者还需要用睿智的眼光对周围的事物进行鉴别和分析,用自己的智慧去进行挑选,选择有新闻价值的素材进行报道。

---

① 王昱晔:《亲历"暴走妈妈"报道全程》,载《新闻与写作》2010年1月。

② 〔美〕麦尔文·曼切尔:《新闻报道与写作》,中国广播电视出版社1981年版,第101页。

3. 经验与实践相结合

记者在新闻采访的过程中，可能开始的时候不能很好地运用观察法，甚至有不少教训。对于记者来说，自己在新闻采访活动中的经验教训是一笔很大的财富，还有新闻业界的一些前辈们总结的经验和教训。此外，记者也应该在不断的新闻实践中有意识地训练和培养。这样"理论"与"实践"相结合，记者的观察力自然能逐渐得到提高。

第三节　新闻采访的实施

新闻采访实施是新闻采访活动的实质阶段，也是记者新闻采访新闻的执行阶段。根据新闻采访活动的一般规律，新闻采访实施分为接近采访对象、精心深入采访、做好采访记录、仔细验证材料和积累剩余材料等五个阶段。

一、接近采访对象

这是指记者与采访对象的初始接触和初次相处，记者要争取与采访对象融洽相处，目的是使采访对象轻松自如，使采访对象能够真正地说，而不是被动地答。

（一）注重第一印象

在与采访对象见面之后，记者留给采访对象的第一印象，对于采访的顺利开展十分重要。采访对象往往是从记者的提问、谈吐、言行等感知记者的思想水平和人格人品。因此，记者必须重视与采访对象见面时的第一印象。比如态度上要和蔼、谦逊；提出的第一个问题要出手不凡并能直击采访对象的心理；在着装上要以整洁高尚为原则，切忌不修边幅、邋里邋遢。总之一句话，记者应该要从外表到眼神到神态都以真诚赢得采访对象的信任，使采访对象感觉记者就是自己人。在形成了融洽的采访气氛之后，采访对象面对记者，面对摄像机、话筒，就会觉得自然、放松了。

（二）选择合适的场所

人的活动离不开一定的环境场所，采访也需要在一定的场所中进行，采访场所的好坏，对采访活动至关重要，甚至直接影响采访对象的情绪和采访效果的好坏。理想的采访场所,首先应该是相对较为安静的场所,这样可以使记者和采访对象顺畅地交流。其次,场所选择还应该根据不同内容和节目形态来确定。例如现场新闻报道,一般是让采访对象在新闻现场进行采访。再次,场所选择应该考虑场景是否符合人物的身份和特点,是否对人物报道起烘托作用。此外,如果采访中含有一些技术性内容,应该到能展示这种技术的地方去,让采访对象一边阐述,一边表演、展示。总而言之,合适的访问场所,要根据具体的访问对象、访问的内容和实际条件来决定,当然还要和访问对象商量,争取得到对方的支持。

(三)选择合适的采访时机

采访时机的选择也是不容忽视的。时机选择不对,采访就有可能变成打扰,这样很可能会引起采访对象的抵触和反感,要想取得较好的采访效果也就很难。记者在访问某个采访对象之前,应该先考虑采访对象的工作忙闲、身体状况、生活习惯。合适的采访时机,往往能够使采访对象注意力集中,思想专注,回答问题清晰、流畅。如果记者恰好是在采访对象精神状况好或者轻松愉悦的时候去采访,采访对象的谈话兴趣浓厚,思路也会异常地开阔。反之,如果采访对象正在专心于自己的事物,或者处在某种连续性较强的工作中,或者是思想情绪或精神状态不佳的时候,最好不要采访。因此,记者最好先与采访对象提前预约,并且不要迟到。

(四)与采访对象"套近乎"

与采访对象套近乎,就是在新闻采访中,应该尽量与采访对象建立起"自己人效应",使采访对象与自己达成某种共鸣,从而缩短采访对象与记者的距离。心理学上的"自己人效应",在新闻采访中就是指如果记者和采访对象有某种意义上的相似性和接近性,那么采访对象就容易把记者当成自己人,并与记者息息相通。因此采访中,记者要学会寻找地理上的接近点,如果是老乡,那么关系会瞬间亲近很多;也可以寻找经历上的接近点,相同或相似的经历能够让采访对象生出惺惺相惜之感;也可以寻找志趣上的接近点,志同道合的人往往比较投机;或者可以寻找见解上的接近点,使采访对象与自己在某些观点上产生共鸣;等等。

二、精心深入采访

（一）如何开始第一个问题

接近了采访对象之后，接下来的就是进入正式的采访了。正式的采访中，第一个问题非常重要。正如前文所说，第一个问题也牵涉采访对象对记者的第一印象。因此，第一个问题怎么问，问什么，是每个记者都要注意的。怎么开始第一个问题，《21 世纪经济报道》记者采访手册中有些建议可以给大家一些启发①：

其实怎样开始一次采访并没有一定的行业标准。也许可以从提一个比较专业的问题开始，也可能是提一个比较个人化的问题，甚至是谈一下最近的天气，或者提一些比较有挑衅性的问题也未尝不可，就像奥里亚娜·法拉奇那样。这位以采访世界政要闻名的女记者，以其咄咄逼人、锋芒毕露的问题而闻名于世。但是只要仔细阅读她的风云人物采访录，就会发现，她提的问题越尖锐，她提问时的表现却越温和。她和那些风云人物的采访，有时像一只野兔在追踪一只狐狸，有时又像一个斗牛士用红布去挑逗那些发怒的公牛。但是很多时候，法拉奇经常在采访中被训斥、被盘问、被考试，但是她从未放弃。

下面是一些用得着的方法：

（1）多准备一些问题，在采访之前最好和编辑进行沟通，根据个人习惯，这些问题可以写下来，也可以默记在心。

（2）不要以一个空洞、乏味的问题开始采访，根据不同的情况，可以问一些比较新的问题，也可以问一些比较个人化或者专业化的问题，甚至可以是天气。

（3）记者在当面采访中，要注重和采访对象的交流。比如眼神不要闪烁而应该专注，或者通过神态上的变化，来和采访对象建立起融洽的关系。

（二）在采访中不断深入

任何事物都是在不断发展中前进的，新闻采访活动也不例外。在采访活动开展之前，还有很多新闻事实有待挖掘，许多新闻真相尚待

① 《〈21 世纪经济报道〉记者采访手册》，http://media.nfdaily.cn/cmyj/05/07/content/2009-01/20/content_4856297.htm，2014 年 2 月 24 日访问。

理清，这也是新闻采访活动的意义所在。这要求记者在采访活动中不断深入，抓住事物的特点和本质，写出好的新闻作品。

关于如何准备、提问技巧、如何在采访中进行观察这些问题，前文都已有提及，这里不再赘述。值得注意的是，记者的思路也是在采访中不断修改和完善的。记者在采访过程中，应该不断观察，抓住事物的特点，同时在采访中不轻易满足于所获取的材料，在采访提问的时候，要有打破砂锅问到底的精神，找到事物的本质。

此外，采访活动是由记者主导的，不过在采访过程中，记者的主要工作在于倾听。在这个过程中，记者要注意不放过每一个细微的地方，尤其要格外注意倾听那些最重要、最新鲜、最有特点的谈话，以及记者还存在疑惑的地方。有不少记者最初带着一定的题目采访，结果在采访过程中发现采访对象的谈话比原本的题目更有意义而临时改变计划。因此，记者要认真听、虚心听。当然，采访的主动权还是在记者的手上，记者需要把握采访的方向和节奏，并且在适当的时候把话题往前推。这样，采访活动才能不断深入。

（三）采访中注意不要被误导

值得注意的是，记者在面对采访对象的时候，应该抱着辩证怀疑的态度来看待采访对象的回答。相信不少记者会有这样的苦恼：在采访过程中能够感觉到采访对象在说假话，但是不知道是应该反驳，还是应该打断，而任由谈话继续下去的话，也许会越来越偏离采访的主题，离事实真相也越来越远。

记者在面对这些采访对象的时候，尤其是面对一些有一定社会地位或者影响力的知名人士、成功人士的时候，首先应该抛开心理压力。记者应该要清楚地知道，记者和采访对象在采访活动中是处于平等的关系中的，记者有自己作为记者的责任和身份，是代表公众利益的。因此，没必要患得患失，更不能被对方的气场压倒。《21世纪经济报道》记者采访手册中有一些关于如何不被误导的原则可供大家参考①：

（1）在关键的提问中，一定要精心安排好关键问题的措辞。短

① 《〈21世纪经济报道〉记者采访手册》，http://media.nfdaily.cn/cmyj/05/07/content/2009-01/20/content_4856297.htm，2014年2月24日访问。

的、直接的、紧追不舍的问题,会有一种特别的效果;

(2) 不要按逻辑顺序提问,应该岔开对方的思路,出其不意戳穿对方的谎言;

(3) 不忘记自己采访的目的,同样的问题可反复提,对方回避的问题可迂回再提,换一种方式提;

(4) 对对象的回答要存疑,不盲信,有疑问的可当面用恰当方式再次试探;

(5) 如果采访对象确实不愿意对一些具体的问题发表看法或者透露信息,那么可以问一些假设性的问题。

三、做好采访记录

在采访活动中要做好采访记录,这是每个记者都必须谨记的,也是采访活动全程中不可忽视和缺少的一环。《21 世纪经济报道》副主编刘晖在其撰写的《21 世纪经济报道记者采访手册》中认为,记者在关于如何做记录方面,应该"尽量录音,并做好现场记录;在录音的情况下,记录以心记为主,笔记为辅,否则反之"。

(一) 录音

现在,越来越多的记者在采访时随身携带录音笔等录音设备。这可以说是确保采访记录的全面、正确,以及帮助记者集中精力提问、思考的一个很好的方法。而且,在有些情况下,录音的材料也是记者自我保护的一个保障,可以避免很多不必要的麻烦。因此,在条件许可的情况下,记者应该尽量录音,录音笔或者手机等设备都可以作为录音设备使用。

值得注意的是,记者不能过于依赖录音笔,由录音笔带来的弊端在新闻操作中数不胜数。例如,有的采访对象在有录音设备的情况下可能会紧张、拘谨;采访环境比较嘈杂或者采访对象口齿不清;以及因为设备故障、电源故障等,都会影响录音和采访质量。此外,实践证明,整理录音内容也是一项耗时耗力的工作,会加大记者的工作量。因此,记者在采访活动中,不能只依靠录音设备,还需要做好采访记录,包括笔记和心记。

此外,有些采访对象不太习惯记者在采访中使用录音设备。何时拿出录音设备开始录音也是有讲究的。在有些情况下,可以在采访对象开始谈正题或者是话题正浓的时候，在没有干扰到采访对象的情况下悄悄打开录音设备；在有些情况下，则最好事先征求采访对象的同意，以免引起采访对象的抵触。

（二）笔记

正所谓："好记性不如烂笔头。"纵使在采访手段越来越先进的今天，用采访本做记录这种"原始"的记录方法仍然是记者不可或缺的。

1. 记笔记的时机

在新闻采访活动中记不记笔记，什么时候开始记笔记，其中也有讲究。

一般情况下，如果记者是去采访政要、企业家、专家、学者，或者其他一些社交范围较广的人士，记者应该在采访开始的时候就记笔记。如果不记笔记，也许他们还会觉得记者对他的话不够重视。不过对大多数人来说，看到记者拿出采访本来记录，心里或多或少会有一些紧张情绪。因此，在这样的情况下，最好不要一开始就拿出采访本摆出一副要采访的架势。这种情况下，记者可以先于采访对象闲聊，在熟悉一些之后再开始记笔记，或者是在采访对象说到某句话的时候，直言："你这句话说得真好，我能记一下吗？"采访对象会觉得自己说的话很有用，一般情况下也会爽快答应记者的要求。

2. 笔记的内容

在记笔记的时候，全部记录下来是不可能也是没必要的，只需要有重点、有选择地记录即可。

（1）记要点

记者在记录的时候，首先应该把一些要点记录下来，即那些新闻事实的关键材料和新闻事件发生发展过程中的关键之处。包括事件发生的时间、地点、人物，发生的原因、转折和结果，人物的典型事例及主要的经验和教训，以及重要的背景材料等。尤其要注意的是，像时间、地点、人物和一些关键的数字，记者不仅要记录下来，而且要当场核对清楚。

（2）记特点

这些特点包括采访对象的思想和有个性的语言等，记者在采访过程中要善于捕捉这些细节性的内容并及时进行记录。报道在关键的时候，如果能展示一下新闻人物思想的闪光点或者恰到好处地引用一两句人物的原话，会大大增强报道的感染力和可读性。

（3）记疑问点

由于种种原因，可能采访对象提到的一些内容与记者掌握的材料或者是与客观事实有出入，这些可能会让记者产生一些疑问。记者应该及时将这些疑问记录下来，待与采访对象的谈话暂告一段落之后，再向对方核实，或者请对方补充说明。

（4）记细节

除了记录采访对象的谈话，记者观察到的细节，也应该有选择性地予以记录，比如人物的相貌、神态举止、服饰、环境变化以及天气等自然景色，这可以使得报道生动形象，有立体感，对于揭示新闻主题、刻画人物形象，经常能起到独特的作用。

（5）记灵感和联想

记者在听采访对象叙述时，也许会产生一些联想，或者一些别的灵感，这些很可能稍纵即逝，这也就要求记者必须及时把这些想法记录下来。

3. 记录的注意事项

（1）注意留白

记者在采访本上做现场记录的时候，应该注意行与行之间的留白，这样便于随时补充和修改相应的材料，也有助于加上记者的思路和认识。

（2）字迹尽量工整

记者应该在记得快的前提下，尽量记得清晰、工整，至少要保证自己在以后整理笔记的时候，能够辨认。

应该注意的是，记者在采访的时候，不能一味埋头苦记。一方面，这样埋头苦记，势必会分散记者的精力，不利于采访的深入；另一方面，记者一味埋头苦记，也会导致记者和采访对象之间缺乏眼神等交流，而且也会给采访对象一种不够成熟、专业的印象。因此，还需要记者用心记。

（3）笔记与心记相结合

所谓心记，就是指用大脑记录。记者在做笔记的时候，也应该用大脑去思考和分析。当然，这项能力不是与生俱来的，但是后天训练是可以逐渐提高自己的记忆能力的。

应该注意的是,记忆力再好的人,也应该在最短的时间内把内容以笔记方式记录下来。据说,我国著名记者邵飘萍就有很强的记忆力,采访时很多都是用聊天的方式同别人交谈,然后凭借惊人的记忆力把这些有用的材料装进“肚子”里。回到家里,他就对家人说:“快!拿笔拿纸来,我的肚子快要撑破了!”①

(4) 迅速整理笔记

应当注意的是,每次采访活动告一段落之后,记者应该在第一时间整理采访笔记。其中包括笔记材料,也包括心记材料,对这些材料进行修改或者补充,在整理录音材料的时候,则可以根据笔记和心记的材料,并在此基础上进行纠正和修订。

4. 积累剩余材料

每次采访所得的资料,真正用在新闻报道中的只是很小的一部分,许多材料暂时可能还派不上用场。那么,这些材料应该如何处理?是置之不理、束之高阁,还是整理起来,以备日后再用?答案显然是后者。

这样做的好处在于:有助于记者在采写新闻的时候了解过去;有利于新闻报道写出深度和新意;在日后进行某些新闻报道的时候,可以从这些资料中获得灵感和材料。记者在每次的采访活动中将一些有用的资料进行整理,日积月累就拥有了一个丰富的“小仓库”,待到要用的时候,可以随时从中选取。

也许有的记者会说,平时的工作节奏那么快,一个任务接着另一个任务,哪里有时间来整理这些材料?而且积累资料是一项又费时又费力的工作,远水解不了近渴,实在没必要这么做。这实在是一个认识的误区。事实上,古今中外,凡是与文字工作有缘并有所建树的人,都离不开资料积累。就新闻业界来说,许多老记者都将每个时期的采访本保存得好好的,晚年写一些传记或者回忆录之类的,只要翻开笔记本,往事历历在目。

---

① 沈爱国:《新闻采访学》,浙江大学出版社 2002 年版,第 132 页。方汉奇:《中国新闻传播史》,中国人民大学出版社 2008 年版,第 242—243 页。

为了使资料易于收藏并且使用方便，记者也应该对资料进行不定期的整体、分类和取舍工作。有些资料过时了，应该予以剔除；有些资料原先不完整，可以及时补充完善；有些资料有错误，也可以予以修改。此外，随着科技产品的普及，也可以借用高科技产品把这些材料以电子的形式存档。

第八讲　新闻写作认知

新闻史上,陆定一对“新闻”的界定早已家喻户晓:“新闻是对新近发生的事实的报道。”由此可见,新闻需要在最及时的时间内传递最真实有效的信息,与一般的写作不同,新闻要求客观、时效和准确。新闻写作不是小说式的随意编撰故事,也不是散文式的抒情感慨,更不是戏剧式的舞台艺术。新闻只能运用已发生的事实形成的特定素材写出受众想要获知的信息。这对新闻采写者提出了更高的要求,首先是深厚的写作功底,其次是灵活的写作技巧。

第一节　新闻写作的特点

具体而言,新闻写作有以下三个特点。

一、事实为本

新闻是对新近发生的、正在发生的事实的报道。因此,新闻文体不同于散文、小说或者戏剧这些文学作品,可以对事件的情节进行艺术的处理。新闻必须要以事实为本,真实是新闻的生命。

坚持以事实为本,要求新闻工作者都有一双慧眼,能在纷纭的现实世界中精选出最有价值的事实信息,选择最典型的、最能反映事物本质和特点的事例,用来呈现事件、还原事实,给受众欲知的信息。

“以事实为本”还表现在要求“记者在现场”,通过现场的目击、亲身的经历、口述的实录,提供最为真实有效的第一手信息。同时,“记者在现场”的报道往往是现在进行时态,能够让受众获得身临其境、同步经历的感受，有逼真的现场感，形象生动。

二、迅速及时

在重要新闻和重大突发性新闻发生时，应用最快的速度抢发出快讯，用滚动方式连续播发新闻。一篇新闻报道不仅要求事实精准，还要求快速反应前提下的准确报道。在重大事件和群众关心的新闻事件发生时，只有做到迅速及时的报道才是最有意义的。在今天网络发达的时代，突发事件的滚动发稿每一条的发稿时间都尽可能精确到小时、分钟乃至以秒计。记者在事件发生地要用先进的通信工具向编辑部报道新闻，用生动、简洁的语言对现场情景进行描述。有时出于时效的考虑，记者必须舍弃自己所掌握的大量事实，在有限的时间里把最重要的事实抢先报道出去。

2003 年 3 月 20 日凌晨，新华社巴格达分社的报道员贾迈勒用电话率先向新华社开罗分社发出快讯“巴格达响起爆炸声，美国对伊拉克开战”。新华社立即用七种语言将这一快讯向全世界发送，成为第一家播发 2003 年伊拉克战争开始消息的媒体。这是 2003 年新华社一条抢时效之先的快讯，以 10 秒的优势夺得全世界头彩，为新华社在与 BBC、美联社、路透社等世界性媒体的竞争中抢得了先机。2003 年，新华社决定给贾迈勒·艾哈迈德颁发社内的“社长总编奖”。

三、与时俱进创新

新闻报道贵在创新，生动的语言、别致的架构方式，都能将新闻变得富有创意。新闻报道的写作创意依赖的是继承和学习，以及新闻人“敢为天下先”的精神。在信息社会，网络的力量无孔不入，一些网络热词和各种网络语体正在向现实社会蔓延，新闻作品也或多或少受到了感染。

新闻报道的创新首先体现为充分发挥新闻文体的优点，去粗取精，多尝试多探索，新闻才能有更大的进步。例如“特写”是来源于西方的新闻文体，采编人员深入新闻发生的现场，运用视听等多种采访手段，捕捉时事变动中的某个情节或某个片段，通过具体形象绘声绘色的描述，以短小精悍、鲜活的画面，如特写镜头般把含“金”量高的新闻再现于报刊、电台、电视台。① 跟简明扼要的短消息不同，这些新闻的时效性要求略差，但对新闻语言的生动活泼提出了新的更高的要求，能够激发读者的阅读欲望。

新闻报道的创新还体现为记者风格的形成。艾丰认为，以当代的名记者而论，穆青的文学底蕴和散文色彩、安岗的争论锋芒、华山的宏大气势、田流的娓娓道来②……无不让人印象深刻。作品的风格是记者长期新闻采写实践的结果。记者的风格是多种多样的，中国社科院的杨润时认为记者可以分为三种类型③：第一种是"新闻型记者"，第二种是"文学型记者"，第三种是"学者型记者"。当然，风格的形成是记者蜕变成熟的一种表现，有一个比较复杂的过程。新闻作品的个性也是记者为契合媒介定位而慢慢揣摩形成的。

第二节 消息的构成与典范案例解读

一、消息的构成

一则完整的消息通常是由标题、导语、主体、背景和结尾组成的，这些可称之为构成消息的结构部件。

（一）消息的标题

消息的标题就是消息的题目，是一则消息最显眼的部分，一般用大于消息正文的字号置于篇首。标题是消息的眼睛。拟写得好，可以吸引读者；拟写得差，一篇好消息也会被埋没。可见标题有着向读者推荐的作用。人们在阅读报纸或接受其他类型的新闻传播时有一个选择性注意、选择性理解和选择性记忆的基本心理过程。在这一环节中，标题的首要作用就是吸引读者注意，促使读者在瞬间做出阅读决策。读者只有在对某一信息产生兴趣之后，才有可能作出进一步寻求信息的举动，进而达到认知、理解等程度。

除了吸引受众注意，新闻标题还可以用来概括和提示新闻的内

---

① 张国勇：《新闻特写应注重现场细节》，载《新闻研究导刊》2010 年第 6 期。

② 艾丰：《新闻写作的风格》，载《新闻与写作》2010 年第 9 期。

③ 豆丁文档：《艾丰研究之一》，http://www.docin.com/p-719792199.html，2013 年 11 月 29 日访问。

容，展示供受众选择的阅读内容，帮助读者理解新闻的意义，揭示新闻的实质；浓缩新闻，突出精华；指示其新闻价值；表明编辑部的立场、观点与态度等。

消息标题有主题（正题）、引题（眉题）、副题（次题）三种：主题主要是概括与说明主要事实和思想内容；引题用来揭示消息的思想意义或交代背景，说明原因，烘托气氛；副题用于提示报道的事实结果，或作内容提要。在具体提炼消息标题时，采用单行还是多行，往往依据稿件的内容确定，其构建自有其内在的规定性。

在写作上，新闻标题首先必须确切，这是对新闻标题的基本要求。新闻标题不是对新闻内容的简单摘取，而是对全部内容所做的浓缩和概括。其次，新闻标题必须简明扼要，好的标题应当是"文约而意丰"，能够用概括的方法抓取新闻的精髓，使人一目了然。再次，消息的标题要具体、生动，力避抽象枯燥和呆板。标题制作要讲究化虚为实、化静为动的技巧。采用恰当的修辞方法对语言符号进行艺术加工，使标题更加生动，具体形象。①

（二）消息的导语

导语的原文是"Lead"，在英文词汇中是引导、引入等意思。消息的导语是引导读者，对读者进行导读之语。换言之，导语是以简练而生动的文字表述新闻最重要的内容，具有启发性或诱惑力的消息的开头。导语是在新闻传播实践中，为适应传播的需要而产生和发展起来的。它的出现和使用体现出新闻写作中组织安排材料的特殊规律，是在新闻传播中适应客观传播需要和读者的阅读心理而形成的一种写作特点。

导语是消息整体结构布局的主轴，其在消息里担负着三项使命：一是要以凝练的文句揭示新闻要旨；二是要确定新闻的基调；三是唤起受众的注意，吸引受众阅读。

19世纪60年代，美国南北战争爆发，电报技术不成熟，迫使记者把主要的新闻事实塞进报道的开头，导语的雏形就产生了。随着社会需求的变迁和科学技术的进步，"六要素"俱全的第一代导语尽管具体、完整，看了导语能了解整篇报道的主要内容，但由于内容太庞

---

① 丁柏铨：《当代新闻文体写作》，陕西师范大学出版社1998年版，第218页。

杂、主次不分、重点不突出，到20世纪30年代被部分要素的第二代导语取代，即从六要素中选取一两个最能激起人们的阅读兴趣的要素，突出地写入新闻导语中，以达到“立片言以居要”的目的。经过一个多世纪的演变和创新，导语的写作已经进入第三代，也称丰富型导语，其突出的特点是导语的个性化。人类的喜剧感、悲剧感、诙谐感、幽默感等对导语写作产生了直接的影响。在导语写作的流变中，新闻媒介自身的发展变化也是一个十分重要的原因，广播、电视、互联网的出现，都对导语的写作乃至整个新闻写作产生着深远的影响。

导语按表达形式与写作方法，可划分出三种类型。叙述型导语是以叙述的口吻对整篇报道的内容进行浓缩和概括，使受众一开始就知道整篇消息的梗概或要点。描写型导语简要地展示人物、事物的形象或场景，能给人以适当的现场感和生动感，增添消息的吸引力。议论型导语在叙述新闻事实的同时，对事实做画龙点睛式的评价，有助于揭示新闻事实所蕴含的因果关系或现实意义，并引导人们按记者的立场、观点去理解被报道的事实。

导语写作应善于突出新闻事实的精华，让受众知道消息传递的主要事实；最大限度地吸引受众，力求形象、生动，增强可读性；还要言简意赅，导语的长度没有一定的规定，但通常是以越短的形式表现出来越好。

(三) 消息的主体

消息主体又称为“新闻躯干”，是导语新闻事实的展开和补充，是对报道思想较为深入的揭示。除简讯外，导语和主体是一篇消息不可缺少的部分。

消息的主体主要担负着两大任务：一是解释和深化导语；二是补充导语所没有涉及的新事实。第一项任务表明，对导语所涉及的主体部分必须进一步提供必要的细节和有关材料（包括背景），以便受众对新闻事实有更清楚更具体的了解。这就是所谓的解释和深化。第二项任务表明，导语一般只涉及最重要和最新鲜的事实，而且简明扼要，不能扩及多个有关方面，有时连新闻的六要素也不全，大都只突出一两个要素。这就要求主体补充导语尚未涉及而又应当涉及的内容。如，使新闻的几个要素齐备，提供新闻事实的背景，以便使受众对消息的主题和事件的来龙去脉有比较深刻的理解。

主体的写作要求有以下四点:紧扣主题,精选事实,补充导语中未出现的新闻要素展开导语,将概括的事实具体化;变换角度补充事实,如补充带有因果关系和暗示性的材料,令主体部分更丰满;满足读者的阅读兴趣,回答读者提出的问题;增添一些细节性材料,以增强消息的可读性。

(四)消息的背景

在消息中,背景是新闻事实之外对新闻事实进行解释、补充和烘托的材料。

任何一个新闻事实的出现,都不可能是偶然现象,都有它的发展过程,有它的前因后果和来龙去脉,这就是事物的纵向发展。只有把这样的背景告诉了受众,他们对新闻事实才容易理解和接受。任何一个新闻事实都不可能是孤立存在的,它总会跟周围的某些事实发生一定的联系。只有把这样的背景介绍出来,才能使人从事物的联系中去认识事物,较为全面、辩证地对待事物。任何事实都有其形成的现实环境与历史原因,都有其发展的各种条件,消息背景是消息中提供的关于新闻事实的形成的历史原因、现实环境和主客观条件的材料。

背景在消息写作中可以发挥多方面的作用:(1)提供知识,答疑解惑。消息的内容必定会涉及一些一般人不懂得的知识,如果不做注释,就会给读者造成阅读的障碍。(2)补充新闻事实,突出新闻特点,提升新闻价值。(3)丰富内容,增强可读性。有了背景材料,消息的内容比单一事实报道要丰富一些,此外添加背景材料也可以增强消息的可读性。(4)背景可代替作者的议论,表明、暗示观点。

新闻背景不是新闻事实的现实组成部分,它需要记者充分调动自己的知识储备,进行更加深入的采访才能获得,需要进行精心的选择与安排才能恰到好处。因此背景写作关键在于选择与表达。背景的选择要领在于,首先必须紧扣主题,以背景衬托、突出、深化主题。因为背景虽然不是新闻事实本身,但是新闻事实离开它就难以产生应有的思想意义和社会价值。其次,自然联系,防止生硬脱节。背景务必要同新闻事实有本质的、内在的联系,或互相映衬,或互相对照,或互相依存,或互相制约。而且在表达时要自然、严密、水乳交融,背景和事实完全化为一体,方能收到好的效果。背景表达的要领在于,在新闻报道中处于从属地位的背景材料,一般作为新闻的概述部分,首先应该抓住最能说明问题的实质性事实,言简意明、寥寥数语,不可喧宾夺主;其次要灵活穿插。背景材料虽是新闻事实的从属部分,但它在新闻报道中的位置却不是固定不变的。消息的重要组成部分,一般都有固定的位置。标题只能在正文的前面,导语只能在开头,结尾只能在最后,主体只能处于导语和结尾之间。只有背景,没有固定的位置,可以灵活穿插在任何一个合理的地方。

(五) 消息的结尾

消息的结尾就是消息最后收结全文的部分。有时是一段话,有时就是一句话。由于新闻传播规律的特殊性,使得消息写作常常是根据报道需要去拼装事实,而且是只拼装事实现象,不进行人为的本质总结。因此,有的消息结尾部分需要进行一番煞费苦心的总结,有的消息则是将现象摆完即撒手不管。这样消息的结尾就又了两层含义:一层是对事实性质的总结,即报道客观现象之后的主观推论;另一层是顺其自然、顺理成章的结尾,即将消息的最后部分视为结尾。

消息的结尾就是裹结、凝合。常见的消息结尾方式主要有:(1)水到渠成,自然结尾;(2)拾遗补阙法:补充新闻事实、补充背景材料、回应导语;(3)画龙点睛,概括中心,突出主题,也叫卒章显志法;(4)借题发挥,别开生面法。

有了结尾,消息的结构可以做到全面完整,使得消息的首尾形成辩证的、逻辑的、文气上的联系,做到首尾照应。另外消息的结尾可以弥补消息主体中未尽的事实。

二、典范消息案例解读

消息是现代新闻事业的细胞,也是新闻传播的主体,是新闻大家族中的主力军。

从不同的角度,可以将消息划分为不同的类别。以领域、行业划分,可以把消息分为政治、军事、工业、农业、交通、科技、卫生、体育、法制等;以内容划分,可以分为会议、人物、节目、成就、旅游、服务、新闻公报、座谈纪要等；以文字的多少划分，可以分为长消息、短消息和简讯。①

按照消息写作要求来划分，消息可划分为以下类型：简明消息、动态消息、综合消息、述评消息、经验性消息。现对每种类型选取一个典型案例进行解读。

（一）简明消息

简明消息又叫“简讯”或者“快讯”，本质上属动态新闻，以最经济的文字简明扼要地报道新闻事实。

据考证，在我国报业发展历史上简讯出现在近代报纸上，辛亥革命后开始大量运用。当时常用二号或三号宋字体刊登各方面的简讯，报道重大的突发事件，有挑大梁的架势。后来随着消息在新闻纸上的弱化，简讯也被视为版面上的配角。简明消息并没有自己独特的报道对象和特殊的写作方法，它其实就是篇幅特别短小的动态消息，通常只有一二百字，有时甚至只有几十个字。简明消息的特点就是短小精炼和迅速及时。

简明新闻一般可分为两种类型：(1)重要的突发性事件，为争取时效而写作简讯，其结构常常是开放式的，用滚动方式连续播发新闻；(2)内容不太重要的新闻事实用简讯的形式报道，其结构是闭合式的。不管哪种类型都要求做到一事一报，简明扼要。

九江段4号闸附近决堤30米

本报江西九江8月7日16时5分电(记者贺延光)　今天13时左右，长江九江段4号闸和5号闸之间决堤30米左右。洪水滔滔，局面一时无法控制。现在，洪水正向九江市区蔓延。市区内满街都是人。靠近决堤的市民被迫向楼房转移。

本报江西九江8月7日16时15分电(记者贺延光)　现在大水已漫到九瑞公路。据悉，决堤时，一些居民还在睡午觉。现在在堤坝上被洪水围困的抢险人员大约上千人。

本报江西九江8月7日17时5分电(记者贺延光)　国

---

① 沈爱国：《消息写作学》，浙江大学出版社2001年版，第330页。

家防汛总指挥部有关专家正在查看缺口。专家们决定用装满煤炭的船沉底的办法堵缺口。

本报江西九江8月7日17时15分电(记者贺延光) 记者已赶到缺口处。汹涌的江水正从30米宽的缺口涌向市区。南京军区的两个团正在国家防总、省防总有关专家的指挥下现场抢险。现在有一条100多米长的船只无法靠近缺口,抢险队正在想办法。

本报江西九江8月7日17时40分电(记者贺延光) 专家们拟订了三套抢险方案:1.将低洼处的市民转移到安全地带。2.市区内的军队、民兵组成一道防洪线。3.全力以赴堵住缺口。现在,一条大船装满煤,正由北向南岸靠近,准备堵缺口。

本报江西九江8月7日22时5分电(记者贺延光) 截至记者21时撤离时,决堤口还没有堵上。一条装满煤的百米长的大船已横在距决堤口20米处,在其两侧,三条60米长的船已先后沉底。数千军民正在沉船附近向江里抛石料。水势稍有缓解。

目前,留在决堤处抢险人员总计有2000多人。防汛指挥部组织抢险人员正在市区的龙开河垒筑第二道防线。

据悉,市中心距决堤处的直线距离约5公里。市区内目前还未进水。记者赶回市区时看到,一些店铺还在营业。市民们的情绪较下午平稳了一些。

路上,出租车司机告诉记者,市政府已在电视上发出紧急通知,告诫市民,凡家住低于24米水位的住户,要迁到更高的楼上。

本报江西九江8月8日0时15分电(记者贺延光) 记者刚刚与前线指挥人员通话:现在沉船部位上端水流有所减弱,但船下的漏洞水流仍然很急,缺口处洪水不见缓解。抗洪军民仍在连夜奋战。

本报江西九江8月8日0时45分电(记者贺延光) 记者刚刚得到消息。从昨天下午4点开始,万余名解放军战士正在龙开河连夜奋战,构筑一道10公里长、5米宽的拦水坝,作为市区的最后防线。至发稿时止,仍有大批军车赶往此地。

(原载1998年8月8日《中国青年报》)

1998年8月7日下午,正在长江九江段采访的《中国青年报》摄影记者准备去灾民安置点拍照,忽闻决口的消息,立即调转车头直奔决口处的四号闸。他在冲锋舟上,一面抢拍决口现场,一面用手机向北京编辑部报告现场实况。编辑部决定采用实况"播报"的形式,对这一重大突发事件作滚动报道。于是共集纳了八条标有几时几分的短讯,最短的40个字,最长的200余字,并冠以一个标题,分别从各个角度、逐步递进地将决口现场洪水滔滔、军民奋力抢堵的情景,及时、真实地向读者做了报道,使当日出版的《中国青年报》"洛阳纸贵"。继在全国抗洪报道评选中获得一等奖后,又获得第九届中国新闻奖特别奖。

(二)动态消息

动态消息是迅速及时地反映现实世界最新变动状态的消息的统称,是报纸、通讯社、电台、电视台运用最广泛的一种消息样式。动态消息以事物的最新变动为其主要着眼点。注重刚刚发生的、正在发生的或即将发生的新闻事实,以此作为报道的重点。以往的事实只做背景处理,以新带旧,由近及远。其次以时新性与重要性为其主要的价值取向。此外以突发性事件为其主要报道内容。动态消息多反映自然界的最新变化状态(灾害)、反映人类最新变动状态的经济危机、政权更迭、政策变化、科学技术中的最新发明、各阶层社会代表人物的最新动向等。但不能把动态消息等同于突发性新闻。

在新闻竞争中各单位往往以动态新闻的时效性和其内容的重要性来衡量其优劣。动态消息抓住的是身边刚刚发生的一个事实,强调时效性,能够适应受众及时有效的信息需求,新闻性特别强,报道范畴覆盖社会生活的各个领域,强调以事实说话。动态消息往往采用一事一报的方式,每次抓住事态发展长链中的一个有显著意义的环节加以揭示,及时传播新鲜信息,而通过连续报道的方式来反映事物的全部和整体。①

① 沈爱国:《消息写作学》,浙江大学出版社2001年版,第334页。

党中央国务院高度重视　首批获救矿工成功升井
179 小时，王家岭见证生命奇迹

本报山西乡宁4月5日凌晨电（记者安洋、刘鑫炎）　经过179个小时全力救援，截至凌晨1时15分，王家岭煤矿透水事故首批9名获救者被陆续抬出井口，送往位于河津市的山西铝厂职工医院。据医务人员介绍，9名获救者意识清醒。

0时40分，获悉4名矿工获救升井后，中共中央政治局委员、国务院副总理张德江发来慰问电，代表党中央、国务院，代表胡锦涛总书记、温家宝总理，向获救矿工表示亲切慰问，向所有参加救援的同志们致以崇高的敬意。希望同志们再接再厉、争分夺秒，继续加大救援力度，全力以赴解救被困矿工。

以人为本，生命至上。华晋焦煤公司王家岭矿3月28日发生透水事故以后，党中央、国务院高度重视，胡锦涛总书记、温家宝总理立即作出重要指示，要求采取有力措施，调动一切力量和设备，千方百计抢救井下人员，严防次生事故。受胡锦涛总书记、温家宝总理委派，张德江副总理于事故发生次日凌晨紧急赶到现场，指导抢救工作。

国家安全监管总局、山西省委省政府认真贯彻落实中央决策部署，主要领导立即赶到现场指挥抢险救援，按照抽水救人、通风救人、科学救人的要求，全力组织抢救。一方有难、八方支援，社会各方力量迅速集结，全体救援人员发扬不怕疲劳、连续作战的精神，不抛弃，不放弃，奋战7天7夜，成功救出首批9名被困矿工，创造了奇迹。

截至记者发稿时，救援工作仍在继续紧张进行。矿井深处还不断传来声声敲击管道的生命之音。

这则消息获得第21届中国新闻奖一等奖，刊发极具时效性。在得知矿工获救的第一时间，编辑就联系前线记者了解新闻事实。通过电话连线，抢在新华社之前编发了中央领导对获救矿工的慰问电，打破了《人民日报》刊发中央领导的新闻必须送审的惯例。总体而言，这则消息有高度，通过中央领导对获救矿工的慰问诠释事件背后的政治意义；有现场感，“救援工作仍在继续紧张进行，矿井深处还不断传来声声敲击管道的生命之音”；有人文关怀，领导赶赴现场，组织救援工作，体现对矿工安危的关注。

这则动态消息的特色在于率先抢占舆论的第一落点，体现了党报的舆论引导能力，得到了业界和读者的一致好评。这则消息刊发于2010年的清明节，清明本是中国传统的追忆逝者的节日，但这一天王家岭矿难现场传来了生的消息。《人民日报》在头版大胆运用接近六栏的头条大标题和富有感情色彩的语句方式，宣告王家岭的“生命奇迹”，冷静理性地表达出对救治措施的充分肯定，也体现了这则消息高度的政治性。

从消息的标题来说，这则消息采用双行题，引题“党中央国务院高度重视　首批获救矿工成功升井”，点明新闻事实，揭示新闻意义，主标题“179个小时，王家岭见证生命奇迹”，强调新闻时效性，凸显了救援的艰辛，与生命的奇迹相呼应，深化了消息的主题和内涵。

动态消息反映的是事物最新的变动。这则消息的导语部分，言辞凝练，交代了最重要、最显著的新闻信息，叙述的是最新的救援情况和最近的动态，及时有效地传递了受众最想了解的信息。消息的主体部分强调的是党中央、国务院领导的重视，和相关部门的积极部署营救，传达了积极正面的信息，符合《人民日报》作为中国共产党中央委员会的机关报的定位。

（三）综合消息

综合消息就是把发生在不同地区或部门的，具有类似性质的新闻事件，综合起来进行报道的消息类型。综合消息既不是对一个固定人物的描述，也不是对一个独立事件的阐发，而是许多不拘于时间、地点的事实，经过综合、归纳、概括、提炼而成，具有鲜明的主题和很强的指导性。①

综合消息主要有两个特点：首先是新闻信息具有一定的隐蔽性。综合消息不像动态消息那样，记者的观点、报道的主题，常常隐藏在事实的叙述中。它虽然也是用事实说话，但必须在叙述事实的基础上，从众多新闻事实中，概括提炼出一个共同的主题，或点化于标题、导语中，或见之于主体文字。其次，报道的倾向性更加明确。

---

① 胡占国：《最新新闻写作技法与范例》，中国文史出版社2012年版，第123页。

我国铁路营业里程跃居世界第二

本报讯记者苏民报道　刚刚过去的2009年,全国铁路共完成新线铺轨5461公里、复线铺轨4063公里;投产新线5557公里,其中客运专线2319公里;投产复线4129公里、电气化铁路8448公里。截至2009年底,我国铁路营业里程达到8.6万公里,跃居世界第二位。

2009年是我国铁路历史上投资规模最大、投产最多的一年。全年完成基本建设投资6000亿元,比上一年增加2650亿元,增长79%,超过"九五"和"十五"铁路建设投资总和,为拉动内需、促进经济平稳较快增长发挥了重要作用。项目前期工作加快推进,全年开展前期工作的项目达200多项,批复立项75项,批复科研150项。一大批重点工程开工建设,全年新开工项目123项。

目前,在建新线规模达到3.3万公里,投资规模达到2.1万亿元。上海—杭州、南京—杭州、杭州—宁波、南京—安庆、西安—宝鸡等客运专线,兰新铁路第二双线、山西中南部铁路通道等区际干线,以及贵阳市域快速铁路网,武汉城市圈、中原城市群城际铁路等相继开工建设。

在建工程项目进展顺利,京沪高速铁路累计完成投资1224亿元,为总投资的56.2%,哈尔滨—大连、上海—南京客运专线线下工程基本完成;北京—石家庄、石家庄—武汉、天津—秦皇岛、广州—深圳(香港)、上海—杭州等客运专线和上海—武汉—成都、太原—中卫(银川)、兰州—重庆、贵阳—广州、南宁—广州等区际大通道项目加快推进。

一批重点项目建成投产,宁波—台州—温州、温州—福州、福州—厦门等客运专线相继建成通车,特别是世界上里程最长、时速350公里的武广高速铁路开通运营,成为中国高速铁路的又一里程碑。武汉、长沙南等104座新客站投入使用,铁路现代化枢纽建设取得新成果。

这则综合消息获得第21届中国新闻奖三等奖。报道具有以下几个鲜明特征:

主题鲜明,立意深远。在回顾2009年应对国际金融危机冲击发展成就时,记者凭借敏锐的新闻嗅觉深刻意识到我国铁路营业里程跃居世界第二。这不仅仅是年度的丰硕成果,也是中国铁路60年来从新中国成立之初"万国造"向现代化迈进的大步跨越,更是党中央、国务院运筹帷幄、科学应对危机冲击的巨大成就。为了将丰富的材料、枯燥的数据转化为简洁凝练的新闻事实,从大量素材中选取最有典型性和说服力的信息,经过多次修改,以短消息形式在《经济日报》头版头条刊发,得到了业界的一致好评。消息篇幅虽短,但在紧凑的800字里面,通过综合相关的数据、背景材料、各地工程项目的建设进展描绘了我国铁路行业在党中央、国务院的领导下自2009年以来抢抓机遇、砥砺奋进所取得的丰硕成果。

点面结合,有血有肉。所谓面,就是能反映全面或一个方面的情况的概括与统计;所谓点,就是能反映全面或一个方面情况的具体事例。这则消息属于典型的横向综合消息,作者将整个铁路系统内的建设成就综合起来,反映全局性的总体趋向,结构形式是总分式。综合消息对信息整合能力的要求比较高,报道的信息容量比较大,能对实际工作和读者产生深刻的影响。消息中有大量数据,如"5461公里""8.6万公里""2.1万亿元",同时营造了浩大的声势,"重点项目建设投产""里程最长""里程碑"呈现出深度和价值。

注重导语的构思,消息背景、消息来源的交代,均为消息写作增色不少。

(四)述评消息

述评消息是有事实、有分析性的见解,以夹叙夹议的方式传播新闻信息的消息类型。它介于新闻和评论之间,既报道新闻事实,又在报道的同时对新闻事实的性质、特点、发展前景作出分析、解释、评价。① 它与新闻评论的区别在于以叙述事实为主,发表议论为辅。

① 胡占国:《最新新闻写作技法与范例》,中国文史出版社2012年版,第126页。

餐馆“获权”谢绝顾客自带酒水

金报讯记者李秋芳、柯锐报道　昨日，一份刚出炉的《武汉餐饮行业经营规范》成了媒体记者关注的焦点。“餐饮企业有权谢绝消费者自带酒水、有权对自带酒水收取服务费……”在由武汉餐饮业协会、武汉市消协和武汉市个私协召开的新闻发布会上，看到上述条款，参加发布会的十多名媒体记者面面相觑，有媒体记者当即发问：“这是中消协多次炮轰过的霸王条款，为何能成为武汉餐饮行业的规范？”

被媒体记者质疑的条款，在《武汉餐饮行业经营规范》（简称《规范》）中还有：“餐饮企业提供的菜点发生质量和卫生问题，消费者投诉后最多可获菜点的 2 倍赔偿”，有记者指出：“现行《食品安全法》规定，消费者可要求 10 倍赔偿，《规范》的赔偿额为何远低于国家法律规定标准？”

对此，武汉餐饮业协会有关负责人在回答记者提问时表示，禁止自带酒水主要是为防范食品安全隐患；制定“2 倍赔偿”主要参照了现行《消费者权益保护法》双倍赔偿的规定。从 2004 年起，中消协曾多次炮轰过餐饮业“谢绝自带酒水”等霸王条款。2007 年 11 月，中消协副秘书长武高汉在接受本报记者采访时表示，一些地方的餐饮行业协会制订规定，将酒店“禁止自带酒水”合理化，成为商家态度强硬的后台。2008 年 4 月，武汉江岸工商部门还在全市率先叫停“谢绝自带酒水”。消费者黄小珊获悉这一条款后反应强烈：“餐馆里的酒水价格太高，为什么我们不能自己带？”

而据记者了解，目前，武汉市餐饮业的酒水价格，最高可达市场价的四倍。《武汉餐饮行业经营规范》由武汉餐饮业协会、武汉市消协和武汉市个私协联合制定，将在下月 1 日试行。中南财经政法大学教授乔新生认为，《规范》之所以引起争议，作为制定者之一的餐饮业协会，有既是裁判员又是运动员之嫌。而且，全国有些地方出现的所谓“谢绝自带酒水联盟”正在瓦解。

这则述评消息不仅视野开阔、材料丰富，而且有分析、有见解。消息主要分为“述”和“评”两个部分,“述”的内容是武汉市刚刚出台的一份“餐饮行业经营规范”,是新近发生的新闻事实,也是后续“评”的依托。传递信息是基础和前提,而“评”则是消息的主旨和灵魂。在这则消息中,“评”借助于采访对象的言论对“武汉餐饮业禁止自带酒水”的规范进行评论,不管是直接引语还是间接引语,都使得评论具备客观的色彩,也更能吸引读者的注意。

从消息的性质来看,这则消息属于民生服务类新闻中的舆论监督式报道。消息见报之后,后续的反响非常热烈。本地餐饮从业者、消费者、法律专业人士等纷纷给编辑部来信来电,要求删除该不合理条款,并对报道表示声援;引起了央视等主流媒体、新浪等门户网站积极关注、连续转载;数以万计的读者、专家发表评论、建言献策,实现了良好的传播效果,同时也为公共事件的良性发展做出了一份有责任心的报纸应有的贡献。

(五)经验性消息

经验性消息是反映某地区或某单位在执行党的方针、政策或某项工作中所取得的典型经验、成功做法及其显著效果的一种消息类型。经验性消息的写作就是为了让读者了解经验是如何取得的,同时能对未来的工作有指导意义,不仅具有较强的政策性,而且具有较强的指导性。

珠三角民企老板百亿巨资砸向“低碳产业”

投资额首次超过传统产业,产业结构调整大潮下,
珠三角民企再次走在市场前面

本报讯羊城晚报记者马勇、彭纪宁报道　国际金融危机后,敢为天下先的珠三角民企老板厌旧贪新,纷纷抛弃陶瓷、纺织、有色金属等传统行业,迷恋上光伏、风能、电子信息等低碳产业。据不完全统计,去年以来,珠三角民企投资低碳产业的资金已超百亿元,投资额首次超过传统产业。省经信委有关人士认为,在产业结构调整的大潮下,珠三角民企又一次走在市场前面,成为广东低碳经济的“先锋”力量。

昨天,广东昭信集团董事长梁凤仪一见到记者就高兴地说,他们自主研制的半导体照明芯片设备即将投产。梁凤仪

曾是佛山有名的鞋业大王，金融危机一来，一双鞋赚不到一元钱。一气之下，梁凤仪把鞋厂关了，改行搞LED照明。没想到，一年赚了几千万，成了LED大王。

记者走马珠三角发现，像梁凤仪这样"厌旧贪新"的民企老板不胜枚举。佛山南庄陶瓷第一人关润尧一年之内关闭属下11家陶瓷厂，发展全省最大的环保商品城；南海"塑料罐大王"罗意自急流勇退，转行当了风力发电的"行业干将"；东莞"机电大王"沈剑山摇身一变，成了当地最大的可再生能源开发商。

这些昔日"洗脚上田"的农民企业家，谈起低碳产业滔滔不绝。他们最青睐的是半导体照明、OLED、太阳能等行业，仅佛山，规模以上光电企业超过250家，总产值200多亿元。

投资低碳产业，珠三角民企老板毫不手软，项目动辄过亿元，如三水的薄膜太阳能项目，总投资达50亿元；顺德的彩虹OLED项目，前期投入就达5000万元。

在民企的冲锋陷阵下，广东低碳产业迅猛发展。粗略估算，目前广东低碳产业总产值约6600亿元，占全省工业总产值的9%；工业增加值1250亿元，占全省的8.2%。

最近，省经信委制定了一份《广东省新兴产业发展研究报告》，把新能源、电子信息产业、生物医药和新材料等四大低碳新兴领域作为产业结构升级的突破点。

省经信委一位负责人说，预计未来5到10年，低碳新兴产业将以每年20%以上的速度高速增长，成为广东工业经济的主要增长点和国民经济的重要支柱。

这则消息介绍了"敢为天下先"的珠三角民企老板从传统产业转向低碳产业的成功典型，同时充分反映了广东省委、省政府提出的产业升级政策初显效果。报道突出最主要、最具特色的经验，注意用事实阐述经验。

在社会经济的发展浪潮中，传统产业转型为低碳环保的新兴产业是大势所趋，体现民企老板敢于创新的魄力。同时在金融危机之后，那种靠廉价劳动力、牺牲生态环境的经济模式已经走到了穷途末路，被取代是一种必然。在广东产业转移的社会经济大背景下，作者表现出了强烈的新闻敏感。这篇报道中介绍的广东事例成为全国产业结构调整升级的成功典型。

从消息的行文来说,作者摘取了大量生动活泼的案例。例如"梁凤仪关闭鞋厂,改行搞 LED 照明""塑料罐大王转行做风力发电""机电大王成了当地最大的可再生能源开发商"等等,对新闻事实进行了合理的剪裁,以点带面,行文简洁,层次分明,思想深刻,时代感强,具备深远的新闻价值和现实意义。

第三节 通讯的构成与典范案例解读

通讯是一种比消息更详细而深入地报道新闻事实的新闻体裁。通讯对应西方新闻报道中的特稿。

通讯的特点,只要与消息作一比较就可看得很清楚。同消息一样,通讯所报道的内容都必须完全真实,报道时间上都讲时效性,要求迅速及时。按著名记者梁衡的说法,一条消息应具有三点基本要求:一是要有一件真实的事情;二是这件事必须是新发生的、新鲜的;三是这件事要有足够的受众,有传播价值。概括起来就是真实性、时效性和受众性。这是构成消息的核心。在通讯中,这个核心依然存在,只不过因为通讯比消息字数增多和表现形式多样,这个核心就包藏得更深些。

通讯与消息的相异之处在于:从题材上说,消息选材范围广泛,通讯选材较严,它一般只报道有意义的、人们普遍关心的事实;从内容上说,消息通常只作概括、简要的报道,通讯不但要告诉读者生活中发生了什么样的事情,而且还要将事情的来龙去脉交代清楚;从结构形式上来说,消息通常要遵守一定的格式,按照导语、主体、结尾、背景材料等几个部分来写,通讯往往根据写作对象不同而采取灵活多样的结构;从表达方式上说,消息以叙述为主,较少用描写、议论、抒情,通讯则多种表达方式综合运用;从语言上来说,消息要求简洁、明了,通讯则要求生动、形象;从时效性说,消息要争分夺秒,耽误了时间就丧失了新闻的价值。通讯则不像消息那样严格,同一题材的内容,往往是先发消息,后发通讯。新闻写作中一种重要的体裁,着眼于报道新闻事件或者新闻人物本身。与消息相比,内容更为充实,材料更为全面细致，文风更为生动，同时包括大量的细节描写。

一、通讯的构成

通讯的构成不拘泥于传统的“标题、导语、主体、背景、结尾”这类消息结构形式，但同样要求结构严谨，有头有尾，前后呼应，材料安排有序，自然合理，围绕一个主题，努力揭示新闻事实之间的内在联系。通讯的结构形式灵活多样，不拘一格。根据不同的主题需要，可以灵活安排，即便同样的内容，也倡导各类样式新颖的布局安排。

二、通讯的类别

根据报道对象的不同，通讯可以分为：人物通讯、工作通讯、事件通讯和风貌通讯这四个类别。下面就以这四种类别进行举例分析。

（一）人物通讯

人物通讯是以先进人物为报道对象，反映一个时期内的时代特点和社会风貌。优秀的人物通讯在传播先进模范事迹、弘扬时代精神上起着重要的作用。① 人物通讯的主体往往是代表当今时代主旋律的人物，是符合时代前进发展方向的人物。记者采写人物通讯最主要的目的就是通过所报道人物的事迹和其思想来感染和教育读者，达到社会的认可、群众的共鸣，使所报道的先进人物的品质、性格和精神面貌得以广泛弘扬和传播。

优秀的人物通讯讲究从宏观上把握报道方向，从微观上选择具体材料，内外相结合的组合将全篇报道推至典型化。通过细节的采写表现出朴实与真切，通过实事求是的报道体现出真实性与可信性。

自新中国成立以来的新闻实践中，人物通讯有着特殊的地位，产生了大批经典的作品，并在相当长的一段时间内对我国的政治、文化建设以及我们的精神生活产生了深远的影响。随着社会的进步，时代精神和主流意识形态也有了一定的变化，人物通讯也以新的面貌呈现在面前。

《岗位作奉献　真情为他人》（《人民日报》1996 年 10 月 4 日第一版）、《北京有个李素丽》（《工人日报》1996 年）这两篇人物通讯都是

---

① 裴培：《浅析写好人物通讯》，载《新闻传播》2011 年第 4 期。

关于公交车上的售票员李素丽的报道，获得第七届中国新闻奖特别奖。这两篇报道虽说报道的人物是同一个人，但是都采写出了各自的特色。

写作中注意精选事实，通过对典型事例的叙述、细节的刻画来反映人物的精神面貌和思想品格。两篇报道都注重人物的细节描写——“细微之处见精神”，充分体现了李素丽对工作的态度、方式和热情。通过描写发生的每一个事件，展现出的是李素丽人格的魅力。报道特意将李素丽同志的工作口号进行宣传，如“给乘客下个台阶，我的服务就上个台阶”“社会是一面镜子，你首先对它笑，它也就会对你笑”，意在阐释李素丽同志对工作的用心总结。同时也将先进劳动模范在实践工作中总结出的真理传播给社会大众，让大众品味，使这些由实践而产生的真理得到广泛的应用。报道中选择的仅仅是李素丽同志工作中的个别事件，但是所选择的事件却十分具有代表性。如，面对乘客的询问，李素丽同志就像个“活地图”“多说一句，多看一眼，多帮一把，多走一步；话到、眼到、手到、腿到、情到、神到”的个人工作要求；帮助乘客无微不至，下雪下雨天主动为上下车的乘客提前打伞；遇到老人、孕妇及时以最恰当的方式引导乘客让座；细心地为孩子缝制小坐垫；遇到残疾人充分考虑到他们的自尊心；遇到逃票和有着不文明行为的乘客仍会以礼相待，笑脸应对；充分考虑每一位乘客的心情，以最温暖的服务态度疏导高峰期乘客等等。每一个事例都具有感人的力量。尤其是叙述到本来不需要乘车的人因为心情不好而专门来乘车通过感受李素丽的温暖而缓解心情的郁闷，更加凸显了李素丽同志深受大家的喜爱。报道的细节催人泪下，达到了情感上的共鸣，深深地吸引着读者，打动着读者，同时也教育着读者。

采写人物通讯的关键在于“以情感人，以情动人，以情励人”。“情”为人物通讯的源泉，为人物通讯的灵魂和生命。优秀的人物通讯往往都具有强大的感人力量，读者通过阅读自然形成一种崇尚感，使报道的人物成为大众思想的引导者和大众行为的向导者。报道对“动情点”的把握很到位，使受众在阅读过程中就建立起对李素丽同志的尊敬和佩服。

记者在采写过程中重视现场的真实性，亲身感受，亲身体验，尽量引用主人公的原话和群众的原话。这样不仅给读者亲临现场的感觉，而且使报道更具真实性和可信性，有力地提升了传播效果。报道通过娓娓道来的事件达到受众对情感的充分积累。通过记者的报道，李素丽的热情、善良、执着、勤恳、敬业精神真实地展现给了受众，使广大受众无不对其抱有钦佩之心！报道坚持深入，保证细致，构成丰满的报道内容，达到与读者心灵的交流，具有深刻的社会教育意义，弘扬了新时期社会文明，宣扬了李素丽同志高尚的职业道德和人格魅力！

（二）工作通讯

工作通讯是以报道工作经验、工作成就、工作进展情况或是工作中存在的问题为主要内容的通讯。这则经济类的工作通讯介绍的经济工作经验，主要针对当前经济工作中普遍存在的、重要的、关键性的问题，也就是老百姓特别关心的和迫切需要解决的经济问题。①

刊登在《湖南日报》2010 年 11 月 23 日第四版上的通讯《排污权交易缘何遇冷》一文荣获第二十一届中国新闻奖通讯类二等奖。该文记者选取令人瞩目的重大题材，凭着寻求真相的勇气，细致深入地分析排污权交易遇冷事件的前因后果，用通俗易懂的语言打造了一篇精致的经济新闻。

排污权交易缘何遇冷

记者 易博文 通讯员 薄庭庭

高调启动

2008 年 11 月 28 日，长沙市排污权交易高调启动。透过媒体当时的报道和当事人的讲述，交易现场的紧张热烈，依然可感。

当天，麓山宾馆 2 楼会议室，人声鼎沸，作为长株潭“两型社会”试验区先改先试的一项重要内容——排污权交易，正式启动。交易采取公开、公平、公正的拍卖方式进行，吸引了华电长沙电厂、九芝堂股份公司、湖南丽臣实业公司、长沙飞机修理厂等 10 余家企业前来参加。

按制度设计，企业的排污权，将像股票一样，通过“交易

① 程道才、严三九：《经济新闻写作概说》，中国广播电视出版社 2001 年版，第 206—208 页。

所”自由买卖。如果企业通过减排,节约出了排污权指标,可以储存下来,等下次上新项目时再用;也可以卖给需要排污权指标的一方,获得收益。只要这份收益大于企业减排成本,企业减排就会有积极性。

在我省历史上,这是一个创举;从全国来讲,这也是较早的尝试。此前,我国环境保护主要依靠行政手段,而此次,引入市场机制,运用经济手段,使排污权成为有价商品,使排污单位出于经济考虑,自觉自愿珍惜排污权,减少污染物排放。

从经济学来讲,一样东西,只有成为商品,有了具体的价格,所有权或使用权归属于某个人或某个机构,人们才会珍惜,才有可能节约集约利用;否则,它就是“公共牧场”上的牧草,大家都来放牧,直至消耗殆尽。

拍卖的标的物是二氧化硫(SO_2)和化学需氧量(COD)排污权。参与竞拍的企业代表一次次踊跃举牌,拍卖价格也随着举牌一次次上涨。“2240元一次,2240元两次,2240元三次,啪!成交。”长沙市拍卖行拍卖师刘伟樋声落地,名花有主,长沙矿冶研究院以单价2240元/吨、总价11.648万元,获得长沙造纸厂委托拍卖的2009年化学需氧量排污权指标52吨。

拍卖会上,当天拍卖出去的标的物还有:长沙市环保局储备的2009年二氧化硫排污权指标61.39吨,由九芝堂股份有限公司以单价1000元/吨、总价6.139万元拍得;长沙新城热电厂委托拍卖的2009年二氧化硫排污权指标200吨,由华电长沙电厂以单价1100元/吨、总价22万元拍得。

长沙新城热电厂、长沙造纸厂两家企业拍卖排污权后,将停止排污,退出产业。

长沙市高调启动排污权交易,备受公众关注。省内各大媒体都作了报道,腾讯、新浪、搜狐等网站纷纷转发,国外媒体也作了报道。

只是,这热闹之后的尴尬,谁也不曾预想到。

再无交易

在高调启动当天成交3笔后，近2年来就再也没有交易了。11月16日，长沙市公共资源交易中心的一位负责人，证实了记者获得的这一消息。

并非不重视。长沙市为搞好排污权交易，在市环保局设立了一个二级机构——长沙环境资源交易所，负责排污权交易资源的组织以及排污权凭证的登记、发放和变更等工作，事业编制，6名工作人员；办公条件优越，办公地点设在大河西先导区管委会内。

为保障交易公平，排污权交易并没有放在长沙环境资源交易所，而是放在长沙市公共资源交易中心，这是长沙市政府的公共平台，以此作为交易中介，不受部门约束，更显客观公正。

并非没有供给。按业界预想，制约排污权交易的，可能是没有排污权可买。节能减排压力这么大，外省一些地方甚至出现为完成“十一五”减排任务，采用拉闸限电等极端办法的现象。事实并不是如此，长沙市储备了一批可供购买的排污权。

11月5日，长沙环境资源交易所所长刘中在回答记者提问时透露：长沙市已储备了一定量的排污权，分别有二氧化硫排污权8000多吨、化学需氧量排污权1000吨。这些排污权，主要来自大河西先导区水泥厂、涂料公司、造纸厂等7家企业。这些企业有的破产，有的被关闭，排污权被政府购回，储备起来。

也并非公共资源交易中心不积极。如果排污权交易能红红火火搞起来，形成一个全市性、全省性甚至跨省份的环境交易中心，就会像深圳、上海证券交易所那样，带来丰厚的佣金收益。交易中心倾注了很大的热情，尴尬的现状，并不是他们愿意看到的。据长沙市公共资源交易中心这位负责人介绍，为搞好排污权交易，该中心就排污权交易方的入场、保证金等制定了详细规则。但是，高调启动之后，再无企业“问津”。

问题到底出在哪？

缘何遇冷

长沙矿冶研究院负责环保工作的刘健，在拍得排污权后对记者说，“我们的生产工艺需要排放一部分COD，竞拍52吨COD，目的是对明年的生产和排污进行资源储备；事实上，我们并不缺乏排污权指标，作为企业参与竞拍，也是想带头推动长沙排污权交易。”

刘健之言，透露了排污权交易遇冷的一个重要原因——“我们并不缺乏排污权指标”。

在现有的制度框架内，企业通过环境评估之后，就能免费获得排污权指标；只要达标排放，排污权指标就不缺乏。不缺乏的东西，就像空气和阳光一样，有谁会花钱去买呢？

长沙市曾设想过有偿配置排污权指标：对新建企业，率先实行排污权的有偿取得；对老企业，先低价取得排污权指标，再逐年增加收费，直至与新建企业的收费标准接轨。

但如何对排污权指标进行定价，长沙市犯难了。刘中介绍，长沙市物价部门是无法定价的。作为市一级的物价部门，没有对一项行政事业性收费进行定价的权限。况且这种行政事业性收费，属于政府非税收入，但目前财政上并没这个收费项目，既然如此，就不能收费，否则就有“乱收费”之嫌。

业内专家认为，企业排污权指标有偿取得，相关政府部门还应该科学合理地配置排污权指标，使排污权指标适度从紧，保持稀缺性，否则排污权交易也难做起来。如果排污权指标配置过于宽松，企业能轻易从一级市场（相关政府部门）获得，就不会去二级市场（公共资源交易中心）购买了。另外，还要防止排污权指标配置过于宽松导致的另一种现象，有些企业会千方百计谋取多于自己实际需要的排污权指标，再到二级市场上去交易牟利，这显然有失公平。

二级市场排污权交易，还应该对一定区域的排污权指标进行总量控制，充分考虑环境的承载能力。不能说一个区域的企业有钱，就使劲购买排污权，那对区域环境的污染将会不得了。这与利用排污权交易这种经济杠杆来促进减排的初衷相悖。

启动的第一天不是拍得很好吗？多位采访对象对记者说，那主要是为了宣传的需要，先启动一下，下面的工作也好做，实际上相关的配套制度根本没有建立起来。原计划待规则、政策完善配套之后，交易得以持续，结果做起来比预想的困难。

这就像修公路，地质勘查、征地折迁等事项没有完全到位，先修100米，热热闹闹搞个开工仪式，结果再往下修，发现到处碰不得，只能停工。这样的路如何修得好？

一位环境监察方面的负责人还提醒记者，要成功实施排污权交易，环境监测与环境执法检查也必须同步加强。如果不知道企业到底排了多少污，如果对企业偷排、超排的处罚过轻，“违法成本低，守法成本高”，企业也是不会去竞买排污权的。

这则工作通讯不仅传递了大量的信息，而且对经济工作的过程和结果进行监督，对各类经济行为进行批判，以激励先进、批评后进、指导经济工作。获奖通讯《排污权交易缘何遇冷》就是对湖南长沙的“排污权交易”这项经济工作过程的监督，该文作者以可持续发展的理念关注经济发展，用前期启动的盛况反映后期交易的冷清，提出了一系列的疑问，并通过专家的话语为读者释疑解惑，用批判的眼光审视经济行为，是以批判意识构建的一篇经济新闻佳作。

据相关资料显示，这则通讯是国内媒体中的唯一一篇有关“排污权交易”的后续报道。“排污权交易”于2008年在全国少数城市高调启动。2008年11月底，“排污权交易”在长沙刚开始启动时，省内的各大媒体都做了相关的报道，腾讯、新浪、搜狐等各大门户网站也纷纷转载，甚至有国外媒体也进行了报道。一时，“排污权交易”遍布媒体，成了大小企业热议的话题。谁也没有料到，两年之后，“排污权交易”竟然被冷落了，几乎找不到媒体有关的跟进报道。后期的进展究竟是“如火如荼”还是“偃旗息鼓”？记者以敏锐的新闻嗅觉意识到这是一个值得探究的话题。

这则通讯的结构布局非常合理。首先是回顾2008年年底，在长沙的首次排污权交易高调启动，“当天，麓山宾馆2楼会议室，人声鼎沸，作为长株潭‘两型社会’试验区先改先试的一项重要内容——排污权交易,正式启动”。由此,我国的环境保护引入了市场机制,运用了经济手段,使排污权成了有价的可以拍卖的商品。第二部分中,叙述两年后排污权交易再“无人问津”。文中解释道,不是长沙市政府不重视,为搞好排污交易,长沙市环保局设立了专门的长沙环境资源交易所;并非缺少供给,“长沙市储备了一批可供购买的排污权”;也并非公共资源交易中心不积极,交易中心为搞好排污权交易,制定了详细的规则。正文的第一、第二部分,记者将当前排污权交易受到的冷落放在两年前交易火热的历史背景中,突出了问题所在。叙述的脉络相当清晰,足以引发读者的思考。第三部分,记者用采访对象的话解释了受众的疑惑。涉及的采访对象有长沙矿冶研究院负责环保工作的刘健、环境监测方面的负责人,以及相关的业内人士,采访比较到位。

这则通讯刊发之后,产生了良好的社会效果,有力地推动了全国各地的“排污权交易”工作。资料显示,稿件见报后,被新华网、凤凰网、网易、中国网等主流网站以及《中国化工报》等媒体全文转载。此事随即引发了湖南省环保厅的高度重视,环保厅参照稿件中提到的问题,抓紧完善相关的配套制度,于 2011 年 4 月 6 日,重新启动了排污权交易的试点。值得一提的是,2011 年 4 月上旬,随着排污权交易工作的持续推进,国内主流媒体相继刊发出稿件,《湖南排污权交易试点启动》《湘排污权交易试点启动》《湖南启动排污权交易试点利用杠杆制约重污染》等新闻都表明排污权交易工作的进展卓有成效,这正是这篇通讯产生的深远的社会影响。

(三) 事件通讯

事件通讯是以记事为主,全面报道事件的发生、进展及结果,或者描写某一新闻事件的若干场景,能够反映一个时代的精神风貌。

青藏铁路:世界屋脊上的钢铁大通道

“我们要穿越的是海拔 5072 米的唐古拉山口,这是世界上海拔最高的车站……”

K917 次列车在青藏高原上飞驰。车窗外,蓝天白云下,莽莽雪山,清清湖水,点点牛羊,构成一幅壮美的画卷。车窗内,来自世界各地的旅客不断举起相机,不舍得错过世界屋脊上最美的风景。

这是一条神奇的天路——从西宁出发，过格尔木到拉萨，穿越世界上最大的“生命禁区”，翻越唐古拉山，蜿蜒成近2000公里的钢铁大道。

这是铁路建设史上的奇迹——青藏铁路全长1956公里，其中海拔4000米以上路段960多公里，是世界上海拔最高、线路里程最长、所处环境最为恶劣的高原冻土铁路。

今年7月1日，青藏铁路格拉段(格尔木到拉萨)通车运营5周年。5年来，这条铁路不分昼夜地运送着旅客和物资，成为雪域高原的运输大动脉。一条青藏铁路，穿越历史和未来;一条通天路，寄托梦想与期待。

一条科技路

现代化铁路展魅力

铁道部青藏铁路建设领导小组办公室常务副主任覃武凌对记者说，“修建青藏铁路面临着3大世界性工程难题:一是多年冻土，二是生态脆弱，三是高寒缺氧。比如，冻土对温度变化十分敏感，其融沉冻胀易使铁路路基变形，影响线路、桥梁、隧道等工程结构的稳定性，影响铁路运营安全。建设者们经过5年的顽强拼搏，挑战极限，勇创一流，依靠自主创新，在这3大难题攻关方面取得重大突破，建成了世界一流高原铁路。通车运营以来，旅客列车的运行时速在冻土区为100公里/小时，在非冻土区为120公里/小时，创造了旅客列车在高原运行时速的世界纪录”。

青藏铁路公司调度所内，一个巨大的电子显示屏实时显示着列车、线路的运行情况，调度人员的电脑上，红蓝色的线路标志出青藏铁路上客货车的运行状况。调度所副主任杨柏宗告诉记者，“青藏铁路全段共45个站，其中7个有人值守站，我们在这里可以实时监控列车的运行，客货车运行全部实现了电脑控制运行。现在每天运行6对客车、4对货车、1对行包车”。

青藏铁路使用的是CTC运输调度集中指挥系统，该系统实现了运输调度指挥和管理的远程化、信息化、智能化，基于先进技术的保障，无人车站的列车会让、道岔转换，只需在西宁的调度所轻点鼠标操作即可完成。“这里的设备是最先进的，最大限度保证了列车运行的安全高效。”调度所值班主任崔喆兴奋地说。

5年来，青藏铁路公司线路设备稳定性及各项技术指标逐年提高，全线线路优良率连续达到96%以上。

一条生态路

生态保护再创佳绩

生态脆弱是青藏铁路建设和运营中需要破解的难题。在青藏铁路的建设过程中，首次实行全线环保监理制度，用于环保工程的投资占到青藏铁路总投资的4.7%，这在我国铁路建设史上是绝无仅有的。

在青藏铁路沿线，草色已返青，高山、湖水、牦牛，织成一幅人与自然和谐相处的画卷。“为保护藏羚羊、野驴等野生动物，青藏铁路沿线预留了野生动物通道。这几年，藏羚羊等野生动物越来越多，这个季节经常能见到藏羚羊。”青藏铁路公司拉萨车队党总支书记刘立军说。

5年前，刘立军担任西宁开往拉萨首列火车的列车长，见证了青藏铁路保护生态环境的努力。他告诉记者，跑青藏线的客车全部采用全封闭车体，不仅能弥漫式供氧，而且还设有先进的压缩式垃圾收集系统和污水收集系统，生活垃圾、污水等收集后，再清运至市政垃圾处理场。

西宁站枢纽改造工程建设指挥部副指挥长朝阳曾参与那曲物流基地的建设。他颇有感触地说，“青藏高原生态脆弱，今天一铲子挖下去，草皮可能几年都长不好，大家已经把保护环境当成一种责任”。

青海玉峰铁路维护公司雁石坪工务维护车间，担负着格拉段雁石坪至唐北段125公里冻土线路的养护维修任务。该公司党委书记何迪锋说，公司专门成立了垃圾清运队，把垃圾集中后运到格尔木处理。公司还定期对全线各站点污水水质排放进行监测，并委托西藏自治区环境监测中心站和青海省格尔木环境监测站进行二次监测。去年，他们投资100万元试种草籽，并实现植物防沙，“前几天我去看，草已经长到20厘米高了!”

青藏铁路的建设者和管理者按照“宜乔则乔、宜灌则灌、宜草则草”的原则,种草植树,造林成活率达到85%以上,在风沙戈壁滩形成了一道“绿色长廊”。目前,青藏铁路绿化长度已达675公里,绿化面积560万平方米,占总里程的31%,成为一条“绿色天路”。

一条幸福路

拉动经济发展新引擎

在拉萨市八廓街上的珠峰购物中心,藏族姑娘美朵正热情地销售旅游纪念品。她的家在青海省海南州,说到青藏铁路通车带来的变化,美朵笑得很舒心,“非常好,现在回家特别方便”。美朵来拉萨打工几年了,以前回家坐汽车,走青藏公路要两天两夜,单程得花800元左右。青藏铁路通车后,一天一夜就能到家,单程路费只要224元。来往方便了,生意也越来越红火。“这几年,游客不断增加,以前一天能卖1000多元就不错,现在高峰时能突破万元。”

据统计,5年来,青藏铁路公司累计运送旅客4100多万人次,运送货物1.8亿多吨。客、货运送量由2006年的640多万人次、2400多万吨增长到2010年的970多万人次、4800多万吨。

西宁机务段机务司机姜森林常年在青藏铁路线上跑车,他最直接的感受是,“我在青藏线上每个月至少跑4个来回,运送的都是支持西藏发展的物资,做一个铁路职工非常自豪!”青藏铁路的开通给西藏带来了新的发展机遇,这些年基础设施建设不断加快,在姜森林眼里,“拉萨的路越来越好了,楼越来越漂亮了,商店也越来越多了”。

青藏铁路公司党委副书记王新文告诉记者,青藏铁路全线通车运营,大大缩短了雪域高原与外界的距离,方便了人民群众出行,促进了旅游业发展。2006年青藏铁路开通,当年即实现了西藏旅游人数的大幅攀升,突破200万人次。2010年,西藏旅游接待海内外旅游者超过600万人次,乘坐铁路进藏旅游者占总人数的比例也从2006年的26%增加到

2010年的42%。在旅游业的带动下,西藏第三产业实现了较快发展。

青藏铁路的全线开通,对改善西藏的生产生活条件发挥了积极作用。拉萨站党委书记、站长王建华说,“铁路是国民经济的大动脉,6月到10月是黄金生产运输期,车站全体干部职工发扬挑战极限、勇创一流的青藏铁路精神,确保铁路安全运营”。

运输成本的降低使大量质优价廉的商品进入西藏,让当地群众得到实惠,特色优势产业得到快速发展。西藏名、特、优产品不断进入内地市场,柴达木盆地的盐化、石化资源得到循环开发,西宁、格尔木、那曲、拉萨等一批综合物流园区相继建成并迅速发展,进一步促进了当地资源优势向经济优势转化。

统计数据显示,青藏铁路全线运营以来的2006年至2010年间,青海省GDP由641亿元增长到1342亿元,西藏自治区GDP由342亿元增长到500多亿元,年增长均在10%以上。青藏铁路“引擎”作用明显,在当地群众心目中成为一条名副其实的“幸福路”。

“青藏铁路已成为青藏两省区经济社会又好又快发展的经济线、团结线、生态线、幸福线。”西藏自治区党委书记张庆黎这样评价。目前,拉日(拉萨至日喀则)铁路正在加速建设,“天路”将向日喀则延伸,雪域高原将构筑起现代交通网络。(《经济日报》2012年2月4日)

在青藏铁路格拉段(格尔木到拉萨)通车运营5周年前夕,记者全程乘坐火车进行体验式采访,实地重走青藏铁路,全景式地展示了青藏铁路通车5年来给雪域高原带来的巨变,回应了读者对青藏铁路生态环保等问题的关切。报道选题重大,主题鲜明,用事实真实地展现了在中央的领导与扶持下,西藏在发展经济取得巨大发展成就的同时,始终高度重视生态环境保护,不忘呵护世界屋脊的碧水蓝天。

这篇通讯内容扎实、写作结构巧妙。以“一条科技路”“一条生态路”“一条幸福路”三个小标题,从三个不同层面展开报道,用准确的统计数据,反映青藏铁路全线运营后,发挥巨大的“引擎”作用,拉动青海省和西藏自治区经济社会保持快速发展的事实。通过藏族同胞的生动语言、往返青藏线铁路职工最真切的感受等细节，反映青藏铁路已成为一条群众的“幸福路”。

作品发表后，产生了广泛的社会影响。人民网、新华网、中国经济网、中国网、新浪网、中国铁道网、高铁网、中国西藏网、中国藏族网通等网站纷纷转载，实现了报道的新闻价值和社会意义。

（四）风貌通讯

风貌通讯是以采访者旅行见闻的视角反映社会变化和风土人情的通讯。

在我国，风貌通讯是由旅途通讯发展而来的，是早期通讯中较多运用的一种体裁。五四运动后，比较著名的有瞿秋白的《饿乡纪程》《赤都心史》，周恩来的《旅欧通信》，邹韬奋的《萍踪忆语》，范长江的《中国的西北角》《塞上行》等。

随着时代的发展，此类通讯发展成了反映社会新貌和风貌通讯，着重描写事物发展中的新变化、新风貌的通讯。① 风貌通讯的表现形式比较丰富，报刊上常见的“见闻”“巡礼”“侧记”“纪行”“掠影”“拾零”“纪游”等，都属于风貌通讯。风貌通讯往往从现实生活中选择典型、有特色的地区或单位，抓住最新鲜的迹象，加以突发的描绘，勾画出事物发展过程中日新月异的新面貌，以帮助读者了解变化、开阔眼界、增长见识。风貌通讯有的侧重于写自然风貌、人文景观、风情民俗；有的侧重于写社会动态和变迁；更多的是把自然和社会风貌结合在一起写。②

“太旧精神”耀三晋

山西，曾被唐代文学家柳宗元称作“表里山河”，它内凹外凸，四周被群山环抱，自古多以栈隘与域外相通。

“八五”期间，国家重点建设项目、全封闭、全立交的太旧高速公路的兴建，不但揭开了山西公路建设乃至山西经济建设史上的崭新一页，同时，工程建设者们在实践中，也为世人

① 周胜林：《风貌通讯写作技巧》，载《报刊之友》1997年第10期。
② 周胜林：《风貌通讯写作技巧》，载《报刊之友》1997年第10期。

创造了一笔宝贵的精神财富"太旧精神"。

新春佳节前夕，中共山西省委、山西省人民政府做出决定，在全省干部、群众当中，开展学习"太旧精神"活动。"自力更生、艰苦奋斗、不屈不挠、无私奉献"。中共山西省委总结的"太旧精神"，体现出改革开放的90年代山西人民开拓进取的精神风貌，反映了物质文明和精神文明建设的辉煌业绩。

知难而上

太旧高速公路西起太原，东止晋冀交界处的旧关，全程144公里。路虽不算长，但沿线地貌变化大，地质情况复杂，80%的路段都蜿蜒在太行山的崇山峻岭之中，为施工增加了极大的难度。工期短，要求高，投资少，速度快，质量上必须创全国一流水平。

面对这样的条件，这样的要求，络绎不绝的外国投资者们虽屡经辗转、考察、概算，但最终都一个个地退缩了。他们啃不下这硬骨头，也不敢冒这天大的风险！怎么办？靠我们自己干！

山西省委、省政府下了这决心，全省人民下了这决心！省委、省政府明确提出"修建太旧高速公路，不仅是一项重要的经济任务，更是一项重大的政治任务！"

工程1993年5月动工。高速公路建设初期，遇到建设资金严重短缺的困难。面对这种情况，是坚定信心、迎难而上，还是优柔寡断、知难而退？在这重大抉择关头，胡富国同志带领省"五大班子"的领导赴太旧路现场办公，调查研究，统一了思想，坚定了自力更生、咬紧牙关、勒紧裤带、知难而进的决心。全省人民心系"太旧"，以不同的方式大力支持太旧路的建设，踊跃捐资捐物，在很短的时间里捐资达2.3亿元，缓解了资金困难。公路沿线群众识大体，顾大局，像革命战争年代之前一样支援太旧高速公路建设，他们拆新房、迁祖坟、砍果园、献良田，作出了巨大的牺牲和贡献。

顾全大局征地拆迁，常常是施工前的一大难题。但太旧路工程却是一个例外。在不到3个月的时间里，隶属于3地(市)10个乡(镇)的18个村庄的成千上万个拆迁户，便拆迁完毕。他们就像战争年代支援前线那样全力以赴地支援太旧高速公路建设。只要筑路需要,他们拆新房不犹豫,迁祖坟不忌讳,献良田不心痛,砍果树不留恋。他们说:"太旧高速公路是咱省的经济大命脉,小道理服从大道理,小复兴服从大复兴,舍小家为大家嘛!"太旧路工程共征地1.39万亩,拆迁房屋1058户,总面积10.8万平方米,砍掉果树12万株,迁坟4240座。拆迁户们谁也不现难色,谁也没有怨言,谁也不计得失,表现出了识大体、顾大局的崇高精神!

太旧路工地,就像一座大熔炉,任何人,只要一投入这太旧路工地,其灵魂就会得到铸冶,其精神就会得到升华,其世界观、人生观和价值观就会得到深刻而巨大的变化与飞跃。讲政治、讲志气、讲拼搏、讲奉献,已经成为太旧人民心中的火炬和追求的目标。工地上,时时都有捷报频传,时时都有动人的事迹出现。施工项目负责人庞成,为了抢时间浇筑桥桩,竟冒着大雪在工地上坚守了三天两夜。高级工程师高德生除完成监理任务外,还分外为一项设计修改图纸,节约工程费用100余万元。

为了给太旧高速公路作奉献,长期病体的司机开起了砼灌车,新婚宴尔的夫妇把家安在工地的窝棚里,患病的操作手一边输液一边坚持施工,已经退休的老工程师重新走上了施工第一线。即使在病榻上即将告别人世之际,他还要给工程指挥部写信表述自己的心迹:建设好太旧高速公路是我的最大心愿,但是不能自始至终地参加太旧高速公路建设又是我一生中最大的遗憾!

在太旧路建设中,副总指挥刘俊谦被省委树为全省领导干部的楷模,8位党员受到省委组织部的表彰,8支突击队被评为"三项建设"优秀青年突击队,100名优秀干部、工人被火速吸收加入中国共产党,许多奋战在第一线的干部被提拔。

"太旧精神"正在三晋大地发扬光大。

风貌通讯的写作往往点面结合,从小处着手刻画事物的全貌;用对比衬托的方法表现事物的新貌;在写景状物中贯穿一个"情"字,抒发作者的心怀。

这则风貌通讯以叙述为主，穿插了大量的议论和抒情，使得全文充满感动人心的力量。"登山则情满于山，观海则意溢于海"，风貌通讯的写作过程也是真情实意的流露。这则通讯感情色彩比较浓厚，表现了作者对"太旧精神"的褒奖和欣赏。在这里，作者不单纯是一位时代的记录者，更多的是对新气象、新精神的讴歌者。文中描述的几个场景：征地拆迁工作的顺利进行、施工一线的奉献，形成了情景交融的生活画面，唤起读者建设美好生活的奋斗热情。

这则通讯通过对新旧材料的对比，反映出时代前进的步伐，原本"顾全大局征地拆迁，常常是施工前的一大难题"。但太旧路工程的拆迁却成了一个例外。"只要筑路需要，他们拆新房不犹豫，迁祖坟不忌讳，献良田不心痛，砍果树不留恋。"可见公路沿线群众的识大体、顾全局，这也是时代的变革对群众思想的影响。

第四节　特写的构成与典范案例解读

一、特写的构成

特写是一个比较广义的名词，最初来源于电影艺术领域，产生于西方，美国的丹尼尔·威廉森教授对特写做了定义："特写是一种带有创造性的，有时也带有主观性的文章，旨在给读者以精神享受，并使他们对某件事、某种情况或对生活中的某个侧面有所了解。"①

特写，顾名思义，即指记者或通讯员深入新闻发生的现场，运用视听等多种采访手段，捕捉时事变动中的某个情节或某个片段，通过具体形象绘声绘色地描述，以短小精悍、鲜活的画面，如特写镜头般把含"金"量高的新闻再现于报刊、电台、电视台。② 换言之，新闻特写是以集中突出的、形象化的描绘，再现新闻事件的新闻体裁。作为一种既可以寓事、理、情、景于一体，又能够以短小精悍、新短快活而见长的新闻体裁，新闻特写在增强报纸可读性方面，发挥着越来越重要的作用。如何根据读者需求的不断变化和新闻规律的丰富发展，使新闻特写在新的历史时期展现出新的风采，发挥出更大的作用？准确把握其"新"

---

① 范敏：《西方新闻特写的写作特色》，载《新闻与写作》1998 年第 3 期。

② 张国勇：《新闻特写应注重现场细节》，载《新闻研究导刊》2010 年第 3 期。

字的属性和本质，努力在“闻”字上挖潜力，不断在“特”字上下功夫，刻苦在“写”字上做文章，是新闻记者和广大业余新闻报道员应努力的方向和目标。

特写以描写为主要的表现手段，它选取新闻事件中最能反映本质的片段或者细节，进行放大和再现，通过对气氛的渲染和烘托，形成视觉——神经——情感——思维的感性过程。

新闻特写主要表现新闻事实中最具有表现力、最具特色的片段。讲究文笔、强调写作手法的运用，以进行生动刻画，渲染感觉效果，旨在更立体、更突出地表现新闻主题。

二、典范特写案例解读

惊心动魄三分钟

纪宏兴、朱明

科尔沁草原，1月12日，12时05分……

20多人围着驻吉某基地勤务站观测队工程师张永刚，从领导到战士，都急切地想知道一枚大威力未爆弹丸的销毁情况。

“销毁失败，弹丸被爆炸翻出地面，发现位置距弹坑5米。”张永刚向大家报告。

听到这个消息，销毁现场所有人都十分紧张，凝重的气氛压得大家喘不过气来。

指挥部命令：半小时后，再进行一次销毁。

弹丸经过火炮高温、高压发生，高速撞击地面后性能已经不稳定，又经过TNT炸药引爆，处于极度危险的状态中，车辆震动、静电感应都可能引发爆炸。

二次销毁，随时可能发生意外。指挥长问：“谁来？”

“还是我来吧，我更有经验。”没等其他人说话，张永刚将手放在导电体上释放静电，然后从车中取出3块TNT炸药块，又一次走向弹丸。

12时35分，张永刚来到已被炸得扭曲变形的弹丸前。他慢慢地蹲下，再次释放掉身上的静电，从特制木盒中取出雷管，将导火索仔细地套在雷管上，用雷管钳卡紧。

草原上一片沉寂，只有风掠过枯草发出的声音。

张永刚剥掉炸药块上的油纸，插入雷管后，又用身旁的草棍将雷管塞实。为了防止第二次引爆失败，他必须将炸药块粘在弹丸中部。

这个十分危险的动作，远处的人都屏住了呼吸。

张永刚小心翼翼地粘好炸药，然后掏出火柴，把火柴头按在导火索上轻轻一擦，导火索吐出火焰。

12时38分，张永刚起身撤离现场。

5分钟后，轰然一声巨响，弹丸和TNT一起发生了猛烈的爆炸，蘑菇状的烟云在草原上翻腾而起……

这篇特写报道从刻画事件的现场感、截取横断面、凸显真情实感等方面，充分发挥了新闻特写的优势。通过几个局部镜头，用以造成强烈的视觉冲击和清晰的视觉形象，获得了强烈的效果。

特写被称为“视觉新闻”，记者将精彩瞬间再现给读者，对新闻不只是静态地再现，而是具有强烈动感的画面。这则报道通过简短有力的文字描述，抓取了现场的动态，透露出气氛的紧张、任务的艰难和危险，使得受众有如临其境的感觉。

选取“横断面”是写好新闻特写的关键，宋代王安石在《咏石榴》中说：“浓绿万枝红一点，动人春色不须多。”可见典型细节描写的重要性。这则报道中，作者通过细腻的笔触，写道：“张永刚小心翼翼地粘好炸药，然后掏出火柴，把火柴头按在导火索上轻轻一擦，导火索吐出火焰”，形成了惟妙惟肖的形象感。

情景交融是这则特写报道的又一特点。文中蕴涵了丰富的感情，“听到这个消息，销毁现场所有人都十分紧张，凝重的气氛压得大家都喘不过气来”“这个十分危险的动作，远处的人都屏住了呼吸”；景物的描写也融入了感情，“草原上一片沉寂，只有风掠过枯草发出的声音”“弹丸和TNT一起发生了猛烈的爆炸，蘑菇状的烟云在草原上翻腾而起”，凝重的气氛跃然纸上，字里行间处处洋溢着真情实感。这是优秀的特写作品所必需的，不仅要有强烈的可视效果，更重要的是能以真实的感情撼动读者的心灵。

第九讲　电视访谈类节目认知

电视访谈类节目是通过电视媒介进行大众传播活动的一种节目形态。通过主持人与嘉宾之间的对话，展现嘉宾的人生经历，以及对世界、人生或某些事件的看法，使观众了解情况或事实真相，因此也赢得了观众的喜爱。

第一节　电视访谈类节目概述

我国电视访谈类节目发端于1993年《东方直播室》的开播。这档涉及社会各方面热点话题的电视访谈类节目，其最大特色是谈话自然和真实，也是现在一些访谈节目最缺失的特色。在1996年《实话实说》创办的带动下，各大电视台访谈类节目如雨后春笋般出现，并逐渐有了各自的特色，话题和形式也越来越丰富，各个栏目之间形成了激烈的竞争，产生了不少好节目。经过二十余年的发展，电视访谈类节目已成为我国电视荧屏上的一个主要节目类型，也是广大受众增长知识、娱乐休闲的一个选择。

一、电视访谈类节目的内涵

对电视访谈类节目并无统一定义，一般说来有以下几种说法：

任金州在《电视策划新论》一书中写道："电视访谈类节目是将人与人之间的访谈交流引入屏幕，并且把这种交流直接作为节目的内容和形态的电视节目形式。”①

陈震、杨浩在《主持人节目驾驭艺术》一书中这样定义电视访谈类节目：“电视访谈类节目是指通过一种人与人之间自然亲切的交谈方式来实现大众传播的特定功能的节目形态。”②

叶子在《现代电视新闻学》中对电视访谈类节目的界定是：“电视访谈类节目是在主持人的主持下，邀请嘉宾和观众就社会当前关注的热点、焦点问题进行平等的对话交流，为各种意见、观点、见解的表达和沟通提供一个平台。”③

也有学者认为电视访谈类节目也就是指电视谈话节目，即上世纪60年代在美国就已出现的“TALK SHOW”，翻译为“脱口秀”。电视访谈类节目是指邀请嘉宾参与节目，主持人与访谈对象就预先设定的话题在演播现场进行讨论，并可以通过现代通信手段与场外受众沟通交流共同参与，利用主持人和嘉宾之间的对话来吸引观众的节目形式。

因此，电视访谈类节目是一种节目的表现形态，这类电视节目大致存在两种形态。一种以央视的《艺术人生》为代表，访谈的人员由主持人、嘉宾和观众三部分组成，这种节目形态也称作电视谈话节目；另一种以北京卫视的《杨澜访谈录》和凤凰卫视的《鲁豫有约》为代表，是对人物进行的专访报道，节目通过主持人（记者）与嘉宾的双向交流完成。而后一种形式几乎占据了电视荧屏上访谈类节目的一半以上。

二、电视访谈类节目的发展历程

（一）西方访谈类节目的起源与发展

西方访谈类节目多被称作谈话节目。谈话节目起源于美国。世界上第一个广播谈话节目是马萨诸塞州斯普特菲尔德的WBZ广播电台在1921年播出的，其谈话内容是关于农业耕作问题。早期的谈话节目大多是由一个主持人（通常是某一问题的专家）侃侃而谈。自20世纪30年代起，嘉宾的介入和观众的参与使得谈话节目的形式日渐丰富，有些问答和音乐节目也常常穿插其中。在第二次世界大战结束

---

① 任金州：《电视策划新论》，中国广播电视出版社2002年版，第386页。

② 陈震、杨浩：《主持人节目驾驭艺术》，中国广播电视出版社2003年版，第79页。

③ 叶子：《现代电视新闻学》，中国广播电视出版社2005年版，第49页。

前的无线电广播黄金时代，广播谈话节目也处于极盛时期，一个广播听众在一周中能够选择的谈话节目多达500个以上。[①]

世界上的第一个电视谈话节目是1954年9月美国的全国广播公司(NBC)推出的一档节目《今夜》，由喜剧演员斯蒂夫·阿伦担纲主持。《今夜》节目设定的模式为：有大量的现场观众参加，主持人阿伦以他特有的幽默感和敏锐的反应力，同嘉宾及观众进行似乎漫无目的的轻松交谈，让观众乐不可支。之后，这种节目形式也被争相模仿。

20世纪50—60年代，美国谈话节目的内容主要集中于娱乐界新闻和生活琐事，追求娱乐性和喜剧效果，很少涉及敏感的政治问题和社会问题。例如，1972年最先出现在电视屏幕上的日间谈话节目《唐纳休访谈》，主持人菲儿·唐纳休一改夜间谈话节目那种喜剧性的表演色彩，而把这个节目在下午播出，以家庭妇女为目标观众群的栏目变成一种真正意义上的谈话节目。他深深地关怀现场观众的喜怒哀乐，并和现场观众进行活生生的未加修饰的真实交流。到80年代，播放《唐纳休访谈》的电视台已达200多家，几乎遍及所有美国电视市场。

美国的谈话节目可分为两大类：日间谈话节目与夜间谈话节目。

一类日间谈话节目的话题往往很通俗，目标观众大多定位为19—45岁的家庭妇女，通常涉及家庭、教育等，内容趋于“软”性。奥普拉·温弗瑞是美国电视史上创下最高收视率纪录的日间谈话节目，这个节目属于严肃的人际关系和日常生活谈话节目。话题非常宽泛，从家庭厨艺交流、失业人员的理财建议到失去女儿的心碎母亲的心理辅导、妇女遭遇的暴力侵扰等。即使嘉宾是好莱坞明星，谈论得更多的也是他们的家庭生活。但另一类日间谈话，如《杰妮·琼斯节目》(*Jenny Johns Show*)、《杰瑞·斯普林格秀》(*Jerry Springer Show*)等，更喜欢敏感刺激，甚至耸人听闻的隐私性话题，尽力选择最有可能发生公开冲突的谈话主角。这些关于隐私的谈话节目有时还会设计意料之外的神秘嘉宾中途出场，用来制造意外和悬念。在样式构成上，虽然每期日间谈话节目都有一个主题，但分为几个板块，主持人与不同的嘉宾对谈。

---

① 魏南江：《节目主持艺术学》，中国广播电视出版社2006年版，第81页。

美国的夜间谈话节目则以男性为主要对象，节目中非常强调幽默成分。相比较日间节目对个人层面的关注，夜间谈话节目更趋向于社会性，将各种各样的时政新闻、重大社会现象及时融入节目，做最贴近现实的联系和嘲讽性的、挖苦性的评论。深夜谈话节目更敢于面对现实世界，把困难和威胁转化为戏剧与幽默，让新闻中的事件和人物变得可笑，节目形式轻松，“通过一种把问题变得似乎有些荒谬的幽默形式，在荒谬中，那些真实的深刻的社会冲突好像不那么严重了”①。

NBC 的《杰·雷诺今夜节目》和 CBS 的《大卫·莱特曼深夜节目》是夜间谈话的代表作，通常开场时主持人的单口秀（monologue），就像是中国的单口相声，讲一些笑话评说当日的新闻，中间穿插一些与观众的对话，或是外拍的搞笑片段和观众访谈。然后请一位当红的娱乐明星或是公众人物到现场，与主持人插科打诨调侃一番，节目摄制充分满足观众想刺探名人隐私的心理。值得一提的是戈尔和小布什在竞选总统时都到《今夜》节目现场与受众逗乐。

美国电视谈话节目一般有以下四个特点：首先，美国电视谈话节目的主持人由一人担当乃至数载不变，十分重视节目播出时间、主持人和节目样式的稳定性。其次，其主持人的个性突出，语言风趣，多采用“明星”策略。节目的制作一般也赋予主持人很大的权利，由主持人决定选题、嘉宾乃至节目的种种设计，而节目的形式、对于话题的切入角度往往也充分体现出主持人的个性特点。再次，特邀嘉宾多为普通人，只报姓名，不标身份，大多用现身说法展现谈话主题。最后，美国电视谈话节目的嘉宾和观众更善于表现自己，更具有荧屏魅力。②

（二）我国电视访谈类节目的起源与发展

中国电视从 1958 年 5 月 1 日发轫起，至今经历了四十多个年头。这四十多年也是我国电视节目不断发展丰富的过程。

我国电视访谈类节目产生于 20 世纪 90 年代，这一时期是中国社会的重大转型期，人们比以往任何时候都更加关注自己所处的周边环境，需要沟通与理解、心理调适，需要有人帮助他们解决实际问题，因

---

①　苗棣：《话语的力量（上）——美国电视的夜间谈话与日间谈话节目》，载《现代传播——北京广播学院学报》1998 年 4 月。

②　吴文峰：《国外电视谈话节目给我们的启示》，载《现代视听》2004 年 6 月。

此访谈类节目的出现就为这种交流提供了一个平台。发现真正有亮点的人物,内容上选择了一些与百姓生活息息相关的事情,并循序渐进地对其进行采访。形式上也采取了平民百姓广泛参与和使用平实质朴的交流语言,氛围是轻松愉快的。访谈人物在摄像机前谈话,电视观众得到的视听效果就像他们在自己家客厅与他人谈话一样真切,因此也调动了强烈的参与感,从而打破了我国电视以往的居高临下的传播局面。这些改变正符合当时人们的心绪,使得访谈类节目深入人心,迅速兴起。电视访谈类节目迄今为止共经历了三个阶段。

1. 兴起阶段(1993—1996 年),从《东方直播室》开播到《实话实说》开播之前

中国的第一个电视访谈类节目应当追溯到 1993 年 1 月开播的上海东方电视台的《东方直播室》。这是一档每晚 7:00—7:30 的演播室直播谈话节目,时段与中央电视台的《新闻联播》相同。节目采用现场直播的方式,邀请嘉宾和观众来到演播室就某个话题展开讨论。这个节目的出现意味着中国电视访谈类节目的诞生。当时紧随此栏目开播的还有:1993 年 2 月上海电视台的直播谈话节目《今晚八点》、黑龙江电视台的《北方直播室》、广东电视台的《岭南直播室》和山东台的《午夜相伴》等。《东方直播室》的重大突破就是首次将观众请入演播室,由主持人、嘉宾和现场观众一起,采用"大家谈"的方式,共同探讨老百姓关心的社会热门话题,话题内容涉及社会、家庭、法律、经济、文化、历史等各方面的内容。但当时电视台还没有上星,所以传播范围仅限于当地,收视范围很小,这些谈话类节目都没有在全国引起大的反响。但是自 1993 年 5 月 1 日开播以来,截至 2003 年,《东方之子》是中央电视台开办时间最长、品牌影响力最持久的一档人物访谈节目,也是中国电视界人物层次最高、最具权威性的人物节目,已采访和播出了两千多位"东方之子"。他们中有高层政要,有学界名流,有商界巨子,还有影响力巨大的艺术家、科学家、社会活动家等。由于中央电视台的特殊影响力和《东方之子》的品牌号召力,《东方之子》在 2003 年已拥有一亿多有相当文化层次的观众,成为中央电视台黄金强档栏目之一。

2. 发展阶段(1996—2000年),从《实话实说》开播到《财智时代》开播前

1996年中央电视台的《实话实说》开播。《实话实说》首次采用国外“Talk Show”的形式,并一炮打响。节目从话题甄选、谈话层次设计、记者前期调查、嘉宾的选择和搭配、主持人的风格定位与现场组织、大屏幕使用、灯光设计、现场乐队、多机摄录和后期编辑等都借鉴了国外流行的脱口秀节目方式,并结合自身特点进行了修改与创新。

《实话实说》的巨大成功引发了中国电视访谈类节目的流行,各个电视台都试图抢滩这块新市场。但是由于缺乏《实话实说》的前期精心策划,没有崔永元那样个性鲜明的主持人,许多节目质量并不理想。这段时期仍有不少较有特色的栏目,如中央台有《文化视点》《影视同期声》周末版、《半边天》周末版,地方台有北京电视台《荧屏连着我和你》、深圳电视台《魔方舞台》、重庆电视台《龙门阵》、上海电视台《有话大家说》、1999年12月北京电视台开播的《国际双行线》、2000年3月湖南电视台的《大当家》等。

另外,这一阶段湖南电视台大胆模仿港台等地的婚恋交友类谈话节目,掀起了婚恋交友节目风潮。1998年7月湖南卫视播出了《玫瑰之约》,节目的制作是受到了台湾《非常男女》的启发。栏目播出后,同期出现了大量类似的栏目,当时可以说是一个“婚恋交友类节目的时代”。海南电视台《好心劝你》、重庆电视台《缘分天空》、陕西电视台《好男好女》、福建有线台《真情相约》、河南电视台《谁让你心动》、辽宁电视台《一见倾心》等都是同类节目。

3. 成熟阶段,从2000年《财智时代》开播至今

《财智时代》在电视谈话节目的发展道路上,算得上一个虽不起眼但却是新的里程碑。它把访谈类节目从以往的社会生活类话题转向经济领域,极富时代气息。这段时期里开播的《艺术人生》被称为2001年“中央电视台最大的亮点”,《对话》更是被称作“2001年中国电视界的最大惊艳”。《对话》凭借其全世界范围内举足轻重的嘉宾、经济前沿里有价值的思考、创造性的表现方式,赢得了良好的收视与广告效果。《大家》于2003年5月18日于中央电视台科学教育频道(CCTV-10)正式开播,2005年9月13日在中央电视台综合频道

(CCTV-1)播出。《大家》是目前央视容量最大的人物访谈节目之一，节目时长45分钟，采访的主要对象是我国科学、教育、文化等领域做出杰出贡献的“大家”。

此阶段节目的特点是电视谈话类节目涉及的话题、内容范围更加广泛；节目数量增加更快；出现了讲述平常普通人故事的谈话类节目。比如湖北电视台讲述小人物大命运的《往事》，央视十套的《讲述》，央视十二套的《心理访谈》，云南电视台的《人生》等。这个时期还出现了一批具有特色、有影响的节目和主持人，比如《艺术人生》及其主持人朱军等。

第一部关于访谈类节目的理论专著——王群、曹可凡写的《谈话节目主持艺术》(2002年)也在这一时期面世出版。

三、电视访谈类节目的特点

20世纪90年代以来，以谈话体为主要内容的访谈类节目悄然兴起并形成气候。从中央台到地方台，甚至各个频道，都有自办的访谈类节目，其兼具了人际传播和大众传播的双重特点，所实现的是大众传播的人际化和人际传播的大众化。总体说来，电视访谈类节目有以下几大特点：

（一）鲜明的主持传播

电视访谈类节目，是由主持人组织和驾驭的节目，因此首先它属于主持传播的定义范畴。所谓主持传播是指“一种以主持人或主持人节目形态而出现的传播方式”①。主持传播这一定义范畴是广泛的，不管正在实施传播的传播者原来的身份是什么，也不管其当下以怎样的称号出现，只要传播者在传播中以个人身份出现，实际起到了组织和驾驭传播的作用，其所从事的传播便是主持传播。因此新闻读报、综艺节目等和访谈类节目一样，都属于主持传播。

电视访谈类节目主持人是节目的核心。主持人的个性决定了节目的个性，主持人的知名度决定了节目的知名度。一方面应该注重主持人的名人效应，另一方面访谈类节目的主持人应该以个性化的、本

---

① 高贵武：《解析主持传播》，北京广播学院出版社2004年版，第5页。

色的、真诚的主持特色，构筑起嘉宾和观众平等交流和沟通的崭新平台。

（二）独特的人际传播

人际传播是“个人与个人之间的信息传播活动，也是由两个个体系统相互连接组成的新的信息传播系统”①。人际传播是人类传播中最初、最基本也是最重要的形式，是人们在共同生活中彼此交流思想感情的过程，是人类社会中最直观、最常见、最丰富的传播活动。大致可分为两种，一种是面对面的传播活动，另一种是借助某种有形物质媒介（如信件、电话等）的传播。

电视访谈类节目的传播主体是主持人和被采访嘉宾，传播的方法和手段较之一般的大众传播也就更加丰富，主持人和被采访嘉宾不仅可以使用语言，而且能够运用表情、眼神、动作等多种渠道或手段来传达信息，这使传播的语境随之也出现了某些高语境化的特点。节目不仅通过主持人的提问和嘉宾的回答——“问与答”的交流将嘉宾的人物性格塑造出来，同时主持人和嘉宾的语气语调、体态表情，也包括他们的服装服饰、情境状态等非语言符号，也对主持人和嘉宾所传递的信息起到解释、补充、突出和强调的作用。

由于实现了传播主体的人格化转变，虽然传受双方还无法实现信息的完全对称，无法实现严格意义上的地位平等，但主持人所采取的人性化传播方式和平民化的传播视角，却拆除了横亘于传播者与受传者之间无形的厚墙，足以使受众感受到传播双方在传播处境上的平等性。

由于人际传播关系大多数是在自发、自主和非强制性的基础上建立起来的，传播的目的大多数仅仅是为了交际。因而传播的目的性不是很强，随意性相对较大，双方都没有强制对方的权利，也没有接受强制的义务，这意味着人际传播是一种相对自由和平等的传播活动。在电视访谈类节目中，由于其最终的目的是实现大众传播，所以有一定的目的性，主持人应在把握整体大局、掌握谈话大致方向的基础上，引导嘉宾畅所欲言。

① 郭庆光：《传播学教程》，中国人民大学出版社 1999 年版，第 81 页。

总之,人际传播是节目鲜活的基础,只有在一种正常的人际传播氛围下,嘉宾才有可能敞开心扉和主持人进行面对面的真诚交流。但人际传播的随意性又使它必须接受大众传播的制约,否则访谈节目就很可能陷入狭隘的私人领域,丧失其社会价值。

第二节　电视访谈类节目制作要求

由于各个电视台的实力不一样,投入不一样,参与的人员不一样,可能在节目制作的流程上也有很大的区别。我们以《杨澜访谈录》栏目的策划安排为例,来分析电视访谈类节目的制作要求。

一、生产流程介绍

依据《杨澜访谈录手册》中的内容,节目的生产流程大致如下:

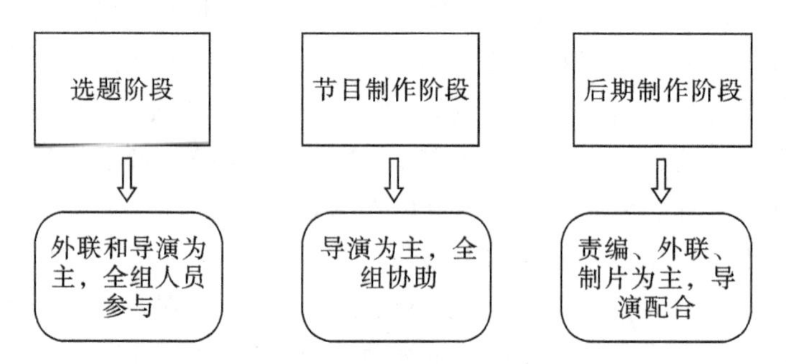

从节目的生产流程来看,导演需要参与到生产制作的每个阶段,并在节目的选题与制作阶段起到主导作用。而制片人在各个阶段中都起到指导、监督的作用,主持人会参与到节目的各个流程中来,为节目的策划提出意见和修改。主持人是节目的灵魂与核心,也是整个栏目组的意见领袖与领导者,对生产流程的每个环节都起到了决定性的影响。

(一)选题阶段

在选题阶段,主要责任人为外联和导演,这个阶段又可以细分为三个部分,即报选题、嘉宾联络、确定场地和时间,各阶段的要点如下:

(1)报选题阶段,每位导演、导演助理、外联都需要报两到三个选题,制片人会对选题进行筛选和分配;

(2) 嘉宾联络阶段是一个比较重要也比较困难的环节,外联会向嘉宾争取尽量多的访谈时间;

(3) 场地和时间一般与嘉宾进行协商后确定。

(二) 节目制作阶段

在节目制作阶段,需要全组成员的协助,因此,这个阶段的工作是团队协作完成。此阶段大致分为以下几个流程:

(1) 选题策划;

(2) 节目录制;

(3) 编辑稿写作;

(4) 节目宣传;

(5) 制片人、总策划审片。

在节目组内部的《杨澜访谈录手册》中,对这一部分的流程有更为细致的描述,共有 20 个步骤,分工非常细致,对各个流程所需时间也有十分明确的规定。作为节目制作阶段的重要组成部分,选题策划在一定程度上决定了一期节目的定位与取向。

选题策划阶段的要点如下:

(1) 每期策划会主持人、总策划、制片人、该期节目导演、导演助理都需参加。

(2) 每期节目都会依据访谈嘉宾的领域邀请相关专家进行策划支持。

(3) 策划会一般在节目正式录制前的两三天召开。

(4) 策划会前,导演会将包括采访核心、主要构思的策划案初稿打印发给大家,并由导演先陈述自己的策划案。

以 2011 年 4 月 11 日的节目策划会为例,此次策划会的选题嘉宾有两位:前任美国财政部长亨利·保尔森、福田康夫。根据两位嘉宾的特点,节目组邀请了来自国际关系学院的中美问题专家、国家发展和改革委员会政策研究所的相关专家、《中国新闻周刊》的资深记者,由这三位组成了本次策划组的特邀专家。策划会开始前,导演将自己前期收集的所有资料、文献打印出来,交给主持人熟悉、了解。这部分资料主要是导演从网络、书籍、报刊等多种渠道搜集来的关于嘉宾的介绍、报道,供策划参考。此外,导演还将自己拟好的策划初稿发给参会的每个人。会议开始时,先由导演陈述自己的策划方案与要点,在此过程中,主持人有时会打断并参与讨论。导演陈述完毕后,制片人会请特邀专家发表意见。在这个过程中,包括总策划、主持人、制片人、导演,每个人都会参与讨论并进行辩论,最终达成共识。

(三) 后期制作阶段

节目生产的最后一个流程是后期制作,导演将文稿最终版、策划案、资料发送到公共邮箱,将使用的磁带和购买的书籍及音像制品等交制片入库。责编对播出带进行技术、商务、错字审查,送总编辑审查,送播。根据播出节目卫视的意见进行修改,责编将审片纪录发送到公共邮箱。在播出完的下一周周会上,责编反馈审片信息,导演分析分钟收视。①

二、生产流程的特征解析

节目组各个层级的管理者与执行者在节目生产的过程中,把关的重点、倾向以及策略都各有侧重,主要表现为:

(1) 主持人会积极参与到策划的讨论中来,主要从访谈的重点、问题的设计、主题的设定等设计了访谈如何展开的层面来征求大家的意见,并提出自己的见解,在策划讨论中起到了主导的作用。同时,主持人也对未来期望采访到的嘉宾提出要求和建议,为导演的选题提供一个方向。

在收视率波动比较大的情况下,主持人也会针对收视率的变化来调整嘉宾的选择倾向,在收视率相对低的时候会在一定程度上做出妥协,如适当地降低外文嘉宾的比例。因为外文嘉宾的收视率总体低于中文嘉宾。

(2) 总策划综合微观与宏观两个层面进行考虑,既包括了选题的具体操作,如话题的切入、结构的设置、访谈的重点等层面,也包括了节目的主线、风格、定位、受众分析等相对宏观的层面。而且,总策划会考虑策划中的政治风险、敏感话题等。

(3) 制片人主要从选题的价值、背景、选题中嘉宾的领域分布、收

① 《杨澜访谈录手册》,栏目组内部资料,于 2009 年由当时节目制片人语闻撰写、修订完成。

视率影响、政治风险等相对宏观的角度来审视和把控；并会对这一时期选题的总体分布进行协调和平衡；每年的嘉宾行业的分布都会有一个经过计算的分配比例，如控制中外嘉宾的比例、明星的数量；平衡嘉宾在经济、政治、文化等各个领域的分配，使得一年当中所访谈嘉宾的领域有一个相对平衡的分布。

（4）导演主要从访谈的主题、结构等具体操作层面进行思考和设计，而较少考虑所选嘉宾的领域比例、政治风险。而且，导演一般也不会考虑所作选题的收视率，主要是依据个人的价值判断和兴趣爱好。在策划会中，导演会依据大家的意见，并结合自己最初的策划思路，来进行讨论和协商。

（5）特邀策划专家，则会从专业领域的视角，提供参考的建议，供主持人、制片人进行参考。这样的建议一般专业性、针对性都很强，保证了节目对每个领域的嘉宾所提问题的专业水准。这样，在节目生产的过程中，就综合了各个角度、各个层面的分析与权衡，经过主持人、总策划、制片人、导演以及每期节目的特邀策划专家的合力作用，来最大限度地保证每期节目的品质。

三、电视访谈类节目的制作要求

电视访谈类节目是由主持人、嘉宾，有的可能还有现场观众、场外观众等共同参与，直接对话完成的。所以，电视访谈类节目的成功离不开好的谈话话题、参与谈话的对象以及主持人现场的驾驭能力等。由于各个电视台的实力不一样，投入不一样，参与的人员不一样，可能在节目制作的要求上也有很大的区别。我们以《杨澜访谈录》栏目的策划安排为例，来分析电视访谈类节目的制作要求。在《杨澜访谈录》十年的发展历程中，不同时期的生产策略和方式在逐渐发生变化，但其宗旨其实一直都没有发生变化——“记录一个人和他（她）的时代”。体现在这句口号后面的价值观其实也未发生改变，即坚持人文理想，进行思想启蒙与东西方文化交流。

（一）追求节目思想的深度

北京大学电视研究中心教授俞虹认为，电视精英文化指的是以知识分子话语和艺术家经典作品为中心的文化形态，是知识分子在独立人格、专业背景和理性精神支撑下通过电视传播对现实社会进行的权威解读和批判认识。①

电视中的精英文化，是精英文化延伸到电视领域所形成的一种文化，它具有传统精英文化和电视时代大众文化的双重属性。依据《杨澜访谈录》的节目定位和制作理念，它所传播的电视内容也属于精英文化的范畴。

具体来说，核心理念主要可通过其选题标准来体现，依据栏目对选题的要求和规定，可以看出栏目在精英文化领域中对理性深度的追求。依据栏目组内部的《杨澜访谈录手册》的介绍，栏目的话题选择标准为：在全球范围内寻找热点事件中公众希望了解的、有影响力的高端人物，并通过采访对其进行人性化的深度解读。②

话题选择的首要标准是高端，其次是对当下影响力的判断，即寻找通过影响当下而有可能改变历史的人物。参考这样的定位，在“毒奶粉”事件中，节目采访了蒙牛总裁牛根生，对事件进行了深度解读。再者，节目兼顾国际性的要求，以全球视野关注地球村上的热点事件，国际嘉宾占到采访的三分之一左右。国际性是《杨澜访谈录》区别于国内众多访谈节目的一个重要因素。

除去上述三种特质，最能体现栏目核心理念的是栏目对思想深度的追求。节目总监指出，“我们需要在采访和制作中都给嘉宾留下思考和反应的空间”。思想的深度是节目品质的基本要求，这种保持理性思考与深度解析的理念体现在节目中的方方面面。

以对娱乐明星的访谈为例，首先节目从来不选择刚刚走红的明星，导演君达表示，“我们从不考虑还未有一定资历的新出道明星，即便是名气很大，也不在节目的候选范围之内”。主持人杨澜也一直贯彻这样的理念，她说，“李宇春是个很不错的孩子，刻苦有天分，但太年轻、积淀还不够，达不到节目对嘉宾的定位要求”。由此可见，节目在最初的嘉宾筛选环节，就进行严格的把关。对娱乐明星访谈的话题设置，杜绝进行花边新闻、肤浅问题的追问，使访谈尽量能从理性的角度来挖掘嘉宾内在的、心灵层面的有深度的话题。导演任娜表示：“做明

① 俞虹：《电视精英文化生存价值辨析》，载《中国广播电视学刊》2005 年第 10 期。

② 《杨澜访谈录手册》，栏目组内部资料，于 2009 年由当时节目制片人语闻撰写、修订完成。

星的话我们肯定不谈八卦、情感。我们关注的主要是更内心的东西，如个人深层的心灵层面的东西。”对姚晨的一期访谈，节目组就从姚晨访问泰国贫民窟作为切入，从慈善的角度进行话题的展开。

在大众文化逐渐趋向娱乐化的大潮下，非冷静的反思、消遣、娱乐、缺乏深度、平面化是大众传媒的主要特征。在这样的媒介环境下，《杨澜访谈录》对其核心理念的坚守，也有自己独特的路径。如果说明星脸的增多是种无奈的妥协，但是对访谈话题的严格把控及节目思想深度的追求，则体现出了节目制作的独特之处。

（二）强化策划意识，注重整体节目包装

《美国哈佛企业管理丛书》认为：“策划是一种程序，从本质上是一种运用脑力的理性行为。基本上所有的策划都是关于未来的事物。也就是说要找出事物的因果关系，衡量本来可采取之途径，作为目前决定之依据。即决策是预先决定做什么，何时做，如何做。策划如同一座桥，它连接着目前与未来的经过之处。”那么由此我们可知，所谓电视策划，就是电视从业人员根据观众的需要，利用已经掌握的知识和手段，按程序对电视节目的选题、演播、拍摄等制作过程所进行的科学的、合理的、有效的规划与预构活动。策划是有效配置电视节目资源的重要手段，其基本特征是程序性和前瞻性。①

所谓专题策划，是为了产生较为深远的社会影响而围绕同一主题组织一组节目推出。专题策划有助于增强节目内容深度，吸引更多关注。专题策划要求编导发挥主体能动性，及时敏锐地捕捉热点问题、焦点现象、新闻人物、突发事件，积极主动地出击，策划选题，邀请有关专家学者就某一问题接受访谈。

从 2008 年开始，《杨澜访谈录》依次推出特别策划的日播专题系列，如 2008 年的奥运会特辑——《杨澜访谈录 · 东方看奥运》、2009 年中华人民共和国成立 60 周年特辑——《杨澜访谈录 · 世界看东方》等。

《杨澜访谈录》还推出年度智者系列，这种专题策划的推出是基于两方面的考虑：一是对节目结构的创新性尝试；二是增加节目的时效性。如在 2008 年的 7、8、9 三个月期间，以日播的形式播出了共 50 集

---

① 许永：《电视策划与撰稿》，中国广播电视出版社 2001 年版，第 28 页。

的《杨澜访谈录·东方看奥运》系列人物采访。这是《杨澜访谈录》登陆东方卫视4年以来，首次改变周播的播出形态，采取日播的方式最大限度地满足观众的需求，从而最大化地利用了重大公共事件的资源，对节目的品牌传播起到了极佳的作用。① 节目突破了奥运赛程这一单纯的时间概念，在一个更为开阔的奥运主题下，将嘉宾的范围涵盖至有故事的往届运动员，因奥运而改变命运的商人、政治家、社会活动家群体，突显出节目作为高端访谈节目的核心竞争力。

2009年10月13—21日的9天中，《杨澜访谈录·世界看东方》以日播的形式推出，它延续并进一步深化了"东方看奥运"的思路，以时事热点为经度，以历史的纵深感为纬度，访问了七位亲历历史重要时刻的大人物，从亲历者们提供的鲜为人知的事实真相中还原出历史流变的全景文本。② 节目组确立强烈的专题策划意识和专业的操作水准，并在2009年的《杨澜访谈录手册》中为下一步的工作确立了目标：每月有一期节目进入东方卫视晚间黄金时段播出，全年有两个日播系列打造节目品牌影响力。③

这种对于专题策划的重视背后，是基于这样的一个理念：对"深度"与"时效性"的双重追求。

节目的选题策划即具体到某一期节目选取怎样的话题开展谈话。对于一期具体的电视谈话类节目来说，选择到好的话题就意味着在通向成功的道路上迈出了第一步。对制片人来说，选题的确定则意味着以后更多的经济投入，所以无论是策划者还是节目的制作者对待选题都是很慎重的。

对此，《杨澜访谈录》制片人马敬军尝试从节目内容的编辑上寻找新的创意。2010年，经由策划、导演、节目总监、制片人的合力策划，一种新的节目制作方式——"人物拼贴式组合"产生了，新的内容编辑手法让《杨澜访谈录》以更有新意的节目形式出现。制片人马敬军认为，"面对访谈节目越来越难做的现状，节目需要寻找新的突破。增加一

① 李美贞：《试析〈杨澜访谈录〉的品牌营销战略》，http://www.tangedu.cn/changhe/0906/61.htm，2005年3月18日访问。

② 杨澜、朱冰：《一问一世界》，江苏人民出版社2011年版，第38页。

③ 《杨澜访谈录手册》，栏目组内部资料，于2009年由当时节目制片人语闻撰写、修订完成。

个结构相对稳定的一对一访谈节目的新意,只有从策划上进行创新。在内容上要做很大的调整是不可能的,比如说一对一的访问,改成一对多的访问,那就叫做话题了。所以我们要坚持自己做的东西,没有必要为了迎合大众娱乐化潮流和趋势去转变。坚持其实也是一种选择,以不变应万变。同时我们也在做一些调整,比如说内容上也在做一些新闻类的选题,时效性强一些的选题,这样观众更容易接受,同时内容上也保持了一定的新鲜度。其实我们调整了以后也不见得选题的面就拓宽了,毕竟我们是坚守在高端定位上的。所以既要高端,又要新闻性,就是一个交集,而不是并集,反而选择的面变窄了。整体上看,促使节目组在制作技巧上进行创新的主要动因有两方面:追求'时效性'与'深度'的兼顾,这方面主要是源自栏目组内部对节目品质的要求;来自市场即收视率的压力,节目需要在不断的创新中才能保持旺盛的生命力,在竞争日益激烈的电视市场中争得一席之地。"

节目包装工作实施的过程是策划、制作和营销的过程。电视是具有重要属性的媒体,它具有公众性、导向性、即时性、纪实性、艺术性及数字电视的交互性等特性,使得电视对国内外公众社会生活产生着巨大的影响,因而节目包装的策划极其重要。①

《杨澜访谈录》对于节目的包装就是每期节目必有的精编串场与小片,它可以把对嘉宾的访谈串接起来,并在每期节目中起到点睛的作用。串场一般在访谈录制完之后,依据本期节目访谈的实况来进行设计。一般是由导演与主持人商讨后来确定的。导演写好的串词,一般主持人还会再进行加工,主持人对串词的要求是要上升到一定的高度,具有内在的生命力。②

通过对串词的要求,也体现出节目的制作理念,那就是对人性化的、内在的心灵层面的精神追求。导演任娜表示,"小片的基调也很重要,我们对嘉宾是完全平视的,平等对待的。解说词会措辞很严谨,如其他节目会说邀请到某某巨星成龙,我们就是说演员成龙,没有崇拜、仰视的色彩在里面,这是我们节目比较可贵的地方。"

---

① 苑文彪、王莉莉、鲍征烨:《数字影视非线性编辑技术》,清华大学出版社 2011 年版,第 147 页。

② 杨澜、朱冰:《一问一世界》,江苏人民出版社 2011 年版,第 40 页。

通过上述两点我们可以看出，串场与小片不仅仅是作为一个特色的结构存在，更重要的是，通过对这两部分的构思与编排，节目包装的理念也渗透其中。从访谈结果来看，影响这部分的主要控制因素是来自组织内部的核心价值观与理念，是在节目组内部的长期实践中形成的一种统一的认知。

（三）以主持人打造节目品牌

电视谈话类节目是以主持人为主体的一种节目样式。与一般主持人不同，对于电视访谈类节目来讲，主持人是节目的灵魂，集节目的策划者、节目方针的体现者、节目内容的组织者和节目播出的主持者四种角色于一身。一名优秀的电视访谈类节目主持人要能够正确地引导受众、传播思想理念，在节目的舆论引导中成为节目定位的体现者、信息传播的引导者和话语权的掌控者。①

《杨澜访谈录》的主持人正是以上四种角色的承担者。她美丽、聪慧、与众不同的人生经历与广阔的视野使其主持的栏目大气沉着、优雅知性。十多年来，《杨澜访谈录》从当初的略显青涩，变得愈加成熟，散发着以高端电视文化为背景的知性美。《杨澜访谈录》显然是取得了成功，作为主持人、制片人的杨澜以及她身后的团队，心血没有白费。

当今时代，资本汹涌澎湃，娱乐铺天盖地。在林林总总的谈话类节目中，不乏追逐“隐私”“八卦”之类的东西，以迎合部分观众，增加收视率。杨澜认为，电视节目不能单纯依靠迎合观众来生存，而是要将节目做出专业品质和个性内容，向观众传达健康有用的信息，这样便会拥有一批忠实的观众。

在杨澜的采访名单中并不缺少演艺界的国际巨星，像“大腕级时尚歌手”席琳·迪翁、时尚界的“恺撒大帝”卡尔·拉格菲、时尚界最有权力的女性之一缪西娅·普拉达、法国女明星朱丽叶·比诺什、影星章子怡、歌坛“天后”王菲等，可谓星光耀眼。在和这些人的对话中，杨澜不习惯问对方的八卦和隐私。必须涉及这些问题时，她都是礼貌地向对方抛出一个恰如其分又点到为止的问题，若对方不愿配合，杨

① 孙凡迪：《电视访谈节目中主持人的价值定位及引导策略》，载《现代传播》2012年第7期。

澜绝不深问,也不会再问。倒是旁边的编导往往沉不住气,心想:“问啊,接着问啊,正在问题的节点上,为什么不问了?”而杨澜此时的主持状态是优雅、淡定。这是杨澜的理性和节制,而这样的理性和节制来源于良好的道德修养和职业操守。正是这样的人格魅力,使得《杨澜访谈录》顺利走过第14个年头,打造了节目的独特品牌。

(四)积极与新媒体互动

2013年12月4日下午,工业和信息化部正式发放4G牌照,宣告我国通信行业进入4G时代。以网络、手机为代表的新媒体的地位、强劲势头已经成为业界学界的共识,2009年的世界媒体峰会更是肯定了新媒体的地位——“数字化、网络化时代,世界传媒业的环境与格局正在发生着深刻变化”。①

央视网“国家网络电视台”的推出、新华社与开心网的合作、新华社手机电视台的开播等,都体现了这种变化着的格局。② 科技的迅猛发展、新媒体的“攻城略地”,给传统媒体带来了前所未有的冲击。以网络、手机为代表的新媒体的竞争让传统媒体产生了恐慌,但传统媒体并未也不可能退出历史舞台。目前,新媒体与传统媒体更多的是一种复杂的共生关系。曹溪月认为,新媒体与传统媒体的融合是大势所趋。“所谓媒体融合,即是在新技术环境下,传统的广播、电视、平面媒体与网络等新媒体通过合作的方式,密切互动,促进双方的资源整合、产业共融,形成集约化、集团式的管理运营模式,从而获得社会效益和经济效益的最大化。”③

在这样的媒介环境下,《杨澜访谈录》也尝试与新媒体的合作,希望可以借助新媒体的优势来推广节目,扩大节目的传播范围、增加节目的关注度。内容是传统媒体的最大优势,新媒体更多的还是发布平台,信息处理平台。为实现内容更好地传播,《杨澜访谈录》尝试了多种渠道。

在节目录制的同时,进行微博直播,使访谈的内容第一时间传递

① 《世界媒体峰会共同宣言》,新华网,http://news.xinhuanet.com/world/2009-10/10/content_12205576.htm,2012年4月8日访问。

② 才让卓玛:《2009年新媒体与传统媒体发展研究综述》,载《探索与思考》2010年第1期。

③ 曹溪月:《论传统媒体与新媒体的传播融合》,载《现代视听》2009年第8期。

到网络，传递给受众。这样，节目就脱离了播出时间的限制，最大程度上体现出了时效性。

此外，节目与视频点击网站如“土豆网”等进行合作。目前节目也正在和苹果公司洽谈合作，希望可以在公司旗下的平板电脑 iPad 上建立客户端。所有这些尝试，体现出了《杨澜访谈录》在面对新媒体的冲击时一种积极的应对态度。

正如《新周刊》报道所言：“像在其他任何国家一样，也像其他任何电视节目一样，访谈节目在中国热播的意义从一开始就不会仅仅局限于一个电视事件本身。当所谈的触点已经链接到中国人日常生活和社会神经末梢的时候，它所引爆的将会是整个时代的回响。无论是在哪里，你都会发现，访谈与其说是一种需要和潮流，不如说是一种社会变革的征兆。”①

第三节　电视访谈类节目案例解析

《杨澜访谈录》和《鲁豫有约》是两档知名度和受众认可度较高的电视访谈类节目。这里从节目背景、受众定位、节目内容以及主持人等方面进行比较分析，以期对我国电视访谈类节目的发展提供有益的借鉴。

一、节目背景

《杨澜访谈录》于 2001 年由著名节目主持人杨澜创办并主持。节目就政治、社会、经济、文化等各方面的热门话题，与国内外各领域的知名人士进行广泛探讨，记录事件的社会背景和人物特有的历史瞬间。节目定位以个人的经历和感受为中心，透过成败得失体现百味人生，探讨现象背后隐含的价值观念。节目将主要受众定位为高文化、高品位的社会高层次人士，以期通过节目的沟通访问，让观众近距离地感受各领域值得尊敬的翘楚们传奇的人生经历和丰富的内心世界。《杨澜访谈录》目前的播出平台已由阳光卫视转到上海东方卫视，又转到北京卫视，通过北京卫视的卫星电视平台，覆盖中国 3500 万家庭，

① 《“对话”元年》，《新周刊》（半月刊）2001 年 5 月 8 日，第 20 页。

拥有超过1.5亿的观众群。节目同时还被发行到美国、加拿大、澳大利亚、马来西亚、新加坡等地的华人社区,全球观众超过3亿。

《鲁豫有约》是香港凤凰卫视中文台于1998年推出的、为陈鲁豫量身定做的一档访谈类节目。节目定位为"寻访昔日的英雄和有特殊经历的人物,一起见证历史,思索人生,直指人们的生命体验与心灵秘密,创造一种新颖的记录谈话模式,充满人情味"。陈鲁豫对被采访者心灵的关注使《鲁豫有约》采访的嘉宾更偏重平民,他们不一定每个都是名人,但每一个却都是有故事的人。节目的受众定位于社会各领域各阶层的人群,只要有真心有真情,愿意倾听故事,感受他人喜怒哀乐的人都是节目的受众。如今,该节目在除凤凰卫视外的全国19家电视台播出,收视率始终名列前茅。主持人陈鲁豫更被美国BBC、CNN冠以"东方奥普拉"的美誉。不同的开播背景与受众定位,决定了两档节目在理念及内容上的不同。但是两者所渗透的人文关怀是共通的,也是吸引观众的关键之处。

二、受众定位

(一)节目做给谁看

一个电视节目可以满足受众多方面的需求,但具体针对这两个节目来说,《杨澜访谈录》侧重于"增长见闻",而《鲁豫有约》则侧重于"追求精神和情感上的享受"。这是两档节目自我定位的结果,也正因为这个原因它们为各自受众预留的参与空间也就有了不同。

(二)节目为受众预留的参与空间

作为一个电视访谈类节目,实现屏幕上主持人与被访者的良好交流效果只是一个方面,甚至只是一个过程。节目真正要追求的是与受众的互动即外部语境的营造。结合这两档节目来说,《杨澜访谈录》是"我谈你想",追求的是受众的思索;而《鲁豫有约》是"我们分享",追求的是受众的共鸣。因此它们理想中的受众参与形式和程度都是不同的,这个特点在两档节目面对同一个受访对象的时候显得更加突出。下面通过两档节目对被誉为"最美志愿者"的廖智的访谈中做一比较。

《杨澜访谈录》《从汶川到芦山》一期的开场白:"五年过去了,我们在灾难中学会了什么?我们民众的防灾、减灾意识,志愿者、媒体的专业精神,救灾机制的效率,慈善机构的公信力,有了一些什么样的改变?我们做得足够好了吗?《杨澜访谈录》推出特别节目《从汶川到芦山》。"这段话明确地向受众展示了节目的风格和本期节目的主题——志愿者对于廖智的强大作用。而随后的节目以廖智主演的微电影《鼓舞》入题,谈到她在地震中失去女儿的痛苦和茫然,以及对舞蹈的追求和对志愿服务的理解和践行。

《鲁豫有约》《廖智的震后重生》的开场白:"她是 2008 年汶川地震的幸存者,曾在废墟中被活埋二十六个小时。因为地震,她失去双腿,失去婚姻,失去女儿。从灾难亲临者变为最美志愿者,灾难面前她又面临何种挑战?经历痛苦磨难,四年前的她依旧乐观坚强。为了她的梦想,排除万难的圆梦之旅。鲁豫有约,说出你的故事,为您讲述廖智的震后重生。"随后节目以时间为线索回顾了廖智从地震至今的心路历程。当然后面也提到了她的舞蹈和她的志愿服务,但一切都是以谈感情为前提的。

就情感和艺术创作这两个话题在节目中所占的比例来说,《杨澜访谈录》中约为 1 : 5,而《鲁豫有约》中则刚好相反。这种反差首先与两档节目的定位有关,另外我们则可以看出两档节目对受众的参与形式和程度的期望不同。《杨澜访谈录》具有较强的新闻性,以新闻为由头,但不是限于事件本身,而重在传播有关事件在认识上的新观点,在此基础上构筑被采访者与主持人思想的交锋。节目制作者期望受众能在睿智的对话平台上思考人生的真谛,将受众置于一种近乎"仰望"的状态。而《鲁豫有约》的节目则建构了一个"顺利—坎坷—走出逆境"的情感叙事模式,每一位被访者都在这个模式中填充自己的故事。而受众作为一个主动的接受者,在这里能够很自然地随着嘉宾同悲同喜,甚至可以在这个现有的叙事结构中加入自己的人生经历和情感体验。同时,受众的这种主动参与使得节目本身在这种"流转过程"中变得更加丰富和完整。

三、节目内容

两档节目的不同定位决定了两者在内容上的不同,这种不同主要分为两方面:一是在节目理念上的差异,二是在访谈视角上的不同。

表 9-1 《杨澜访谈录》与《鲁豫有约》对比

节目名称	主题	播出时间	问题数量	播出时长
杨澜访谈录	从汶川到芦山	2013 年 5 月 12 日	15	31:50:00
鲁豫有约	廖智的震后重生	2013 年 10 月 1 日	19	43:14:00

(一) 节目理念的差异

首先,从两档节目的名称中便可看出各自所承载的不同理念。《杨澜访谈录》和《鲁豫有约》都以主持人的名字来命名,体现品牌意识。前者以“访谈”为主,节目中多是主持人提问嘉宾回答,以一问一答的方式进行。在《从汶川到芦山》(2013 年 5 月 12 日)这期节目中,杨澜更多是在提问而非聊天。

杨澜:是不是有一段时间,当来搜救的人从你的旁边一次次经过包括在喊叫的时候,你都没有做出回应?

廖智:有将近一个小时的时间,我没有任何回应。

杨澜:你想放弃自己吗?

廖智:因为我觉得是白费工夫,我觉得我也不想活着出去了,我女儿也不在了,我的家也没有了。从我掉下去那一刻,我就非常清楚,我的腿肯定保不住了。废墟里面,我就很清醒地意识到,很多东西已经没有了。

杨澜:是什么唤起了你求生的这种强烈的愿望呢?

廖智:我爸爸从地震发生没有多久,他就出现在废墟外面,他一直在外面跟我对话。有将近一个小时我没有跟他说任何话,我也完全不想再去回应外界任何东西。其实很多人已经离开了,但是我爸爸一直在外面。然后一个余震来临的时候,外面的人开始拉扯。我听得很清楚,很清楚地说,廖伯伯你必须得下去,你站在上面是没用的,很危险,而且你女儿已经死了。就直接跟他说我死了。我真心希望,这就是我想要的结果,他放弃。但是我爸那个时候,他多么坚持,他就是不走,甚至跟对方吵起来,他说你怎么知道我女儿死了,对方说这么久没有声音了,没有希望了。他说她肯定是还活着的,你就不能,没有权利说我的女儿死了。

在上段对话中,杨澜步步紧追,见缝插针,及时回应,一刻不放松的发问方式,给人的信息量很大。她在廖智哭的时候保持沉默继续倾听,也体现出女性主持人的感性和知性。

《鲁豫有约》则倾向于聊天的风格,“有约”两字给人以舒适、温馨的感觉。而节目的副题“说出你的故事”体现出了节目内容是以嘉宾的叙述为主,主持人和现场观众则是听故事的人。主持人只是起到抛砖引玉的作用,打开了嘉宾的话匣后便不多发表评论,而是把这种思考的空间留给电视机前的观众。例如在《廖智的震后重生》(2013 年 10 月 1 日)节目中,

鲁豫:“对,我小时候也学过舞蹈,如果可以的话我想做舞蹈演员,但是没有做成,就是童年没有完成的梦想是很美的一个事儿。看别的舞蹈演员,内心会有一些小小的羡慕。跳舞一直是你的梦想么?”

廖智:“反正我两三岁,听见音乐响就会开始跟着音乐跳舞。那个时候也不懂什么是舞蹈,就是觉得身体里面好像有一个这样的魔力,就是音乐响起来就会跟着它跳舞。我记得我学舞蹈,那个时候想去考舞校,就是因为我身高不够。有一个一米六的底线,但是我不到,我只有一米五八。所以那个时候我一直就用很多方法,就为了补那两厘米,就想说我吃一点什么增高药啊或者补点钙呀,喝点骨头汤,没有用。但是当我真的去装假肢的时候,我第一件事就想到,我人生中终于可以长高了。我二十四岁的时候,终于可以长到一米六了。”

在廖智的整个表达中,鲁豫没有过多的干预,而是始终倾听,一直到廖智聊到假肢的事情,鲁豫才继续发问。

其次,节目的制作环境也完全不同。《杨澜访谈录》是在世界各地范围内进行访问,采访地点是根据嘉宾所在地而设定,采访环境多半以一人一椅面对面交谈的方式组成,且现场无观众。这样的形式将访谈定位在一个较严肃严谨的位置上,与节目采访名流的理念也相适应。而《鲁豫有约》则有固定的演播厅,台上一张宽大舒适的沙发,一

个大屏幕，台下一群观众营造出充分的现场气氛。主持人与嘉宾都以放松的姿态展开交谈，双方不拘谨不做作，想到什么说什么，氛围轻松，与讲故事的主题很相符。

（二）访谈视角的不同

从节目的选题来看，《杨澜访谈录》的采访对象基本为政界名流、金融巨头、演艺界精英等在世界上和各自国家有卓越贡献、突出成就的人。如美国前总统克林顿、美国通用电气前CEO杰克·韦尔奇、著名影星尼可·基德曼、奥委会前主席萨马兰奇等大人物均曾做客《杨澜访谈录》。嘉宾的高端使《杨澜访谈录》的节目层级就是高端访问，通过采访一个名人去了解一个事件甚至一个国家。

《从汶川到芦山》（2013年5月12日）这一期不仅邀请到廖智，还有救援队的志愿者，而访谈视角集中在志愿活动这一块，以廖智这位被志愿者救出又成为一名志愿者的标志性人物，讨论"我们在灾难中学会了什么，我们民众的防灾、减灾意识，志愿者、媒体的专业精神，救灾机制的效率，慈善机构的公信力，有了一些什么样的改变，我们做得足够好了吗"这一系列问题。访谈视角侧重于志愿者这一个群体，而廖智只是一个代表人物。

《鲁豫有约》则倾向于一种叙事型的谈话，往往选择一些有着特殊经历和生活体验的人，让他们将自己的回忆、故事、心境与观众一同分享。在新版《鲁豫有约》中，普通人的生活得以更多地展现。如《过年回家》中返乡的学生、民工，《未婚妈妈》中乐观开朗、坚强执着的女性等。每个人的现实生活都是一段历史的构成，因此，《鲁豫有约》试图以一种兼具人性和历史的视角，来解读普通人的生活体验和人生观，一同思索人生，感受生命的体验。①

《廖智的震后重生》（2013年10月1日）一期关注更多的是廖智本人。从廖智如今闪亮的舞蹈事业聊到曾经她婚姻走到尽头，聊到地震当时她的求生欲望，谈到她的义肢，最后用志愿者帮助廖智圆梦舞蹈的视频作结。节目更多的是对生命的赞美，更多的是对廖智本人内心的挖掘，向观众展示了一个身残志坚、积极向上而又有志愿者精神的女性形象。

---

① 陈鲁豫：《心相约》，长江文艺出版社2006年版，第89页。

四、主持人的对比

（一）主持人的个人经历

杨澜本科就读于北京外国语大学，毕业后在央视工作了一段时间后去了美国哥伦比亚大学攻读传媒学硕士。先后开办过《杨澜视线》《杨澜工作室》《杨澜访谈录》等节目，并于2000年创立了阳光卫视。无可争议，杨澜是当今中国最出色的女性之一，也是最出色的媒体人之一。

陈鲁豫出生在北京一个充满书卷气的家庭，从小对语言非常敏感，毕业于北京广播学院英语系国际新闻专业。她敏而好学，敬业认真，身上始终有一种脱不去的校园气息，单纯而又机灵，因此受到了许多大学生、知识分子阶层的喜爱。她那安静淡定的气质赢得了嘉宾的信赖，使他们能够袒露心声。①

（二）主持人的形象与风格塑造

在《杨澜访谈录》中杨澜展示的是一位智慧干练的成熟女性的形象，她与被访者一样具有丰厚的思想内涵和成功的经历。她对嘉宾的访问总能在最恰当的时机提出最恰当的问题，与嘉宾进行语言的交锋碰撞以求能够挖掘出嘉宾最真实而深刻的思想。

在《鲁豫有约》中，主持人陈鲁豫因其机智敏捷和沉稳淡定的气质而成功塑造了一个邻家女孩的亲切形象。在节目中她邀请观众和她一起聆听嘉宾讲故事。无论是什么职业、阶层的嘉宾到了这里，就只是一个普通的"说故事的人"。陈鲁豫招牌式的微笑和内敛谦和的态度，是突破嘉宾心理防线的"有力武器"。

如果说杨澜在节目中扮演的是与被访嘉宾同等的朋友角色，那么陈鲁豫则更像是一个虚心请教的学生。两种风格截然不同，却都获得了成功。

（三）主持人的沟通技巧

杨澜在采访问题设计上以"焦点性话题"为主。杨澜的采访快速

---

① 陈虹、聂德芸：《〈奥普拉·温弗瑞秀〉与〈鲁豫有约〉》的对比研究，载《视听界》2007年8月。

而又专业，节奏感强，提问具有跳跃性，问题与时代联系紧密，具有较强的财经、政治等各领域的专业背景。在杨澜的引导与刺激下，主持人与嘉宾之间经常呈现出对话张力、交锋频繁、观点碰撞、精彩淋漓的场景。陈鲁豫在谈话问题的设计上则以"故事性话题"为主导。每期节目中故事性问题占据主要比例。另外是人情味话题。

陈鲁豫具有很高的"倾听"艺术。她在采访过程中，常常提问后就像一个恬静的晚辈或朋友，全神贯注地聆听经历人生风风雨雨的长辈、友人对过去的追忆。但是陈鲁豫的倾听也不是一言不发地呆坐着，而是在每一次倾听之后，她通过获得的信息和灵感进行成功的追问，引导嘉宾说出自己的故事。

五、电视语言的综合运用

电视访谈类节目应尽量发挥电视语言的优势，在语言传播为主的基础上尽可能调动电视多种表现元素的合力，来扩大信息量，增强可视性。

以这两档节目来说，《杨澜访谈录》挖掘个人经历中能给人带来哲学思考的有内涵的东西，诉求于人的理性，节目在轻松的表象之下藏着其深刻和严肃的实质。而《鲁豫有约》重在分享一段记忆分享一段故事，诉求于人的感性。因此它们的区别也是显而易见的，主要体现在以下两个方面。

（一）音乐的选用

《杨澜访谈录》中除去采访现场的人物同期声、自然音响和引用影片中的客观音乐外基本没有别的音乐，这与其严肃平实的风格相适应。而《鲁豫有约》除这些音响效果之外，有时为了渲染某种情绪，会选用与谈话主题相关、与谈话风格相适应的音乐。比如《廖智的震后重生》中，当廖智回忆自己在废墟中的绝望情绪时始终伴随着淡淡哀愁的曲子。

（二）影像、照片的运用

由于定位的特点，《杨澜访谈录》在影像、照片等资料的选用上也相对谨慎，只是偶尔使用。比如《从汶川到芦山》中仅仅使用廖智本色出演的微电影《鼓舞》中的片段。而《鲁豫有约》的嘉宾大都遭遇了几年甚至数十年的时光阻隔,因此节目制作人员在选用资料时可谓不惜篇幅。一些纪录片和老照片的选用,一方面可以在配解说词的前提下将被访者的背景压缩在很小的篇幅内进行介绍,以消除观众的陌生感,唤起受众记忆;另一方面,这些资料充满着对历史的回忆、饱含着深厚而沉郁的气氛,有利于受众进入节目的情绪中,增强传播效果。在《廖智的震后重生》43 分钟 14 秒的节目中,后半段有 20 分钟播放的都是志愿者同廖智一起举办残疾人晚会的纪录片,将观众直接带入廖智的现实生活,这比现场采访真实得多。

第十讲　电视娱乐节目认知

电视娱乐节目是在市场条件下,为了满足电视受众娱乐需要而逐渐发展的一种电视节目类型。从 20 世纪 90 年代开始,我国电视娱乐节目至今已经发展了二十多年。进入 21 世纪以来,在多方因素的促成下,“娱乐”已经成为社会生活中的高频词,而电视娱乐节目也得到了蓬勃的发展。受众通过观看电视娱乐节目,在感受快乐的同时可以丰富自己的文化生活,还可以启迪思想、得到教育。

第一节　电视娱乐节目概述

电视娱乐节目作为当前电视节目中最为常见的一种节目形态,凭借着丰富的娱乐形式与类型牢牢地抓住了观众的视线,逐步成为人们丰富的日常生活不可或缺的一部分。要对电视娱乐节目有一个深层次的把握,我们必须首先对电视娱乐节目的内涵、特点等有一个清晰的了解。

一、电视娱乐节目的内涵

“娱乐”一词,顾名思义是一种以创造快乐为目的的活动形式。《现代汉语词典》中对“娱乐”的定义是:“使人快乐;快乐有趣的活动。”从古到今,娱乐被理解为使人心情快乐的行为。娱乐作为人类本能的一种精神需求延续至今,人们追求娱乐的样式也在不断丰富。

当前对于电视娱乐节目的界定,可分为以下几个角度:

(一)节目的制作目的

李曦在《中国电视娱乐节目流变》中认为,“狭义的电视娱乐节目是指有意识地为满足观众娱乐需求去策划和制作的电视节目”[①]。由于社会环境与工作压力等多重因素的交叉影响,人们在快速的生活节奏中,迫切需求一处得以宣泄释放情绪的出口,从而使人身心放松。而以“娱乐性”作为核心的娱乐节目便是给观众带来“欢乐”“轻松”“愉悦”等情绪的一剂良药。因此,为了充分满足观众的娱乐需求,吸引观众的关注度,电视娱乐节目需要在制作过程中,有意识地制造娱乐效果,娱乐大众。

(二)节目的内容特点

何春耕、肖琳芬在《中国电视娱乐节目模式的发展与探索》一文中写道:“电视娱乐节目是指通过电视这一特定的传播媒体传播的,大众广泛参与的,以审美性、娱乐性、观赏性和趣味性为突出特点的电视节目。”[②]石长顺在《电视栏目解析》一书中也认为,“电视娱乐节目是综艺节目发展的新形态。较之传统综艺节目,它更具纯粹的娱乐性、游戏性、消遣性、商业性和大众性”[③]。为了体现节目的“娱乐性”,使节目好玩、有趣便成为节目内容的核心点。同时为了提高收视率,在节目内容制定方面,也会增加与现场观众或电视机前的观众的互动。

(三)节目的形式类型

刘晔原在《电视艺术批评》中对电视娱乐节目的解读认为,“电视娱乐节目是那些以娱乐消遣为制作目的,有演播现场,包含游戏、竞赛、文艺表演、轻松话题的谈话等内容的一种节目样式”[④]。

电视娱乐节目为了充分满足观众娱乐消遣的需求,根据不同时期观众的不同娱乐需求,演变出了丰富的娱乐形式与类型。从早期的歌舞兼具大联欢舞台的《综艺大观》到之后的游戏娱乐类型的《快乐大本营》、益智类互动节目《幸运52》,一直到如今的真人选秀节目《中国

---

① 李曦:《中国电视娱乐节目流变》,南京师范大学2006年硕士论文,第7页。

② 何春耕、肖琳芬:《中国电视娱乐节目模式的发展与探索》,载《湖南社会科学》2006年第2期。

③ 石长顺:《电视栏目解析》,华中科技大学出版社2003年版,第105页。

④ 刘晔原:《电视艺术批评》,中国广播电视出版社2008年版,第83页。

好声音》，电视娱乐节目在各个时期都以丰富的娱乐形式与类型满足了不同层次的观众的“娱乐需求”。因此韩青、郑蔚在《电视娱乐节目新论》中说电视娱乐节目是“除了新闻类节目和生活服务类节目之外的电视节目，包括现有的游戏娱乐节目、竞猜节目、电视综艺节目和‘真人秀’节目、娱乐资讯与娱乐谈话节目、剧情节目、体育节目以及儿童节目”①。可见娱乐节目形式类型丰富。

（四）节目的制作手法、节目元素等综合角度

孙宝国在《中国电视节目形态研究》一书中认为，“电视娱乐节目是借助于电子技术手段，运用声光效果、时空转换、视觉造型等独特的手法，广泛融合音乐、舞蹈、戏剧、戏曲、小品、曲艺、杂技、游戏、竞赛、竞猜等艺术形式或非艺术形式为一整体，用以满足广大观众多方面的艺术审美和休闲娱乐需要的一种电视节目形态。而在此过程中还需要考虑到在以电视作为媒介的传播过程中，观众的接受程度以及相互交流”②。

通过以上的分析，我们可以这样理解：“电视娱乐节目就是一种以创造快乐为目的，能够让观众参与其中，通过对节目的趣味性、游戏性、开放性、真实性、文化性等特征的心理体验，最终达到身心愉悦、精神享受的电视情景模式。”③电视娱乐节目是在综艺节目的原有基础上发展而来，通过电视这一传播媒体进行传播，以创造快乐为目的，使观众娱乐消遣的节目类型。相较于传统的综艺节目，电视娱乐节目能够让观众参与其中，与观众互动，通过对节目的趣味性、游戏性、开放性、娱乐性、文化性等特征的心理体验，最终达到身心愉悦、精神享受的电视情景模式。

二、电视娱乐节目的特点

随着电视技术的突飞猛进，以及受众对电视娱乐节目的认同，电视娱乐节目无论在内容或形式上，都更加丰富多彩，电视娱乐节目得以迅猛发展，并呈现出娱乐性、互动性、多样性和商业性等特点。

---

① 韩青、郑蔚：《电视娱乐节目新论》，中国广播电视出版社 2005 年版，第 2 页。
② 孙宝国：《中国电视节目形态研究》，新华出版社 2007 年版，第 88 页。
③ 李伟：《论中国电视娱乐节目品牌创建》，山东师范大学 2011 年硕士论文，第 4 页。

(一) 娱乐性

电视娱乐节目作为一种创造娱乐效果、娱乐大众的电视节目形态，其显著特点就是娱乐性，而也正是“娱乐性”，丰富了人们的精神文化生活，给观众带来了乐趣。人们在观看电视娱乐节目时，会根据节目内容，产生娱乐心理，从而缓解压力，感到身心愉悦。

比如在观看《开心辞典》节目，当参赛嘉宾遇到某一道题目不知道答案或者答错时，而电视观众知道答案或在电视机前答对题目，电视观众会不由自主地通过与电视节目中的嘉宾进行比较，从而获得一种自我的优越感，在一定程度上满足了人心理上的“虚荣心”。或者会通过心理上的“映射效应”，把电视节目中的参赛者当做自己或者同一阶层的代表，从而随着节目的进程发展，与节目参赛者或嘉宾同喜同悲，感受节目的精彩和刺激。比如当观看《生存大挑战》时，电视观众会将自己置身于节目特定的生存环境中，跟随着节目的发展，感受嘉宾所处环境的刺激。

随着电视观众需求的不断变化，电视娱乐节目也发生了相应的改变，但娱乐性始终作为节目的核心，满足着电视观众的需求。娱乐节目通过娱乐的手法展示真实生活，拓展了人们的生活空间。比如在观看《爸爸去哪儿》时，观众能够了解到明星家庭亲子间的相处模式，明星在日常生活中的状态等等，最大限度地满足了电视观众窥探他人隐私，特别是明星隐私的欲望，最终达到娱乐的效果。

当然，在电视娱乐节目中，娱乐性体现最明显的便是通过观看娱乐节目，跟随节目所创造的“笑果”，融入特定的环境，暂时忘记现实的事物，达到宣泄情绪、缓解身心压力的目的。

(二) 互动性

所谓互动性是指受众与媒体不仅仅是交流与沟通的关系，而是一种更为及时的反馈，它尽可能多地让电视观众参与到节目中间，并尽量地使观众获得节目内容参与的主动权，以便对电视节目产生最大的影响作用。互动性在观众和电视节目之间架起一座沟通的桥架，让观众在观看电视节目时更容易融入节目。

随着电视娱乐节目的发展，节目形态发生巨大的变化，电视娱乐节目的互动性方式也多种多样。2004 年湖南卫视《快乐女声》邀请电视观众为喜爱的歌手投票,开启电视娱乐节目采取用短信投票跟观众互动的先河,观众的投票数量能够实时地显示在电视节目中,达到了时时参与、时时互动的程度。2005 年湖南卫视的《快乐女声》便是将电视娱乐节目推向全民参与的顶峰,单单最后一场总决赛冠军李宇春的短信票数便高达 350 多万。随后全国各大电视台的节目都纷纷效仿,开通短信平台让观众投票或者设立短信俱乐部,让观众参与抽奖,或者为节目提出好的建议。这种互动方式既能为栏目组带来较好的经济收益,更能加强节目与观众之间的联系。

为了满足电视观众不同层次的需求,电视娱乐节目的互动方式越来越多。比如网络竞猜、微博转载、论坛留言等等,由于互联网和新媒体技术发展,为电视节目与观众之间的互动提供了巨大的便利性。例如江苏卫视的《非诚勿扰》,不仅节目组建立了官方微博与观众进行交流,方便观众提出对节目的意见想法;节目中的 24 位女嘉宾也都开通了微博,观众可以与节目中自己喜欢的女嘉宾进行互动,查看女嘉宾平常的生活动态,并给女嘉宾留言。

由于技术的支持,互动性已经成为娱乐电视节目制作的有机组成部分。不论何种电视娱乐节目,都重视与观众之间的互动,小到现场分享礼物,大到邀请观众到达现场。2013 年湖南卫视的《我是歌手》节目,选取 500 位普通爱好音乐的电视观众担当大众评委,观众依据现场的感受对歌手进行投票,最终结果都由观众投票产生。

平民百姓参与到电视节目中,成为电视娱乐节目互动性的重要体现。

(三)多样性

由于电视娱乐节目的平民性和互动性,吸引了越来越多的观众参与其中,从而在不断满足受众需求的同时,保障了电视节目的固定收视群体,同时电视娱乐节目也取得了巨大的发展。电视娱乐节目的多样性体现在方方面面。

首先是电视娱乐节目形式的多样性。1990 年 3 月 14 日开播的《综艺大观》是我国最早的联欢性电视娱乐节目,其风格多样,融合了相声、小品、歌舞、杂技等各种娱乐节目,主要是以舞台效果传递娱乐的方式,使受众得到精神上的放松和享受。这类电视娱乐节目的形式受到广大观众的喜爱。1997 年湖南卫视的《快乐大本营》主要以娱乐和休闲为主,通过游戏环节进行嘉宾和观众的互动,它开创了"全民娱乐"的概念;随后《快乐大本营》于2004年、2008年分别进行了改版,现场邀请明星访谈、游戏和互动。随后湖南卫视又推出了大型礼仪公德脱口秀节目《天天向上》,节目采取多种形式来介绍中国五千年的礼仪文化,让观众在节目中收获快乐,将电视娱乐节目的寓教于乐功能发挥得淋漓尽致。

其次,电视娱乐节目具有多样的艺术形式。一台电视娱乐节目,包括舞蹈、歌曲、相声、小品、杂技、快板等艺术形式。同时表现形式上也体现着多样性:可以时空转换、声画并茂;也可以内外结合、声画分离;为了突出艺术效果,还可以通过服装、舞美、灯光、印象等多种艺术手段强化影响。

随着电视娱乐节目的发展,节目主持人的主持方式变得更加自由。可以在台上,也可以在台下与观众互动,可以是单人主持,也可以是多人主持。同时主持环境也是多样性的,不仅仅限制于在演播室内主持,为了增加节目效果,也可以在外景主持。比如《开心辞典》便是由两位主持人分别在不同的场景中进行主持。

特别是随着技术的发展,电视娱乐节目也实现了节目播出形式的多样性。不仅仅是简单地录播、直播,还可以两台对播或多台联动播出,最大限度地满足了观众的需求。

(四) 商业性

随着电视娱乐节目的发展与成熟,运营模式也趋于成熟化。电视娱乐节目逐步开始更多采用商业化的运作模式,节目充满浓厚的商业气息。

一些电视娱乐节目在节目流程上就充满了商业气息。部分益智类、博彩类娱乐节目,其中丰厚的奖金奖品往往使许多电视观众争先恐后地参加节目,一试身手。而这些奖金奖品便是巧妙的商业化运作模式。

2012年浙江卫视全新推出的大型励志专业音乐评论节目《中国好声音》是电视娱乐节目商业化运作模式的典型代表。《中国好声音》由星空传媒旗下灿星制作公司与浙江卫视进行合作,灿星负责制作的模式,浙江卫视做播出平台的模式,双方共同投资、共担风险、共同招商、均分收益,是中国娱乐电视节目历史上真正意义的首次制播分离。《中国好声音》的投入也是惊人的，其制作成本高达 8000 万，音响设备花费 2000 万，而节目中极具特色的转椅也是 80 万元一把。在营销层面上，《中国好声音》充分发挥了时下流行的微博营销，通过微博造势形成舆论热点。在首期播出后，如王菲、姚晨等都纷纷在微博上发表看法，引起粉丝的大量讨论。而节目赞助商加多宝也成为最大赢家，除了记住那些令人难忘的声音外，大家也记住了那句“中国好凉茶，中国好声音”的广告词。《中国好声音》抓住加多宝和王老吉争夺商标的契机和话题性，最终双方实现双赢。

三、电视娱乐节目在我国的发展及现状

我国电视娱乐节目开始于上世纪 90 年代，并迅速盛行于 90 年代后期与新世纪初期。从 1990 年中央电视台的《综艺大观》到 1997 年湖南卫视的《快乐大本营》、2000 年的《开心辞典》，一直到近年来火热的选秀节目，我国电视娱乐节目取得了长足的进步。不论是节目的表现形态、内容展现还是制作水平都有了极大的丰富与提高。然而，由于创新意识匮乏、暴力式抄袭、不结合实际情况生搬硬套等问题的出现，使得电视娱乐节目同质化的现象越发严重，节目周期性缩短等，成为电视娱乐节目发展中不得不突破的瓶颈。

（一）电视娱乐节目在我国的发展历程

中国的电视娱乐节目发展到今天，经历了歌舞兼具大联欢时期、游戏益智娱乐狂潮时期、真人秀时期和草根娱乐四个时期。

1. 歌舞兼具大联欢时期（1990—1996 年）

在这一时期，最具代表性的当属当初红遍大江南北的《综艺大观》，综合各个艺术门类的娱乐性节目成为 20 世纪八九十年代观众的最爱。

中央电视台于 1990 年 3 月 14 日开播的《综艺大观》，向电视观众彻底开启了电视娱乐节目的大门。节目将“舞台”和“话筒”这些观众可望而不可即的神圣物件真实地展现在观众面前，使观众看到了电视节目中充满活力的电视文艺表演。这对于当时精神文化生活相对匮乏的人们来说，充满着巨大的吸引力。

这一时期的娱乐节目如《综艺大观》《曲苑杂坛》等，始终保持着

单向的交流。主持人与演员是舞台的主角,是电视节目内容的主导者,观众只能作为一个“旁观者”享受“精彩纷呈”的文艺节目,完全处于一种被动的接受者的地位。

2. 游戏益智娱乐狂潮时期(1997—2000 年)

1997 年湖南电视台的《快乐大本营》开播,邀请大量的电视观众参与到节目的录制现场,节目积极与现场观众以及电视机前的观众互动,开启了游戏益智娱乐先锋。

之后中央电视台于 1998 年推出了益智类节目《幸运 52》。如节目口号“谁都会有机会”所言,节目参与者彻底回避了明星,主持人也成为节目的配角,而观众则成为节目的真正主角。与此同时,节目巧妙地融入竞技性、博彩性,并以娱乐轻松的氛围贯穿始终。这种模式使得节目迅速地得到了大批观众的追捧与喜爱。

游戏益智娱乐节目的推出,不仅在节目形式上积极与观众互动,观众不再是被动的接受者,而是舞台的主角或决策者,提高了观众的收视积极性;而且节目将内容板块架构在竞猜、游戏之中,使人更容易得到身心的放松以及情绪的释放。

3. 实现平民的明星梦的“真人秀”时期(2000—2008 年)

“真人秀”节目是由西方引进的节目模式,由普通人参与,打破了传统新闻、纪录片等纪实类电视节目与普通电视节目的界限,充分满足了普通观众的明星梦。

2000 年中国首个真人秀节目《生存大挑战》由广东电视台推出。随后,中央电视台的《星光大道》、湖南卫视的《超级女声》、东方卫视的《加油好男儿》,都争相上演实力派比拼。节目同时加强与观众的互动,让普通观众来决定“明星”的成败与否,把平民的审美取向作为节目策划的重点,从而使得节目变得更鲜活,更加具有娱乐性。

这一时期的电视娱乐节目,平民百姓真正成为节目的主角。只要有潜在的艺术特长、想要一试身手就有机会登上造星的舞台。与此同时,随着时代的变化,电视观众的欣赏水平以及需求也发生了变化。

4. “草根娱乐”的媒体盛宴时期(2008 年至今)

如果说“真人秀”节目使平民百姓成为节目的主角的话,那么在“草根娱乐”的媒体盛宴时期,则是真正的草根唱主角的阶段。“真人秀"节目发展到一定阶段,成为仅是为了满足一部分人的明星梦而设置的选秀节目,而没有艺术特长的普通平民,只能依然处于"旁观者"的地位望尘莫及。2008 年湖南卫视开播的《奥运向前冲》,开始了真正的"草根娱乐",节目模糊生活与电视的界限,力求展现现实中最真实的一面。而之后安徽卫视的《男生女生向前冲》、浙江卫视的《冲关我最棒》、山东卫视的《爱拼才会赢》等都设置了同类的"草根运动会"。

结合社会热议话题的"剩男剩女"而再次回归的相亲节目也加入了"草根娱乐"的媒体盛宴,电视娱乐节目正式进入了全民参与、全民狂欢的阶段。江苏卫视的《非诚勿扰》、山东卫视的《爱情来敲门》、湖南卫视的《我们约会吧》、东方卫视的《百里挑一》等大批相亲类节目的突起,使得都市单身男女成为节目的主角。

(二) 电视娱乐节目的现状

随着社会的加速变革和人们生活节奏的变化,作为大众的一种休闲方式,电视娱乐节目在我国取得了长足的发展。

1. 观众需求增大,节目的娱乐功能增强

随着生活节奏的加快和生活压力的加大,电视娱乐节目成为受众发泄情绪、放松精神的有效形式。为了满足受众的这种心理需求与精神需求,电视娱乐节目的娱乐功能也逐步增强,有的娱乐节目甚至就是一种纯粹的娱乐。比如黑龙江卫视的《爱笑会议室》、湖南卫视的《我们都爱笑》,这样的娱乐节目能够帮助观众有效地舒缓压力、放松心情,使观众得到身心的愉悦。

电视娱乐节目的娱乐功能增强的另一个表现是寓教于乐。观众通过观看电视娱乐节目,可以从中得到启发、教育。例如江苏卫视的大型生活服务类节目《非诚勿扰》,除了早期由于女嘉宾的一些不恰当言论引发过舆论的声讨外,如今的《非诚勿扰》成为观众确定择偶取向、婚恋指导的良师益友,孟非、黄菡等前节目主持人的点评与话题讨论透露出其生活智慧。浙江卫视的《中国好声音》主打励志牌,一些家庭贫困或者遭受过许多挫折的参赛选手为了实现自己的音乐梦想,永不放弃坚持下去的追梦故事,与其动听的歌声一起留在观众心目中,深深地打动了观众。这些不同类型的电视娱乐节目,不仅给观众带来

愉悦放松感,同时也向观众传递了一种正能量,让观众在节目中受到启发。

2. 重视与观众的互动,平民百姓参与其中

电视观众对于节目的关注程度直接决定了电视节目的收视率高低,而收视率则是电视产品价值实现最为重要的衡量标准。因此为了使自己的节目能够在众多节目中有一席之地,节目制作单位必须有准确的市场定位,能够拥有固定的受众,这样才能够引起电视观众的关注。

随着社会的发展,电视观众早已经不单单地满足于"旁观者"的位置,以一种"旁观者"的身份观看电视节目,做电视娱乐节目的主角成为当前电视观众的需求。因此,增加节目与观众的良好互动,是当前电视娱乐节目的一大法宝。比如浙江卫视的《我爱记歌词》和央视的《非常 6+1》《星光大道》等电视娱乐节目,直接邀请观众参与其中,满足观众的"明星瘾",有的节目还请现场观众直接担任评委,自己选择获胜选手。

3. 大量引进国外版权,融合多种元素

无论是《开心辞典》《我爱记歌词》,还是最近火爆的《爸爸去哪儿》,众多收视率极高的电视娱乐节目,都是制作单位借鉴了国外的电视节目的形式,通过融合多种元素实行本土化改造,从而大获成功。2013 年湖南卫视热播的《爸爸去哪儿》就借鉴了韩国 MBC 电视台推出的一档亲子互动类真人秀节目的形式。制作单位根据本土化特征选择具有代表性的节目外景,制定比赛内容能够因地制宜,选择观众较为容易理解的方式,使观众能够较轻松地融入电视节目。

曾经火爆荧屏的浙江卫视推出的《我爱记歌词》则是克隆美国的电视娱乐节目《歌唱小蜜蜂》。节目制作人员在节目原有的模式上融合多种元素,进行了本土化的变革。比如《歌唱小蜜蜂》在节目开始时,从所有观众中随机抽选,使其登上舞台参加比赛;而《我爱记歌词》则是采用由选手自愿报名参加比赛的形式,同时允许自带亲友团,将情感因素融入节目。之后将歌手按所属城市划分,进行城市之间的对决,则更增加了节目的趣味性。《歌唱小蜜蜂》以丰厚的奖金作为终极目标,吸引参赛者在比赛中前仆后继;《我爱记歌词》则将参赛者挑战

的奖金进行累计，最后一并捐给希望工程。由此可见，我国的电视娱乐节目不仅仅只是购买外国的版权或借鉴其形式，同时将中国元素融入其中加以改造，使节目能够更好地为中国观众所接受和喜欢。

但是，电视娱乐节目在发展的同时暴露出了明显的弊端与不足。电视娱乐节目在发展过程中媚俗、过度娱乐、节目同质化严重等现象也并不鲜见，突显出我国当前电视娱乐节目发展中的问题。

1. 过度娱乐，制作平庸粗糙

一些电视娱乐节目为了能够拉近与观众的距离、满足观众的猎奇心理，不惜降低节目内涵，采用刻意整蛊、哗众取宠、暴露个人隐私等方式来迎合大众的口味，从而导致节目立意不高，丝毫没有文化底蕴可言。“在这些具有大众文化倾向的电视文本中，艺术不再承担启蒙的重负，而总是被娱乐所替代。”①比如曾经轰动一时的“宁愿坐在宝马里哭”的言论，言论一出便引起一片哗然。电视娱乐节目虽然以“娱乐”为核心，但是节目自身却肩负着为受众提供娱乐并丰富受众的精神文化生活的重要功能，而不是在传播过程中刻意追求“笑果”。过度娱乐不仅不能达到预期的效果，反而会让电视观众感到厌烦，最终失信于受众。

2011 年 11 月 25 日，广电总局正式颁发了《关于进一步加强电视上星综合频道节目管理的意见》，要求从 2012 年 1 月 1 日起，全国 34 个电视上星综合频道要提高新闻、经济、文化类节目播出比例，并且对婚恋交友、竞技娱乐等七类节目的播出数量和时间进行限制，同时要求相关管理部门配备专人进行监管。该政策实施之后，全国各地以卫视频道开始逐一进行改版，大幅度停播娱乐节目。从 2012 年各大卫视改版之后的节目编排来看，形式内容更加丰富，节目编排也趋于合理，过度娱乐的现象得到了初步的遏制。但是如何更好地将电视娱乐节目推动到良性的发展道路上，依然是每一位电视娱乐节目工作者，乃至于全民值得深思的问题。

2. 同质化严重，节目周期短

在当前电视娱乐节目中，抄袭、跟风的现象屡见不鲜。缺乏创新

① 隋岩：《当代中国电视文化格局》，北京大学出版社 2004 年版，第 94 页。

意识，克隆抄袭成风，同质化严重成为我国当前电视娱乐节目最大的弊端。打开电视，各电视台相亲类、选秀歌唱类电视娱乐节目层出不穷。但是节目品种却良莠不齐，能够持续发展成为娱乐品牌的节目更是少之又少。比如近年来大量的歌唱选秀节目如中央电视台的《中国好歌曲》与浙江卫视的《中国好声音》，几乎就是照搬原版，开场音乐、场景布置、音响效果，甚至连主持人的主持风格与体态语言都是一样。

第二节　电视娱乐节目制作要求

随着电视娱乐节目在我国的快速发展，节目制作要求也相应地进行了完善。为了能够快速有效地吸引观众的关注度，提高收视率，各电视台娱乐节目已经根据各自节目特点，形成了规范化制作模式。整档栏目制作流程分工明确，各司其职，有效地保障节目的顺利完成。

一、节目生产流程

每一期电视节目需要由前期制作和后期编辑进行通力合作，节目创作组与制作技术组相互配合，最终顺利完成。所以根据电视娱乐节目的特点，电视娱乐节目生产流程分为前期构思创作、中期拍摄录制、后期编辑剪辑三部分。

（一）前期构思创作

对于一档电视栏目，节目创作者首先要有必要的节目构思，并且确立节目主题，明白该档电视娱乐节目的特点、定位以及目标受众。因此电视娱乐节目在制作前期，必须根据其节目自身特点，进行市场调研。充分了解目标受众的心理需求以及对该类型节目内容的期待，才能更有的放矢地进行创作。比如近年来异常火热的“真人秀”歌唱选秀比赛，便是对目标受众进行了实地调研，了解目前观众的需求，才逐步开始制作此类节目。以往的电视观众从节目中的“旁观者”“配角”一跃改变成为电视娱乐节目舞台上的“主角”。它以一种新的电视娱乐节目的形式出现在电视观众面前，从而获得了高收视率，并且保持了相当强的节目生命力。

创作人员了解目标受众的需求后，需要进行相关资料的搜集，重视和强化娱乐节目的娱乐性特征，最大限度地满足受众的收视心理和收视要求。在原有基础上,要保持发扬该类型节目的特点和优势,并且根据节目特点与观众需求,对节目内容构思进行修改完善,最后草拟节目脚本,正式进入节目的创作过程。在这一环节,需要节目主创人员达成一致意见,对于节目的特点、目的有充分的了解,形成对节目面貌的最初想象,并且能够自始至终将节目特点以及目的贯彻于节目之中。

在前期构思阶段,需要所有主创人员各司其职,分工协作。编导进行对于节目脚本的完善,标示出节目的流程、主持人语言以及节目中途插播片段的时间位置等内容。其他节目制作人员则需要根据节目形态、制作规模、制作方式以及节目特点对工作内容进行调整或确认。比如舞美设计、服装道具的准备,灯光音响等技术人员对于设备的前期调试。最终各部门负责人讨论并确认拍摄计划并且执行。

(二) 中期拍摄录制

不同类型的电视娱乐节目有其不同的制作方式。以演播室拍摄为例,在正式拍摄录制之前,需要进行多次彩排演练,这不仅仅是创作人员了解节目的流程,也是各部门工作人员交流磨合,最终呈现最好效果的必经之路。

在演播室现场,导演需要根据节目预期达到的效果对灯光设定、舞美置景、服装效果进行最后确定。根据现场情绪调整音响大小、音乐处理以及对插播、转播资料进行确定,同时保障现场与导播间通信联络通畅。同时为了节目能够达到预期效果,现场需要确认包括主持人、嘉宾之间的走位、表情、动作以及场上的交流互动。在录制过程中,主持人和嘉宾的行动路线、方向,彼此之间的距离、站位关系、表演姿态、手势等等都因摄像机机位、角度以及拍摄景别的不同,最终呈现出不同的画面。所以需要导播、摄像师、导演以及嘉宾主持人进行全方位的沟通,让拍摄对象找到"镜头感",使其表演更利于用电视画面呈现。比如面对多个机位的拍摄,主持人能够很顺利地找到最合适的角度机位进行表演,摄像师也能根据预定的主持人的走位进行多角度的拍摄,从而使观众看到最好的节目效果。

在实际节目制作过程中,一些电视娱乐节目比如各电视台的跨年晚会、央视的《春节联欢晚会》,由于节目的特殊性,必须采用直播的形式向观众展现。因此,前期的彩排演练也就显得尤为重要。因为正式的录制现场是无法停顿和重复的,所以在前期彩排过程中也需要完成的是准直播状态的录制,这就需要节目各部门进行有效的积极配合,最终才能达成满意的效果。

在正式开始拍摄录制节目时,需要场记准确地记录每段内容的时间、场次,为后期制作提供有效的素材内容,提高工作效率,缩短工作流程。

电视娱乐节目制作过程中,拍摄录制环节直接影响电视节目最后呈现出的面貌、节目效果,从而决定了节目在发行播出后所产生的社会效果。所以在这一阶段,各部门工作人员必须有良好的配合与协作能力,力求制作出一期既能充分展现节目特色,又能最大限度地满足电视观众的收视心理需求的电视娱乐节目。因此,拍摄录制阶段作为电视娱乐节目最为重要的部分,每一个环节都应该始终被节目制作人员所重视。

(三)后期剪辑

节目制作的后期剪辑阶段是对节目的再一次创作。它不仅能够最大限度地修补现场录制的漏洞,还能够通过增加的音乐音效、字幕特效等,更好地保留和还原现场气氛、增强节目效果,从而直接影响观众收看到的节目效果。

随着电视娱乐节目的发展,为了迎合电视观众不断变化的收视需求,节目后期制作的模式也进行了相应的改变。在节目拍摄录制完成之后,后期编辑剪辑工作人员需要对拍摄的素材进行初步的调整修改,以便观众能够看到最好的节目效果。通过线性编辑、非线性编辑对素材进行时间性的调整,将不同的素材以相应的逻辑顺序进行编辑拼接,使节目能够在逻辑顺序上保持整体的脉络架构,最终能够使观众在观看节目过程中了解整个节目内容的因果关系。比如在《爸爸去哪儿》节目中,将第一期节目中孩子的表现与前期孩子的表现进行对比,使观众清楚地看到孩子逐步成长的过程。若在后期剪辑过程中对于节目内容胡乱拼凑、比例分配不当、无因果或因果连接突然且头尾的风格不统一,那么很难吸引观众的关注度。因此后期剪辑过程中,首要任务便是保证电视娱乐节目的结构合理、段落层次清楚,使观众易于理解并且接受。

完成了对拍摄素材的初步编辑后,需要运用特效、字幕等进行包装，使节目更有趣味性，对观众更具有吸引力。同样是在《爸爸去哪儿》节目中，恰到好处地出现字幕，不仅产生了释义的效果，还增添了节目的娱乐氛围，使观众能够更好地融入节目。同时在特定的情境下，运用解说词、背景音乐音效，进行音调、音量的处理，从而使节目传递出更好的视听效果。在大型晚会的诗朗诵节目中，嘉宾慷慨激昂地朗诵诗歌时，在背景中加入对应情绪的音乐，往往能够使节目现场营造的情绪更加饱满，更震撼人心。

最后，后期编辑剪辑的工作人员需要对节目进行片头片尾的特效包装，使观众在第一眼收看节目时，便能够被节目所吸引。比如《天天向上》一开始以特效展现的主持人相继出现的动画场面，以及在特定时期出现主持人策马奔腾的场景都有效地吸引了电视观众的注意力，使观众能够对该档电视娱乐节目产生期待。

想要在日趋市场化的电视节目竞争中占据一席之地，电视娱乐节目必须有所开拓和发展。而最为直观的便是体现在节目生产流程中。只有在前期构思创作中使节目富有新意，能够准确地定位于满足目标受众的需求；在中期拍摄录制过程中全心投入，各部门工作人员相互协调配合，最大限度地展现该档电视娱乐节目的特色；在后期编辑剪辑过程中，精益求精，以新颖有趣和活泼别致的形式将电视娱乐节目展现在观众面前，以娱乐为核心给观众最好效果的视听享受，才能够获得电视观众的青睐，才能够保持节目的持久生命力。

二、电视娱乐节目制作原则

想要在当前众多电视娱乐节目中脱颖而出，吸引观众的注意力，电视娱乐节目制作要遵循以下原则：

（一）形式创新，内容新颖

一档电视娱乐节目要给观众留下深刻的印象，除了在节目内容中融入“娱乐性”，还要将节目形式创新、内容与众不同作为不断追求的目标。“进入21世纪之后，无论是经济的发展、社会文明的进步，以及科学研究、科学技术的日新月异，都使得人们的知识视野不断地出现新的‘盲点’。即使是‘活到老、学到老’，在一个人的生命之中仍然会有许多应知而未知的领域。这些新知识、新技能又与人们的日常生活密切相关,而不再只是学者、专家的‘纸上谈兵’。”①这正是电视娱乐节目创新的用武之地。

比如《爸爸去哪儿》开始将明星的亲子关系以一种娱乐的方式,展现在电视观众面前。通过游戏竞赛的形式,全方位地展现明星家庭爸爸与孩子之间的沟通与交流。这种将明星家庭的亲子关系通过娱乐节目的形式展现,开创了国内娱乐节目的新模式。节目既满足了观众的收视需求,又为明星赚足了人气。《爸爸去哪儿》的节目模式虽然来源于韩国的一档娱乐节目,但是通过节目策划的重新编排,并且在节目内容中融入本土化特色,使该节目在国内大放异彩,成为观众追捧的一档电视娱乐节目。

电视娱乐节目的内容新颖就是要消除“过度娱乐”的倾向,在不断追求内容的创新过程中,增加人文内涵,弘扬和提升电视娱乐的思想文化。电视娱乐节目不能仅满足电视观众的收视需求,过分追求肤浅的“娱乐”、盲目的“娱乐”,要将人文内涵贯穿于不断创新的节目内容与形式,乃至于节目的各个环节之中。在传递娱乐文化理念的同时,使观众能够释放精神压力,提升文化品位与审美情趣。

(二) 节目主持人幽默出彩

电视娱乐节目主持人是节目的灵魂,主持人的好坏,决定了该档节目能否达到预期的“笑果”,获得预期的影响力。一个好的节目主持人有助于提升节目效果,为节目赢得广阔的受众市场。

在电视娱乐节目中,主持人的外貌、装扮、动作、表情能让观众从视觉层面看懂节目所表达的主旨,主持人的语音、语调、语速则能从听觉层面传达出节目的意义。主持人的外部形象与栏目自身的形式和内容协调,且具有亲和力、机智、幽默、现场反应能力,就会加深观众对该档节目的印象。湖南卫视男主持人汪涵,幽默智慧,反应超快,获得了大量观众的喜爱,其主持的节目也受到观众追捧。

《快乐大本营》的“快乐家族”,《天天向上》的“天天兄弟”都是目前国内电视娱乐节目中比较有名的主持群。主持群和嘉宾、观众一起参与节目,体会快乐的感觉。其中身为“快乐家族”成员的谢娜就一直

① 冷智宏、许玉琪:《电视生活服务节目定位、形态与包装》,中国广播电视出版社 2003 年版,第 61—62 页。

是以在节目中“敢作敢秀”著称。她在舞台上无压力，表演收放自如，无形中给节目带来了很多欢乐，提升了节目的影响力。而《天天向上》主持人并非全是科班出身，如韩国明星小五的跨国界、跨行业的参与，打破了以往娱乐的地域性；欧弟、田源、钱枫拥有幽默的潜质和气质，并且以亲切、青春、时尚、自然的形象引领时尚潮流，使一些观众将他们视为自己的偶像。

主持人是电视娱乐节目的重要卖点，也是保持高收视率的保证。因此选择合适的节目主持人对于电视娱乐节目来说是一个十分重要的环节。编导在进行前期策划时，既要对节目的定位、形式、内容进行考量，又要对主持人的特点与个人魅力充分了解，这样才能最大限度地激起观众的兴奋点，从而提高节目收视率。

（三）注重参与，强调互动

随着电视娱乐节目的快速发展，电视娱乐节目越来越全方位地表现出“平民化”特点。注重受众在节目中的参与性，强调与受众积极互动，这已成为电视娱乐节目制作过程中不可忽视的环节。在电视娱乐节目中，节目录制现场受众参与度的高低，直接影响到电视机前的受众的关注度。正是因为有了受众的参与，才提升了电视娱乐节目的质量与传播效果。比如《中国达人秀》等类型的节目，其节目制作宗旨就是为有才华的普通人提供一个舞台，帮助他们实现梦想。因此在节目中，主持人与参赛者之间的互动、参赛者与评委嘉宾之间的互动、主持人与现场观众以及电视机前观众的互动等，让观众感受到自己不仅仅是在“观看”“旁观”，而是让观众参与到电视节目中。与嘉宾、主持人有了交流，这不仅拉近了普通百姓参赛者和明星嘉宾之间的距离，还积极调动了现场受众的兴趣，活跃了现场气氛，与此同时还在一定程度上调动起电视机前观众的情绪，缩短了电视与受众的距离，引发了电视观众对于该档节目的兴趣，提高了节目的收视率。

受众参与意识越来越强，电视娱乐节目也越来越迎合这种参与意识，满足受众的探知欲和参与感。平民化传播营造了一个良好的传播氛围，参与其中就意味着共同的分享和相互的了解，使得受众仿佛参与了一次的真诚的心灵沟通，引发一场电视狂欢的快乐。

电视娱乐节目在制作过程中，需要将节目的“娱乐性”和文化品位合理地结合起来，在满足电视观众“娱乐”需求的同时，以新颖独特的艺术形式、灵活多样的表现手法以及广泛参与、与观众互动交流的传播手段,吸引电视观众对节目保持长期有效的关注。只有在节目制作中,不断强化节目特点,并在此基础上上凸显自身的个性特征,才能在精彩纷呈的电视娱乐节目中独树一帜。

第三节 电视娱乐节目案例解析

2013年电视真人秀娱乐节目得到井喷式的发展。从1月开始,湖南卫视《我是歌手》打响了2013年电视真人秀娱乐节目的第一枪。随后从湖南卫视的《中国最强音》《快乐男声》到浙江卫视的《中国好声音》、东方卫视的《中国梦之声》、江苏卫视的《全能星战》等,音乐类真人秀节目基本在全年做到了"无缝衔接"。而在2013年年底,湖南卫视全新推出的亲子类真人秀节目《爸爸去哪儿》的横空出世,不仅给同质化的真人秀节目带来一股清风,也预示着真人秀节目从选秀音乐类节目到生活服务类节目的转变。《爸爸去哪儿》节目有创意的节目形式、五个萌娃的真实表现、明星亲子关系的首次呈现等,使得节目一经播出便引发收视狂潮,成功成为2013年度最高收视率的电视娱乐节目。对这档节目加以分析,有助于对探析我国电视娱乐节目发展的成就与问题。

一、节目来源

《爸爸去哪儿》是湖南卫视2013年第四季度全新推出的大型明星亲子旅行生存体验真人秀。该节目版权和模式购自韩国MBC电视台的《爸爸!我们去哪儿?》,节目形态为五位明星父亲与自己的子女一起到偏僻的村庄或是条件较为恶劣的环境下生存数日的过程。《爸爸去哪儿》于2013年10月11日起每周五晚22:00登陆湖南卫视,节目为季播,第一季共12期,节目创新改进后将视角对准亲子关系,五位明星爸爸与子女联手担任嘉宾,进行72小时的乡村体验。节目在尊重原版的情况下,五位明星还原到爸爸的角色。通过与子女的72小时乡村体验,爸爸单独肩负起照顾孩子饮食起居的责任,侧重考验明星带孩子的能力,唤起观众重视亲子之间的交流与互动。

二、节目特性分析

纵观已播出的12期节目,我们可以看到节目的以下鲜明特色:

(一)成功的本土化创新

虽然节目购买的是韩国的版权,但湖南卫视对这个节目的主旨、形式成功进行了本土化的改造。"节目的参与者应该成为观众好奇的戏剧性对象。真人秀节目的核心问题是让观众觉得这些人跟我有关,我要去关心他,必须把节目中的普通人建构成一个观众关注的对象。"①《爸爸去哪儿》表面上是明星大型户外真人秀,但实际上,更多展现的是育儿的问题、亲子关系,特别是明星的亲子关系。短短三天两夜,成为平日里很少有机会待在一起的父子、父女亲密接触的难忘时光。在中国文化中,父亲几乎没有时间陪伴孩子,更不会完整地伴着孩子成长。连节目里的"最佳爸爸"林志颖都曾表示"错过了孩子的第一声喊爸爸、第一次会爬"。所以这档节目,更多呈现的是在传统的家庭教育中,"父亲"角色缺失的这一现象,引发观众深沉的思考。不同风格的育儿模式,也被潜移默化带入到观众的家庭生活中来。节目精致地设置了众多环节,表现孩子们的天真童趣,也反映父子、父女之间的温馨交流。林志颖属于在孩子心中树立的"榜样型"父亲,与儿子的沟通方式体现了更注重亲子互动的教育观;80后爸爸张亮的沟通方式是和孩子做朋友,可算是"同伴型"父亲;郭涛则是纯爷们的教育方式,可打可闹可嬉笑;王岳伦和田亮被笑称是"唐僧附体",最拿手的教育方式是不停地讲道理。

湖南卫视对这个节目在形式上也进行了一些本土化的改造。中国丰富的自然资源和独特的人文景观是真人秀节目绝佳的外景地。首先节目在外景地的选择上,无论是北京灵水村、宁夏沙坡头、云南普者黑、山东鸡鸣岛还是牡丹江雪乡都是极具中国特色的地方,凸显了不同地方的风土人情和风俗习惯。有着"举人村"称号的灵水村、沙坡头的天然沙漠景观、普者黑极具民族特色,每一个地方都带给观众独

---

① 尹鸿、陆虹、冉儒学:《电视真人秀的节目元素分析》,载《现代传播》(双月刊)2005年第5期。

特的视觉享受。同时在这些地方还通过精心设置的一些任务，例如“寻食材”“爸爸做饭”“娱乐游戏比拼”，增加了节目的亮点，让观众在观看节目的同时，也受到一定的启发和教育。

（二）以娱乐挖掘节目深层内涵

《爸爸去哪儿》作为一档新型亲子互动类真人秀节目，在满足观众对于娱乐功能的需求的同时，更多地去照应了节目自身的主题思想，回归到展现真实的明星家庭在日常生活中的初始状态，探讨亲子互动间更深层次的内容。

节目组邀请五位明星爸爸作为嘉宾，首先是因为他们在各自行业内都具有突出建树。其次明星爸爸带孩子一起参加节目，本身就对于各自的粉丝具有强大的吸引力。节目组真实记录了五位明星爸爸与孩子在生活中的接触，将明星的私人生活展现在荧屏上，极大地满足了粉丝对于明星的窥私欲望。包括进入明星家里拍摄临行前的准备工作，每天晚上爸爸与孩子的内心交流，这些内容的展现都极大地提高了节目的关注度。

但是，节目并不单纯地以爆料明星隐私生活为吸引观众的噱头。节目在恰到好处地吸引观众的兴趣的同时，更多的是回归到明星作为家长的本能初始状态，这样反而能够创造出更有价值更有意义的话题。比如节目第一季第一期，五组家庭进入北京农村的时候，田亮女儿田雨橙的放声大哭让田亮束手无策，田亮直言自己搞不定女儿。这一系列内容的展现，既满足了观众对于明星生活的进一步了解，也创造了可供讨论的话题：究竟该以什么样的方式最好地“摆平”自己哭闹的孩子？而这些才是节目真正追求的意义。

同时，《爸爸去哪儿》不仅仅只提出问题，同时还会为观众提供解决问题的参考。虽然这些与嘉宾有着不可分割的关系，但是这些内容都被节目组深入挖掘并且真实地展现出来。比如第一期里张亮与天天睡前换位思考的交流，不仅使观众了解到明星与孩子之间的互动是如何展开的，同时还看到了作为父亲该如何以一种良好的方式去教育指导孩子认识到自己行为的不足，并且使其愿意改正。第三期，节目组拍摄五组家庭滑沙时，田亮在女儿身后拉着滑板向下行进时，都实实在在地展现了一个人作为父亲时最初始的形象，让观众看到了曾经认为“搞不定”自己女儿的父亲如何以一种父亲初始的形象“搞定”了自己的女儿。

（三）以细节刻画节目人物形象

“电视为真实性提供了一种新的定义：讲述者的可信度决定了事件的真实性。这里的‘可信度’指的就是演员表现出来的真诚、真实或吸引力。”①但要表现这种真实，需要大量细节镜头。

《爸爸去哪儿》这档节目在拍摄方式上采取“多机位、全时段”的无死角拍摄。据湖南卫视官方透露，《爸爸去哪儿》共有 40 多个机位，其中活动机位有 20 多个，包括航拍、贴身摄像、室内监控和其余固定机位。再算上导演、制片、编剧、场务、后勤保障，现场的工作人员共有 100 多人。正是如此庞大的摄像团队，才在这三天两晚的拍摄中累积了 1000 多个小时的视频素材。同时，这也使得这档节目充分捕捉了父亲和孩子们的诸多表情动作细节，生动刻画了人物形象。

在真人秀节目中，无论嘉宾还是制作团队，除了基本的流程有安排外，节目组成员完全不知道下一分钟会发生什么。譬如你吩咐孩子去买菜，接下来他会采取何种行动，你完全无法预估，而这个疑问同样抛给了观众。因此，要求摄像师全程记录下孩子的行为动作，不要打断他们，最真实地呈现孩子们的反应和表现。尤其是细节的表现，可最大限度地真实展现人物性格。比如在《爸爸去哪儿》第二期的结尾，田亮的女儿田雨橙祝田亮生日快乐。这个场景是没有任何人设计且在节目组的意料之外，由室内的监控录下的。后期剪辑人员发现后剪进节目之中，这个感人的细节对表现田雨橙对爸爸的爱无疑是最动人的。

三、《爸爸去哪儿》收视率高的原因

《爸爸去哪儿》这档娱乐节目成功的原因可以从两个方面加以分析：

---

① 〔美〕尼尔·波兹曼：《娱乐至死》，章艳译，广西师范大学出版社 2004 年版，第 107 页。

(一) 成熟的制作模式

《爸爸去哪儿》是从韩国 MBC 电视台引进的亲子户外真人秀节目《爸爸！我们去哪儿?》的中国版,整个节目的形式基本照搬韩国原版,因此整个节目的模式比较成熟。同时节目组的整个制作团队是由湖南卫视的各大高收视率节目的工作人员组合而成,对于节目类型能够进行轻车熟路的把控,保证了整个节目的模式相较于其他原创型节目更具有成熟性。

(二) 明星的名人效应

《爸爸去哪儿》选取了五对风格迥异的父子(女),并且五位爸爸分属于不同行业的明星人物,以其"名人效应",能够调动最广泛的"粉丝"观众。将五个家庭聚集在一起,能够满足各行各业的观众对于节目的需求,唤起观众对明星亲子关系、情感生活的观察和自己的生活的对比。《爸爸去哪儿》节目的开始,观众跟随镜头走进明星的家,曝光的不仅是他们的孩子,还有他们的住所、睡相,以及起床时的蓬头垢面,甚至是狼狈的模样;在和孩子的体验式旅行中,他们自然地放下偶像包袱、显露本真,都极大地吸引了粉丝的观看热情。

《爸爸去哪儿》节目通过记录爸爸和孩子在不同环境中的生活,充分展现了明星家庭的亲子关系、日常生活状态。节目中展示的柴米油盐的普通生活、无可奈何家庭教育的困惑和出其不意的父子、父女真情,迅速拉近了观众与节目的距离。让观众在轻易接受节目所展现的内容的同时,融入节目的话题、情景中,从而思考自己的角色定位和日常生活。

(三) 户外真人秀展示的孩子的天真烂漫

大型户外真人秀节目能够最真实地记录并反映当前所发生的情况,最真实地展现节目嘉宾的状态,最大限度地吸引观众设身处地地去感受节目所展现的内容,满足了大批观众的窥私心态,看到明星作为平凡人的一面。

《爸爸去哪儿》节目一经播出,节目所展现出的明星孩子在镜头前的状态成为观众最关注的焦点。五个孩子的天真烂漫,成为街谈巷议的热点。节目组利用这一点,突显出孩子成长过程中的"孩子气",成功地吸引了大批观众对于节目的关注。

（四）亲子及教育话题的普及性

《爸爸去哪儿》节目涉及的亲子模式以及教育话题对于每一个家庭来说，都十分具有普及性，极易引起观众的共鸣。

孩子的成长与教育问题，是每个家庭都非常关注的问题。有孩子的，不论几岁，都时刻面临着这个问题；没孩子的，也将要面对这个问题。观众观看这档节目不仅获得轻松娱乐，还想从节目里取一点适合自己的真经。

四、节目成功后的反思

《爸爸去哪儿》表面上是明星户外真人秀比赛的模式，实际上更多的是讲亲子关系，是育儿的问题，特别是明星的亲子关系。节目掀起了社会对于教育的反思。在育儿问题上，到底该采取怎么样的模式才能够最好地伴随孩子的健康成长：是“哥儿们”模式的平等对话，还是“唐僧”似的解说分析、“爷们儿”之间的严厉？五位爸爸在节目中所展现出的各自不同的育儿方式，给观众提供了不同的参考。

但是我们还是可以看到节目值得反思的地方。

（一）照搬海外模式，无创新能力

由于节目基本照搬韩国 MBC 电视台节目《爸爸！我们去哪儿?》，节目形式上缺乏相应的创新，没有能够与当前的热点话题、社会背景进行结合，因此也限制了节目对于一系列问题的进一步探讨。父子单独出行、父亲独自照顾孩子、各个家庭相互比赛、寻找食材、完成任务，一系列的内容模式没有加入结合当前实际情况的改善或改进，限制了节目的后期发展。

（二）对亲子关系、明星隐私的过度消费

节目的前期成功，使明星父子成为街谈巷议的热点，过度消费的亲子关系也使节目中的五位爸爸为了彰显各自良好的形象，在镜头中不自觉地出现了一些表演的成分，与最早的真实记录现实的生活情况可能形成了偏离。与此同时，除了对节目本身进行关注外，节目中五对明星父子的家庭生活也都被一一挖出，家庭成员的相关资料都迅速被媒体曝光。这在一定程度上给嘉宾带来了困扰,也将观众的视点更多地放在了节目外的八卦上。

总之,通过对《爸爸去哪儿》这档节目的分析不难看出,目前国内购买国外的版权、照搬国外的套路的电视娱乐节目需要在本土化改造上大下功夫,勇于在形式与内容上创新,注重品牌打造,使电视娱乐节目成为丰富受众日常生活的休闲之选的同时,又能提升受众的文化生活水平,成为社会精神文明建设的文化软实力。

第十一讲　舆论与舆论引导认知

第一节　舆论概述

一、舆论的内涵

舆论观念有久远的历史。在中国，“舆”字的本义为车厢或轿，又可以解释为众、众人或众人的。如《左传 · 僖公二十八年》“听舆人之诵”，《晋书 · 王沈传》“自古圣贤，乐闻诽谤之言，听舆人之论”，其中“舆人”均指众人。“舆论”作为一个词组，最早见于《三国志 · 魏 · 王朗传》：“没其傲狠，殊无入志，惧彼舆论之未畅者，并怀伊邑。”其后见于《梁书 · 武帝纪》：“行能臧否，或素定怀抱，或得之舆论。”其中“舆论”即公众的言论，或公众的意见。

在欧洲，早在古代社会就有类似舆论的记载，但直至 18 世纪才有“公众意见”(public opinion)概念的出现。法国启蒙思想家伏尔泰称“舆论”是世界之王。卢梭在《社会契约论》一书中亦使用了“舆论”这个概念。

关于舆论的定义，学界有多种不同的见解，大致可以概括为三类：第一类观点认为舆论是一种意见。如“舆论是显示社会整体知觉和集合意识、具有权威性的多数人的共同意见”。“舆论是社会或社会群体中对近期发生的、为人们普遍关心的某一争议的社会问题的共同意见。”“舆论是群众就他们共同关心或感兴趣的问题公开表达出来的意见综合。”“舆论是在特定的时间空间里人们对于特定问题所公开表达的基本一致的意见。”①

第二类观点认为舆论不仅仅是一种意见，还包括信念、态度、情绪或者集合意识，是意见、信念、态度和情绪的总和或汇集。如陈力丹指出“舆论是公众关于现实社会以及社会中的各种现象、问题所表达的信念、态度、意见和情绪表现的总和。具有相对的一致性、强烈程度和持续性，对社会发展及有关事态的进程产生影响。其中混杂着理智和非理智的成分”②。刘建明认为“舆论是‘一定范围内多数人的集合意识及共同意见’”③。

第三类观点认为舆论是信念、态度。如李普曼在《公共舆论》中写道：“他人脑海中的图像——关于自身、关于别人、关于他们的需求、意图和人际关系的图像，就是他们的舆论。这些对人类群体或以群体名义行事的个人产生着影响的图像，就是大写的舆论。”④美国《政治分析词典》将舆论定义为“人们对社会问题的信念和态度”⑤。

综合上述观点，可将舆论定义概括为：特定空间内的多数人对现实社会及社会现象公开表达的大致相同的意见、信念和态度。

二、舆论的特征和层次

李良荣在《新闻学导论》中指出，舆论作为公众意见（公共意见）是社会评价的一种，是社会心理的反映，它以公众利益为基础，以公共事务为指向，并因此具备许多独有的个性，包括公开性、公共性、急迫性、广泛性、评价性。

具体而言，第一，舆论在公开讨论中形成，又公开表达以实施干预。自始至终它都是在社会公共领域内产生并发挥作用的。第二，舆论既然在公共领域内产生并发挥作用，那么公共性就不可避免地成为舆论最重要的特性之一，这种公共性具体体现为舆论指向的公共性和作用目标的公共性。要吸引公众参与，形成广泛的社会讨论，最终整

① 曾庆香：《对舆论定义的商榷》，载《新闻与传播研究》第14卷第4期。
② 陈力丹：《舆论学——舆论导向研究》，中国广播电视出版社1999年版，第14页。
③ 刘建明：《基础舆论学》，中国人民大学出版社1988年版，第9页。
④ 〔美〕李普曼：《公共舆论》，阎克文、江红译，上海世纪出版集团2006年版，第21页。
⑤ 转引自秦志希、饶德江：《舆论学教程》，武汉大学出版社1994年版，第26页。

合形成一致意见。那么,这一意见指向的事物必须具备公共性,即利益上对公众而言的切近性,或者说涉及公共利益。第三,舆论涉及的都是近在眼前而且迫切需要解决的问题,具有急迫性。第四,舆论的广泛性是指舆论存在范围的广泛性和影响范围的广泛性,其原因在于舆论主体公众聚合的随机和舆论客体的多元以及舆论本体意见指向的涵盖范围的广阔。第五,舆论是一种意见,它不是一般的客观陈述,而是对事物作出的判断,带有明显的主观倾向,也就是具备了一种评价性。①

社会舆论按其波及面之大小,可以分为不同层次:(1)有的社会问题足以唤起全世界大多数人的关注和情感波动,从而产生世界性的舆论。如恐怖组织残害平民会引起各国人民的舆论谴责。(2)由国家意识或民族意识形成的对当前社会问题的舆论反映,如外部势力的入侵会触发被侵犯国家全民的舆论反抗。(3)阶级之间、集团之间的利害冲突,易于形成阶级对抗和集团对立的舆论。(4)职业的、年龄的差别,基于各自的不同利益,也可能形成不同的舆论。②

三、舆论的形成

作为一种社会控制手段,舆论主要有两种形成机制:一种是由社会公众自发形成;一种是由社会组织体系有意识、有目的地通过大众传媒宣传引导而形成。当社会出现某一新问题时,社会群体中的个人,基于自己的物质利益和文化素养,自发地、分散地表示出对这一问题的态度。持有类似态度的人逐渐增多,并相互传播,相互影响,凝聚成引人注目的社会舆论。政治集团、大众传媒及"意见领袖",按照人们的意愿,提出某种主张或号召,并引起广泛共鸣,也可转化为社会舆论。在舆论的产生过程中,这两种机制往往交织共融,相互作用,共同促使舆论的形成。

(一) 舆论形成的阶段

舆论的形成是一个复杂的、动态的过程,大致包括三个阶段:首

---

① 李良荣:《新闻学概论》,复旦大学出版社2001年版,第47—50页。

② 任贤良:同上注所引文。

先,社会上所发生的特殊事件,或超越、违反社会规范的特殊行为受到关注,从而引发议论,这是舆论的起因;其次,意见在舆论领袖的带领下互动与整合,在一定群体范围内开始趋同;再次,个人的意见、群体的意见在互动、整合、汇集的过程中,受到各权力组织及大众传媒的影响,从而进一步形成更大范围的舆论。

1. 问题、事件的产生引发议论

舆论的发生总是起因于社会上所发生的特殊事件,或超越、违反社会规范的特殊行为,从而引起人们的关注以及意见和情绪的表达。

舆论的发生是社会现实不断发展变化的结果,是现实问题和既有的文明成果之间形成矛盾冲突,即当前的制度文明、观念文明解决现实问题的效用开始下降,必须寻求新的、更加主动有效的解决方法的时候。这时,就需要用舆论的力量来调集社会的注意力资源,以引起社会相关机制的关注,促进问题的解决,从而提升现有的制度文明和观念文明。这就是舆论问题发生的一个基础性原因。

任何社会问题都有一个从潜隐到凸显甚至爆发的过程,这就决定了舆论问题从"潜问题"到"显问题"的两种存在状态。"潜问题"是指社会发展过程中出现的某些现象和行为已经对现实造成了一定威胁,但还未引起人们的关注,即问题以隐性的方式存在,这是问题的潜伏期。"显问题"则是指"潜问题"积累到了一定阶段,对社会公共利益构成某种威胁,并且通过相关事件集中体现出来。这时,作为舆论客体的事件、问题就产生了。

问题和事件的发生并不能直接引发人们的议论,还要引起舆论主体的注意。舆论有一个从"注意中心"到"议论中心"的发展过程。在这个过程中,人际传播和大众传播功不可没。在小范围的信息传播中,人际传播卓有成效;但是面对社会上存在的一些重大问题和事件,人际传播则显得力不从心。这时候,大众媒介便显现出自己的优势,通过对信息的大量复制和富媒体的传播手段,使信息在短时间内迅速扩散,从而引起整个社会的注意和议论。①

---

① 言靖:《舆论形成的一般过程研究》,载《河南工业大学学报(社会科学版)》第6卷第2期。

客观社会问题和事件的发生,公众注意和议论的开始,便是舆论的最初形式。

2. 意见的互动与整合

当特定的事件或问题引发讨论后,个人最先介入到这一过程中,对社会问题形成自己的态度,表达自己的见解,引起他人注意。个人意见起初是分散的、彼此缺乏交流的,数量较少的舆论主体构成了最初的表意群体。

个人意见的空间扩散是通过沟通、交流实现的。在交流中,个人之间不断克服差异性,形成舆论产生的意识源头。随意的、缺乏组织的社会讨论形成了无数个议论圈。“议论圈是指少至几个人多至十几个人聚合在一起相互交谈取得初步一致意见的沟通状态。”①它是自发形成的,是舆论传播的最小单位,也是社会舆论的最基本形式。议论圈的形成有一定心理机制。社会心理互动促使个人意见向着相对集中的方向发展,其中首要的因素是信任心理。首先,在同一群体中,人们因相互熟悉、利益相近、志趣相同而产生信任感与心理相容,因此群体内的意见或观念容易被成员不加验证地确信并传播。其次,人们在没有客观的、明显的标准可供参照时,往往倾向于把大多数人的意见作为正确的判断。再次,群体中的情绪感染使人们的态度和情感得到多次的相互强化。议论圈一旦形成就开始相互对峙。在正常的外部环境中,不同社会群体的意见既相互对立、排斥又相互补充、渗透,各议论圈所持有的意见不断进行争议、妥协,不断地求同存异。这个过程中既有意见的互动又有意见的整合。就意见互动而言,这是一个以个体或局部利益为基础的意见争论、交流的过程;就意见整合而言,则是一个建立在共同利益基础上的求同过程。②

不同议论圈的观点互动与整合的结果使公众意见不断趋同。在此过程中,各意见群不断吸收社会成员加入,使意见认同者的数量不

---

① 刘建明、纪忠慧、王莉丽:《舆论学概论》,中国传媒大学出版社 2009 年版,第 52—53 页。

② 言靖:《舆论形成的一般过程研究》,载《河南工业大学学报(社会科学版)》第 6 卷第 2 期。

断增多。舆论领袖的影响也在加速意见的交流融合,使小的意见群逐渐组合成大的意见群落。

3. 权力机构、大众传媒促成舆论形成

个人的意见、群体的意见在互动、整合、汇集的过程中,还会受到权力机构和大众传媒的影响,从而进一步形成更大范围的舆论。政治组织就某一舆论客体发表意见,往往可以通过各级组织得以迅速传达和贯彻。大众传媒则集中版面(或时段)进行宣传,形成强大的舆论攻势,也可以影响和引导舆论,促成舆论的最终形成。

四、大众传播时代舆论的发展态势

在大众传播时代,舆论的发展态势主要表现为以下三个方面:

第一,新旧舆论代谢加速,舆论的质量将大大提高。随着传媒技术含量的提高,信息传递的速度几乎与社会变动同步进入公众视听,作为信息反馈环节的舆论则有可能迅速形成。随着新信息源源不断地出现,旧舆论很可能被淹没在新信息的海洋中,或被新信息带来的新知所消解,与此同时围绕新的更重要的信息又产生了新的舆论。舆论的持续性也将随着社会进程的加速而相对缩短,新旧舆论的代谢加快。同时,随着人们获取信息的迅捷、全面和多元,舆论质量也将得到提升。①

第二,更大范围的舆论的产生成为可能,但小舆论群趋于增多。随着信息技术和通信技术的迅猛发展,各种媒介的功能日趋完善。信息的共鸣、累积和传播效果进一步凸显,更容易引发和引导舆论。但是,新兴媒体如手机媒体、微博、微信的蓬勃发展,社会思潮、文化和价值观念的日趋多元,使得人们不再满足于被动的信息接收和宣传教化,从信息的接受者转变为信息的生产者与传播者,倾向于独立思考、自主判断和自由表达。因此,大众传媒的"议程设置功能"和"沉默的螺旋"理论可能出现失灵。而分散的小舆论群增多,这也给舆论引导提出了新的挑战。

---

① 吕文凯:《大众传播时代舆论形成的主要方式及发展态势》,载《郑州大学学报(哲学社会科学版)》第32卷第3期。

第三，舆论的敏感性加强，对社会的影响力能够通过传媒迅速得到释放。信息传达和公众反应的快速性，也使得舆论的作用能够得以迅速发挥。正如陈力丹所说："不知不觉中，舆论变得十分灵敏，外界的微小变动在一定条件下都有可能引起舆论的波动……于是舆论的滞后性似乎消失了，它成为观察社会动向的先兆、晴雨表。"①这有利于更好地发挥舆论的积极作用，打击贪腐行为，遏制不良之风，推动民主法治进程，促进社会的进步与发展。

第二节　网络舆论及引导

关于网络舆论的概念有多种不同的说法。有学者指出，舆论是一种事实或者意见通过公共论坛传播与流动并被广泛接受的状态。公共论坛是各种形式的开放的言论管道或集散地，可以是广播、电视、报纸等传统的传播媒体，也可以是新兴的互联网。② 因此网络舆论就是互联网上流行的对社会问题的看法或言论。也有研究者把网络舆论作了广义和狭义之分，并认为广义上的网络舆论几乎涵盖了所有的社会舆论形式。其中既包括来自传统媒体表达的新闻舆论，也包括来自草根阶层的公众舆论和真实民意，呈现出明显的复杂性特点。而狭义的网络舆论仅特指网民在互联网上所表达的舆论。③ 综合上述观点，本书偏向于将网络舆论定义为"在互联网上传播的、公众对某一焦点所表现出的有一定影响力的、带倾向性的意见或言论。"④

一、网络舆论的特征

作为舆论的一种特殊表现形态，网络舆论除了具有公开性、广泛性、评价性等舆论的共同特性之外，在传播主体、传播内容、传播方式等方面还具有自身独有的特性。

---

① 陈力丹：《舆论及其在现代社会的作用》，载《文汇报》2011 年 8 月 29 日。

② 蒋乐进：《论网络舆论的形成与作用》，载《北京理工大学学报（社会科学版）》第 8 卷第 4 期。

③ 邹军：《看得见的声音》，中国广播电视出版社 2001 年版，第 90 页。

④ 谭伟：《网络舆论的概念及特征》，载《湖南社会科学》2003 年第 5 期。

（一）传播主体的特点

网络舆论传播主体的主要特点是匿名性。在现实交往中，人们的社会身份和角色往往是真实和公开的。而在互联网这个相对虚拟的环境中，人们可以隐匿自己的个人信息、身份、职业等，以匿名状态和虚拟身份自由地表达观点、抒发情感。这种缺乏社会约束力的“匿名”状态也容易使网民失去社会责任感和自我控制能力，做出种种宣泄原始的本能冲动的行为。这也是网络谣言和网络暴力等不良传播现象屡禁不绝的诱因之一。

（二）传播内容的特点

1. 丰富性

互联网的技术优势决定了网络舆论客体的丰富性。互联网具有海量的信息存储和容纳能力，为舆论的产生提供了丰富的“议题”，加快了舆论形成的广度与速度；同时又能畅通迅捷地传递和汇总各类信息，从而使得网络舆论的内容包罗万象，覆盖了社会生活的各个层面。随着网络的迅猛发展和普及，网络论坛日益成为活跃的公共话语空间，以 SARS 事件为标志，网民讨论的焦点开始由边缘化问题发展成为国家政治、社会发展、经济建设等主流话题。网络舆论日益走向前台，成为主流的舆论形态。当然，网络舆论的主流化倾向与网络舆论内容的丰富性特点并不相悖，也就是说，网络舆论有容乃大，既不排斥轻松话题，也不排斥严肃话题，既存在庸俗话题，也存在高雅话题。可以说，社会舆论日益在网络上表达出来，网络舆论与社会舆论具有同一化趋向，这正是网络舆论丰富性的表现。①

2. 爆发性

在反映客观世界时，舆论能够敏锐地捕捉热点事件、问题或社会发展的最新动向。由于网络媒体的裂变式传播特征，一旦有重大新闻事件发生，特别是突发性的灾难、事故或大面积的公共事件，消息会以惊人的速度在网络上传播扩散，迅速形成舆论，产生社会影响。意见由点到面，由小到大，呈现雪崩式的爆发状态，其感染力和影响力不逊色于任何一种大众媒介。

---

① 李志雄：《论网络舆论引导的特点与方式》，广西大学 2005 年硕士论文，第 8 页。

3. 分散性

分散性即舆论本身的多元化或多样性。从社会环境看，当前我国社会正处在转型期，各种社会矛盾交织在一起，人们的利益、需要和价值观呈现出多元化趋势等等。这使得公众对社会事物、社会变动的观念和看法也日益分层，从而使得社会舆论呈现出明显的阶层差异性和多样性。这是网络舆论分散的内在原因。①

从媒介来看，传统媒体是舆论的把关者。“从总体上看，世界上只存在代表一种舆论倾向的新闻工具，而不存在代表各种舆论立场的新闻媒介。新闻报道所反映的舆论立场总是表现出相对的稳定性和集合性。”②但在以互动性为主要特征的网络媒体上，传者的主导性减弱，受众的地位空前提升，他们摆脱了被动状态，开始成为与职业传播者一样主动的信息生产者与传播者。网络论坛、微博等给了不同年龄、职业、身份的人群自由发声、畅所欲言的平台。各种意见、情绪和观点的交织，共同消解了舆论的整合性，从而形成了网络舆论的分散性和多元化，也一定程度上造成了网络舆论的混乱和无序。

4. 非理性

一般而言，传统新闻媒体传播的都是理性形态的舆论。在网上这个不分种族、不分国界的“意见的自由市场”中，每个网民都可借助虚拟身份畅所欲言，其中不乏理性的、建设性的看法和观点。但是，网络的匿名性使得一些缺少自律意识的网民在参与讨论时采取偏激的态度甚至侮辱、谩骂的语言，进行个人情感宣泄，导致大量情绪型舆论，因此网络舆论表现出非理性的一面。

网络非理性或情绪型舆论的产生和扩散主要是社会环境变动和公众心理相互作用的结果。改革开放以来，市场经济的发展带来的利益变动、社会风险的加大、生活节奏的加快，使社会原有的价值体系受到强烈冲击，人们的心理结构失衡，紧张、焦虑、困惑、不满等社会情绪凸现。公众对现实的不满增多，又缺乏适当的排解渠道，而网络开放性、虚拟性的技术特征又给情绪型舆论提供了一个相对宽松自由的传播空间，因此情绪型舆论得以在网络中大量传播。这种情绪化的意见

---

① 李志雄:《论网络舆论引导的特点与方式》。

② 刘建明:《基础舆论学》,中国人民大学出版社 1988 年版,第 151 页。

表达,一方面能够起到社会"减压阀"的作用,避免社会容忍度突破临界值造成的秩序混乱;但另一方面,非理性的、偏激的网络舆论具有影响范围大、传播迅速、感染力和煽动性强等特点,如果不加控制和疏导,放任其蔓延扩散,甚至演变成行为舆论,会造成社会动荡等严重的不良后果。

(三)传播方式的特点

网络舆论传播方式的主要特点是交互性。传统媒体的舆论传播是传者为中心的单向线性的传播,对舆论信息享有绝对的控制权和主导权。网络则给人们提供了一个便捷的、即时的互动交流的平台,人们既是舆论信息的接受者,又是舆论信息的生产者与传播者,传者和受众的地位是随时更替的。传统媒体的传播者需要根据其立场、编辑方针和价值取向,对舆论信息进行筛选、取舍和过滤,或是有目的地进行舆论引导。而网民随时随地发送或接收舆论信息,与其他网民、媒体、官方机构等进行互动交流,意见表达和传播的方式更灵活,渠道也更丰富。

二、网络舆论形成的社会动因

"如同市场经济背后隐匿着一只看不见的手一样,中国各式各样的网络舆论背后也有一只看不见的手。这只手就是由中国社会转型所带来的政治、经济、文化现象。"①自改革开放以来,中国社会转型正处于不断分化组合阶段:经济体制从计划经济体制向市场经济体制转变,社会形态也在从传统社会向现代社会、从农业社会向工业社会、从封闭型社会向开放型社会变迁。"转型过程远未完成,由此造成众多社会利益纠葛和矛盾产生,社会本身的弹性机制会对利益与矛盾压力形成某种程度的反抗,而网络舆论就是话语抗争的表现。在西方,民众的抗争运动是合法的,工会交涉、游行示威等非常普遍,而中国基本缺乏此类抗争渠道,因此不满情绪受到严重压抑。加之,中国传统媒体由于受到严格控制,在许多民意表达场合处于失声状态。因此,在其他表达渠道相对阻塞的情况下,网络媒体的出现,为中国民意的表

① 余秀才:《网络舆论:起因、流变与引导》,中国社会科学出版社 2012 年版,162 页。

达提供了天然渠道。”①

（一）经济原因：体制改革的阵痛

1978 年中共十一届三中全会以后，我国开始了大规模的经济体制改革，促使计划经济体制向社会主义市场经济体制转变，推动经济发展和社会进步，满足人民日益增长的物质文化需要。改革开放三十多年来，我国经济飞速发展，GDP 每年均保持高速增长，取得了一系列可喜的成就。但同时暴露出诸多问题，如分配不公导致的贫富差距的拉大、区域发展的不平衡、不同阶层间的利益冲突以及经济粗放增长所引发的公共卫生、环境污染等问题。改革中出现的问题往往会触发网络主体的不满、焦虑情绪，而网络的发展与普及则为他们的利益诉求和情感宣泄提供了便捷的渠道。

（二）政治原因：公民主体意识的增强

中国传统政治文化是与个人崇拜、权威崇拜、高度集权、专制作风、轻视民主法治和官僚主义作风相联系的。在这种思想驱使下，部分官员不尊重公民应有的政治权利，仅把公民当做政策被动的接受者，认为公民理应绝对地接受和服从；或者以维护社会稳定为由，阻碍公民参加政治活动。但是，网络时代的到来，为公民主动参与政治生活创造了技术条件。互联网像一张不放过任何东西的庞大的蛛网，它所具有的对信息的搜集、存储、传递和处理能力，对打破政治生活领域内的信息垄断和由此衍生的集权控制，潜在地具有颠覆作用。它扩大了公众的知情权和选择权，天然地符合民主精神。②

近来，随着经济体制改革和政治体制改革的不断深化，政府职能也开始由全能型政府向服务型政府转化。国家权力开始下放，越来越多的公民能够参与到国家和社会事务中，民主意识和法治观念得到进一步强化，政治参与的自主性和积极性显著提高。因此，公民对社会发展过程中的各种问题更加关注，对社会公平正义的追求日益迫切。网络舆论场的兴起，更是为公民政治参与提供了有力保障。

---

① 余秀才：《网络舆论：起因、流变与引导》，中国社会科学出版社 2012 年版，163 页。

② 白海滨：《网络舆论及其调控研究》，西南大学 2008 年硕士论文，第 21 页。

（三）文化原因：传统与现代的碰撞

中国的传统文化和价值观念，对现代社会的发展和国民性的提高都具有深远的影响。许多网络舆论事件的发生，正是由于违背了人们所公认的传统文化和伦理道德观念。例如，仇官仇富心理与“不患寡而患不均”的传统思想有关；官员贪污腐败案件与“人民公仆”“清正廉洁”的道德观念相背离；“小悦悦事件”则拷问着人们的良心和道德底线。网络舆论背后往往有传统文化的影子。

另一方面，随着社会环境日益开放和多元，各种文化思潮和价值观念交织碰撞。传统文化和现代文化的冲突与融合，给网络舆论主体打下了双重烙印。在多元化和世俗化的冲击下，个人主义和市场主义伦理横扫一切，让所有坚固和正经的东西都烟消云散，让所有古典的脉脉温情都被解构、嘲讽、戏仿、打碎。雷剧、闹剧、穿越剧、悬疑剧、狗血剧、恶搞剧垄断着国人的影视生活，“凤姐”“干露露”之流蹿红于网络，网民的猎奇、审丑、娱乐心理得到了满足。然而，若放任网络舆论对传统文化的戏谑与颠覆，对网络事件及人物过度娱乐，甚至突破伦理道德与法律的底线，将会使文化蒙尘，使社会受损。

三、网络舆论的社会影响

当今社会知识经济迅猛发展，伴随着科技的进步，中国的网民数已达数亿之多。网络舆论无论从规模还是传播速度上看都远远超过了新闻报纸等媒体，其带来的社会影响也已深入到方方面面。

（一）网络舆论的积极影响

1. 形成了民意表达的新渠道

在公众表达意见的传统渠道之外，网络逐渐成为表达民意的另一个重要途径。在广阔的网络平台上，网络媒体综合运用时间和空间手段来评价新闻事件，尽可能多地为网民提供发表言论的场所和机会，从而推动了网络舆论的发展，并促成了网络议事制度的确立，为社会创造了一种新的对话机制和舆论空间。

以上海地铁追尾事故为例。2011 年 9 月 27 日下午两点三十七分，上海地铁 10 号线的两列列车发生追尾事故，造成多人受伤。“7·23”动车追尾事故的阴影还未散去，地铁追尾的出现以及部分媒体在对事故进行报道时使用的"轻度追尾""碰擦"等说法，引发了网络舆论热潮。上海市有关部门在事故发生当晚召开新闻发布会，披露事件进展、人员伤亡等消息。上海地铁官方微博多次致歉："今天是上海地铁运营有史以来最惨淡的一天，给市民乘客造成的伤害和损失尤感愧疚……再多致歉比起实际损害也显苍白，但还是要深深道歉。"同时，从事故发生到28日晚两天时间，更新了200余条微博，满足了网民的信息需求。9月28日，上海市卫生局再次就人员伤亡和治疗情况召开新闻发布会。10月6日，针对该事故的调查组公布了事故调查结果，认定此次事故为一起有重大社会影响的责任事故，12名责任人员也受到了严肃处理。这一系列措施回应了网络舆论，有效地抚慰了民众情绪，促使了政府公信力的重塑和提升。

由此可见，网络公共论坛（BBS）、新闻反馈板块及聊天室的出现，为普通百姓提供了一个无限宽广的话语平台。任何一个会打字的人，只要拥有一台连通网络的电脑，就可以顺利地发表自己的意见、看法。网络使普通百姓真正拥有了自己的话语权，打破了所谓精英阶层对媒体话语权的垄断。正如北京大学新闻与传播学院教授谢新洲在接受媒体采访时所指出的，"通过网络，来自社会底层的信息、观点、声音找到了一个'出口'"①，普通公众借助网络拥有了表达权，避免了传统媒体作为中介代言人的独断专行。

2. 增强了对政府官员和政府决策的监督

网络的匿名性使得网民在表达个人意见时能畅所欲言，不必有所顾忌。在传统媒体上表达个人意见、发表评论通常要署真实姓名，有时还需提供单位和个人身份。对于个人信息的暴露会使得发言人由于担心受打击报复或个人言论带来的负面影响而谨慎从事，有时甚至矫饰本意。而网络言论往往是网民真实意见和情绪的直接反映，有利于更好地发挥网络舆论的监督作用。仅在2010年，因涉及贪污腐败而被网络舆论"拉下马"的官员就有广西烟草局局长韩锋、湖北苗族自治州公安局副局长谭志国、广东省茂名副市长陈亚春等。2011年又有

---

① 李国民：《专家谈网络舆论监督：有六大优势　致命缺陷可解决》，载《检察日报》2009年4月8日。

铁道部部长刘志军被调查，深圳市原市长许宗衡被判刑，以及轰轰烈烈的足坛扫黑运动等，足见网络舆论这一“放大镜”的社会监督作用和巨大影响。

网络舆论积极参与社会公共事务，为政府决策提供了民意参考。例如，铁道部新修订的《铁路旅客运输规程》和《铁路旅客运输办理细则》自 2010 年 12 月 1 日起开始实施，其中规定普通列车火车票退票、改签须在开车前办理，动车组列车不受此影响，引发网络舆论的强烈质疑。12 月 4 日，铁道部通过新华社首次回应质疑，对修订后的政策做出解释说明，称这一规定是基于合同法的规定；动车组是公交化、高密度的运行，具备改签的条件等。这一解释并未平息质疑，网络舆论依旧高涨，最终使铁道部两日后将规定改为：非动车迟到两小时内一般可改签。此事件中，从政策颁布实施到铁路部门顺应民意做出调整，只有短短 5 天时间，足以证明网络舆论对政策决议的影响之大。无独有偶，广州亚运会期间地铁免费政策出台之后，也是听从民意，5 天之后迅速做出调整，宣布取消地铁免费政策，改发交通补贴。

3. 与传统媒体的互动融合

网络媒体的开放性与包容性形成了一个“意见的自由市场”。在这个空间中，没有等级差别、身份悬殊，每个人都享有同等的“话语权”，可以自由地发表看法。例如，在人民网的“观点频道”和“强国论坛”，新华网的“新华言论”和“发展论坛”，中青在线的“青年话题”和“中青论坛”，以及新浪、搜狐等各大网站的新闻跟帖中，网民每天都会就热点事件或重大问题进行点评，展开讨论或辩论。当传统媒体出现滞后性或是“失语”“塞音”时，消息在网络媒体上的迅速扩散和网民大量的跟帖评论能够汇集成强大的舆论影响力，促使问题的解决和真相的澄清。

作为一种信息交流平台，互联网为民众提供了一个个相互交流、自由发表个人观点的虚拟社区，用共同的兴趣爱好、信息关注点等，在短时间内最大范围地凝聚民众，通过交流观点，为进一步形成强大的舆论创造基本条件。

（二）网络舆论的消极影响

1. 对舆论调控提出了挑战

互联网兴起之前，宣传的主要载体是报纸杂志、广播影视等。从总体上说，这种传播载体一般会设有一个“控制中心”对信息进行筛选过滤，防止危害政治系统安全的信息散布，对舆论的导向进行引导和监控等。这就是大众传播学中的“把关人”理论。这种理论在传播观念上，是一种带有强制性的“灌输”观念。我登你看，我播你听，忽视了受众的接受水平、心理特点和信息反馈，成为一种纯粹的单向性传输模式。在传播体制上，这是一种自上而下式的传播管理体制。

但网络媒体是一种自由的、多向的、互动的媒体。网络的开放性带来的一个负面结果，即虚假信息的泛滥，信息的准确性无法核实。它妨碍人们获得真实信息，导致人们形成与现实不相符合的意见，严重的还会使人们产生思想上的混乱和极端的行为。网络也为谣言的产生提供了技术条件，有的谣言发布者出于种种目的，在网上对政府和政府的政策加以诽谤和诋毁，混淆人们的视听，影响国家正常的政治生活。其次，网络舆论中的情绪性言论较为突出，网上存在不少发泄情绪的偏激言论，甚至还有进行谩骂和人身攻击的帖子。如果在“监督”的过程中，偏激或者极端的情绪化观点占了上风，无主见的群体成员的情绪就会受到影响，被偏激的观点所感染，造成人多势众的局面，原本的舆论监督就会变成非正常的舆论暴力。

开展舆论监督的前提，就是要保证信息的畅通和真实无误的传播，而虚假信息的存在，严重影响舆论监督的效力。信息的自由流动越来越难以控制。可以这么说，互联网已成为一个不需要护照、没有边防检查站、出入境畅通的“数字化王国”。执政者原来构建的多重“把关点”已难以对所有网上的信息进行筛选、过滤和管制。“控制中心”不再是“中心”，而变为互联网上众多“节点”中的一个。网络舆论的失衡、失范极可能造成恶劣的社会影响。这也对政府部门的舆论调控提出了挑战。在网络时代，原有的舆论观念和宣传体制受到猛烈冲击。

2. 加剧了网络道德行为失范

所谓网络道德失范，主要是指由于网络的虚拟性、匿名性等特点，使人们在缺乏自制力和道德感的情况下，做出与社会伦理道德规范不相符合的行为。主要表现有：道德情感冷漠、个人隐私受到挑战、信息污染严重、虚假信息泛滥成灾、知识侵权行为盛行以及网络盗窃、网络诈骗、网络破坏、网络教唆、网络暴力以及网络色情等。不良网络舆论在整个过程中起了推波助澜的作用。

网络本身虽然具备媒体出版的部分特征，具备信息交换与获得的途径，但本身却是信息记录的缺失者。网络的写作和发言没有传统媒体的监督审查监管体系，而所属网站在现有条件下又很难扮演传统媒体的审查职能，因此很容易出现隐私披露与虚假信息发布。许多未经核实的道听途说的消息往往会引发网民群体性的盲从与冲动。此外，互联网传播信息的可靠性难以核实，在网络上发表评论的主体大都是匿名的，这都导致了网络舆论缺乏足够的可信度和说服力。①

四、网络舆论引导

近年来，随着网络事件的不断出现和网络舆论的空前活跃，传统的“捂”“控”“删”“压”等舆论管控手段已经明显与新媒介环境不相适应。在此背景下，必须更加重视科学合理的网络舆论引导，营造健康、有序的网络舆论氛围。

（一）重视意见领袖的引导作用

美国传播学家拉扎斯菲尔德在 1944 年《人民的选择》中对意见领袖概念进行了阐释，并提出了“两级传播”的概念。他认为，媒介传播的信息和舆论并不会直接到达受众，而是会先被一部分人积极接受，这些人即成为所谓的“意见领袖”，然后意见领袖再将信息和观点传达给另一部分不太活跃的人群，从而形成“媒介——‘意见领袖’——一般受众”的两级传播模式。可见，意见领袖在信息传播过程中具有特殊影响力，作为两级传播中的枢纽，既是信息的把关人，又是信息的加工者。网络意见领袖则是指在互联网领域的信息传播和意见表达上能够为他人提供信息、影响他人态度和行为的人。例如微博的“大 V”“公知”、网络论坛里的版主等，都能通过对信息的筛选和把关引导网络舆论。

---

① 白海滨：《网络舆论及其调控研究》，西南大学 2008 年硕士论文，第 20—23 页。

在网络事件的不同阶段,意见领袖也发挥着不同的作用。具体而言,首先,在网络事件的形成期,意见领袖起着汇聚舆论的作用,凭借自身优势,通过扮演信息来源的角色和掌握大量的可靠资讯等对网络舆论造成影响。其次,在网络舆论的扩散期,意见领袖起着推波助澜的作用,将某一倾向的网络舆论放大,加速主流舆论的形成。最后,在网络舆论的高潮期,意见领袖起着深化舆论的作用,对事件原因进行解读和反思,引导公众深化对事件的认识。

因此,政府部门一方面应搭建平台,积极与网络意见领袖进行沟通,主动为其提供信息;还可以从网络意见领袖处获取信息,了解民意的矛盾焦点,从而有针对性地进行回应和处理,避免因信息不对称造成的舆论危机。另一方面,政府也应扮演好网络意见领袖的角色,如开通官方微博、微信等,不断拓宽交流渠道,完善政府职能。

(二)重视议程设置的引导作用

在互联网全面普及和高速发展的今天,“媒介间议程设置”已经越来越多地应用于传统媒体和网络媒体之间,并用来解释和分析二者间的互动效果。

“网络议程设置”的一大特点就是受众身份的变化和议程设置“权力”的下放。以往由于技术条件等因素的制约,民众只能被动地受传统媒体“议事日程”的影响。而在互联网时代,网民不仅是信息的接受者,更能主动遴选信息进行传播和设置议程。网络媒体对公共舆论的影响日益凸显,正在形成一种新的传播方式,即网络媒体(网民、新闻网站等)报道,传统媒体跟进,进而掀起舆论高潮。应当注意的是,由网络媒体主导的议程设置也有很多不足。比如因网民的群体极化心理等造成舆论的偏激和非理性、议程设置的效果不便于控制等。与网络媒体相比,传统媒体更为权威可靠,公众在心存疑问和选择立场时也大都倾向于传统媒体。所以,在“媒介间议程设置”中更好地发挥传统媒体的作用仍是引导网络舆论的关键。①

(三)发挥“把关人”的引导作用

任何信息的传播都是有选择的传播,其间充满了各种各样的“把

---

① 卫君:《基于网络热点事件的网络舆论研究》,西南财经大学 2012 年硕士论文,第 44 页。

关人”。网络舆论传播也是如此,其“把关人”包括网站的各级编辑、论坛的管理员、贴吧的吧主等。他们能够灵活掌握信息发布时机、发布进程、发布形式,在信息选择、引导舆论方面的作用至关重要。

“把关人”对舆论的引导应该以疏导为主,切忌简单粗暴地删帖。要注重运用引导艺术,使网民产生理性和感情上的认同与共鸣。要针对网络舆论的特点,建立突发事件网络舆论“把关人”的相关守则,引导网络舆论向良性的方向发展。另外,“把关人”应适当加强网络技术的运用,如对IP地址的监测、跟踪,运用智能软件进行敏感词组过滤,对论坛发帖进行延时审查,部分重要论坛实行实名制登录等。①

(四)构建政府与民众间的网络互动平台

政府部门应充分利用网络的互动性,建立一个公众意见的自由表达平台,并及时宣传、阐释政府决策,从而引导舆论方向。涉及重大民生问题的部门,应该在网络上开辟网民意见表达的专门渠道,如信箱、政务论坛专区,并指定专人与网民互动,为网民解疑释惑,有效疏导网民情绪。

政府建立与网民的有效互动平台,一方面可以更加具体深入地了解网民的意见、观点和利益诉求,有针对性地进行新闻发布和政策宣传,引导舆论。另一方面,通过互动渠道的有效运转,满足了公众参政议政的需求。

(五)健全应急网络舆论监管体系

在面对突发性事件时,政府应利用自己拥有权威信息源的优势,通过媒体并调度媒体及时发布信息,同时传达政府的抗灾指令和救援措施。根据事件的发展变化,将网络舆论的引导纳入国家危机处置的整体框架。通过控制信息流、引导影响流、消除噪音流等方式,畅通信息传播渠道,保证信息顺畅、真实、完整地呈现在网友面前,使其对突发事件做出准确判断,促使网络舆论按照有理、有序、有利于建设的方向发展。

此外,应建立健全突发事件中的网络舆情监测机制。具体而言,第一是突发事件信息收集制度。突发公共事件社会舆情必须实情实

① 李尚:《突发公共事件中政府网络舆论引导策略研究》,载《内蒙古煤炭经济》2011年第2期。

报，及时准确。要在第一时间以最快速度收集报送人们对突发公共事件及具有重大社会影响事件的反映。包括人们对此事件所表达的信念、态度、意见、建议、要求和情绪表现；人们的所思所想、所急所盼；带有苗头性、倾向性的问题。第二是突发公共事件信息评估机制。查明事件发生的原因、人员伤亡及财产损失情况；事件的性质和所引发的责任等；并在充分调查取证的基础上，对事件发生的原因进行深刻分析，并对事件处置过程及相关责任单位、责任人提出问责建议。第三是突发公共事件预警信息发布机制。及时收集、辨别分析和处理各种信息，有效察觉潜伏的危机，敏锐洞察危机中隐藏的机遇，为重大突发事件的处理赢得主动权。①

第三节　网络舆论引导案例解析

网络对舆论环境正在产生着日益深刻的影响。传统的“舆论上下一律、媒体千面一孔”的局面被打破，网络逐渐演变成了“意见的自由市场”。一方面，网络话语空间的自由、宽松，为民意表达创造了条件，“网络问政”“网络监督”等新型参政方式的出现，为发展民主政治、弘扬公平正义带来了新的曙光。另一方面，网络上的非理性言论、虚假信息和谣言的盛行，也对社会的长治久安和秩序稳定带来了挑战。因此，研究面对不同类型的舆情危机，政府部门如何完善职能，因势利导，对网络舆论进行有效的引导和疏解，具有重要的现实意义。

一、针对突发事件的网络舆论引导：以成都“6·5”公交车燃烧事故为例

2009 年 6 月 5 日 8 时许，成都一辆公交车在川陕立交下桥处起火燃烧，造成 27 人遇难，74 人受伤。8 时 46 分 48 秒，四川在线发出题为《成都一辆 9 路公交车自燃，现场哭声一片》的快讯，各大网站纷纷转载，其他相关信息也陆续涌现，并迅速形成舆论焦点。

（一）事件分析

成都“6.5”公交车燃烧事故发生后，网络舆论发展大致经历了三

---

① 李尚：《突发公共事件中政府网络舆论引导策略研究》，载《内蒙古煤炭经济》2011 年第 2 期。

个阶段：

1. 舆论爆发期：公众舆论表达的碎片化

在舆论爆发期，民间舆论场占据主要地位，公众舆论表达呈现出碎片化的特征。人们利用博客、QQ 空间、网络论坛等各种渠道，撰文发帖，上传照片及视频，其言论带有强烈的主观色彩。以天涯论坛《成都 9 路公交车发生自燃》的帖子为例，从帖子发表（9 时 38 分）到当天上午 11 时，短短 80 分钟内就有 191 条回复，相当于每分钟有两条回复，足见民间舆论场强大的意见凝聚力。公众舆论关注的焦点主要体现在两个层面：一是事故本身，二是事故问责。

2. 舆论高涨期：政府舆论引导初见成效

政府对危机传播主动权的掌握，始于成都市政府召开的第一次新闻发布会，并通过后续跟进和善后措施，成功实现了对公众舆论的引导。自“6・5”公交车燃烧事故发生后，成都市政府及时发布事故调查及处理的最新动态，满足公众知情权，疏解焦虑、恐慌情绪。同时，多家门户网站密切跟进和配合政府的行动，以开设专题或评论专栏的方式深度介入舆论中心，使政府相关信息的传播得以进一步加强。民间舆论场纷纷转载官方言论，使民间舆论场的意见表达渐趋理性，与官方舆论场逐渐对接。

当天上午 10 时 40 分，成都市政府第一次新闻发布会在事故现场附近召开，新闻发言人称，初步核实二十余人遇难。20 分钟后，央视新闻频道 11 时的整点新闻据此发布会对“6・5”事件进行了报道。随后，各大网站纷纷转载央视的新闻画面。这一简短的新闻发布会，在第一时间回应了公众了解人员伤亡情况的信息需求，达到了“减轻恐惧心理，缩小谣言生衍的空间，确立权威信源形象”的效果。

当天下午 2 时 50 分，成都市政府召开第二次新闻发布会，着重强调驾驶员曾“号召附近群众参与救援”，初步回应了公众对驾驶员是否逃离现场的质疑。晚上 11 时 20 分，成都市政府召开第三次新闻发布会，认为“车内燃烧的汽油并非来自公交车”，并表示将依法对事故进行责任认定，及时回应公众舆论对起火原因的质疑，稳定了舆情。第二天下午 5 时左右，成都市政府召开第四次新闻发布会，详细通报燃烧公交车和驾驶员的相关信息，并强调“成都警方在现场发现 3 只安全锤”和“驾驶员曾是成都公交北星公司抗震救灾先进个人”，回应了公众对“为何安全锤没有发挥作用”以及驾驶员的背景等疑问。对于最受网络舆论关注的公交车起火原因、驾驶员如何作为以及责任如何认定等问题，成都市政府在6月7日晚11时召开第五次新闻发布会，公布事故的初步调查结果，认定事故为“有人携带汽油上车”，但“不排除过失或故意引燃导致事故发生，但可以排除爆炸引发燃烧”，并表示“目前有证据证明，在起火以后驾驶员曾用手操作开门开关”。成都市交委负责人再次向公众道歉，并向社会公布了六条整改措施。第二天，成都公交集团总经理李树光正式引咎辞职。赔偿方也与死难者家属初步达成赔偿协定。至此，成都市政府完成了信息发布、解疑释惑和责任认定，高涨的舆论开始走向平息。

3. 舆论消退期：网络舆论在波动中趋于平稳

第五次新闻发布会结束后，网络舆论在波动中趋于平稳。6月11日，成都市政府正式印发了《关于进一步加强公交营运安全管理加快公交事业发展的通知》，很好地呼应了民意。7月2日，四川省公安机关通报成都“6·5”公交车燃烧案件告破，认定其是一起特大故意放火刑事案件。媒体的后续报道则多围绕事件细节和嫌犯的人生轨迹展开。官方对案件的定性已得到绝大多数网民的认同和支持。①

（二）突发性事件中的网络舆论引导策略

在面对突发性事件时，政府部门要结合网络舆论发展的不同阶段、不同特点，有针对性地采取相应措施加以引导。

在网络舆论潜伏期，要增强危机意识，建立网络舆情监测和预警机制。政府部门及其工作人员应增强危机意识，提高媒介素养，主动搜集信息，关注网络热点、焦点问题。同时，要加强对网络舆情的监测，建立网络舆论日常监测和突发事件监测机制，了解网络舆论走向，掌握舆情动态。在发现舆情危机和群体性事件的征兆时迅速反应，及时反馈，提前制定网络舆论危机的应急预案。

在网络舆论爆发期，政府及时、全面的信息公开至关重要。政府对一些信息的封锁和限制会导致传闻的流行。随着参与传闻的人数

---

① 蔡尚伟、唐丕跃：《重大突发事件中的政府网络舆论引导——以成都“6·5”公交车燃烧事故为例》，载《新闻与写作》2009年08期。

增多,事件真相被歪曲的可能性增大,错误信息的不良影响也难以消除。传闻的隐蔽性和不具名性,滋生了部分民众不负责任的恶习,危害了社会诚信。有些传闻扰乱民心,酿成社会不安;有的小道消息包含一些有害的细节,经人们以讹传讹,造成难以收拾的局面,以致干扰公共问题的正常解决。某些居心不良者,借助信息不透明故意捏造煽动性情节,片面夸大事实,破坏人心稳定和社会安定。因此,政府信息公开不仅是满足公民知情权的需要,更是政府争取网络舆论话语权的前提。政府要通过召开新闻发布会,或利用门户网站及官方微博、微信等新媒体平台,进行权威信息发布,及时回应网络舆论关注的问题,以此建立政府与公众的良性互动与沟通,根据民意科学决策。

在网络舆论高涨期,政府首先要加强对网络媒体的监管,做好"把关人",建立健全把关的防控和责任追究机制。同时,地方政府还应注重开发舆情分析软件,提高数据挖掘和分析技术水平。通过对获取的数据进行统计和分析,从海量的、多元化的互联网信息中寻找规律,如不良信息分布的栏目、网站、重点时段和重点 IP 地址段等,从而由被动的"删、堵、封"转向有针对性的预防和封堵,引导网络舆论向积极、理性的方向发展。①

政府在积极应对和处理网络舆论的同时,还应积极争夺话语权,重新设定议题。要综合利用传统媒体的权威性和新兴媒体的传播优势,传递事实真相,阻击谣言和非理性情绪,构建政府与公众良好的对话与沟通机制,重塑政府形象,提高政府公信力。

在网络舆论衰退期,政府要做好舆情信息的跟踪和反馈工作,对事故责任人和行政不作为的部门及人员进行问责处理,使媒体、公民的监督问责制度化、常态化。同时,鼓励网民对社会公共事务的参与、对政府工作的监督,提高网民的媒介素养。既要激发公众参与的积极性,拓宽表达和参与渠道,强化其公民意识、法律意识和权利意识;又要引导公众独立思考、理性表达,自觉抵制谣言,传递有建设性的"正能量"。

---

① 陈生、陈依静:《地方政府网络舆论危机及其治理研究——基于南京"梧桐保卫战"的案例分析》,《2011 广东社会科学学术年会——地方政府职能与社会公共管理论文集》,第 521 页。

二、针对信任危机的网络舆论引导：以云南“躲猫猫”事件为例

（一）事件分析

2009年1月30日，24岁的云南省玉溪市北城镇男子李荞明因盗伐林木被刑拘，2月12日因“重度颅脑损伤”死亡。据当地公安部门通报，李荞明系在看守所中与狱友玩“躲猫猫”游戏时头部受伤，后经医院抢救无效死亡。这一事件经媒体报道后引发众多网民质疑，一场以“躲猫猫”为标志的舆论抨击热潮迅速掀起。

2月19日，云南省委宣传部发布《参与调查“躲猫猫”舆论事件真相的公告》，面向社会征集网民和社会各界人士代表组成“躲猫猫舆论事件真相调查委员会”。从下午2点到8点，6个小时的时间里，共有500多人通过电话和网络报名。当晚，云南省委宣传部公布委员会名单，包括4名政法界人士、3名媒体记者和8名网友，而宣传部门官员并未名列其中。20日，调查委员会进入晋宁县看守展开“调查”，并在媒体上公布了调查报告。

之后，李荞明案被移交昆明市检察院主办，由云南省检察院督办。2月27日，云南省政府新闻办召开新闻发布会，公布“躲猫猫”事件司法调查结果，即死者李荞明遭同监室牢头狱霸以“躲猫猫”为借口进行施虐和体罚导致死亡，并对涉及该事件的相关负责人作出免职、撤职等处理。经协调，云南晋宁县公安局一次性赔偿李荞明的家属35万元。此案至此告一段落。[①]

在“躲猫猫”事件中，云南省相关部门反应迅速，在第一时间对公众舆论做出有效回应，并在引入公众社会监督方面采取了实质性举措，防止了社会热点事件的进一步发酵、升级，加强了调查结果的权威性，遏制了谣言滋生的空间，并有效提高了政府的公信力。

（二）信任危机下网络舆论引导的新动向

1. 由被动应对到主动介入

网络舆论引导要建立在把握网络舆论特征的基础上。第一，网络舆论主体既不同于普通公众，也不同于社会群体或社会组织的“拟态

---

① 汪言安：《伍皓直面“躲猫猫”》，载《经济观察报》2009年3月14日(10版)。

公众”。匿名性使网民可以挣脱现实生活中的种种束缚，表达自己的真实想法和情绪，这也造成了言论的自发性和观点的多元化。第二是网络舆论主体的“群体极化”倾向。在群体中进行决策（阐述观点、逻辑论战等）时，人们往往会比个人决策时更倾向于冒险（更多时候）或保守（较少时候），向极端偏斜，从而背离最佳决策。第三，在网络舆论形成过程中，群体经常会表现出强烈的道德优越感，从而形成中国网络舆论场中特有的网络追缉、人肉搜索、网络暴民等现象。第四，网络舆论生成具有多平台性，除了正式的网络媒体之外，还包括 BBS、博客、SNS、网络论坛乃至贴吧、即时通信工具等。而这种多平台性也使得网络舆论的生成过程极具交互性、复杂性和难以控制性。

政府在进行网络舆论引导时，必须充分考虑网民的参与心态、参与方式及其动向。将网络视为洪水猛兽的做法已与时代相背离。例如，“周老虎”事件发生之后，相关部门一直遮掩拖沓，试图混淆是非，掩人耳目，致使社会舆论的质疑一浪高过一浪，使一件原本是少数人参与的欺诈事件，变成一场轰动全国、时间长达一年的重大公共事件，最终严重损害了当地政府的形象和公信力。云南“躲猫猫事件”则不同。云南省委宣传部面向社会征集网民和社会各界人士代表参与组成“躲猫猫舆论事件真相调查委员会”，这一措施是在“一边倒”的舆论和群体性心理尚未充分形成的情况下采取的，有效地疏解了网民的对抗情绪，调动了网民的积极心态，使网民从对权力部门的不满、质疑转化为协助政府寻找真相。这种主动的应对方式和协商式的引导取得了良好成效。

2. 从隐压式处理到公开、透明化处理

在传统的舆论引导模式中，对事件的处理有时会采取隐压式方法。而在网络舆论引导中，隐压式的方法难以控制网络舆论的导向和扩张，有时甚至会产生适得其反的效果，引燃公众的不满、紧张和焦虑情绪，致使传闻和谣言乘虚而入，酿成群体性事件，影响社会秩序的稳定。

云南省政府在处理“躲猫猫”事件时，放手让网民进行调查。尽管出于司法程序方面的原因未能取得满意的调查结果，但政府这种积极、公开、透明化的工作态度，获得了绝大多数网民的支持和认可，从而有力地维护了政府形象，促进了政府公信力的重塑。“民间调查”从某种程度上说，就是对基于舆论监督权而衍生出来的、为实现公众知情权而做出的努力。[①] “躲猫猫”的猫腻使牢头狱霸由一种心照不宣的“隐在”变成了路人皆知的“显在”。如果不是云南省有关方面以公开的方式调查“躲猫猫”，牢头狱霸很可能还会以晦暗不明的方式长期隐匿下去，更多的李荞明可能还会死于非命。政府引导和网民监督又一次推动了法治进步。

---

① 巢乃鹏：《从“对抗”到“协商”——以“躲猫猫事件”为例探讨政府网络舆论引导新模式》，载《编辑学刊》2009年05期。

第十二讲　危机报道认知

危机是社会的一种常态，是我们社会生活的一个必要组成部分，是我们媒体经常面对的话题。当前，我国处于经济与社会转轨期，各级政府、国内外企业都面临着经济、社会等多领域、多层次前所未有的挑战，各类危机事件频繁发生。同时，随着社会、科学技术的发展，尤其是媒体的发展，媒体在危机事件中发挥的作用越来越重要，危机报道成为当前中国媒体的一个重要课题。媒体在危机报道中如何既保障公民的知情权，又使事件的相关利益者得到教训，将危机损失降到最低程度，从而提升媒体危机报道的传播影响力，正确发挥媒体在危机事件中的积极作用，成为管理危机事件的重要议题。

第一节　危机与公共危机管理概述

自人类诞生以来，危机就一直伴随着人类社会发展的整个进程。我们甚至可以认为，人类社会的发展史就是一部与各种危机不断抗争的历史，危机的定义也有多种表述。

一、危机与危机管理的内涵

（一）危机的内涵

“危机”一词源于英文的 crisis，根据韦氏大学词典的解释，“crisis”指事件处于一个不稳定且至关重要的时刻或状态，一个具有决定意义的转变迫在眉睫。该词译为中文，在不同的学科用不同的术语表达。在社会科学称为危机，在医学中称为“危象”“危险期”或“病情急转点”,在美学中则称为“关口”或“转折点”。

《现代汉语词典》中对危机的解释有:(1)是潜在的祸害或危险;(2)是严重困难的关头。危机之“危”,含“危险”“危难”之意;危机之“机”,有“时机”“机缘”之意。合而称之,“危机”即生死成败的紧要关头,一方面代表着危险的境地,另一方面代表着转折的机会。这与“危机”的英文单词“crisis”在字面意义和潜在意义上都是完全一致的。它们都具备了一层隐含意义,那就是“分水岭”,或者说是一种好转与恶化之间的临界状态,面对危机的处理方式,就是决定临界状态最终倒向哪边的力量。危机状态对于组织而言是一种不稳定状态,通常会持续一段时间,在这段时间中,可能会向好转的方向发展,也可能恶化。组织需要在这段时间内制定切实有效的措施并及时付诸实施,以避免恶化的情况发生,并尽可能快地促使状态好转。

就学术界的研究来说,关于危机的定义,不同的学者有不同的认识,这其中又主要可以概括为两种类型,即“状态说”和“事件说”。

“状态说”的主要代表人物包括赫尔曼(C.Herman)、史蒂文·芬克(Stephen Fink)以及国内学者胡百精、薛澜等。由于危机的不确定性、持续性、复杂性和可转化性,他们更偏向于将其定义为一种状态。赫尔曼认为危机是指一种情境状态,在这种形势中,其决策主体的根本目标受到威胁且做出决策的反应时间很有限,其发生也出乎决策主体的意料之外。①

“事件说”的代表人物主要有巴顿(Barton)、罗森塔尔(U. Rosenthal)、奥古斯丁(Augustine)等。在他们看来,危机是一类特殊的事件,而这类事件具有高度的不确定性,可能影响组织的利益,并需要及时的处理。例如,从企业组织角度出发,巴顿(Barton,2005)认为危机是一个会引发潜在负面影响的具有不确定性的大事件,这种事件及其后果可能对组织、人员、产品、服务、资产和声誉等造成一定的损失;从公共领域出发,美国学者罗森塔尔(Rosenthal)认为,危机是指“对一个社会系统的基本价值和行为准则架构产生严重威胁,并且在时间压

---

① Hermann, Charles F, ed. *International Crisis: Insights from Behavioral Research*, New York: Free Press, 1972.转引自薛澜等:《危机管理》,清华大学出版社2003年版,第25页。

力和不确定性极高的情况下必须对其作出关键决策的事件"①。

（二）危机管理的内涵

危机管理，最早是企业管理中的一个专业术语，目前已被广泛运用于政府管理中。危机管理是组织为避免或减轻危机情境带来的严重威胁，所从事的长期规划及不断学习、适应的动态过程，亦可说是一种针对危机情境所做的管理措施及应对策略。库姆斯（Coombs）认为危机管理是一些如何处理危机并减少危机伤害的原则要素，从另一个角度来说，危机管理是为了避免或减少危机的负面后果，并保护组织、相关人员等免于伤害。②

危机管理，我们通常的视角是结合时间序列（危机的生命周期理论）加以分析，也是在危机发生、发展的每一阶段制定出相应的战略（包括危机管理的准备、预警、处理及恢复等几个阶段）。从最广泛的意义上说，危机管理包含对危机事前、事中、事后所有事务的管理。整个过程主要涉及危机决策机制、危机沟通机制、内部信息传递机制、部门联动机制、危机应对情景训练机制等。危机管理不仅要建立预警系统，通过寻找危机根源、本质及表现形式，在危机发生之前就能预警；同时还要分析危机可能造成的后果，进而缩小损失范围和规模。危机管理的任务是尽可能控制事态，在危机发生后把损失控制在一定的范围内，在事态失控后要争取重新控制住。就其本质而言，危机管理是一种非程序化决策，这类决策极为复杂而困难，往往关系到组织的安危。有效的危机管理需要做到：转移或缩减危机来源、范围和影响，提高危机初始管理的地位，改进危机冲击的反应管理，完善修复管理，迅速有效地减轻危机造成的损害。正如罗伯特所说："危机研究和管理的目的就是要最大限度地降低人类社会悲剧的发生。"③

自 2008 年起，危机传播进入研究发展阶段。2008 年是我国突发公共事件应对及危机传播进程中一个重要的转折点。一系列标志性重大突发公共事件接连爆发。诸如 2008 年年初，南方地区雨雪冰冻

---

① Hermann, Charles F, ed. *International Crisis: Insights from Behavioral Research*, New York: Free Press, 1972.转引自薛澜等：《危机管理》，清华大学出版社 2003 年版，第 25 页。

② W.Timothy Coombs, *Handbook of Political Conflict*, London: Collier & Macmillan Publisher Co, 1981, 7.

③ 胡宁生主编：《中国政府形象战略》，中共中央党校出版社 1999 年版，第 159 页。

灾害、奥运圣火传递风波、“5·12”汶川大地震、问题奶粉事件、胶济铁路火车相撞事故等,这些事件涉及重大自然灾害、突发公共卫生事件、重大安全事故及社会安全事件在内的全部突发公共事件领域,在我国是前所未有。这标志着我国改革开放三十年来深刻的社会变革与社会转型已经进入关键时期,开始进入突发公共事件和社会危机的高发期,“风险社会”已经到来,从而给政府、媒体、公众及全社会应对和规避风险的能力提出了更为严峻的挑战。

综合上述,我们可以认为危机是对一个社会系统的基本价值和行为准则产生严重威胁,并且在时间压力和不确定性极高的情况下,必须对其作出关键决策的事件。① 危机事件的决策环境相对于政府的常规性决策环境往往是一种非常态的社会情境,是各种不利情况、严重威胁、不确定性的高度积聚。实际上,从抽象特性上来看,危机事件一般具有以下四个特征②:

(1) 突发性和紧急性:组织所面临的环境达到了一个临界值和既定的阈值,组织急需快速作出决策,并且缺乏必要的训练有素的人员、物质资源和时间;

(2) 高度不确定性:事件的开端无法用常规性规则进行判断,而且其后的衍生和可能涉及的影响是没有经验性知识可供指导的;

(3) 影响的社会性:对一个社会系统的基本价值和公共危机管理的类别行为准则架构产生严重威胁,其影响和涉及的主体具有社群性;

(4) 实质是非程序化决策问题:管理者必须在有限的信息、资源和时间(客观标准的“有限理性”)的条件下寻求满意的处理方案,迅速地从正常情况转换到紧急情况(从常态到非常态)的能力是危机管理的核心内容。

危机的本质特征可以概括为:使一个正常运行的系统趋于或陷入某种中断或失序状态而导致重大不良后果。③ 无论哪一种类型的中断或失序状态都会带来生命、财产、价值、发展上的重大不良后果。除

---

① 郑瑜:《危机事件的信息处置与国家形象塑造》,载《当代传播》2004 年第 5 期。

② 薛澜、张强、钟开斌:《危机管理:转型期中国面临的挑战》,载《中国软科学》2003 年第 4 期。

③ 余潇枫:《非传统安全与公共危机治理》,浙江大学出版社 2007 年版,第 18 页。

此之外,还会给人的感情方面造成巨大影响。

(三) 公共危机的内涵及特点

公共危机属于危机范畴,其含义可从“公共”和“危机”两个方面解释。“公共”按《辞海》的解释是:共同,即社会的共同的领域、共同利益。根据前面提到的有关“危机”的概念,有学者提出公共危机的定义:由于内部或外部的高度不确定的变化因素,对社会共同利益和安全产生严重威胁的一种危险境况和紧急状态。①

在西方,“公共”一词起源于古希腊,当时它具有二重含义:一是指具备公共精神和公共意识,这是衡量一个男性公民已成熟可以参加公共事务的标志;一是指人与人之间在相互交往中相互关心和照顾的一种状态。随着时代的发展,“公共”一词一度演变成“政府或政治的同义词”。从起源上看,“公共”,更多地意指社会层面的非个体性。哈贝马斯认为,自古希腊以来,社会有明确的公私划分,“公”代表国家,“私”代表家庭和市民社会。由于“公共”代表的是社会的共同领域、共同利益等,所以公共危机突出的是危机影响程度和影响范围的深广。公共危机的应对与管理就需要以政府部门为主体的公共部门,在巨大的压力下作出及时准确的关键性决策,并动员全社会力量,整合全社会资源以化解危机。由此可见,公共危机,就是指那些突然发生的、攸关社会公共利益的、对于政府或组织的存在与发展以及社会公众具有重大影响的、急需管理者快速应对的事件。一般凡是涉及社会公众的危机均具有公共危机的含义。

公共危机具有以下几个特点:

(1) 公共性。公共危机是一种涉及公共利益和安全、影响社会秩序的危害性事件,其管理和解决必然要涉及对公共资源的组织和协调,涉及对公共心理和认知的引导和提高,涉及公共组织的自我修复、完善以及创新系统的建立。

(2) 极大的社会危害性。由于公共危机常具有“出其不意,攻其不备”的特点,无论什么性质和规模的公共危机,都必然不同程度地给社会造成破坏,造成混乱和恐慌。而且由于政府决策的时间以及信息有限,往往会导致决策滞后或失误,从而带来无可估量的损失。另外

① 王茂涛:《政府危机管理》,合肥工业大学出版社 2005 年版,第 3 页。

公共危机往往具有连带效应,会引发一系列的冲击,从而扩大事态。对于社会来说,公共危机不仅会破坏正常的社会秩序,更严重的是会破坏社会或政府组织持续发展的基础,威胁到未来发展。

(3) 高度的不确定性。进入信息时代后,公共危机的信息传播比危机本身发展要快得多。媒体对公共危机来说,就像大火借了东风一样。信息传播渠道的多样化、时效的高速化、范围的全球化,使公共危机情境迅速公开化,成为公众聚集的中心,成为各种媒体热炒的素材。同时作为危机的利益相关者,他们不仅仅关注公共危机本身的发展,更关注政府对危机的处理态度和所采取的行动。社会公众有关危机的信息来源是各种形式的媒体,而媒体对危机报道的内容和对危机报道的态度影响着公众对危机的看法和态度。有时政府在危机爆发后,由于不善于与媒体沟通,导致危机不断升级。

(4) 公共危机具有强烈的扩散性。由于公共危机的发生和发展具有动态的特点,因而公共危机一旦爆发,其破坏性的能量就会被迅速释放和扩散,并呈快速蔓延之势。如果不能及时控制,危机会急剧恶化,使社会遭受更大损失。而且由于公共危机的连锁反应以及媒体的快速传播,如果政府给公众留下反应迟缓、漠视公众利益的印象,势必会失去公众的同情、理解和支持。因此对于公共危机处理,可供做出正确决策的时间是极其有限的,而这也正是对政府相关部门的决策者最严峻的考验。在现今传媒业十分发达的形势下,一个小失误、小问题被曝光,如果处理不好,都有可能导致全社会性的大危机。

从目前国内学者著书撰文形成的大量研究成果看,大多数国内专家认同公共危机等同于政府危机的观点。一些公共危机,比如地震、洪水或者高致命传染性疾病等的影响,远远超过一个私人组织的承受能力和应对能力。因而政府等公共部门对于应对公共危机有着天然的、不可推卸的责任。对危机进行管理的主要目的是通过实施既定的预防方案或者成形的步骤,确保危机事件给组织带来的实际的或者潜在的负面作用,最大限度地被控制或者减轻。

基于以上公共危机的特征的分析,我们认为在公共危机管理中,信息的传递和沟通居于重要地位,尤其是在当代信息社会,公共危机的有效管理离不开与媒体的沟通。

第二节 危机报道概述

在危机进入高发期的今天,危机报道是媒体必须面对的一个重要课题。如何认识危机报道的内涵与特点,发挥危机报道的功能,也是危机管理的一个重要环节。

一、危机报道的内涵及功能

(一) 危机报道的内涵

危机事件就是突发公共事件。危机报道就是指媒体对于突发公共事件的报道,即新闻媒体针对危机进行的即时报道以及后续报道,媒体要在危机发生的整个过程中,利用自己的媒介资源就危机事件的各种情况向社会和公众进行通报和分析。

《国家预案》将"突发公共事件"分为自然灾害、事故灾难、公共卫生事件、社会安全事件四大类。近年来,这四类事件屡屡发生,成为政府和社会关注的焦点,也是媒体危机报道的主要内容。

(二) 危机报道的功能

关于危机功能的认识并无统一概括。有学者从危机发展的四个阶段总结出媒体的危机报道的四大主要功能,即潜伏期的预警功能、爆发期的稳定功能、扩散期的协调功能和消退期的反思功能。①

1. 及时准确地传播危机时期的各类信息

危机的突发性要求媒体的危机报道必须迅速及时,必须在第一时间作出反应,必须在信息不完备的情况下进行报道。1912 年 4 月 12 日夜,泰坦尼克号在北大西洋沉没。《纽约时报》新闻部主任根据美联社发布的几条简讯断定泰坦尼克号已经沉没,当天夜里组织报道,成为第一个向世界传达了这条令人震惊的消息的报纸。在随后的几天,报社更是组织报社的精兵强将,采用一切可能的手段采访相关的新闻,终于使其 1912 年 4 月 19 日关于泰坦尼克号的报道成为媒体报道突发事件的一个经典案例。多年以后好莱坞根据《纽约时报》的报道

---

① 赵士林:《论媒体危机报道的四大功能》,载《新闻界》2004 年第 4 期。

拍摄的影片《泰坦尼克号》依然让很多人感动，这个事例可以为媒体进行危机报道提供很好的范本。

当代信息社会的重要特征之一是传统媒体时代的信息单向交流模式已被颠覆，形成了信息流向多元化与信息采播互动性的新格局。网络、手机等成为公众尤其是年轻一代获取信息和交流信息的主要渠道，展现了公众对信息流动和传播的参与性。因此，危机报道的时效性显得尤为重要，因为“在突发事件发生时，大众对信息如饥似渴，饥不择食。这时谁先发布信息，大家就会蜂拥而至、洗耳恭听，而且往往对信息会不加分析与怀疑，即使是以讹传讹也深信不疑。而大众对后面传播的与前面不相同的信息，则会抱着怀疑的态度加以抑制和排斥，即使后面的信息是真实的，但要改变态度，取代前面的信息，也是难上加难”①。

进入信息时代后，危机的信息传播比危机本身的发展要快得多。各类媒体之间为争夺注意力市场相互竞争，信息传播渠道的多样化、时效的高速化、范围的全球化，使危机情境迅速公开化，成为公众聚集的中心。公众作为危机的利益相关者，他们不仅关注危机本身的发展，更关注政府及社会其他人对危机的处理态度和所采取的行动，并以此为依据来确定自己的态度。

2. 正确引导舆论

美国传播学家梅尔文·德弗勒(Melvin Defleur)曾提出媒介依赖理论，认为受众对媒介的依赖有两种情况：一是日常依赖，平常提供的信息满足其基本需求；二是异常依赖，当社会发生重大变化，情况不明，受众急于从媒介了解情况或看法，依赖明显增加。在后一种情况下，媒介也最容易通过引导热点来树立威信、深入人心，或形成意见气候主动引导受众。②

在危机事件中，公众的情绪引导得好，会向着危机管理的有利方向发展；引导得不好，则不利于危机事件的处理。媒体是公众情绪的“风向标”，更是公众情绪的“催化剂”“导航员”。

---

① 叶皓：《政府在突发事件处置中的舆论引导》，载《现代传播》2007年第4期。

② 吴乐：《危机传播中媒体的责任与品质》，载《半月谈》2008年9月。

3. 充当政府与民众沟通的桥梁

危机报道离不开政府、民众、媒体这三个因素，三者相互依存，缺一不可，构成一个完整的体系。其中政府起主导作用，是决策阶层。媒体是公众与政府之间沟通的桥梁和纽带，它一方面要客观全面地公布信息，让民众在第一时间内了解到事件的发生、发展情况，另一方面也要反映民众的声音，让政府听到民众的心声。民众是危机事件的利益相关者，政府必须考虑到他们的反应。这三者如果能够形成一种良性的互动，充分调动三者的功能，可以在很大程度上控制危机、解决危机。

危机报道可以通过各种渠道收集舆论信息并对其加以分析，及时向社会公众阐明政府在危机处理中采取各种措施的原因和现实条件下采取各种措施的必要性，阐述政府的有关政策，采取有效方式赢得社会大众的理解和支持，大力发挥新闻媒体的释疑解惑功能。与此同时，把舆情民意通过媒体报道传递给政府，促使政府出台顺应民意的举措，使社会形成合力并采取一致行动，形成有利于危机解决的良好社会氛围。

危机报道的消极作用也引人关注，如长期的负面报道会在潜移默化中对人形成腐蚀性的隐性效果。短期内对危机事件的集中报道会造成人的精神松懈、意志涣散等，其中“可能引起社会恐慌”的消极作用是危机报道让人“非议”的最主要原因。因为“负面新闻信息是消极的，它一般指人与人、社会、自然之间的关系发生冲突、失衡、不和谐的变动”①。如各种地质灾害、气象灾害、意外事故等。尤其是公共卫生事件，它与人们的切身利益密切相关，稍有不慎，就可能引起人们的恐慌情绪。罗伯特·希思将危机情境中的这种变化和混乱称为“危机迷情”，就是在环境、沟通和利益等多重变量的作用下，危机利益相关者在心理和行为上的混乱状态。②

因此新闻媒体在危机事件发生过程中，在想方设法为受众提供直接、全面、大量的信息报道的同时，要对危机报道的灾难性后果，尤其是一些血腥、恐怖、暴力的画面对受众的心理影响有充分认识，尽量避

① 邓利平：《负面新闻信息传播的多维视角》，新华出版社2001年版，第56页。
② 罗伯特·希思：《危机管理》，中信出版社2004年版，第177页。

免给受众留下持久的心理阴影。恰如其分的报道,能够起到预警提醒、安抚情绪和鼓舞士气的作用,推动危机尽快解决,并将危机的损害控制在最小范围内。

二、危机报道的原则

21世纪前10年,中国新闻媒介五大发展趋势可以概括为"制度构架,将从人治走向法治;媒体格局,将从相对自由竞争走向垄断竞争,从国内有限竞争走向世界的全面竞争;媒体运作,将从传者为中心走向受者为中心;受者兴趣,将从雅俗共赏走向雅俗分赏;新闻理念,将从新闻学走向大众传播学"①。随着全球化的不断推进,随着网络媒体越来越深入人们的生活,随着中国改革开放的不断深化尤其是中国政治文明的不断进步,媒体对于各种危机事件报道的自由度越来越大,危机报道已经成为新一轮媒体竞争的热点。

危机报道对于培养公众的危机意识、危机发生时政府的决策以及社会大众的心理的稳定、营造有利于解决危机的社会氛围、危机的化解和危机后的反思都具有重要的意义。因此把握危机报道的原则尤为重要。

(一)坚持客观真实的原则

坚持报道客观真实是媒体存在的根本和基本要求。真实性是媒体的生命,它的重要意义可以概括为:(1)坚持真实,才有助于党和人民正确认识客观世界,更好地改造客观世界;(2)只有坚持真实,才能坚持真理,我们的宣传报道才会有力量,人民才会跟着共产党走;(3)只有坚持真实,才能切实加强党和人民的联系,才能使人民和党心连心;(4)只有坚持真实,才能使我们的新闻事业取信于民,赢得人民的尊敬和信任。②

面对社会上充斥的各种各样或虚或真的信息,如果一个媒体没有相关规范的流程去核实信息,轻易发布一些重大的或正面或负面的消息,它所造成的影响会损害一个媒体好不容易建立起来的公信力和品

---

① 李良荣:《21世纪前10年中国新闻媒介走向》,中国新闻研究中心 http://www.cddc.net,2003年1月26日。

② 李良荣:《新闻学概论》,复旦大学出版社2001年版,第208—210页。

牌影响力。

传媒的社会责任,追求的是以人为本的社会正义与社会道义,在新闻传播与商业利益存在矛盾和冲突时,决不能迎合低级趣味甚至放弃新闻从业者基本的职业道德。新闻从业人员在追求最新、最快的报道的同时,决不能丢弃其应尽的社会责任,在新闻报道过程中应自觉树立社会正义感、道义感和责任感。在市场经济条件下,一些新闻从业人员在危机报道中为了提高收视率、收听率和点击率,不顾一切地追逐报道的“轰动效应”而忽视了报道的社会效益,甚至背离了新闻工作者的职业道德。

在危机事件的传播过程中,媒体应从大局出发,站在国家利益的高度为民众提供权威、实用的信息。

(二)以“信息管理意识”报道突发事件

在危机管理的最后恢复环节有一个 PICPIC 策略中,特别提到了“信息管理”的概念。要重视四个方面信息的发布:现在正在做什么?这些行动怎样适应大局(全盘计划)?获得这些信息的人可以做什么?近期可能发生什么事?信息管理的质量和可信度取决于下一步行动是否能够言辞一致,人们的信心如何。适度信息的发布不仅能使人了解正在发生的事情,而且还可使恢复管理人员获知或至少闻知人们对恢复过程的感觉和看法。

媒体的“信息管理”意识主要体现在以下几个方面:

1. 要加强信息的选择,注重报道的角度和内容

新闻媒体作为“把关人(信息过滤器)”一方面要把事情发展的最新动态告知民众,做到信息透明公开。要重视数据的运用,强调准确性、客观性,通过运用真实的统计数据,把灾情数字的事实报道透明化,明确指出伤亡人数、经济损失等,让公众通过数据来了解事件的严重程度。另一方面要选择好报道的角度,让报道的内容能够真正地稳定人心,维护在这个特殊时期社会的稳定与协调发展。

新闻媒体在危机事件的报道中,应该尊重人,在报道新闻事件的过程中注重当事人或者当事人亲属的情绪与心理。在使用每张图片、运用每一个镜头时都要尽量客观并且照顾到突发事件发生后公众的心理承受能力,而不是以新闻作为卖点。

2. 报道需要有人文关怀的精神

坚持以人为本的原则，要求媒体在危机发生时以维护人民的利益、安全和生命作为首要的出发点，并在此基础上倾注人文关怀。以人为本是当今世界普遍接受的一个共同的处理危机的原则，也体现了媒体传播观念由宣传、说教转变为传播、服务，更利于受众由被动地接收信息转变为主动地参与传播。

以人为本，即在危机报道中，要充分考虑到民众的情绪和心理承受能力，媒体应尽可能运用积极的报道来平衡危机事件给社会民众带来的巨大心理反差，努力再现灾难、危机中的人性光辉，彰显人文关怀。比如，在报道恐怖事件时，不应过多地强调“恐怖”；在战争报道中，尽量少地展现血腥的暴力场景。同样，在危机或灾难事件结束之后，媒介应在最大程度上发挥其舆论引导作用，引导公众建立抵御危机的健康心态。比如，通过灾难新闻报道，可以动员全社会参与到灾区的重建工作中来；并在灾后以关爱、平等的口吻与受众进行多方面交流，帮助他们尽快走出心理阴影，从而产生良好的社会示范效应。

3. 注重信息的全面专业性，加大专业性的报道或者深度报道的力度

在危机发生的非常时期，人们的心理更愿意听从专家的意见。因此，危机报道应更好地利用专家资源，多采访一些权威专家人士，这样也对记者本身的专业素养提出了要求，需要一些熟悉某一领域的专家型的记者。由于多元化的传播渠道和报道手段的更新发展，媒体间的竞争日趋激烈。缺乏危机报道意识的媒体会因未能对突发危机做出理性、及时的反应而错失报道良机，并因此在很大程度上削弱了该媒体的公信力和权威性。

（三）坚持危机报道的“T3”原则

当危机爆发的时候，公众和政府对于危机信息的掌握是不对称的。相关的政府部门掌握着主要的危机信息，公众对于危机的了解是表层和零星的，而大众传媒是公众获得全面危机信息的主要渠道。如果政府的信息不能通过大众媒体迅速向公众传达，那么一方面公众会寻求非主流的渠道获得相关的信息，另一方面政府因为没有能够及时提供足够的信息将会承担道德风险，政府的信誉将会受到损害。

为了解决危机发生时的信息不对称问题，现代社会必须依靠大众传播媒介迅速发布危机的各种信息，英国危机公关专家里杰斯特提出的危机处理的“T3”原则，同样适用于危机报道：

(1) Tell your own tale(以我为主提供情况)

(2) Tell it fast(尽快提供情况)

(3) Tell it all(提供全部情况)①

第一个“T”强调以我为主。由于危机事件往往是社会公众的关注点，人们急切地想了解有关危机的情况。在这样的情况下，如果官方媒体无法满足公众的需求，就会丧失信息发布的主动权。尽快提供情况是由危机事件本身的特性决定的，由于危机事件本身就意味着事件的发展处于一个临界点，因此事态的发展往往会非常迅速，因此必须尽快提供事实真相。提供全部情况是危机报道的另外一个基本要求，也是我们在面临危机时最难做到的。危机本身就意味着事情的发展还具有不确定性，危机时期的信息本身也具有一定的模糊度，同时很难保证收集到全面的信息。在这样的情况下，如何能提供全部的情况？危机管理的经验告诉我们，还必须向社会提供全面的情况，把那些不确定性也告诉公众，因为面对危机我们应该做好“最坏”而不是“最好”的打算。

第二个“T”强调危机报道必须提供及时、全面、真实的信息，在危机爆发的时候尤其如此。传统的政府内部的信息传播机制由于本质上是多级传播，在时效性上无法保证，而且由于层层截流往往会发生信息变形，因而无法保障政府管理人员尤其是最终决策人员及时获得充分的信息。现代社会的大众传播媒介高度发达，触角延伸到社会的各个细胞，而且由于大众传播的信息可以不经中间环节直接传达到社会的每一个人，因此可以成为政府决策的一个重要信息来源。

第三个“T”强调提供全部情况，危机报道实际上是在更大范围里满足人们的知情权，而知情权在更大范围里的满足是中国政治体制改革不断深入的一个必然要求。从经济的角度来看，在不完善的社会主义市场经济条件下，危机报道是维持良好的经济秩序、促进经济的良

① 薛澜：《危机管理——转型期中国面临的挑战》，清华大学出版社 2003 年版，第371 页。

性发展、保障劳动者合法权益的一个重要的外部条件。

当危机爆发的时候，也是人们急切希望了解危机的相关信息的时候，这时候人们首先希望从媒体获得相关信息。“当社会环境出现情况不明，有威胁性或迅速变化时，个人和群体的媒介依赖关系便更加强烈。”①如果媒体能够及时提供有关危机事件全面的信息，人们就会消除对于突然爆发的危机的恐惧，形成对危机的正确认识并且采取相应的自我保护措施，这对于维护危急时刻的社会稳定是非常重要的。反之，如果人们不能及时获得有关危机的信息，各种谣言就会盛行，进而导致社会恐慌和不稳定。

第三节　典范公共危机报道案例解析

政府、媒体、公共危机传播中的利益关涉方，危机事件的处理与信息传播控制就是这三者利益博弈的过程。这里以农夫山泉标准门事件为例，探讨媒体危机报道在企业危机事件中的处理方式和立场态度。

一、事件回放

2013 年 3 月 8 日，消费者发现农夫山泉 380ml 饮用水中出现黑色悬浮物质，与厂家沟通无果后反映到 21 世纪网。3 月 14 日晚，21 世纪网刊发题为《农夫山泉有点悬：水中现黑色不明物 5 年来屡被投诉》(2013-03-14)的报道。文中指出有消费者购买的多瓶未开封农夫山泉 380ml 饮用天然水中出现黑色不明物。随即引发各媒体转载，转载量逾百条，拉开了此次事件的序幕。

3 月 15 日晚，农夫山泉在其官方微博发布关于农夫山泉瓶装水含细小沉淀物的说明公告。这篇回应公告全篇 195 个字，其全文主要内容为其丹江口工厂的瓶装饮用水经过了第三方权威检测机构的检测，结果显示符合国家各项标准；细小沉淀物为运输储存过程中天然矿物元素析出所致的矿物盐。

然而，3 月 18 日，21 世纪网再度刊发题为《农夫山泉回应公告撤

① 梅尔文·德弗勒等：《大众传播学诸论》，新华出版社 1990 年版，第 353 页。

谎黑色不明物依旧是谜》(2013-03-18)的报道,质疑农夫山泉的官方声明。报道指出此简短的公告存在明显敷衍,农夫山泉不仅撒谎,且其生产的水中含有的黑色不明悬浮物依旧是个谜。

3月25日,在21世纪网题为《农夫山泉丹江口水源地上演“垃圾围城”水质堪忧》(2013-03-25)的报道中,农夫山泉的水源地之一——丹江口水库的环境污染现状被曝光。在经历了“地下水污染”和“黄浦江死猪”等危机之后,舆论对饮用水安全的关注达到了前所未有的高度。

5月6日农夫山泉在北京召开发布会,其董事长钟睒睒证实销量下滑。同时,据人民网舆情分析指出,农夫山泉陷入了媒体和网民的口诛笔伐,有近四成网友表示不敢再饮用农夫山泉,其广告语“农夫山泉有点甜”被讽为“农夫山泉有点脏”。

不到两个月的时间,一次消费者投诉事件会演变为如此大的危机,让其品牌岌岌可危。其中,媒体和企业到底经历了怎样的博弈,双方在事态的发展走向上又分别采取了何种态度和立场?

二、媒体报道的三个关键节点

通过在百度指数中对2013年3月10日至5月10日的搜索引擎新闻词条进行词频统计,发现整个事件在发展过程中依次出现4次新闻报道的高点,分别是3月15日、3月26日、4月12日和5月7日。梳理分析事件发展的全过程可以发现,每一次媒体关注量的剧增都是由一篇影响力较大的新闻报道引发,整个事件发展过程出现三个关键节点,每个关键节点都对事件的发展起到巨大的推动作用。

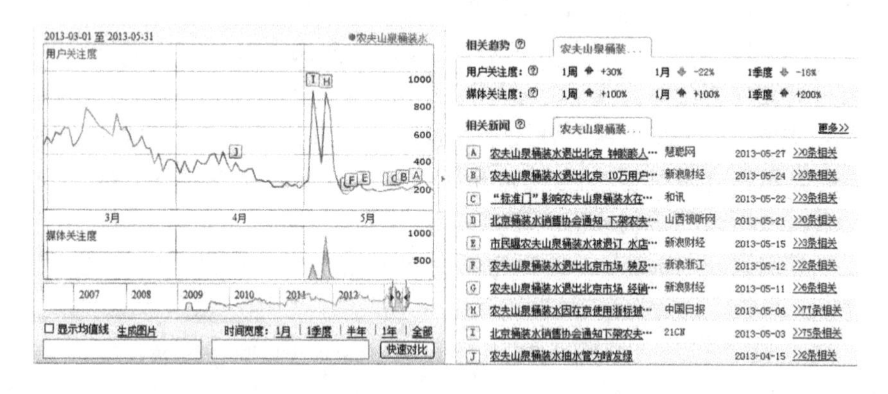

1. 关键节点一：丹江口水源地“垃圾围城”

3月25日，21世纪网标题为《农夫山泉丹江口水源地上演“垃圾围城”水质堪忧》(2013-03-25)的报道引起大量媒体和公众关注。

> 21世纪网发现，在农夫山泉取水点周边水域岸上，遍是各种各样的生活垃圾，其中不乏大量疑似医用废弃药瓶，俨然“垃圾围城”之势，让人产生误入垃圾掩埋场的感觉。而农夫山泉用焚烧的方式来处理这些垃圾，其焚化后渗入水中对水质的影响不免令人担忧。

而随后，农夫山泉官方微博当日发布《关于丹江口岸边杂物的说明》，该事件掀起第一次舆论高潮。3月26日搜索引擎“农夫山泉”相关新闻达到778篇。此后，21世纪网又做了农夫山泉水源地调查及产品质量问题的相关报道，农夫山泉也通过各种媒体渠道进行回应。

4月8日，21世纪网《农夫山泉自订产品标准允许霉菌存在》(2013-04-08)的报道首次提到饮用水产品标准问题，并大篇幅论述广东、浙江等地方标准。文中表示“多名律师对21世纪网表示，农夫山泉广东公司弃用广东标准，采取浙江标准的行为已涉嫌违反食品安全规定”。报道把媒体监督的重点从质量问题转向标准问题。

这期间，21世纪网履行媒体的舆论监督职能，农夫山泉针对媒体报道的问题进行企业危机公关。跟以往众多企业应对媒体监督的危机公关没有多大差异，双方都在法律和道德许可的范围内行使自己的权利。

2. 关键节点二：农夫山泉被指标准不如自来水

4月10日，《京华时报》B48版《农夫山泉被指标准不如自来水》(2013-04-10)的报道，把农夫山泉推到了舆论的风口浪尖。

> “关于饮用水，我国的各项标准中，国标GB5749《生活饮用水标准》应该是门槛最低的”，一位饮用水领域的专家告诉记者，生活饮用水“就是指平常所说的自来水，这是饮用水最基础的标准，企业生产瓶装水的标准最起码应该相当于或严于该标准，尤其是在重金属和有害物质的指标上”。
>
> 然而记者昨天发现，农夫山泉饮用天然水执行的是浙江

“DB33/383-2005 瓶装饮用天然水”，对比两个标准发现，农夫山泉执行的标准中关于有害物质的限量甚至宽松于自来水。

在目前食品质量安全问题频发、公众对食品安全问题极其敏感的背景下，农夫山泉标准不如自来水的新闻，无疑触动了社会的敏感神经，也成为各大媒体争相转载和报道的噱头。4 月 12 日媒体报道量达到 2010 篇，事件进入第二次舆论高潮。

4 月 11 日农夫山泉官方微博发布郑重声明，称农夫山泉的产品品质始终高于国家现有的任何饮用水标准。而目前所有针对农夫山泉报道的幕后策划者都是华润怡宝，并高调邀请媒体和消费者对农夫山泉和怡宝的所有水源、工厂和产品品质进行参照比对。

此后，从 2013 年 4 月 10 日开始，一直到 5 月 8 日，连续 29 天，《京华时报》延续 21 世纪网的报道，用了 75 个版面，报道题材包括消息和评论，猛烈抨击农夫山泉，报道篇幅之大、持续时间之长在过去媒体对企业的舆论监督中实属罕见。而农夫山泉也在 10 多个省市通过多种媒体渠道刊登措辞强硬的公告和检测报告。

这一时期，媒体的舆论监督和企业的危机公关似乎已经变成了《京华时报》与农夫山泉之间的掐架。比如《京华时报》称浙江地方政府袒护农夫山泉，农夫山泉称《京华时报》无知、强词夺理等。

3. 关键节点三：农夫山泉召开新闻发布会

《京华时报》和农夫山泉经过将近一个月的舆论对攻，并没有分出胜负高低。

5 月 6 日，《京华时报》把《农夫山泉桶装水因标准问题在京停产》(2013-05-06)的新闻标题放在头版，内文有 5 篇关于农夫山泉的报道和评论。

当天早上 7 点 56 分，农夫山泉官方微博发布下午 3 点在北京召开“饮用天然水标准新闻发布会”的消息，并邀请多家媒体参加。

全场焦点基本集中在《京华时报》和农夫山泉的所谓“八问八答”，大量门户网站和媒体微博进行现场直播。

5 月 7 日，《京华时报》以近 7 个版面对这次发布会进行报道，继续追问农夫山泉，其中《依法依规舆论监督暴力大帽请勿乱扣》

>>本版导读

A02 声音

公信力
传播力
影响力

京华时评

我们为何不懈追问农夫“标准”

食品安全
别只盯着明星代言

看不懂的申遗 折不起的账单

强调身份是“刺耳的真实”

(2013-05-07)中，记者的报道言辞情绪激烈。

在农夫山泉的发布会上，钟睒睒称，“农夫山泉决定不会为舆论暴力低头，也不会为自己的尊严失去颜面”。这话值得推敲，首先，何谓尊严？尊重消费者，遵纪守法，严格执行国标，赢得消费者的尊重才有尊严可言。二是何谓舆论暴力？把舆论监督当成暴力，这不仅是对监督的刻意误读，更是泛暴力化。监督是媒体的责任，监督对象也不只是企业，怎么对农夫山泉的监督就变成了“暴力”？如果农夫山泉从一开始就直面标准这一关键问题，而不是指责媒体刻意“发难”，媒体怎么会有持续跟进报道的必要？

> 钟睒睒有不短的媒体从业经历，不可能不知道监督的真义。把批评当成暴力，把监督当成压制，甚至指责《京华时报》不该自称“党的一家负有社会责任的媒体”，因为“党是一个伟大光荣的整体，我们认为每一个单位不能借党的名义压制被批评者……”这就有些深文周纳，恶意污名化监督了。如此扣帽子，其实质是拒绝监督。难道媒体只能给企业唱赞歌？

除了《京华时报》外，其他媒体也都密切关注了此次新闻发布会。5月7日媒体报道量达到了第三次高点，相关新闻报道达到3850篇。

新闻发布会作为事件发展的重要转折点，扭转了农夫山泉在舆论场中的被动状态。作为反馈民意最快的微博舆论场，大量网友开始支持农夫山泉，部分媒体也开始倒戈。据部分门户网站、第三方机构及个人所做的网络民意调查，支持农夫山泉的人数都占压倒性优势。

发布会上钟睒睒叙述因市场环境而无奈退出北京市场的悲情诉求，《京华时报》记者在会场上的咄咄逼人，可能是舆论发生逆转的原因之一。

5月9日，《人民日报》要闻版刊发了《农夫山泉抽查合格率100%》(2013-05-09)的消息。

> 浙江省质监局食品生产监督管理处周晓林处长8日向记者确认：“4月11日，浙江省杭州市质监局对农夫山泉在建德、淳安的6个工厂进行现场检查，并抽取4个生产批次的样品进行检验，结果显示全部合格。”
>
> 周晓林说：“从2009年到2012年，浙江省质监局共监督抽查农夫山泉瓶装饮用天然水19批次，合格率100%；最近三年，杭州市质监局也抽查检验了38个批次的农夫山泉瓶装饮用天然水，同样全部合格。”

此后，关于农夫山泉质量门、标准门的质疑基本消除，网络舆论完全站在了农夫山泉的一边，相信农夫山泉品质的网友已接近九成。

三、媒体对该危机事件报道的反思

在各大门户网站转发该报道页面的评论里，几乎每两页才可能有一条仍然质疑农夫山泉的跟帖，而更多的人都表示将继续选择购买农夫山泉产品。冷静下来的媒体和公众对双方的对掐已经没什么兴趣，开始转向对监管部门的缺失和饮用水标准的混乱等问题进行理性的评论。

（一）从媒体表现看

在这场由媒体报道引发的企业危机乃至媒企混战中，媒体对企业标准问题的新闻价值判断、对农夫山泉的监督方向是否欠准；对这个题材的版面投放是否过度；媒体在监督企业过程中是否因选择、放大或失实等因素而让企业蒙受不必要的损失，这都值得我们反思：

1. 消息来源的权威性和准确性

5月7日，《京华时报》刊发报道：《北京桶装水销售协会通知下架农夫山泉桶装水》(2013-05-07)。文中指出农夫山泉在标准问题上的多处违规行为早已引起行业协会的关注。

> 昨天，北京市桶装饮用水销售行业协会下发《关于建议北京市桶装饮用水行业销售企业对“农夫山泉”品牌桶装水进行下架处理的通知》，要求北京市桶装饮用水行业各销售企业即刻对农夫山泉桶装饮用水产品做下架处理。

在这篇报道中我们注意到，一方面，《京华时报》把“桶装水行业协会”当成了权威机构。可实际上，这个协会未必那么权威。在报道时，我们如何判断各种社会机构的权威度，对消息源的权威性又如何判断？另一方面，“中国民族卫生协会健康饮水专业委员会”这个组织，并不是一个真正的全国性的权威性机构。由这个协会进行判断，不够规范。该组织发出的下架通知全称是“建议对农夫山泉桶装水进行下架的通知”，它并不是一个强制性的要求，它只是桶装水协会建议下面的这些售卖点不要对农夫山泉的桶装水进行售卖。下架这种通知，一般是由质监局或者工商局发出的，桶装水协会不能要求市面上所有的商家不卖这种水。

这份下发给北京市桶装饮用水行业各销售企业单位的通知指出：

> 鉴于近日由农夫山泉股份有限公司生产的农夫山泉品牌饮用水，由媒体曝光出现了多重质量标准问题，不仅涉嫌违反

《国家标准化法》的相关规定，还涉嫌虚假宣传、误导消费者，从而造成了极大社会反响。

经协会多方调查取证，查明农夫山泉品牌桶装饮用水在北京市销售期间，未向本市政府主管单位和销售企业提供任何在北京地区生产的农夫山泉品牌桶装饮用水的产品标准和相关产品合格资质证明文件。为切实维护北京市地区桶装饮用水销售市场稳定发展和广大销售企业、桶装水消费者的合法权益，自本通知发布之日起，北京市桶装饮用水各销售企业即刻对“农夫山泉”桶装饮用水产品做下架处理，并做好对桶装饮用水消费者的说明和解答工作准备；各桶装饮用水销售企业，要妥善保留好农夫山泉桶装饮用水生产厂商与自身单位签订的相关销售协议和所有相关证明文件，以备通过相关法律途径保护自身权益。

桶装水行业协会只是“建议下架”，报道给人的感觉是“已经下架”，而这个协会本身并没有执法权。对于这一点，农夫山泉厂商在新闻发布会上也提出了质疑。此外，媒体还报道北京市质监局停止了农夫山泉的生产，给人的感觉是质量有问题。实际上是因为没有把浙江省的省标在北京进行备案，不符合程序才停掉的。

中山大学传播与设计学院的龚彦方副教授认为“媒体在做调查报道时，需要一个一锤定音的直接证据，能够证明问题之所在，而不是遮遮掩掩。媒体也要想清楚到底是为谁去做新闻，揭露真相，我们的服务对象是谁”。

2. 报道版面的用力程度

如果企业的问题仅仅是一个标识不规范的问题，要不要用如此多的版面来进行报道？是否应该一开始就该将报道重心对准浙江省质监局和国家质检总局，就该探讨标识应尽快规范的问题？是不是应该在标签的更改这个专业问题上来进行报道？

在慧科电子报纸数据中，以“农夫山泉”“标准”为关键词搜索了2013年4月10日至5月10日一个月期间北京地区的各家报纸，排除了与主题无关的报道后，共得到191篇报道和评论（详见下页表格）。

从表格中可以看出，在一个月的时间内，《京华时报》的报道量最多，为61篇，占到媒体报道总量的近三分之一，平均每天就有两篇。61篇报道中，有44篇报道都是1000字以上的新闻，反映到版面上则占据了较多的版面空间。对比北京地区其他几份主流都市报，如《新京报》《法制晚报》《北京晚报》《北京晨报》《北京青年报》等，并没有对此事倾注超常的精力，报道规模和力度都远远不及《京华时报》。《京华时报》对此事的新闻价值判断，显然超过了整个行业判断共识的基准。

媒体名称	新闻报道总量（篇）	1000—2000字的报道量（篇）	2000字以上的报道量（篇）
《京华时报》	61	33	10
《新京报》	15	7	3
《法制日报》	13	7	2
《证券日报》	8	6	0
《北京晨报》	7	0	1
《北京商报》	7	2	0
《中国经营报》	7	3	3
《中国质量报》	7	3	2
《北京青年报》	6	4	0
《工人日报》	6	3	1
《经济日报》	6	2	0
《检察日报》	5	3	0
《中国经济导报》	5	2	1
《北京晚报》	4	1	1
《法制晚报》	4	2	1
《人民日报》	4	0	1
《中国企业报》	4	1	2
《中国证券报》	4	2	1
《北京日报》	3	0	1

（续表）

媒体名称	新闻报道总量（篇）	1000—2000 字的报道量（篇）	2000 字以上的报道量（篇）
《环球时报》	3	3	0
《经济参考报》	3	2	1
《科技日报》	3	1	0
《中国科学报》	3	0	1
《中国青年报》	2	0	0
《光明日报》	1	0	0

3. 媒体看待企业和社会，是否存在预设立场

在农夫山泉“标准门”事件中，与公共利益联系最为紧密的是农夫山泉饮用水是否会对人体健康造成影响。这既是公众的疑惑，也是解决这一事件的关键。虽然《京华时报》利用 60 多个版面、60 多篇新闻报道来对农夫山泉提出质疑，但是没有找到最关键的真相：农夫山泉到底还能不能喝、该报耗费了这么多版面资源，它到底想要强调的是什么？

例如我们列举几条新闻标题：4 月 11 日《饮用水标准不是橡皮筋》、4 月 12 日《协会确认农夫山泉标准不及自来水》、4 月 13 日《农夫山泉回应质疑避谈有害物质指标宽松》、4 月 16 日《标准面前谁也跑不掉》、4 月 16 日《饮用水标准不可任人玩弄》、4 月 18 日《企业自省才能留住市场》、5 月 7 日《北京欢迎负责任的企业》等。从这些标题中可以看出该报紧紧揪住的两个关注点，其一是农夫山泉使用了指标要求相对宽松的地方标准，其二是农夫山泉企业不负责任。

但是，这两个关注点与实际的公共利益联系并不紧密。首先，标准是国家和地方对于企业生产的产品的最低要求。只要符合标准的产品不会对人体健康造成损害，一般公众对于企业执行的是哪一种标准其实并不感兴趣，也没有专业能力辨识。即使地方标准被证明的确是有害人体健康的，传媒也不应该在证明结果发布之前预设立场。其次，《京华时报》混淆传媒监督的对象，把矛头从饮用水质量问题转向了企业公关。在这一事件中，饮用水质量才是传媒监督的重点，也是

此次事件中的公共利益所在，而农夫山泉企业逃避责任和态度傲慢与公共利益关联不大。因此，此次《京华时报》与农夫山泉的针锋相对、各执一词，势必造成农夫山泉在经济利益和品牌声誉上的双重损失，《京华时报》的媒体公信力也会大打折扣。

（二）从企业应对看

从另一角度来说，农夫山泉作为此次危机事件的主角，其在危机公关中的一系列表现也让我们看到许多企业中存在的通病：

1. 水质——消极回应消费者质疑

3月15日，21世纪网曝光农夫山泉黑色不明物，据当事消费者称，客服人员对她的态度就是“不接待我们，不理我们，不承认水是有问题的”。

面对媒体采访，农夫山泉承认黑色不明物事实，但称其是水中的矿物盐析出。

当时与之有关的新闻标题中充斥着农夫山泉这样的措辞：“坚称产品合格”“经检测证明水质没问题”。

在21世纪网的报道的最后，引用了卫生部的《瓶（桶）装饮用水卫生标准》，称对饮用水感官指标中“肉眼可见物”项目的要求均为“不得检出”。这也为之后的标准门埋下伏笔。

2. 水源——错失修复媒体关系良机

3月25日，21世纪网在实地调查农夫山泉厂区时称，胡家岭厂区谢绝了记者入厂参观的请求。这本是一次非常好的修复媒体关系、改善舆情趋势的机会。这次拒绝直接导致农夫山泉的水质成了媒体的靶子。

在这篇报道中，只有一名没有显示职位的接待人员接受了记者的采访。显然，他在回应媒体时缺乏技巧和经验，措辞过于随意。“等待，等待真相，21世纪网在等待，社会也在等待。”——文章的最后一句话似乎在告诉公众，农夫山泉拒绝回应。

4月8日，21世纪网的报道称，“农夫山泉采用浙江地方标准，允许霉菌酵母菌存在。截至发稿之时，农夫山泉依然沉默以对。”在标准门初露端倪时，报道的最后一行字显示，农夫山泉依然没有任何准备进行危机公关的意图。

4月11日,农夫山泉终于做出回应,但其回应的内容并没有化解危机的意思和赢回口碑的效果。

公司声明坚称产品“品质始终高于国家现有的任何饮用水标准,远远优于现行的自来水标准”。在这份声明中,农夫山泉还直接点出了此前坊间流传的“幕后黑手”一家国有控股饮用水企业。

其实,同行同业竞争的现象随处可见,但谁也不会在毫无证据的情况下指名道姓。农夫山泉这样的危机应对策略,令其继续走向被动。

3. 标准——微博上公布烦冗代码

从4月12日起,农夫山泉在官方微博上与《京华时报》正面交锋,从最初的只谈标准开始,措辞逐渐激烈。

4月12日,《京华时报》报道称,中国民族卫生协会确认农夫山泉标准不及自来水,并在报道中称,发给农夫山泉的采访提纲未得到回复。农夫山泉首次专门针对该报回应,称其产品品质远高于国家、行业、地方的三重标准。

农夫山泉用各种烦冗的代码标准回应质疑,却被媒体带到了一个新的逻辑怪圈——“所有水都要符合国家自来标准,所以我们一定符合”,该报将“承认以自来水标准为底线”做入新闻小标题。从主观意识的思维判断上看,经过这次回应,品牌危机不但没有缓解,反而加剧了。

4月14日,农夫山泉连发4处水源地的检测报告,并第二次回应《京华时报》,称其产品检测结果优于国标2—11倍。

4月15日,农夫山泉第三次回应《京华时报》。相比此前两次,措辞更加激烈,称该报“不仅无知,而且强词夺理,使消费者迷失方向”。

4月16日,农夫山泉第四次回应,并首次质疑《京华时报》的新闻道德良知。

4月18日,农夫山泉发表《〈京华时报〉& 农夫山泉　到底谁在撒谎?》一文,就该报提出企业拒绝接受采访一事进行解释,双方正式从标准战转移到了另一个冷战场——自说自话。在这个战场上,报纸是不是给读者看的,水是不是给消费者喝的,都不再重要;重要的是,你说的就是错的。

4月20日，四川雅安地震后，农夫山泉立即组织赈灾，灾情在一定程度上转移了公众注意力。同样，《京华时报》从次日起也将主要精力转移到赈灾报道，双方论战进入熄火阶段。

4月25日，随着灾情的稳定，《京华时报》继续"开火"，引用专家言论称"农夫山泉应立即整改"。

报道中没有正面采访农夫山泉，应与双方过于紧张的关系有关。该报在文末引述其他媒体的报道称，农夫山泉公关部相关负责人表示，对于浙江省卫生厅下发的《关于对媒体反映瓶装饮用天然水适用标准情况的说明》此前并不知情，对于"标准门"的相关进展目前没有精力关注和跟进。

4. 新闻发布会——董事长强硬回应

五一劳动节小长假结束后，双方战事再起。5月2日起，针对《京华时报》每天大规模、多版面的攻势，农夫山泉的微博反应并不活跃。直到5月6日，农夫山泉召开新闻发布会，董事长钟睒睒强硬回应媒体质疑，并称将退出北京桶装水市场。

5月7日，在《京华时报》最后一次大规模报道农夫山泉事件后，报纸至今再未提及该品牌。

5月9日，《人民日报》要闻版刊发《农夫山泉抽查合格率100%》，农夫山泉品牌危机暂时解除，缓解了舆论压力。

（三）从受众态度看

在媒体自身发生变化的同时，受众行为也在发生变化，突出表现在信息的接受、选择、交流和分析等方面。在对媒体信息的接受上，受众从过去的被动状态发展到当今的主动状态，人们不再受制于个别的或有限的媒体信息传递，而是根据需要主动寻求各种不同媒体的信息，以丰富自己的信息来源，扩大对媒体信息的接受范围。

受众在对媒体信息的选择上，从过去的浏览方式发展到借助于互联网络的搜索方式，信息搜索不仅大大提高了受众选择信息的效率和意愿，而且帮助受众在短时间内建立起相关主题的信息库，使信息价值得以充分发挥。在受众与媒体的信息交流上，从过去由媒体到受众的单向信息流发展到两者之间的双向信息流,受众在接受媒体信息的同时,也成为信息的提供者和传播者。

从受众的角度看:

1. 负面消息,令九成网民不信任农夫山泉

按照舆情领域对于危机公关职能的描述,它具有品牌维护、产品营销、口碑塑造的三重作用。而在质量门发酵到标准门的过程中,农夫山泉的品牌声誉直线下滑。连篇累牍的负面消息令产品营销无从谈起,在口碑上更是沦落到连自来水都不如的境地,竟有逾九成的网民表示了对农夫山泉品质的不信任。(见图 1)

很多业内人士和意见领袖在此前都在感慨"农夫山泉做产品做广告 100 分,做危机公关 0 分"。此言非虚,从质量门到标准门,从农夫山泉的多次回应中无法看出任何想要维系、缓和公共关系的趋势,更多的是在表达战略诉求。

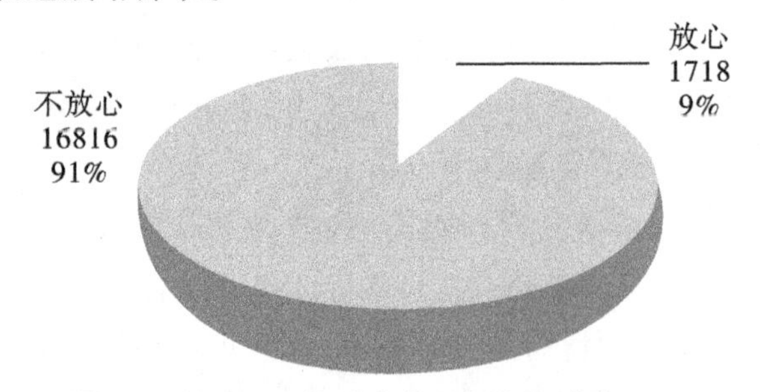

图 1 4 月 14 日,你对农夫山泉的品质放心吗?

2. 对抗媒体,博取超五成网民支持

随着《京华时报》大规模报道的推进,农夫山泉开始强硬回应,其官方微博连发水质检测报告,在与媒体的对抗中逐渐赢回了消费者的信心。

5 月 6 日,农夫山泉召开了一场气场十足的新闻发布会,总裁钟睒睒站在台上抑制着怒气发表了显得有些悲壮的感言,并宣布该品牌桶装水主动退出北京市场。《京华时报》的系列报道被他称为"舆论暴力""开辟了一家媒体批评一个企业的新闻纪录"。

当天下午,网络媒体发起了新一期网民调查,舆论发生逆转,相信农夫山泉品质的网友超过了五成。(见图 2)

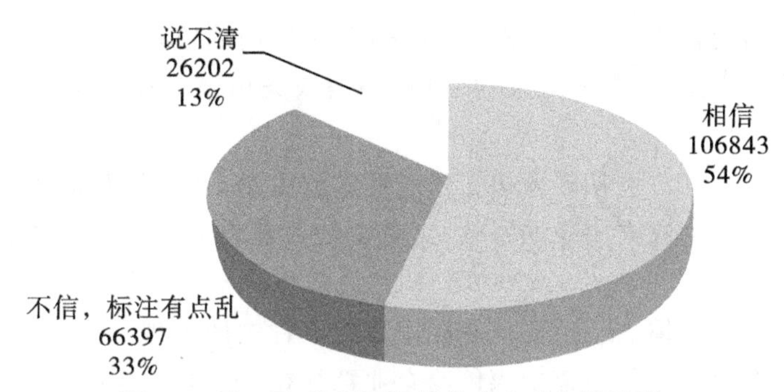

图2　5月6日,你是否还相信农夫山泉的质量?

3. 密集报道,引发网民反感

这时,越来越多的媒体从业者不再像半个月前那样跟风报道标准门,而是重新审视这起舆情事件中的双方"德"失。《京华时报》到底是在维护公众知情权、坚守媒体操守,还是如钟睒睒所言,是一起"舆论暴力"事件呢?

网民支持度及舆论导向的变化趋势显示,5月7日《京华时报》最后一次大规模报道标准事件后,微博里绝大多数议论标准门事件的网友开始倾向农夫山泉,并对《京华时报》的报道态度产生怀疑,更有甚者开始怀疑其报道动机。

5月8日,又一期网络调查显示,已经有近八成的网民相信农夫山泉没有问题。(见图3)

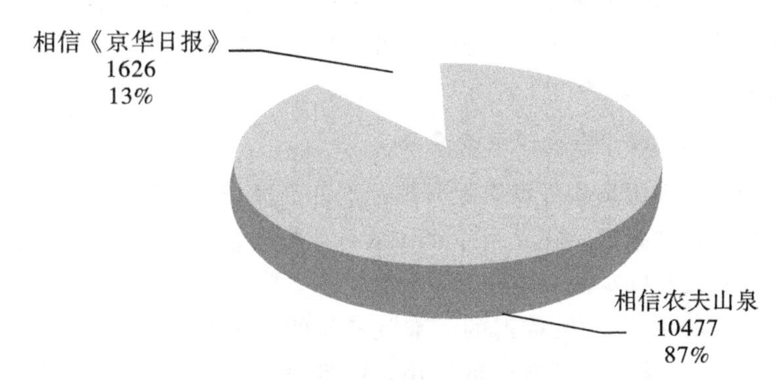

图3　5月11日,农夫山泉 vs 京华时报:标准门,你相信哪一方?

4. 党报发声,农夫山泉重获人心

5月9日,《人民日报》要闻版刊发了《农夫山泉抽查合格率

100%》的消息后,关于农夫山泉质量门、标准门的质疑基本消除,网络舆论完全站在了农夫山泉的一边,相信农夫山泉品质的网友已接近九成。

在各大门户网站转发该报道页面的评论里,几乎每两页才可能有一条仍然质疑农夫山泉的跟帖,而更多的人都表示将继续选择购买农夫山泉产品。

通过对媒体、企业、受众在此次危机事件中的表现分析,我们看到此次企业危机公关报道中媒体与企业都存在一定的误区:

1. 双方对战,忽视消费者权益

从结局上看,农夫山泉赢得了口碑,但无论从舆情发展的过程,还是从对战造成的恶劣影响来看,这是一场没有赢家的战争。

报纸的消费者是读者,《京华时报》在长时间动用大批版面报道同一件事时,是否考虑到了受众的感受?媒体在打着社会公义和知情权的名义开战时,是否应该先搞清楚"你为谁而战"的问题?

同样,作为一家行业内的龙头企业,农夫山泉的产品畅销全国,企业一直都以积极的公益形象出现在公众面前。然而,在标准门的对战中,当企业频繁公布一系列外行人根本看不懂的代码、数字时,有网友提出了这样的问题:"我就想知道,你们的水到底有没有问题,安不安全?我不关心你们用的是什么标准。"

农夫山泉在处理本案时,最大的遗憾正在于此。这原本是一个比传统营销模式更好的营销契机,却在他们过于集中的火力点(回应媒体质疑)作用下被错过了。

2. 监管噤声,导致口水战升级

如果农夫山泉事件没有上升到标准的高度,这就是一次普通的消费者维权系列报道。正是由于媒体从行业标准切入,才引发了媒体与企业间的长时间论战。

综合看来,双方所依据的标准及各自的论据都有出处。《京华时报》质疑的依据是国家有生活饮用水标准,而农夫山泉执行的是浙江省瓶装饮用天然水地方标准。

5月6日的新闻发布会上,钟睒睒向媒体详细解读了各种标准间的关系。根据此后的媒体报道,目前我国的饮用水标准非常复杂,仅国家标准就有4个。而除此之外，各地也有自订的不同标准。

从某种意义上看，正是因为标准不统一，才造成了《京华时报》与农夫山泉在对战中各执一词，自说自话，始终无法达成共识。

而在标准门发端处，除了浙江省质监局做出回应之外，再没有更高一级的监管机构给出明确说法，只有一些行业协会的声音。由于政府监管方面未能及时给出权威态度，导致事态逐步升级。

3. 察觉危机，方可应对自如

应对危机，最重要的是察觉，后知后觉是一定会令危机发酵的。

如果让时间倒回到两个月前，当消费者拿着掺入黑色不明物的产品找到企业时，企业可以用最积极的态度、最诚恳的解决方案应对，也许就不会有之后的一系列风波了。

再退一步说，如果一个月前，当媒体揪住标准适用的问题不放时，企业可以在第一时间维护媒体关系，邀请各大媒体前往厂区亲证水质，危机的化解也将变得更加从容。

第十三讲　广告生产与消费

商品经济的发展、新媒体的不断涌现，带动了广告业的繁荣发展。在现代社会中，广告活动已经成为人们日常生活的一部分。广告媒体无处不在，广告活动深入社会、经济、文化生活等各个层面，在构建和谐社会、传播正能量信息的过程中发挥了重要作用。

第一节　广告概述

一、广告的内涵

广告一词源于拉丁文“adverture”，意思是“大声喊叫”。传说古罗马商人做生意时，常常雇一些人在街头闹市大声喊叫进行宣传，吸引顾客到自己的店铺里去购买商品，久而久之人们就把这种做法称为“广告”。中古英语时代（约公元1300—1475年），演变为“Advertise”，其含义衍化为“使某人注意到某件事”，或“通知别人某件事，以引起他人的注意”。直到17世纪末，英国开始进行大规模的商业活动。这时，广告一词便广泛地流行并被使用。此时的“广告”，已不单指一则广告，而指一系列的广告活动。静止的物的概念的名词Advertise，被赋予现代意义，转化成为“Advertising”。而首次出现该词的例句，根据《牛津英语词典》的解释，是公元1750年一位市民的公告。内容是谁能找到偷他的60基尼的人，将给予奖赏（a citizen had advertised a reward for the discovery of a person who had stolen sixty guineas）。①

---

① 〔日〕田中洋、丸冈吉人：《新广告心理》，朝阳堂文化事业公司1993年版，第4页。

关于广告的内涵，国内外的研究专家给出了较多的定义，对我国影响比较大的有如下几条：

美国市场营销协会作出的广告定义得到了较多的认可：广告是由明确的广告主在付费的基础上，采用非人际传播的形式，对观念、商品或劳务进行介绍、宣传的活动。

美国广告协会对广告的定义是：广告是付费的大众传播，其最终目的为传递情报，改变人们对广告商品之态度，诱发其行动而使广告主得到利益。

《简明大不列颠百科全书》(15 版)对广告的定义是：广告是传播信息的一种方式，其目的在于推销商品、劳务服务、取得政治支持、推进一种事业或引起刊登广告者所希望的其他的反应。广告信息通过各种宣传工具，传递给它所想要吸引的观众或听众。广告不同于其他传递信息的形式，它必须由登广告者付给传播的媒介以一定的报酬。

我国著名新闻学者徐宝璜在 20 世纪初也在《新闻学》一书中专设一章讨论“新闻纸之广告”，其中关于广告的定义是：“广告者，乃有力之商业媒介……又广告者，人事之媒介也。”①

中国工商业界认可的《中华人民共和国广告法》中对“广告”一词给出定义：广告指由商品经营者或者服务提供者承担费用，通过一定媒介和形式直接或者间接地介绍自己所推销的商品或者所提供的服务的商业广告。②

这些关于广告的定义说法不一，但基本上诠释了广告活动的基本特征，如为广告商服务、说服性强烈、付费的传播方式等。总体说来，广告作为一种为企业营销服务的信息传播活动，一方面以企业营销作为终极目标，一方面与传播媒体紧密相连、同生共荣。③

二、广告的产生和发展

广告活动是一种特殊的信息传播活动，是随着商品经济的产生、发展而出现、进步的，它起源于商业活动，应用于商品交换。

---

① 徐宝璜：《新闻学》，中国人民大学出版社 1994 年版，第 85 页。

② 《中华人民共和国广告法》(1994 年 10 月 27 日第八届全国人民代表大会常务委员会第十次会议通过)，第二条。

③ 倪宁编：《广告学教程》，中国人民大学出版社 2009 年版，第 5 页。

现在保留下来的世界上最早的文字广告出现在公元前 1000 年左右的古埃及，它看似寻人启事实际上是商业广告，现存于英国伦敦博物馆内。据考证，这张用芦苇纤维制造的淡茶色广告纸的内容是悬赏金币寻找出走的奴隶。正文如下："一个叫谢姆的男奴隶，从善良的织布匠哈普家逃走了。首都特贝一切善良的市民们，谁能把他领回来的话，有赏。谢姆身高 5 英尺 2 英寸，红脸，茶色眼珠。谁能提供他的下落，就赏给半个金币；如果谁能把谢姆送到技艺高超的织布匠哈普的店铺来，就赏给他一个金币。——素负盛望的最佳织布匠哈普。"①这一广告被称为世界上最早的文字广告，它在悬赏奴隶的同时，也为广告发布者的织布技艺作了宣传。

最早的政治竞选广告，历史学家普遍认为是于庞贝城废墟遗址内发掘到的广告。庞贝城繁荣时期，每年三月的城市首脑换届选举，以及几年一次的城市议员选举，使得这座城市经常处于一种政治激情之中。大街上到处都可看到各种政治竞选广告，参与竞选的城市上层人士住宅外面的墙上，也有不少这类竞选广告。现在挖掘出的上层民宅的名称，半数以上是根据住宅外面竞选广告上的名字命名的。这些广告一般是根据某一行业公会、某一居民区或市民个人的意愿，请专门从事这项工作的缮写员写在民宅、店铺和公共建筑的墙上。② 据记载，古罗马的独裁统治者儒略·恺撒面对即将来临的战争，也经常通过散发各种传单来开展大规模的宣传活动，以便获得民众的支持。

15 世纪中叶，德国人古登堡发现了金属活字印刷。现代印刷术的发明为报纸的产生创造了技术条件。16 世纪至 17 世纪，欧洲资产阶级革命获得了全面胜利，英国、法国、丹麦等国家陆续出现了许多公报和新闻类的报纸，为广告的出现提供了更好的传播媒介，广告迅速展开了对于报刊的运用。1650 年，英国《新闻周刊》刊登了一则寻马悬赏广告，被认为是世界上第一则报纸广告。此后不久，各种商品广告纷纷见于报端。1666 年，英国的《伦敦报》正式创办广告专栏。从此，广告成为报纸的组成部分及其经济收入最重要的来源。

---

① 周茂君：《中西古代广告传播方式比较》，载《武汉大学学报（人文科学版）》2006 年 03 期。

② 陈力丹：《庞贝：一个古罗马公共信息传播的标本》，载《国际新闻界》1997 年 01 期。

18世纪始于英国的工业革命使欧洲成为无可争议的世界经济中心。欧洲社会的巨变为商品经济的迅猛发展创造了条件,也为近代广告的发展和现代广告产业的诞生做好了经济准备。由于媒体的发展和广告活动的频繁,一方面媒体为拓展广告业务,在其组织内部纷纷设置广告部,集中经营广告业务;另一方面,原先受雇于媒体的版面推销员开始脱离媒体,从媒体廉价批量购买版面,然后以高价零售给各广告主,赚取其中的差额利润,成为自己的媒体掮客。这种媒体掮客在职能上虽仅限于媒体的购买和销售,但其自主经营已初具广告代理的意义。

18世纪末,美国开始在杂志媒体上刊登广告,《民众杂志》1741年的5月号第一次出现广告。[①] 不久,美国广告业出现空前繁荣,从而催生了真正意义上的现代广告代理业。广告代理的出现可以追溯到1610年英国詹姆士一世授命建立的广告代理店,而现代意义上的广告代理业是在美国发展起来的。1837年,美国爆发的第一次经济危机造就了一批广告代理商,这批广告代理商的发展为专业广告公司的兴起奠定了基础。1841年,沃尔尼·B.帕尔默(Volney B.Palmer)在费城开办了一家广告代理公司,其性质并未超出早期单纯的媒介代理,但他却把这种代理作为一种纯粹的职业。1869年,弗兰西斯·艾耶(Francis Ayer)又在费城开办了一家N.W.艾耶父子广告公司,明确按纯版面成本收取代理费,并向客户提供文案、设计,甚至还包括市场调查等一系列服务,成为第一家按当今广告公司运作方式进行运作的广告代理公司。此后,不同规模但类型相同的广告代理公司相继涌现,大大加速了现代广告产业化的进程,使广告从媒介的依附地位迅速发展成为独立的新兴产业。从此,广告业逐步走上了规范化的代理服务之路,其服务功能由早期的单纯媒介代理逐步拓展为以营销为目的,包括市场调查、策划、创意、制作、广告的媒介发布与效果监测等一系列活动在内的全面代理,从根本上提升了广告业的专业代理水平。

随着经济全球化进程的推进,广告产业的国际化进程正在加快。越来越多的全球性广告主的全球性营销需要全球性广告传播的支持。尽管此前也存在全球性广告主在全球所开展的广告传播活动,如可口

---

① 〔美〕朱丽安·西沃卡:《肥皂剧、性和香烟》,光明日报出版社1999年版,第12页。

可乐、IBM 和柯达等,但以往的广告传播更多局限于本土和国际传播。

20 世纪 80 年代以来,由于营销环境和传播环境的复杂化,单纯依赖广告来实现有效的市场营销的时代已宣告结束。1991 年,美国西北大学营销传播学教授、整合营销传播理论的开创者唐・舒尔茨(Don E.Schultz)提出了"整合营销传播"的概念,主张实现营销传播要素的系统整合。整合营销传播一方面把广告、促销、公关、直销、CI(Corporate Identity,企业形象识别系统)、包装、新闻媒体等一切传播活动都涵盖于营销活动的范围之内;另一方面则使企业能够将统一的传播资讯传达给顾客。从广告产业的角度而言,广告代理从早期的单纯媒介代理拓展为包括一系列广告活动在内的综合型的全面代理,进而必将会发展到以广告为核心业务来整合其他营销传播要素的新型代理,这将成为广告产业发展的一个新趋向。

如今,由于传播媒体的多样化,尤其是手机媒体、移动终端设备等新媒体的普及,广告形式也层出不穷,广告代理公司提供的服务更加趋于全面和多样化,广告管理也日益严格,广告宣传活动呈现全球化的趋势。

三、中国广告业的发展

广告活动是伴随着商业活动的产生和发展而逐渐繁荣起来的。中国古代广告形式主要有实物广告、叫卖广告、招牌广告和印刷广告等。

我国早在公元前 3000 年,就已经有了简单的以物易物的物品交换活动,如以布匹换羊羔、锄具换大米等。商家们把布匹、牲畜、生活资料等商品直接在市场上进行展示,这即是最原始的实物广告。进入奴隶社会和封建社会后,物品更为丰富,实物广告随之增多。

春秋时期就有了叫卖广告的雏形。《韩非子・难一》曾记载的"自相矛盾"的成语即是楚人以叫卖声来卖矛与盾。在兜售商品时,通过吆喝声来吸引买主,称为叫卖广告。如卖油翁一边敲着梆子一边吆喝"卖油啰",磨刀师傅喊着"磨剪子咧,戗菜刀……"来告知业务。叫卖之声,清晰悦耳,且不同的行业,叫卖声各有特点,这也是音响作为广告要素的原始形态。

招牌主要用以表示店铺的名称和记号,又称"店标",其中有横招、竖招、墙招等等,把字号题写在门、柱、屋檐、墙壁或柜台上。招牌形式比较固定,但文辞各有千秋。如北京“全聚德”“六必居”“同仁堂”等。老字号招牌,实际上已成为经营者的品牌标志,流传至今,比如“王麻子剪刀”“狗不理”等。幌子主要表示商品的不同类别或不同服务项目,又称为“行标”,可分为形象幌、标志幌和文字幌。

形象幌即是以商品或实物、模型、图画等为特征,使经营的商品突兀、显赫、一目了然。如烟店门前挂一木制大烟斗、酒店门前挂葫芦或放置一酒坛、中药铺门前摆放一制作药材的铁“碾子”、袜铺门前挂袜子。

标志幌主要是旗幌,即酒旗。如《水浒传》景阳冈酒店前的酒旗。另外,旅店、饭店以灯笼做幌子也是古代比较普遍的一种广告形式。尤其是夜晚,炫目的灯笼格外吸引人,近似于现代的霓虹灯广告。

文字幌多以单字如茶、药、酒或双字及双字以上表示经营的商品品种,如米局等。有时招牌和幌子相互结合运用,尽显民间特色。

我国现存最早的工商业广告是收藏在上海博物馆的北宋时代济南刘家针铺的一块广告铜版。铜版约四寸见方,中间是白兔抱杵捣药的图案,分列左右两边的是“认门前白兔儿为记”8 个字,上方雕刻着“济南刘家功夫针铺”字样,下面的文字说明商品、质量和销售办法:“收买上等钢条,早功夫细针,不偷工,民便用,若被兴贩,别有加饶,请记白(兔)。”

元明时期,雕版印刷业得到发展,印刷广告不断增加。到清代,木版年画甚为流行,内容多取材于民间故事,戏剧人物及“福”“禄”“寿”“喜”等吉祥字画;许多商人用木版画做商品包装,包装广告得到了发展。

鸦片战争后,外国商人为了推销产品,开始在中国创办商业报纸。如香港英文报《中国之友》等,刊登商品、行业等广告。1853 年香港出现第一份中文报《遐迩贯珍》,开始经营广告业务。1858 年中国人自己创办的第一份中文商报《香港船头货价纸》,即后来的《香港中外新报》,以商情、船期和广告为主要内容。① 19 世纪 60 年代,上海成为中

① 方汉奇编:《中国新闻事业通史》第 1 卷,中国人民大学出版社 1992 年版,第 294、298 页。

国经济枢纽,报业也蓬勃发展,如著名的《申报》大量刊登广告。20 世纪初,清朝地方政府也开始纷纷创办新式官报,1906 年(光绪三十二年),清廷创办《政府官报》,亦发布"……均准进馆代登广告,酌照东西各国官报广告办法办理"的启事。[1] 1919 年《申报》的发行量增加到 3 万份,其广告占整个版面约 50%。1914 年爆发了第一次世界大战,列强无暇东顾,我国民族工业获得发展,广告进入了发展时期,内容遍及银行、香烟、百货、医药等行业。据上海《新闻报》1923 年记载,广告费收入每年几乎上百万元。同时广告注重文字、编排、绘画等形式,图文并茂,增强了广告艺术性。除报刊广告,其他广告形式如广播广告、霓虹灯广告、路牌广告、橱窗广告等相继出现。

不久,广告代理也开始在上海兴起,广告学的研究、教育也在五四运动时期起步。1913 年,我国出版美国人休曼的《实用新闻学》。1918 年,北京大学青年教授徐宝璜在《新闻学》一书中,设专章论述"新闻纸之广告",被广告史家称为我国最早涉及广告与研究的著述。

1949 年,中华人民共和国成立后,广告业有了一个短暂的发展时期,但随之进入停滞。改革开放以来,我国广告产业进入了良性发展的阶段。1979 年上海电视台率先向上级主管部门呈送了经营广告业务的请示报告。1 月 28 日,时长 1 分 30 秒的"参杞药酒"广告在上海电视台播出。之后,电视广告在中央电视台亮相。随之广播广告、报纸广告等相继出现,广告媒体形态逐渐多样化。

1994 年全国人大常委会通过了《中华人民共和国广告法》,我国广告活动和广告管理进入有法可依、有章可循的法治化发展阶段。除了利用传统媒体发布的报刊广告、电视广告、广播广告以及网络媒体广告,其他广告形式如户外路牌、灯箱广告、手机广告、移动数字电视广告等具有新媒体特色的广告形式也不断被开发利用。现在广告已成为我国经济发展的加速器,也是促进国际贸易、增加外汇、扩大受众视野的一个重要途径。

---

① 陆梅僧:《广告》,商务印书馆 1940 年版,第 6 页。

第二节 广告的诉求方式与传播策略

广告主与广告代理公司、广告媒介的合作,并不意味着广告活动就能大功告成,只有在消费者参与进来后,广告才能成为完整的活动。换句话说,只有当发送者与接受者双方都分享到被传播的思想,传播的意义才完整。如何通过广告作品恰当地表现商品、服务或者观念的特点,并以受众能够接受和理解的方式传达;如何在多屏终端时代组合选择合适的媒体发布时机或频次、最终达到改变受众观念的目的,都离不开对广告的诉求方式和传播策略的讨论。

一、广告的诉求方式

从广告效果来看,广告是以各种诉求方式打动和说服受众,影响和改变受众的观念和行为,各式各样的广告都是通过一定的媒介和形式直接或者间接地介绍自己所宣传的产品,向受众做说服工作的。[①]

一般认为广告的诉求方式大致可分为两种:理性式诉求和情感式诉求。

1. 理性诉求方式

这种广告直接说明并宣传商品的性能、特点和服务等基本信息,一般利用论证或者数据揭示商品功能性的特点,以获得受众理性的承认,以理性的证据为诉求点去说服受众,达到说服受众、促进销售的目的。用理性诉求方式进行宣传的广告能给受众传授一定的商品知识,提高其判断商品的能力;同时又会激起他们对产品的兴趣,可以提高广告宣传的效益,因此又被称为“理由广告”“说明广告”。这种广告的说服力强。

在美国、日本等国家,早期的广告较多采用这种表现方式。这是因为当时供求关系相对平稳,人们能够获取的关于产品的基本信息并不多,更需要广告传递关于商品的一些基本信息。如家用电器、厨卫用具等产品,广告作品的重点在于突出产品的性能和质量,以吸引消

---

① 丁俊杰、张树庭编:《广告概论》,中央广播电视大学出版社2001年版,第17页。

费者购买。另外,由于媒体的传播特点不一,对广告商品的表现特点也会不一样。电视广告的表现较多采用这种方式,通过对商品的说明扩大影响、增进认知。商品信息型的广告,较多的是从广告主方面来传递信息。另外,广告运用示范、实证等方法,展现使用场面、体验使用服务,演示商品的使用方法和效果等,也是属于这种方式。医疗器械广告通常会告知商品的功能和使用方法,如"白加黑"感冒药会明确告知"白天吃白片,不瞌睡;晚上吃黑片,睡得香"。数码电子产品广告也通常会着重表现其高科技成分,如笔记本电脑在电视广告篇末会出现"使用 Inter 核心技术"的提示语。

2. 情感诉求方式

主要是以情感为诉求点,抓住受众的情感需要、诉求,以满足其情感需要,影响受众对该广告和该商品的印象,从而产生巨大的情感上的感染力与影响力。采用情感诉求的广告通常会使用一些能够激发情感的方法,例如明星、图片、幽默、情境事件或音乐等,这种广告又被称为"情绪广告""感性广告"。

情感诉求广告通常给商品附加新价值,使消费者能够留下更加深刻的印象。在现代社会,消费不再是一种纯粹的经济行为,而是文化、交往和社会生活的过程,是一种符号象征性的文化模式和生活方式。① 消费者在进行购买行为时,有时看中的不是商品的属性,即商品本身的信息,而是更加关注商品可能带来的利益与文化价值。根据这一特性,广告经常使用名人、美女、儿童、动物、外国风情来实现增值效果,从而给商品或服务提供一种新的文化价值。附加价值是现代社会流行的广告,表现可以是理性的、功能性的,也可以是心理的、想象性的,还可以是社会的、象征性的。成功的附加价值信息沟通,也往往是广告主与消费者信息交流的平衡互动。

美国的万宝路香烟创造的美国西部牛仔形象,充满了男子气概和阳刚之美。美国金融权威杂志《富比世》专栏作家布洛尼克曾于 1987 年与助手们调查了 1546 个"万宝路"爱好者。当调查者向每个自称热

① 纪江明:《消费文化的社会意义及消费文化阶层结构的形成》,载《上海管理科学》2010 年 05 期。

爱万宝路味道、品质的万宝路瘾君子以半价提供简装万宝路香烟时，只有21%的消费者愿意购买。尽管这些人知道这些简装、外表看不出是万宝路牌子的香烟是真货，因为厂方证明这一点并保证质量同店里出售的正品一样。为此布洛尼克得出结论，更多的人购买的是万宝路香烟所附带的某种感觉，那种由包装设计所带来的感觉，而不仅仅是出于味道上的考虑。简装万宝路不具有这种包装，不能给吸烟者带来其所追求的满足感。① 由此可见，情感诉求广告附加的新价值在某种程度上给消费者带来的满足感有时会超越商品本身的功能效用。

关于理性式诉求和感性式诉求的分类标准，美国的 Resnik 和 Stern 曾于1977年作出研究，他们认为若是一个广告包含以下关于产品的事实性信息线索中的一个或一个以上时，该广告就被认为是理性诉求的广告，否则就是感性诉求的广告。② 这些线索有：价格、质量、性能、成分、购买时间与地点、促销、试用、功能、包装、对用户的保证、新颖。显然，这是从认知的角度所做的区分，即使含有感性诉求的内容，只要广告中含有一个或一个以上这样的信息线索，该广告就被归为理性广告。

在具体的广告作品的表现手法中，理性式诉求和感性式诉求并不是绝对分开的，而常常是混合使用的。即在同一个广告作品中，既包含理性、科学的劝服性广告元素，又有刺激、煽情的说服性图像、音响或文字。尤其是在现代商业社会中，个体消费者每日接触大量的广告信息，消费者如何甄别和选择广告信息、广告代理商如何让广告作品最终达到广告效果，成为几乎所有广告工作者思考的问题。在大量信息的轰炸背景下，单纯的理性诉求或单纯的感性诉求在达成广告效果方面也许力量薄弱，越来越多的广告作品是通过理性和感情混合诉求方式来传递信息。

二、广告的传播策略

广告的传播策略是指将产品或服务所有的购买者利益，以有效的

---

① 雯郦：《广告：万宝路生命的精髓》，载《国际新闻界》1994年01期。

② Resnik Stern, "The Relationship between Advertising Message Strategy and Television Commercial Effectiveness," *Journal of Advertising Research*, 1995, Vol 35, No.2.

方法和步骤，传达给目标消费者，以实现促进销售或改变观念的目的。广告策略的最终是建立在行销策略的架构下，其目的在于配合行销策略，将产品和公司形象或品牌做出合理整合，并通过传播媒体，针对目标市场作出有效沟通。因此，广告策略必须围绕广告目标，因商品、因人、因时、因地而异，还应符合消费心理。

与从全局出发的广告传播战略不同，广告传播策略是从广告运动的各个环节或组成部分出发，为了贯彻战略方针实现战略任务而采用的局部性手段或方式。它要根据环境情况在战略原则允许的范围内不断变换，具有很强的机动性和很大的灵活性，以及工作手段和操作方式上的艺术性，广告策略的策划是为了通过各个环节、各个局部的高效率而使整个运动获得成功。

常见的广告传播策略包含如下四种：

（一）广告产品策略

广告产品策略主要包括产品定位策略和产品生命周期策略，另外还有新产品开发策略、产品包装和商标形象策略等。

广告产品定位策略的具体运用主要分为两大类：实体定位策略和观念定位策略。

所谓实体定位策略，就是在广告宣传中突出商品的新价值，强调与同类商品的不同之处和所带来的更大利益。实体定位策略又可分为功效定位、品质定位、市场定位、价格定位等。功效定位是在广告中突出商品的特异功效，使该商品在同类产品中有明显区别，以增强选择性需求。它是以同类产品的定位为基准、选择有别于同类产品的优异性能为宣传重点的。品质定位是通过强调产品具体的良好品质而对产品进行定位。市场定位是市场细分策略在广告中的具体运用，将商品定位在最有利的市场位置上。价格定位则是当商品的品质、性能、造型等方面与同类商品同质化明显时，广告宣传便可以运用价格定位策略，使商品的价格具有竞争性，从而击败竞争对手。

观念定位策略观念是指定位突出商品的新意义、改变消费者的习惯心理、树立新的商品观念的广告策略。具体有两种方法：逆向定位和是非定位。逆向定位是借助于有名气的竞争对手的声誉来引起消费者对自己的关注、同情和支持，以便在市场竞争中占有一席之地的广告产品定位策略。是非定位则是从观念上人为地把商品市场加以区分的定位策略。

产品生命周期策略是针对产品处在不同的生命发展阶段,其工艺成熟程度、消费者的心理需求、市场竞争状况和市场营销策略等,都有不同的特点。因此,广告目标、诉求重点、媒介选择和广告实施策略也有所不同。

(二) 广告市场策略

广告市场策略即配合市场目标采取的广告策略。广告的市场策略主要包括三个具体策略:目标市场定位、广告促销策略和广告心理策略。

目标市场定位策略就是企业为自己的产品选定一定的范围和目标、满足一部分人的需要的方法。任何企业无论其规模如何,都不可能满足所有顾客的整体要求,而只能为自己的产品销售选定一个或几个目标市场,这就是所谓的市场定位。企业的目标市场定位不同、销售策略不同,广告策略也不一样。目标市场是广告宣传有计划地向指定市场进行传播活动的对象。因此,企业必须依据自身的目标市场的特点来规定广告对象、广告目标、媒介选择、诉求重点和诉求方式等。

广告促销策略是一种紧密结合市场营销而采取的广告策略。它不仅告知消费者购买商品的获益以说服其购买,而且结合市场营销的其他手段,给予消费者更多的附加利益,以吸引消费者对广告的兴趣,在短期内收到即效性广告效果,有力地推动商品销售。广告促销策略包括馈赠、文娱、服务、折价、公共关系等促销手段的运用。

广告的促销心理策略是运用心理学的原理来策划广告,诱导人们顺利地完成消费心理过程,使广告取得成功。

(三) 广告时间策略

广告时间策略即配合营销时机而采取的广告策略。广告时间策略一般包含四个方面:广告时限策略、广告时点策略、广告时序策略和广告时机策略。

广告时限策略内含集中时间策略、均衡时间策略、季节时间策略、节假日时间策略等四种。集中时间策略主要是集中力量在短期内,对目标市场进行突击性的广告攻势。其目的在于集中优势,在短时间内迅速造成广告声势,扩大广告影响,迅速提高商品或企业的声誉。均衡时间策略是一种有计划地反复地对目标市场进行广告宣传的策略。目的在于持续加深消费者对商品或企业的印象,保持消费者对本商品的记忆,提高商品知名度。季节时间策略主要用于季节性强的商品广告,一般在销售季节到来之前,就开展广告宣传,如销售旺季的到来前作好准备。销售旺季时,广告活动达到高峰;旺季过后,逐步缩减直至停止广告宣传。这类广告策略,要掌握好季节性商品的变化规律:过早开展广告宣传,会增加广告支出;过迟会延误时机,直接影响商品的销售。节假日时间策略是在节假日到来之前,大量开展有关节假日商品的广告宣传。往往节假日一到,便停止广告宣传。这类广告策略,要有特色,把商品品种、价格、服务时间及异乎寻常之处等信息突出地、快捷地告知消费者。

广告时点策略是指广告的发布要抓住"黄金时间",即收视率或收听率最高的时间。

广告时序策略是指广告与产品进入市场在顺序上的先后关系,一般有提前策略、即时策略、延迟策略等。提前策略,是指广告早于产品进入市场的一种广告时间策略。这种策略,可以造成先声夺人的声势,等到产品在市场出现时,可形成旺销。另外有一种提前策略,是消费旺季到来之前,提前做广告,并一直延续到旺季的到来。这主要是一些竞争激烈的产品。即时策略,是指广告与产品同时进入市场。延时策略,是指广告晚于产品进入市场。这种策略一般不多用,适用于新的没有把握的产品。还有一种延时策略是先做少量广告,后大规模地进行广告宣传。

广告时机策略是指广告发布要善于利用各种时机,把握各种时机。如利用重大活动、特定时间或是深受群众欢迎的电视连续剧等。

(四)广告媒体策略

广告媒体策略即选择最有利的媒体,以最低的广告费取得最有效的广告效果。广告媒体能够适时、准确地把广告主有关商品、劳务和观念等方面的信息传递给目标消费者,刺激需求,指导消费。

媒体策略所要解决的问题的就是在什么区域选用什么样的媒介类型、投放广告的频率等。广告媒体的范围及其种类随着人类社会的发展以及社会科学技术的进步而不断变化发展。从古代的一些简单的传播媒体,如叫卖声、招牌、酒幌、烽火等,发展到后来出现的大众媒体。尤其是现代社会,随着信息时代的到来,新材料、新技术不断出现,广告媒体的内容不断变化发展,可以作为广告媒体的物质技术也越来越多。广告只有紧跟媒体的变化,自身才能有所进步。

常见的广告媒体主要有:户外媒体、电视媒体、报纸媒体、杂志媒体、网络媒体、广播媒体、新媒体。具体选择什么媒体,既要考虑媒体的特性、广告主的需求,又要关注到广告的诉求方式与媒体策略。

第三节　经典广告案例解析

从最早的实物广告、叫卖广告诞生至今,广告形态发生了巨大的变化。广告是一个动态的发展过程,随着社会营销环境和传播环境的变化,广告的生存形态与传播形态将会发生改变。[①] 尤其在当前新媒体深入人们日常生活时,广告活动在经济发展、社会进步的过程中发挥的作用越发明显。

世界广告史上出现了诸多经典的广告案例。如全球尽人皆知的可口可乐、百事可乐、以广告语"钻石恒久远,一颗永流传"进入中国市场的戴比尔斯(De Beers)钻石、著名的红罐饮料加多宝和王老吉等等。由于章节的限制,这里选取广告史上的一则经典案例——万宝路香烟广告进行讨论。无论广告的生存态势发生如何改变,该案例始终都是万宝路扭转经营局面的独特方式和知名国际广告人李奥·贝纳的成名经典之作。

一、温和的女性香烟广告策略

在全球消费者心目当中,万宝路(Marlboro)无疑是知名度最高和最具魅力的国际品牌之一。万宝路这一香烟品牌诞生于1924年,至今已有接近一个世纪的历史,由世界第一大烟草公司菲利普·莫里斯(Philip Morris)生产。品牌名称"万宝路"起源于英国,1919年在

---

① 张金海:《广告的现实生存和未来发展》,载《武汉大学学报(人文科学版)》2009年04期。

美国注册。

20 世纪 20 年代的美国,被称为“迷惘的时代”。经过第一次世界大战的冲击,许多青年都自认为受到了战争的创伤,并且认为只有拼命享乐才能将这种创伤冲淡。① 他们或在爵士乐的包围中尖声大叫,或沉浸在香烟的烟雾缭绕当中。无论男女,他(她)们嘴上都会异常悠闲雅致地衔着一支香烟。香烟的味道让人忘记了第一次世界大战带来的心理创伤,沉浸在乐而忘忧的氛围中。于是“万宝路”出世了。“万宝路”这个名字也是针对当时的社会风气而定的。“MARLBORO”其实是“Men Always Remember Love Because Of Romance Only(男人只因浪漫而牢记爱情)”的缩写。万宝路最初是专为女士设计的,“Mild As May(像五月的天气一样温和)”是这个时期万宝路引以为荣的广告词。

尽管当时美国吸烟的人数每年都在上升,但是万宝路的销量却始终不甚理想。莫里斯公司做了很多努力试图改变这种销路不佳的状况,甚至把烟嘴部分换成红色。(因为妇女们抱怨香烟的白色烟嘴常染上她们鲜红的唇膏,红斑点点,很不雅观。)可是所有这一切努力还是没能挽救万宝路走向灭亡的命运。由于销量太低,万宝路香烟最终被迫在 20 世纪 40 年代初停止生产。“万宝路”从 1924 年问世,一直至 20 世纪 50 年代,始终默默无闻。莫里斯的广告口号“像五月的天气一样温和”显得过于文雅,致使广大男性烟民对其望而却步。这种广告定位虽然突出了自己的品牌个性,也提出了对某一类消费者特殊的偏爱,但却为其未来的发展设置了障碍,导致它的消费者范围难以扩大。女性对烟的嗜好远不及对服装的热情,而且一旦她们变成贤妻良母,她们并不鼓励自己的女儿抽烟。香烟是一种特殊商品,它必须形成坚固的消费群,重复消费的次数越多,消费群给制造商带来的销售收入就越大。而女性往往由于其爱美之心,担心过度抽烟会使牙变黄,面色受到影响,在抽烟时较男性烟民要节制得多。因此,万宝路始终难以形成固定的女性消费群。

二战后,美国《读者文摘》刊登多篇文章,指出肺癌与吸烟有关。

---

① 黄谷:《万宝路之“路”》,载《广告大观》2004 年 04 期。

1955年,万宝路开始推出过滤嘴香烟,其公司承诺消费者,过滤嘴可以阻止有害的尼古丁进入身体,烟民们可以放心大胆地抽自己喜欢的香烟。万宝路将过滤嘴投入女士香烟市场,并推出三个系列:简装、白色过滤嘴装与红色过滤嘴装。当时美国年均香烟消费量达3820亿支,平均每个美国人每年要抽烟达2262支之多,但是万宝路依然卖不出去,甚至知道这个牌子的人也极为有限。

二、经典的美国西部牛仔形象

1954年,莫里斯公司在一筹莫展之际决定向李奥·贝纳求助。李奥·贝纳经过周密的调查和反复的思考之后,向莫里斯公司提出了他那大胆的"重新定位"的策略:将万宝路香烟的定位由女士香烟改变为男士香烟。其目的在于让万宝路作为一种男子汉的香烟而吸引广大男性烟民,让大众忘掉这个脂粉香艳的女子香烟,而用同一牌子创出一个闻名世界的男子汉气概的香烟。

于是,在产品保持不变的情况下,一个崭新大胆的改造万宝路形象的计划诞生了:包装上,采用当时首创的平开式盒盖新技术,并用象征力量的红色作为外盒的主要色彩,烟盒上饰有红顶的V形臂章,暗示其高贵血统,下面的拉丁格言"Veni,Vidi,Vici"(恺撒大帝的名言,"Came,I saw,I conquered")传达了古老的尚武精神,并将名称的标准字(MARLBORO)尖角化,使之更富有男性的刚强,并以红色作为外盒主要色彩。[①] 广告宣传上,不再以温柔的女性而是以铁铮铮的男子汉为主要对象,以吸引所有爱好、欣赏和追求男子汉气质的人。

就产品形象代言人而言,李奥·贝纳要创造一个真正的"万宝路的男人"。李奥·贝纳请来了马车夫、潜水员、农夫和牛仔等在广告中展现各自的男子汉风采,同时推出几种广告。而当时伴随着美国西部片的盛行,在美国民众看来,牛仔才是真正的英雄。后来李奥·贝纳放弃了其他角色,全力以赴投入到以美国牛仔为主角的广告上。与大多数广告商选择演员扮演不同,李奥·贝纳没有使用演员扮演牛仔,而是一头扎进美国西部的各个大牧场去寻找真正的牛仔。直到有一

---

① 刘平、谭艳:《"二元消费"与"换挡加速":广告、品牌与消费的符号学阐释》,载《新闻界》2009年01期。

天发现了他们要寻找的那个理想的牛仔。万宝路对这个牛仔的眼神、体形甚至遛马的动作、套马的技术等都进行了精细的雕琢,要求一切都必须典型地体现出真正美国西部牛仔的做派——于是一个目光深沉、皮肤粗糙,浑身散发着粗犷、原始、野性、豪迈的英雄气概的牛仔形象出现了。他袖管高高卷起,露出多毛的手臂,手指间总是夹着一支冉冉冒烟的万宝路香烟,跨着一匹雄壮的高头大马驰骋在辽阔的美国西部大草原——真正的"万宝路的男人"诞生了。

这种以牛仔为主角的男子汉气概十足的广告给万宝路香烟带来了空前的成功。牛仔广告问世后一年就使一直不断滑坡的销量整整提高了3倍,从一个默默无闻的品牌跃为销量第十的美国香烟。

李奥·贝纳的广告创意无疑是正确的。李奥·贝纳掌握的有力武器是那种真正的男子汉气概。为此,他选用"真正的牛仔"来做广告主角。从1955年至今的近60年中,李奥·贝纳从不用出名或不出名的所谓"男子汉模特儿"。他经常派人到美国偏僻的大牧场去物色真正土生土长的美国牛仔。他要的不是十全十美的广告主角,而是真正的有万宝路男子汉气质和潜力的美国牛仔。李奥·贝纳广告公司一位创作师克罗姆1987年在一个大牧场拍外景时,看中了当地一个牛仔,只可惜胖了一点并留了小胡子。于是克罗姆问他是否愿意成为万宝路香烟广告中的牛仔,修改一下小胡子并减肥。于是,他就成了当时万宝路广告中经常出现的牛仔之一。

以牛仔形象的企业品牌形象宣传,无论是画面的选择,还是音乐旋律的配合,或是广告词的画龙点睛,电视广告的基点始终放在突出男子汉的阳刚之气。从电视画面来看,一派西部风光:勇敢强悍的牛仔,或跃马驰骋旷野,奔腾纵横,呈现男子的粗犷气概;或黄昏落日围炉小憩,激烈之余恬静安详,尤为精心安排的是一杯咖啡和一支香烟的回味。动作、色彩、背景、画面把牛仔的粗犷和悠闲交融在一起,来凸现男子汉的阳刚之美。万宝路电视广告的配乐搬用了美国著名西部片的旋律和节奏,为人们所熟悉,听上去有一种苍凉而悠远的接近感。美国西部片代表了美国电影史上的一种审美风范,也是美国精神的一种体现,寓含着开拓进取、昂扬向上的追求精神。万宝路公司拍摄的电视广告片,正是利用西部片的广泛影响,投合观众的欣赏心理,来宣传自己的企业形象和打动消费者。电视广告片展现出西部风光的开阔苍凉和西部牛仔的执着自信，一如万宝路广告词所说："Where there is a man, there is a Marlboro(哪里有男士，哪里就有万宝路)。"

三、万宝路香烟和云斯顿香烟的广告竞争

万宝路香烟在牛仔广告的帮助下，销售量和市场占有量不断扩大，逐渐成为美国市场上的一个主要香烟牌子。1968 年，其市场销售量升到了全国第二位，仅次于 RJR 公司的云斯顿牌香烟。万宝路一直没有能够超过云斯顿。万宝路深沉、粗犷，永不开口，但云斯顿拥有优美的声音，它成功地动用了广告歌曲，宣扬"云斯顿拥有香烟所应拥有的一切"。在广播电视网播放的广告中，加入美妙音乐旋律的云斯顿香烟广告更易于被感知和记忆。

1971 年美国政府全面禁止广播电视中的香烟广告，承制香烟广告的广告商们被迫撤出广播电视广告媒介，纷纷转向报纸、杂志、路牌等广告方式。云斯顿被迫转向报纸杂志，它那曾经脍炙人口的广告歌曲因无用武之地而被放弃。虽然云斯顿及时果断地设计了"蓝领工人"形象的印刷广告，但这个形象给人的印象远不及过去那成功的广播电视广告。人们在听不到那熟悉的"云斯顿拥有香烟所应拥有的一切"这一旋律后，似乎并未"移情"到同样代表云斯顿的"蓝领工人"身上。

万宝路也同样撤出了广播电视广告宣传。虽然最初万宝路是靠广播电视广告打出形象的，但退出后并未造成损害，因为万宝路牛仔一向从未开口讲过话，他的魅力来自图像而非声音。因此，转向报纸、杂志、路牌对万宝路来说是找到了最为理想的宣传方式。于是，撤出广播电视后，万宝路省出以往投在广播电视广告上的年 300 万的经费，转向更为有效的报纸、杂志、路牌广告，从而在其他许多品牌香烟因突然转向印刷广告而措手不及的这一阶段里，又赢得了一大批忠实的消费者。

1975 年，美国香烟销售量第一的桂冠被万宝路摘得。此后，万宝路维护在国内的统治地位的同时也积极向海外发展，终于成为当今世界最著名、销量最大的香烟品牌。

值得注意的是，人们注重万宝路形象所附加的内容，甚于对其味

道的关注。可以说，万宝路的真正口味，不在于原料上微小的差异，而是源于万宝路牛仔广告所创造的附加价值。现在，万宝路已经成为一种人们梦想中的生活方式，一种男人都渴望追求、女人都希望欣赏的性感形象的象征。① 万宝路的奇迹在于李奥·贝纳对万宝路的策划并没有大动干戈，没有改换香烟的口味和品质，没有更换万宝路这个充满浪漫气息的商品名称，美国西部牛仔的准确形象定位使得万宝路这个名称成为一种英雄、浪漫和性感的代名词。

① 刘悦坦：《再谈：与生俱来的戏剧性》，载《广告大观》2005 年 02 期。

第十四讲　电影生产与欣赏

电影被称为“机械文艺女神”，它是化学、机械、物理等领域以及与此相关的各种学科和各类工业发展到一定程度之后的产物。今天电影作为一种大众传播媒介，已成为观众洞察世界的窗口，点缀休闲时光的良师益友。

第一节　电影概述

电影是兼具文化属性和商业属性的统一体，已成为一门包含制作、发行、营销、放映、后产品开发等过程的产业。只有先了解电影的内涵与特点，才能了解电影这门艺术。

一、电影的内涵与特点

（一）电影的内涵

纵观百年电影历史长河的发展史，对于电影的内涵界定，可谓是仁者见仁、智者见智。概括起来，主要的观点大致包括：

《电影艺术词典》对电影的界定是：“运用照相（以及录音）手段，把外界事物的影像（以及声音）摄录在胶片上，通过反映（以及还音），在银幕上造成活动影像（以及声音），以表现一定内容的技术。”①

《电影学简明词典》对电影的界定是：“电影是一种把影像和声音

---

① 《电影艺术词典》，中国电影出版社 1986 年版，第 1 页。

结合在一起的'双重媒介'，是一种异质综合性的媒介，或者还可以这样说，电影是一种以'影音'为媒介的艺术。"①

意大利著名电影评论家卡努杜认为，"电影是可以与建筑、音乐、绘画、雕塑、诗、舞蹈并列的一种独立的新的艺术"②。

安德烈·巴赞在其经典评论集《电影是什么》一书中则将其界定为："电影是一种语言；电影是一种幻想现象；电影的出现使摄影的客观性在时间方面更臻完善；电影几乎与科学精神无关。"③

我国艺术研究院教授李少白认为："电影是科学技术的产物，电影是一门用视听语言，用光和声传达信息的技术。"④

综上所述，电影是一门艺术，是表演艺术、听觉艺术、视觉艺术的统一体。它通过把影像和声音结合起来，再加上后期的编辑制作而成，并在银幕上表现这种影像和声音。它是建立在现代科学基础之上的，并随着科学技术的发展而发展。

（二）电影的特点

电影是一门建立在现代科学基础之上的艺术，它通过在银幕上表现影像和声音，在多维的空间塑造动态直观的视觉形象。作为一门艺术，电影具有与其他艺术相同的一些特性，同时又具有一些独特的艺术特征。大体上来说，电影具有以下四个特点：

1. 综合性

电影是一门"综合"的艺术。这种综合性首先体现为电影是艺术与科技的综合。纵观整个电影发展史，可以发现电影的发展与人类历史上科学技术的发展有着紧密的联系。科学技术的每一次进步和发明都能给电影发展带来新的创意和新鲜血液。可以说，没有日益发达的现代科技，就没有电影发展的今天。近百年来，随着科学技术的发展，电影从不动到动，从黑白到彩色，从无声到有声，从普通银幕到宽银幕，再到如今的3D电影、4D电影……每一次电影史上的变革都与科学技术的发展紧密相关。不仅如此，在电影中，任何一种艺术手法

① 王志敏、陆嘉宁：《电影学简明词典》，中国电影出版社2011年版，第41页。
② 李永健、展江：《新闻与大众传媒通论》，中国人民大学出版社2003年版，第240页。
③ 于保泉、田丽红：《影视欣赏》，北京大学出版社2007年版，第10页。
④ 同上。

都是通过具体的技术手段来实现的。“摄影机的纪实性，赋予电影艺术以逼真性；摄影机的自由移动和胶片的随意剪辑，使蒙太奇得以发明；录音还音方法的发明和声音的独立分录，使电影由纯视觉艺术变为视听结合的艺术，并且改变了电影形象的结构；色彩、高速感光胶片、微型录音、手提摄像机，大大丰富了电影的表现方法，加强了它的艺术感染力；变焦距镜头的发明，引起了景深镜头的广泛运用，打破了镜头分割，进而引起了电影美学的一场革命；录像技术、激光、电子计算机以及全息摄影，无疑必将改变未来影片的面貌。”①可以说，电影技术的每一次变革，都丰富着电影艺术的表现手段，电影技术手段不仅是电影艺术的物质基础，有时甚至还是电影美学中的重要因素。

其次，这种综合性还体现为电影是多种艺术的综合。电影博采各类如文学、戏剧、绘画、音乐、舞蹈、雕塑等多种艺术之所长和特点，丰富和充实自己的艺术表现力。以文学为例，美国电影理论家波布克在《电影的元素》一书中指出，“文学是电影最大的表现手段，也是被电影综合的一个最大和最重要的因素”②。电影作品中情节故事的起承转合，很多就是借鉴了文学作品的结构方式；文学作品中的很多修辞手法也被运用到了电影上，形成了如对比蒙太奇、隐喻蒙太奇等；此外，很多文学作品也成为电影剧本的改编对象，张艺谋导演的很多作品如《红高粱》《活着》《大红灯笼高高挂》等就是由小说改编而来。

再次，电影的综合性还表现为它是时间艺术和空间艺术的综合。与其他艺术相比，电影在时空上有很大的自由。由于电影技术和剪辑技巧的发展，可以对摄像机拍摄下来的镜头进行自由分切和组合。这就打破了现实世界的时空和影院的时空对其的限制和束缚，既可以对时间进行伸展和压缩，又可以对空间进行自由转换与转移；既可以表现过去，又可以表现现在和未来；既可以表现人物的外部表情，又可以反映人物的内心世界。这时间和空间的综合性，为观众展现了一个丰富多样的世界。

2. 逼真性

艺术要求真实地反映生活，不过，任何艺术都不可能做到像电影

---

① 范景伍、齐万郎、王吉星：《电影制作八讲》，中国展望出版社 1983 年版，第 6 页。

② 转引自刘宏球：《电影学》，浙江大学出版社 2006 年版，第 130—131 页。

那样逼真。电影是在照相的基础上发展起来的一门艺术。照相技术能够逼真地再现眼前的真实,不过应该注意的是,照相机记录下的真实只是一个一个的瞬间,是静止的,也是短暂的。而电影则不同,摄像机是活动的照相机,不仅能够把眼前的真实记录下来,还能够把整个过程记录下来,这就使得被拍摄的事物更加逼近真实。火车站涌动的人群、海面上初升的太阳、随风而落的秋叶……这种对动态的记录使得电影在诞生之日起就吸引了人们的注意。除了技术上的一些优势外,电影史上无数的电影艺术家们为了追求逼真的效果而不遗余力。在拍摄《泰坦尼克号》时,为了能够真实再现海难,剧组斥巨资建造了一艘酷似的模型;在拍摄《甘地传》时,为了能够真实再现绝食后的情景,演员竟然真的绝食数日。

应该注意的是,电影的逼真性并不意味着电影和生活是完完全全等同的。所谓逼真,是指逼近于真实,这和真实还是有着本质上的区别。而且,艺术本身就是来源于生活而又高于生活的,一味追求等同于生活的真实,就会像著名画家齐白石曾说过的那样"太似为媚俗"了。电影的逼真性是指电影内容来源于生活,但是电影又比真实生活更为集中,甚至有些还带点夸张的成分。摄影、表演、色彩、音响、服装、化妆、道具、布景等,都并非完全的真实。如在张艺谋的《英雄》中,色彩运用不可谓不奇特。每一幅画面都由不同的色彩构成,每种不同的色彩又蕴含了不同的内容,棋馆之战中青灰色的运用、书馆之战中红色的运用、胡杨林之战中红黄色的运用、秦宫之战中绿色的运用……在这部电影中,色彩具有明显的象征意义,又渲染了故事的氛围,但又不是生活的原本再现。

3. 动态性

摄像机是活动的照相机,这也决定了电影动态性的特点。由于电影既是一门时间艺术,又是一门空间艺术,这种时间和空间的综合就使得电影可以再现运动的客体空间以及在客体空间中运动的一切。不仅如此,电影本身又可以创造出新的银幕的时空,并使电影本身成为这个时空中运动的物质。观众前往影院观看电影,当光线投射到银幕上之后,一切便开始处于不停的运动中。时间在流动,场景在变换,人物在运动,事物在发展,一句话就是电影中的一切都在运动。

此外,镜头的运动也是电影动态性的一大重要表现。电影发明最初,摄像机由于过于笨重而无法移动,电影画面的运动只能依靠被拍摄物体的运动。随着技术的进步和发展,摄像机越来越轻巧和灵活,于是出现了移动摄影技术,电影的动态性也由此大大增强。如今的摄像机,可以说是上天入地无所不能,既不受时间的限制,又不受空间的限制,镜头通过推、拉、摇、移、跟、升、降等运动方式,不仅使运动的物体更加动感,也可以使原本静止的物体具有了运动的感觉。

4. 视觉性

在人们的审美活动中,视觉可以说是占据着最为重要的地位。电影是由大量活动的电影镜头组合起来的,可以说得上是靠镜头说话。早期的无声电影,可以说是完完全全的纯粹的视觉艺术;后来的有声电影,虽然是声画结合的艺术,但是毕竟还是以画面作为主要的部分;彩色电影以及后来3D电影的出现,更是强化了这种视觉性。可以说,虽然现在的电影是声音和画面的结合,甚至现在还有震动、吹风、喷水、烟雾、气泡、气味、布景、人物表演等特技效果引入的4D电影,但是视觉仍然占据着最为重要的位置。

正因为电影是一种视觉性很强的艺术,因此,也要求电影要注重动作性、场面性和画面感,不论是镜头的拍摄还是色彩和光线的运用,应该都从视觉欣赏的角度出发,力求用丰富的表现手段来展示电影的内容和主题。

二、中外电影的发展历程

“电影诞生和成长的历史,也就是三种技术手段(连续摄影的机器、坚韧敏感的胶片和连续放映的机器)突破和改进的过程。”①纵观中外电影发展的历程,可以窥见电影的辉煌与独特奇观。

(一) 国外电影的起源与发展

世界公认的电影诞生的日子是1895年12月28日。这一天,卢米埃尔兄弟在巴黎卡普新路十四号大咖啡馆的地下室第一次销售公映电影。也是从这一天起,开始了无声电影的时代。随着电影技术的

① 周星:《电影概论》,高等教育出版社2001年版,第105页。

不断发展,1927 年出现了有声电影,1930 年左右又出现了彩色电影(彩色电影到 1940 年之后才开始普及起来)。

国外电影的发展历史是漫长的,这里主要分析、梳理美国好莱坞电影、欧洲国家以及亚洲国家电影的发展。

1. 美国好莱坞电影

好莱坞是美国的电影之城,可以说,好莱坞的发展史就是美国电影发展史的同义词。好莱坞在 19 世纪末还只是洛杉矶郊外的一片荒地而已。1909 年,被誉为"好莱坞之父"的格里菲斯率摄制组前往南加州,美国电影业西移好莱坞的序幕由此揭开。

好莱坞最早的电影都是无声电影。这一时期的代表人物是查理·卓别林,他主演的《淘金记》《城市之光》《摩登时代》《大独裁者》《舞台生涯》等影片,深受人们的喜爱。

无线电广播的普及,使得早期好莱坞的无声电影遭到了打击。为了挽救这种局面,好莱坞电影业开始开发新科技,改进电影质量。借着有声影片的东风,华纳公司在 1926 年推出了《唐璜》,重新吸引了人们对电影的注意。而真正意义上有声电影的开始,应该是 1927 年推出的《爵士歌王》。这部电影建立了演员嘴唇动作和所发声音之间的同步性,使得银幕上的人真正做到了"开口说话"。

有声电影使得好莱坞电影业步入了蓬勃发展的时期。在这一时期,好莱坞创造了许多类型片,包括喜剧片、歌舞片、爱情片、西部片、警匪片,等等。这一时期有《乱世佳人》《公民凯恩》《关山飞渡》《呼啸山庄》《火车大劫案》等代表作。

二战期间,好莱坞拍摄了大量反法西斯电影,代表作是华纳公司 1942 年拍摄的《卡萨布兰卡》。

二战之后,好莱坞电影再次进入了蓬勃发展的阶段。值得注意的是,1947 年,美国反动势力炮制了"好莱坞十君子案"。这掀起了长达十年的政治迫害,大量优秀电影人才受到迫害,卓别林就是这批人中的典型。

20 世纪 70 年代至 80 年代,出现了很多知名导演。斯蒂芬·斯皮尔伯格是其中的代表人物,其影响力至今仍十分巨大。

20 世纪 90 年代至今,好莱坞电影业继续在快速发展的道路上前进,生产了无数既叫好又叫座的电影。

2. 欧洲电影的发展

第一次世界大战后，德国的表现主义电影、室内剧电影产生了极为重大的影响。表现主义起源于德国的一批青年画家，他们反对传统的、写实的绘画主义，主张用夸张怪诞的形象，强调表现主义绘画风格，并以此来表达自己的内心世界。室内剧主要描写平民的日常生活以及他们所处的生活环境。这种室内剧由于生活空间狭小，故事情节简单，社会场景单一，因此，德国电影又开始向现实主义靠拢。

20 世纪 20 年代，在法国、德国、瑞典和西班牙等国家，盛行另一种电影流派——先锋派电影。先锋派电影“企图从电影的形象性和运动性出发，去扩大、挖掘电影的可能性，使电影最终成为一种独立的新艺术”①。先锋派电影大约延续了十年之久，在 30 年代基本结束。不过这种电影流派对世界电影的影响至今仍未结束。

第一次世界大战爆发前，法国电影在世界上一直稳居第一的宝座。首先电影原本就诞生于法国；其次除了卢米埃尔兄弟之外，还有一位电影业人士梅里爱，也为法国电影作出了巨大的贡献。在 20 世纪 30 年代之后，法国出现了诗意现实主义电影，“总是关注生活于社会边缘的人们，他们或者是失业的工人，或者是罪犯。经历了失意潦倒的生活之后，这些卑微的人物最后都有一段热烈美好的感情。可是时间太短暂，之后，他们再度失望，影片总是以这些主要人物的幻灭或死亡为结局。整体而言，这些格调是充满怀旧之情和哀伤之感的”②。20 世纪 50 年代末至 60 年代初，新浪潮电影在法国发端。新浪潮电影的导演大多是一些年轻人，他们提倡在电影中表达自己的某种个性。“在摄影上，运用摄影机迅速移向或离开目标、空格等新方法，追求直接的真实，就像新闻片一样，让观众有一种摄影师正扛着摄影机在马路上走似的感觉。在剪辑上，完全打乱时间和空间的概念，大量采用跳接，以增加影片镜头容量。”③这种新浪潮电影运动影响到了世界上的许多国家。

---

① http://baike.so.com/doc/6714267.html，2014 年 2 月 1 日访问。

② 克里斯汀·汤普森、大卫·波德维尔：《世界电影史》，北京大学出版社 2004 年版，第 256 页。

③ 叶元：《电影学概论》，上海社会科学院出版社 1988 年版，第 270 页。

英国电影也有自己独特的风格,并为世界电影作出了巨大的贡献。20世纪50年代后期,英国电影界出现了“自由电影”的流派。这种流派提倡将电影从宣传片和票房中解放出来,自由表现人们的真实生活情况。这种电影流派关心现实社会,“他们在追求题材、演员和生产体制的创新,使整个英国电影业发生了深刻的变化”①。

3. 亚洲电影的发展

受政治和经济发展的影响,在电影发展的早期阶段,亚洲电影业并未发展起来。在20世纪60年代前后,受新浪潮运动的影响,再加上民族复兴的外部环境,亚洲电影开始逐渐发展起来。

日本电影属于亚洲国家中发展较早也发展较快的。1896年,电影由欧美传入日本。1899年,日本开始拍摄自己的电影。1937年,日本发动了侵略战争,这对日本电影业的发展造成了较大的影响,中断了电影创作。大战结束后,日本电影开始迅速发展。许多青年艺术家反对传统的艺术创作手法,开始了独立制片运动。1951年,黑泽明导演的《罗生门》,在威尼斯国际电影节上获得大奖,大大提升了日本电影在国际影坛上的影响。20世纪60年代后,日本先后有不少电影在各种国际电影节上获奖,日本电影也由此跨入了国际影坛。

(二) 中国电影的发展历程

中国电影始于1905年,其标志是北京丰泰照相馆的任庆泰拍摄了京剧《定军山》,以此来向京剧老生谭鑫培祝寿。1915年至1929年是西方电影默片发展的黄金时期,由于国内正值军阀混战和国共内战时期,我国电影产业的发展受到了一定程度的影响。“这时期中国内地的电影产量是33部,香港有两部,种类有风景、时事、教育、古装、滑稽、警世及武打。”②1930年,我国第一部有声电影《歌女红牡丹》试制成功,不过这部电影的制作较为粗糙。整体而言,我国是在1935年才真正实现了从无声电影到有声电影的过渡。

1931年到1948年期间,由于国内先后经历了抗日战争和解放战争,电影的发展呈现了另外一种特色。抗战的爆发使得沿海各大城市的电影业受到了重创;而在西南和西北等偏远地区,由于中国共产党

---

① 周星:《电影概论》,高等教育出版社2001年版,第144页。
② 刘成汉:《电影赋比兴》,中国传媒大学出版社2010年版,第150页。

领导了农村革命的电影文化运动，这些地区的电影产业反而得到了发展。

1948 年由费穆导演、梅兰芳主演的《生死恨》，拉开了中国彩色电影的序幕，这也成为我国电影由黑白电影向彩色电影过渡的重要标志。

1949 年之后到 20 世纪 80 年代末 90 年代初，我国电影业的发展呈现出了三足鼎立的局面，大陆电影、台湾电影和香港电影各自占据着一席之地。在遭受了 1957 年“反右派斗争”以及 1966 年“文化大革命”运动的影响之后，大陆电影开始摆脱“文艺服从政治、文艺从属政治”的束缚，开始逐渐走上了发展之路；台湾电影由于一些政治、伦理上的严格审查，只能拍摄脱离现实的文艺爱情片，走的是以前的传统老路子；香港电影拥有宽松的创作环境却苦于资金的缺乏以及发行渠道受到限制，使得粤语电影得到了迅速的发展，不过国语电影却整体缺少编导人才。

20 世纪 90 年代中期到 20 世纪 90 年代末期，是近代中国电影的低潮时期。这是两个方面的原因造成的，一个是我国政府对电影颇为严格的审查，另一个则是电视文化的发展带来的冲击。在这一时期，以张元、王小帅、管虎、张扬、贾樟柯等为代表的第六代中国电影人从边缘文化姿态、下层民众的生活以及中西方文化融合等角度出发制作了一些作品。如《洗澡》《妈妈》《头发乱了》《站台》等，为中国电影开辟了新的创作模式。这一时期，电视是电影的主要载体。中央电视台第六频道——电影频道于 1995 年开播，为我国电视电影的发展打下了较好的基础。电视电影是指“在电影、电视结合发展的背景下出现的，通常是在电视上播放，由电视台或者电影公司制作再卖给电视台播放”①。

2001 年中国加入 WTO 之后，我国的电影也步入了快速发展的新阶段。这一时期的电影，开始向着国际化的方向发展，大制作、大成本、大明星、大场面的商业电影开始进入人们的视野。最具标志性的莫属张艺谋 2002 年导演的《英雄》。这以后也引发了国内的跟风，使

① 淘莎：《试论 21 世纪前十年中国电影的传播效果》，南京理工大学 2012 年硕士论文。

得中国电影市场迎来了大片时代。《十面埋伏》《无极》《夜宴》《满城尽带黄金甲》《赤壁》等大片纷纷登场。

2009年,受全球金融危机的影响,中国电影产业也发生了较大的变化。“大制作、大成本、大明星、大场面”的大片模式,在吴宇森执导的《赤壁》之后,已经再难有突破。中国电影进入了“后大片时代”。类似《疯狂的石头》《失恋三十三天》《人在囧途》等小成本制作电影的成功颠覆了高投入、大成本的中国影视制作格局,为小成本制作电影带来了春天。

现在,随着新媒体的发展,中国电影业的发展更快,电影票房收入增长迅速,电影也越来越多。继2010年成为世界第三大电影生产国之后,中国电影总票房已超越日本,成为全球第二大票房市场。

回望中国电影发展的历程,有必要梳理介绍活跃其间、推动中国电影不断发展的六代导演:

1. 第一代导演

大体上第一代导演活跃的时间是20世纪初到20世纪20年代末。郑正秋和张石川,可以说是中国的第一代导演的代表人物。

郑正秋是中国电影事业重要的奠基人之一,也是中国家庭伦理片的开拓者和创始人。他曾在《民言报》任剧评主笔,自办《图书剧报》《民权画报》。青年时期积极从事新剧评工作,1913年涉足影坛,编剧并参与导演了中国第一部短故事片《难夫难妻》。1922年与张石川等创建明星影片公司,担任编剧、导演。主要编导作品有《劳工之爱情》《玉梨魂》《姊妹花》等共53部影片。

张石川是中国电影事业的开拓者,最早的电影导演之一。1913年他与郑正秋合导《难夫难妻》,1916创办幻仙公司拍摄名片《黑籍冤魂》,1922年创办明星影片公司任总经理兼导演,是中国电影的开拓者之一,中国第一代电影导演的中坚,一生共导演150多部电影。张石川凭着良好的英文功底,专攻西洋影戏导演技巧,在早期电影艺术上的探索功不可没。

2. 第二代导演

第二代导演是指20世纪三四十年代的一批导演,他们大多是第一代导演的学生。这一代导演主要有程步高、沈西苓、郑君里、蔡楚生、史东山、费穆、孙瑜、袁牧之、吴永刚、汤晓丹、桑弧等。主要代表作包括《一江春水向东流》《八千里路云和月》《马路天使》《夜半歌声》《十字街头》《新女性》《渔光曲》等作品。

3. 第三代导演

第三代导演主要活跃在20世纪五六十年代。他们之中的有些人在之前就已经有不少优秀作品，如郑君里、桑弧等。还有更多则是新出现的人物，如谢晋、谢铁骊、水华、崔嵬、凌子风、汤晓丹、严寄洲、苏里、凌子风、王炎、郭维、李俊等。他们遵循现实主义原则表现生活本质，深入展开矛盾冲突，以及民族风格、地方特色等。代表作有《南征北战》《白毛女》《青春之歌》《小兵张嘎》《早春二月》《创业》《海霞》《闪闪的红星》《芙蓉镇》《鸦片战争》《骆驼祥子》《边城》《春桃》等。

4. 第四代导演

第四代导演指在"文革"前毕业于北京电影学院或各电影厂培养出来，在新时期崭露头角的一些导演。代表人物包括滕文骥、吴贻弓、黄健中、谢飞、郑洞天、杨延晋、黄蜀芹、吴天明、颜学恕、丁荫楠、陆小雅等。代表作品包括《城南旧事》《海鸥》《青春祭》《人到中年》《邻居》《巴山夜雨》等。

5. 第五代导演

"第五代导演"是指80年代从北京电影学院毕业的年轻导演。这批导演在少年时代卷入了中国社会大动荡的漩涡中，有的下过乡，有的当过兵，经受了十年浩劫的磨难。第五代导演人数虽然不多，但是却给中国电影业带来了不小的冲击。代表人物包括陈凯歌、张艺谋、吴子牛、田壮壮、黄建新、张军钊、李少红、胡玫、周晓文、宁瀛、刘苗苗等。代表作品有《红高粱》《大红灯笼高高挂》《黄土地》《霸王别姬》《一个和八个》《四十不惑》等。

6. 第六代导演

第六代导演是指出生在20世纪60年代或70年代初，于80年代末在电影圈浮出水面的新生代电影人。代表人物有路学长、贾樟柯、姜文、章明、王小帅、王全安、张元、娄烨、张扬、管虎、李欣等。代表作有《鬼子来了》《小武》《站台》《世界》《过年回家》《十七岁的单车》《苏州河》等。

三、电影构成的基本要素

电影构成的基本要素主要包括画面、声音、色彩和镜头。

（一）画面

画面是电影构成的基本要素。电影中的画面是“影片构成的最小单位和电影语言的基本元素，是影片创作者对现实进行观察、选择、综合以后经过摄制映现在银幕上的活动视像”①。一般而言，电影作品中的画面都是尽可能追求美，如果不美的话，就很难让观众感受到像鉴赏绘画那样的乐趣。纵观中外电影史，但凡是一些优秀的电影作品，大多有非常美的电影画面。这些画面和绘画中的画面又不同，因为电影中的画面是不断运动的，这种运动，讲述了完整的故事，表达了特定的情感内容。

（二）声音

声音使电影从纯视觉媒介变为视听结合的媒介，它使得过去在无声电影中通过视觉因素表现出来的相对时空结构，变为通过视觉和听觉因素表现出来的相对时空结构。整体而言，电影中的声音有三类：人声、音响和音乐。人声又包括对白、旁白和独白三种。音响则是指人与物所发出的声音以及所有背景和环境发出的声音，包括自然的音响、机械的音响、武器的音响、社会环境音响以及特殊音响。音乐是指专门为电影创作并编配的声音，它可以用来营造氛围、刻画人物性格、抒发人物情感、推动故事情节、深化电影主题等。

（三）色彩

色彩对电影具有非常重要的意义，它并不仅仅是发挥再现客观事物的写实功能，还可以起到烘托环境、表现主题、塑造人物形象的作用。一般来说，电影色彩运用的好坏会受到四个因素的制约：被拍摄对象的色彩、被拍摄对象接受的光源、胶片的技术性能以及后期调色。一部电影中色彩的运用，还会受到剧本的制约。剧本除了提供情节之外，还会对环境、拍摄对象、色彩、光线等提出一定的要求。

---

① 夏征农：《辞海·艺术分册》，上海辞书出版社1988年版，第185页。

(四) 镜头

电影镜头是“电影摄影机在一次开机到停机之间所摄的、连续的、留有影像画面的胶片片段,是电影的基本单位”①。镜头由以下六个基本元素构成:(1)画面,包括一个或数个画面。(2)景别,包括远景、全景、中景、近景和特写。(3)拍摄角度,包括平、仰、俯、正、反、侧几种。(4)镜头的运动,即摄影机的运动,包括摇、推、拉、移、跟、升、降和变焦,有时几种方式可结合使用。(5)镜头的长度。(6)镜头的声音,包括画面内的和画面外的。

第二节 电影制作与欣赏

电影以海纳百川的胸怀和气势包容了多种艺术门类和多种艺术表现形式,最终兼容并蓄,才形成了自己个性化的表达思维和传达手段。因此电影制作和欣赏都有特殊的要求。

一、电影制作的构成

电影制作包括景别、蒙太奇、光线、色彩和音乐等五大构成要素,由于前文中已对色彩进行了论述,此处主要对其他四个构成要素进行分析。

(一) 景别

景别是拍摄到的主体内容在银幕内呈现的范围及其与幕布的基本对比比例。一般来说,根据幕布内成年人身体部分多少为标准作为基本的画面范围比重进行判断,可以将景别分为以下几种:

1. 远景

一般用来表现广阔空间和宏观场面的景别,如自然风光、大规模人物场面等。由于需要表现的对象往往气势宏大,对象内容所占空间较大,所以镜头时长相对较长,以便给观众留有足够时间对画面内容呈现的信息量进行回味。

---

① 冯长根:《世界大百科 彩色图解 牛顿世界 学生通用版4 艺术·体育》,华夏出版社2002年版,第50页。

2. 全景

一般用来表现成年人的全身或场景全貌的景别，全景中主要包括了人物形象的塑造和环境的交代，有利于确定人物及情节发生或者展开的空间关系。

3. 中景

一般用来表现成年人身体膝盖以上或场景局部的景别。运用中景，可以给观众提供较为清晰的人物的造型、动作、运动或部分场景内容，进而交代人物特征、人物关系或人物与场景关系。

4. 近景

一般用来表现成年人身体胸部以上或物体的局部，而其面积约占画幅一半以上的景别。在近景中，人物或者事件发生的环境背景空间相对封闭，人物细微的表情及动作等被着重表现在这一空间中。

5. 特写

一般用来表现人身体肩部以上的头像或被拍摄物体微小局部的景别。运用特写时，环境背景几乎完全被排除在视像构图之外，只把目光焦点聚集在想要着力突出的主体内容上。

（二）蒙太奇

蒙太奇，音译自法文，原意是构成、装配，本是建筑学的术语，最先由路易·德吕克借用到电影中来，表达组接、构成、关联等意。随后该词借用到电影艺术中，是电影重要的也是特有的表现手段。

《辞海·艺术分册》对蒙太奇的定义是："一部电影是由许多不同的镜头组成的。因此在电影创作中，需要将全片所要表现的内容分成许多不同的镜头，分别拍摄完成后，再按照原定创作构思，把这许多分散的、不同的镜头有机地组合起来，使其通过形象间相辅相成的关系，产生连贯、呼应、悬念、对比、暗示、联想等作用，从而形成各个有组织的片段、场面，甚至一部完整的影片。这种表现方法通常称为'蒙太奇'。运用这一技法来处理镜头的联结和段落的转换，可使全篇达到结构严谨、条理清楚、展现生动、节奏鲜明的要求；有助于充分揭示画面的内在含义，增强创作的艺术感染力。电影的蒙太奇，除了画面与画面之间的组合关系外，还包括画面与音响、音响与音响之间的组合关系，这些组合关系都是从属于影片内容，为影片内容服务的。”①

关于蒙太奇的精准定义，来自不同文化背景及不同电影文化的研究者存在着不同的理解和解析。库里肖夫认为蒙太奇就是把动作的各个镜头在一定顺序下连接成一个完整的艺术作品。而普多夫金的解释则是，任何一部电影总是由许多不同的片段构成的，如何将若干片段构成能够表达意思的场面，如何将若干段落构成一部完整电影的方法，就叫蒙太奇。我国著名早期电影理论家夏衍在《写电影剧本的几个问题》中对其给出的界定是：“所谓蒙太奇，就是依照情节的发展和观众注意力和关心的程序，把一个个镜头合乎逻辑地，有节奏地连接起来，使观众得到一个明确的印象和感觉，从而使他们正确地了解一件事情的发展的一种技法。”②

蒙太奇理论的形成历经研究者、学者不断完善，其真正形成是由苏联电影大师库里肖夫、爱森斯坦、普多夫金等建立的。库里肖夫曾经做过两个著名的实验。一个实验是所谓的“创造性地理学”，即把不同时空的动作片段有逻辑地连接在一起，结果在参与实验的观众的视觉中构成一个持续的、整体的动作与时空。另一个实验是把著名演员莫兹尤辛的无表情的特写分别与一盘汤、一口放有女人的棺材、一个玩耍的女孩编辑组接在一起，结果在观众的眼中演员的表情分别是饥饿、忧虑与慈爱，不仅如此，观众还为演员精湛的表演称赞有加。这就是著名的“库里肖夫效应”，实验的结果能够验证的主要结论之一，就是说明电影镜头的并列不是简单的画面内容的堆砌和罗列，而是能够经过观众心理多重变化后，触碰和激发了人类对于现实世界中感知事物的多重想法，从而酝酿、产生出新的画面含义。

蒙太奇是电影反映现实的基本思考方式，是电影艺术的基础。一般意义而言，它指在电影创作中，根据电影主旨的需要、故事情节的发展、观影观众的心理等要素，将影片内容分解为不同的段落、场面、镜头等分别进行拍摄。然后再根据艺术创作构思，将这些镜头、场面、段落等，以合乎某种逻辑的方式进行重新组合和构成，将镜头、画面、声

① 《辞海·艺术分册》，上海辞书出版社 1980 年版，第 127 页。

② 舒其惠：《电影学基础》，湖南大学出版社 1988 年版，第 43—44 页。

音、色彩诸元素进行编排、插入和组合，最终形成能够表达电影主旨的完整影片。

（三）光线

电影中的光线往往不止一种。按照来源进行划分，可以分为自然光和人工光两大类：自然光是指天然发光的光源，如阳光、月光、太阳的反射光，等等；人工光是指由人加工制造的光源，如灯光、反光器，等等。

按照投射方向进行划分，可以分为顺光、侧光、前侧光、后侧光和逆光等五大类：顺光是指光的投射方向和摄影机的拍摄方向一致；侧光是指光的投射方向与摄影机的拍摄方向成90°左右的光线；前侧光是指光的投射方向与摄影机的拍摄方向成45°左右的光线；后侧光是指光的投射方向与摄影机的拍摄方向成135°左右的光线；逆光是指光的投射方向与摄影机的拍摄方向成180°左右的光线。

按造型作用进行划分，可以分为主光、副光、修饰光、环境光、轮廓光、效果光和眼神光等七大类：主光是指对确定拍摄对象的造型起主要作用的光线；副光是指照亮未被主光照到的背光面的光线；修饰光是指对拍摄对象某些细节进行加工和润色的光线；环境光是指照亮主体所处环境的光线；轮廓光是指勾画被摄对象轮廓的光线，是对着摄像机方向照射的光线，是逆光效果；效果光是指能够造成某种特殊光效的光线；眼神光是指能够使拍摄对象主体的眼睛起到烘托作用的光线。整体来说，光线具有五大功能：

（1）完成摄影画面曝光工作，实现影像确立；

（2）控制画面亮度水平和反差关系；

（3）决定场景气氛效果；

（4）突出、强调被拍摄体的造型特点；

（5）为影片确定视觉基调。

（四）音乐

电影音乐是指“专门为影片原创的音乐作品或经编排应用于电影的现有音乐作品，音乐是电影声音系统的重要组成部分”①。

---

① 王志敏、陆嘉宁：《电影学简明词典》，中国电影出版社2011年版，第84页。

电影音乐还有一个专有名词叫“配乐”，这说明电影音乐是对电影起辅助性作用的，任何电影音乐必须依附于电影才能存在，必须要与电影的主体和风格相配合，与具体的场景和情绪相吻合。可以说，“好的电影音乐在艺术水准上更进一步，能够自然地引导观众情感，烘托场面气氛，深化主题”①。电影音乐具有很多功能，可以衬托影片主题，可以渲染环境气氛，可以暗示剧情发展，可以抒发人物感情。

一般来说，电影音乐一方面是电影的有机组成部分，另一方面电影音乐又可以单独剥离出来，成为电影原声。许多电影音乐后来脱离了电影本身，成为脍炙人口的流行曲目。这些音乐一方面起到了为电影本身做宣传的作用，另一方面它们本身的影响力经久不衰，甚至有些电影已经渐渐淡出人们的视野，电影音乐却一直唱响。

二、电影拍摄的构成

电影拍摄由投资方、导演、摄影和编剧等四个要素构成。

（一）投资方

电影投资方，即电影的出资机构。

近年来，由于相关政策扶持力度的加大，以及国内电影市场的复苏，我国电影市场的投资环境得到了极大的改善。越来越多的资本进入中国电影的制作领域。

目前电影拍摄的投资形式按照不同类型可以分为不同种类。按照投资主体的不同可以分为独家投资和联合投资：独家投资是指投资方全额出资，独家承担电影制作的风险；联合投资则是指由两个或两个以上的投资方共同出资，风险共担，利益共享，这是目前最为广泛的电影投资方式。按资本形式的不同，又可以分为货币投资和非货币投资。按照投资方属性的不同，又可以分为独立法人机构投资、自然人投资和政府主导并参与投资。

（二）导演

电影中的导演，是指在电影制作团队中，整合全部艺术元素的艺术生产负责人。一般来说，一部电影的导演是电影艺术创作的组织者

---

① 周星：《电影概论》，高等教育出版社 2001 年版，第 74 页。

和领导者，是把电影剧本搬上银幕的总负责人。

一般来说，导演在电影制作中的功能和主要作用是：

(1) 组织主要创作人员对剧本进行分析和创作，为剧本的表达寻找一种最为合适的方式；

(2) 与相关工作人员共同挑选电影中的演员；

(3) 根据剧本和拍摄要求选择外景或指导搭建室内景；

(4) 指导道具组完成道具的准备和布置工作；

(5) 指挥现场拍摄工作；

(6) 指导工作团队完成后期制作，包括剪辑、录音、主题曲、动画、字幕、特效等；

(7) 与出片方商讨作品的宣传计划。

(三) 摄影

电影摄影是指“电影摄影机连续摄取表现对象，通过摄影机与拍摄对象的距离、角度变化，运用镜头画面的构图、光线、影调(色调)等造型表现手段，把拍摄对象记录在电影胶片上，是电影艺术创作的重要组成部分”①。

电影摄影艺术在电影集体创作中具有十分特殊的地位和作用。电影摄影技术通过与其他各种艺术表现手法的相互配合，共同塑造了人物形象，叙述了故事情节，刻画了故事环境，烘托了背景气氛，揭示了电影主题。

(四) 编剧

电影编剧是电影剧本的撰写者和创作者，大部分电影都是由职业电影编剧原创而来或者是改编剧本而来，也有一些是邀请一些文学家撰写剧本。同样是从事文字工作，电影编剧与文学作者最大的不同在于，电影编剧在撰写文字时，应该注重文字的形象化以及具体化，这样撰写出来的剧本才能够符合电影直观、形象的特点。

很多时候，一部电影作品并非只有一名编剧，而是由多名编剧共同完成的，这些编剧往往会一起合作，提供故事大纲，对原始剧本进行研究和打磨，同时琢磨台词对白的设计以及电影中的一些噱头等。这

---

① 夏征农：《辞海 · 艺术分册》，上海辞书出版社 1988 年版，第 177 页。

种合作可能是一起,也有可能是不同人负责不同的部分。

三、电影欣赏的要点

电影艺术是多种艺术样式的融合,因此欣赏一部电影要有多元视角,才有可能全面地、完整地和深入地领略电影艺术的独特魅力。电影是团队合作的结晶,特别是一部成功的电影作品,凝聚了主创们和参与者的艺术才华与多重精力。特别是主创们对于个体感受等的艺术再现或者艺术创造,影片折射出的文化内涵、思想内容,都能够在一个个镜头中或直接表达,或闪烁其中,或以创造某种意境等等的方式,带给人体会,带给人感悟,带给人各种真情实感。这些电影的片段或要素,都是电影观众分析电影的切入点和抓手,对其把握,有助于对电影的鉴赏。整体而言,可以从以下三个角度对一部电影进行鉴赏和分析。

(一)文学角度

电影尽管汲取多门类艺术的营养,但电影与文学作品的联系深入悠久,无法分割。电影艺术的发展过程中,有太多文学经典被搬上银幕,有太多来自文学经典的电影成为经典电影。如根据美国小说家玛格丽特·米切尔的经典作品《飘》改编的电影《乱世佳人》,电影上映之后造成了前所未有的轰动,创下惊人的票房纪录,获得第12届奥斯卡奖的13项提名,8项大奖。它在全世界影迷心中被奉为经典,成为美国乃至世界电影史浓墨重彩的一笔。电影和文学两者完美结合而成的经典电影不胜枚举,可以信手拈来,史诗性的电影如《战争与和平》《教父》《日瓦戈医生》;情感性的影片如《简·爱》《英国病人》;科幻类的如《哈利·波特》;惊悚类的如《危情十日》《闪灵》;侦探类的如《福尔摩斯》;等等。电影与文学经典的结合,不仅创造出相当的艺术成就,更很好地实现了社会效应,充盈丰富着人类的精神世界。

文学作品是人类瑰丽的精神宝库和艺术创作源泉,不仅为电影作品直接地提供了丰富的内容素材、动人的故事情节和深刻生动的人物形象,而且,文学作品中“花开两朵,各表一枝”的叙事结构,也融入电影语言和设计中,一定程度上影响着电影的线索安排等。

(二)影像角度

电影作品从戏剧文学艺术中汲取大量的营养,但它最终形成了一门完全独立于文学、戏剧的艺术门类。“它拥有一整套专门的技术手段和理论指导，是通过摄影机和胶片来创造系统性的视听语言，将视觉与听觉形象作为独有的造型表意手段，并在银幕上进行流动式书写的一种崭新的艺术表达方式。”①从影像角度去分析一部电影，可以使我们对各种影响元素的具体功能、实现途径以及内在规律有更深的了解；对各种技术原理、结构特征以及艺术效果进行分析，是电影欣赏的魅力所在。可以说，从文学的角度是使我们了解一部电影作品的水准如何，而从影像的角度则是使我们知道这部电影作品水准为何是这个程度的原因。换言之，从文学的角度是让我们“知其然”，从影像的角度则是使我们“知其所以然”。

画面和声音是电影构成的基本要素，在欣赏电影时，结合电影的视觉元素和听觉元素可理解一部电影作品的整体面貌。例如在电影《埃及艳后》中，在描绘埃及艳后与恺撒大帝的会面时，埃及艳后高高在上地坐在精心设计的花车上，由于坐的位置较高，自然需要通过仰拍的方式来表现这种高。而恺撒大帝则是坐在相对较低的位置上，但由于恺撒大帝的身份和地位，因此对恺撒大帝也必须进行仰拍。电影中即使是埃及艳后俯视恺撒大帝的镜头中也是把凯撒放在画面中视线较上的位置。这种一高一低的状态直到埃及艳后从花车上下来向恺撒大帝行礼，两人的关系才恢复了正常，两人的关系才得以明确。这样的镜头设计，表现的是埃及艳后的高贵冷艳将罗马征服了，同时恺撒大帝的形象也得到了维护。

(三) 艺术角度

电影本身就是一门艺术，其中也糅合了各种技巧。对各种电影作品中的艺术和技巧的分析，有助于我们从一个专业视角进行判断。

镜头的运用、光线的选择、蒙太奇手法的运用……这些电影技巧和手法的使用，有的时候可以使电影产生令人惊叹的效果。例如在电影《荆轲刺秦王》中，影片中运用了各种摄影元素，通过艺术、视觉以及听觉和知觉的相互作用，创造了一个光影斑斓、意蕴丰富的艺术世界。就光线的使用来看，这部电影通过对照明、光线、阴影、亮度等的艺术设计，在画面中制造了不同层次的光线亮度，突出了人物的头部，整个

① 周星：《电影概论》，高等教育出版社2001年版，第256页。

画面给人一种极为神圣的感觉。就色彩的运用来看,这部电影中色彩以冷色调为主,全片给人一种压迫感和紧张感。只有其中的两段情节,影片选用了暖色调,这种暖色调的使用,表现了人们对强权的主动反抗,弘扬了具有反抗意识的独立精神。

第三节　经典电影案例解析

张艺谋是中国“第五代导演”的代表性人物之一。他所拍摄的影片题材广泛,囊括农村、城市、历史、现实、武侠动作、战争等多种元素。他的电影集民族文化、社会思考、文化存根和电影创新于一体,注重挖掘人物内心,以多样化的构图方式和色彩运用展示中华大众的心态,给观众强烈的视觉冲击。

1968 年,张艺谋初中毕业后,曾当了 3 年“下乡知青”和 7 年纺织厂工人。直至 1978 年,才破格进入北京电影学院摄影系进行学习。1982 年毕业后,张艺谋被分配到广西电影制片厂。1984 年,他第一次担任电影《一个和八个》的摄影师,获得中国电影优秀摄影师奖。1986 年,他在吴天明执导的电影《老井》中第一次担任主演,夺得三座影帝。1987 年,张艺谋执导他的第一部电影《红高粱》,获中国首个国际电影节金熊奖。自此,张艺谋开始实现他电影创作的三步曲,由摄影师走向演员,最后走向导演生涯。

20 世纪 80 至 90 年代,张艺谋执导的电影以充满中国传统文化的文艺电影为主,艺术特点是细节的逼真和主题浪漫的互相映照,粗犷和微妙的互相结合。这一时期的代表作《红高粱》《菊豆》《大红灯笼高高挂》《秋菊打官司》《活着》《我的父亲母亲》等影片在国内外屡屡获奖,并三次提名奥斯卡和五次提名金球奖。

20 世纪 90 年代后,随着中国社会文化语境开始发生变化,启蒙、精英等宏大叙事开始逐渐被娱乐和消费所取代。张艺谋着力于寻找商业与艺术的契合,运用电影修辞寄寓审美理想,建构电影文本的内在意蕴。在这一时期拍摄的《英雄》《十面埋伏》《满城尽带黄金甲》及《金陵十三钗》等影片,两次刷新中国电影票房纪录,四次夺得年度华语片票房冠军。其中《英雄》在美国雄踞两周票房冠军,它是中国当时唯一一个输出类电影且在国际主流商业电影中胜出的电影。张艺谋的影片在国际上屡屡获奖，使沉寂多时的中国影片开始受到世人瞩目，并在强手如林的世界影坛独占一席之地。

在近三十年中，张艺谋一直站在中国电影的最前沿，被视为中国文化的一个标志，他在不同创作领域的尝试备受大众瞩目：执导歌剧（《图兰朵》《秦始皇》）、芭蕾舞剧（《大红灯笼高高挂》）、大型山水实景演出（“印象”系列）等，拍摄了北京申奥和上海申博的官方宣传片，拍摄广告，出版图书，设计国庆 60 周年纪念邮票等。2008 年，张艺谋作为北京奥运会、残奥会开、闭幕式的总导演，在两大体育盛事上完美展现了中国的魅力，令全世界为之惊叹，这也再次证明了张艺谋的实力和影响。

通过分析张艺谋的典范电影，可以了解中国电影的成就，懂得鉴赏电影的基本要领。

（一）《红高粱》

《红高粱》是张艺谋 1987 年执导，由姜文、巩俐主演的一部特色鲜明的电影。它改编自 2012 年诺贝尔文学奖获得者莫言的代表作《红高粱家族》，讲述的是 20 世纪三四十年代陕北农村的民间生活。影片以第一人称“我”的视角展开叙述，紧凑的故事情节、富于视觉冲击力的色彩以及豪放粗犷的音乐，均给观众以强烈的原始的冲击力。影片不仅赢得了国内观众的赞扬和共鸣，同时获得了 1988 年柏林电影节金熊奖，是中国电影史的一个里程碑。《红高粱》讴歌了人类生命的蓬勃生机，也赞扬了农村劳动人民的伟大和英勇。就如张艺谋所说：“这部电影是要通过人物个性的塑造来赞美生命，赞美生命的那种喷涌不尽的勃勃生机，赞美生命的自由、舒展。”电影的出彩主要体现在以下几个方面：

1. 艺术色彩的运用

整部电影的主色调从黄色逐渐向红色过渡。这种浓烈的色彩是肆意和张扬的。张艺谋对这种基调的选择几乎完全剥夺了观众对戏剧情节的关注，而将观众带入到对一个特定的造型空间的纯粹情绪性体验中。

在中国，黄色几乎是代表中国的一种颜色，无论是黄河还是黄土高原，都离不开黄色。影片中的故事的发生地点即在大西北的黄土高原,“我”奶奶出嫁的路上经过了一片尘土飞扬的黄土地,“我”奶奶的酿酒房前是广阔的黄土地。而在漫漫的黄土之上,从远处渐渐走近的红轿子,使黄色和红色相互交融。

红色在中国代表喜庆、美满,也代表革命、激进。从剪的窗花和孩子穿的红肚兜,到红高粱酿的红色高粱酒,到“我”奶奶的红色袄裤,到“我”奶奶死后出现日全食时铺天盖地的红。尤其在影片结束于神秘的日全食中时,红色的扩张力获得了一种凝固的近乎永恒的沉寂效果。黑红色的高粱舒展流动充满了整个银幕空间,极为辉煌、华丽、壮美。最后爆炸时的火光、鲜血、红高粱和日全食所带来的全红色的感官世界,把电影的色彩推到了高潮,这是对生命的永恒赞歌。生存、死亡、爱情、幸福、仇恨等种种生命体验,就这样集中在了一片浓郁的红色里。

2. 电影音乐的选用与调配

《红高粱》的配乐植根于中国的传统文化,多数音乐素材直接来源于民间。在影片一开始,迎亲时的吹打乐采用了唢呐腰鼓和人声的组合。在广阔的黄土高原上,震天的唢呐声是激情而又充满力量的。而与此同时,轿内的新娘由于对包办婚姻的不满正在哭泣,通过音乐的烘托和画面的对比充分体现出女主人公“我”奶奶心中的无奈和悲凉。唢呐声再次在影片中响起,是在“我”奶奶送饭被日本人枪杀的时候。在余占鳌冲出高粱地、“我”奶奶中枪倒下、“我”爹向“我”奶奶跑去这三组镜头剪辑出现的同时,唢呐声响起。原本喜庆的音乐却烘托出生命的悲壮,和影片开始时响起带给观众的感受形成鲜明对比,使电影主题得到升华。

影片还运用了带有浓郁陕北特色的音乐,将特定气氛用音乐完美烘托出来。例如在“我”奶奶和余占鳌在高粱地里野合之后,余占鳌送“我”奶奶时用粗犷的嗓音唱起的情歌《妹妹你大胆地往前走》。余占鳌不带任何修饰的歌声唱出了陕北汉子的狂野和朴实,抒发了余占鳌内心的喜悦和对“我”奶奶浓烈的爱意。

影片中出现两次的“九月初九”敬酒神时唱起的《酒神曲》,其一是刘罗汉带领伙计们酿出新酒后唱的,其二是刘罗汉死后。“我”爷爷和伙计们嘶喊出的,同样的歌曲在两次情节中表达的感情完全不同,第一次表现出伙计们酿出新酒的喜悦,而第二次则表现出一种悲愤和坚强的情绪。

3. 独特的电影叙述语言

影片自身有一条完整的叙事线，并通过画外音表现出来，以完整表达电影主题。在影片刚开始，便出现"我"的叙述："我给你说说我爷爷我奶奶的这段事，这段事在我老家至今还有人提起。"这个"我"既是客观的叙述者，又是故事中人物的后代，即故事某种意义上的参与者，使电影对画外音的处理显得自由而具有全知性。其在影片中共出现了12处，影片中的人物关系、周围环境、时间转换等几个主要情节转折点，几乎都是由画外音交代的。如"我"奶奶与麻风掌柜李大头的关系，高粱地的"鬼气"，新婚三天新娘回老家的规矩，李大头被杀，秃三炮绑走"我"奶奶的过程，罗汉大爷的出走，日本人的出场等。画外音在此影片中还承担了一种"预叙"的功能，如抬轿出发时，画外音就告诉观众，轿夫将成为"我"爷爷，这增设了观众的"期待视野"，使画面故事的进展更富有张力。在传统影片中特别容易出戏的那几段全被画外音虚化了，也使影片可以将大部分的画面用于表现颠轿、劫道、野合、敬酒神、日全食上，让意念承附在具体的画面上，依附于一个个具有强烈生命象征意味的仪式之中，从而达到虚实相生的艺术境地。

除此之外，影片中所有的叙事元素与视听元素都在为这种赞美生命的电影主题服务，淡化了空间环境的存在感。整个影片主要只有两个空间环境：酿酒作坊和高粱地。酿酒作坊风雨剥蚀的古老圆形门洞体现出生命的远古和传承，辽阔的高粱地则象征着磅礴的自然生命。影片多次体现出人与自然的交融：当"我"奶奶泪水满面、仰天躺在"我"爷爷踩踏出来的高粱地上时，银幕上一连出现了四个叠化的狂舞的高粱镜头，高粱地便成为生命诞生的见证；在日本人强迫百姓踩踏高粱的镜头中，观众感受到的是生命被摧残的震撼；在影片结尾，"我"爷爷与"我"爹泥塑般立于血红的阳光里，面对那高速流动的高粱的镜头。影片体现的是一种对生命的自信和对热烈悲壮的生命的礼赞，这种场景的渲染有效提升了电影主题的表达力度。

(二)《英雄》

《英雄》是2002年张艺谋执导的一部武侠片，它汇集了李连杰、梁朝伟、张曼玉、陈道明、章子怡等一批当红明星，影片总耗资3000万美元，是当年投资最高的一部电影。它的上映是张艺谋面对电影全球化和商业化的背景，实现自身艺术转型的一个重要标志。影片创造了中国电影新一轮的票房神话和电影产业化模式，对中国商业电影产业发展起到重要的推动作用，并在西方电影市场真正拉开了中国大片时代的帷幕。

1. 蒙太奇组合方式

影片在叙事结构上呈现为20世纪90年代以来世界影坛上颇为流行的由不同视角来建构的“分段讲故事”的叙事模式。这种突破可谓是同时迎合了中西方的文化语境和意识形态，也是蒙太奇艺术的典范之作。

叙事蒙太奇以交代情节、展示事件为主旨，按照情节发展的时间流程、因果关系来分切组合镜头、场面和段落，从而引导观众理解剧情。《英雄》的叙事蒙太奇是以引语形式出现的，即通过角色对故事的叙述引出话语中的情节，并直接表现出来。从宏观上说，《英雄》的叙事蒙太奇是通过张艺谋所擅长的色彩控制而实现的，主要是关于残剑和飞雪的三个故事，角色的不同使语境中的色彩环境也尽然不同。无名杜撰攻下残剑、飞雪二人之事时，影片以红色为主色调。红色带有鲜艳的个人色彩，在影片中象征着情的纠葛。箭林箭雨中，身着红衣的飞雪、无名两人挡箭之姿与同是红装的残剑习字之态，都显出一种磅礴大气来。在秦王猜想的故事里，以蓝色为主色调。蓝色纯净沉稳，具有理智的意象。因此，秦王的设想是沉稳和清醒的。他认为飞雪、残剑感情极深，因此甘愿为了对方去与无名演一场戏。他亦认为，残剑与无名展开的是一场君子之战，点到为止，无名实际上也是为行刺而来。这些猜想是秦王的推理，以冰冷的蓝色暗示这种推理的理智性。秦王的猜想点破了无名杜撰的故事，无名的第三个故事主色调变为白色，代表了客观、真实和公正，是论述真相的背景色，而且在主题表达上使得情绪渲染更为通透。

《英雄》中还运用了理性蒙太奇的手法，即通过画面之间的关系来表情达意。例如在如月与飞雪的打斗戏中，在两人的第一回合，飞雪的头发断了一缕，此时镜头推进的顺序是“头发——飞雪——如月——全景——头发——飞雪（说‘既然你找死’）——如月——头发——飞雪(说:'我玉成你')——如月——中景,出刀——头发落地——飞雪出手”。通过这一系列画面的对列组合,凸显出如月与飞雪之间激烈的冲突和感情冲击。

2. 摄影技术的运用

2003年,《英雄》获得香港电影金像奖最佳摄影奖,它的每一个镜头都堪称是经典,视觉上的盛宴。《英雄》在画面上呈现出红墙绿瓦、青山碧水、漫漫黄沙的景象,运用红、蓝、白、黄四个主色调,将每一场景的颜色之美都展现到了极致,极具中国意境画的色彩。《英雄》片中几位主角所穿的服装分别有五种颜色:蓝、绿、红、黑、白。在影片中,每一种颜色都代表着一个故事:例如红色代表激情、嫉妒;蓝色代表浪漫;绿色代表回忆;黑色代表神秘;白色代表真实世界。

《英雄》摄影从构图到细部的艺术处理,亦值得称道。由于张艺谋要求武打场面以写意为主,不希望看到鲜血淋漓、惨烈无度的生死搏斗,因此连武打戏也表现得非常唯美。无名独登百级秦宫台阶时,通过典型的中长镜头,将无名的渺小与秦宫的庞大相对照,显示出无名这一孤胆英雄明知必死而义无反顾的豪情;在表现棋馆无名与长空的对决时,棋馆的亭台回廊错落有致,古朴的建筑衬托出一对侠客在全片中最精彩的武打,并融入了许多先进的电影技术,如旋转拍摄和电脑特技的运用,这也体现出电影人大胆创新的一面;秦军万马奔腾万箭齐发时,遮天盖地的气势将其武力之强大和必胜的结局一展无余;镜头反复在大漠开阔、明亮、壮美的景象和秦宫压抑、昏暗、森严的场景中切换,形成强烈的反差,烘托侠客为天下献身、为所爱殉情的崇高,也反映出无名杀与不杀的迟疑和秦王身不由己的苦闷。特写镜头则清楚地展示了道具的精美和高雅的情趣,无论是剑匣、枪环、茶几、酒觥,还是兵器、乐器、服饰、装饰,皆有仿古求真的造型和精工细作的仿制。每一帧画面都有如一幅成功的摄影作品,带有强烈美感。

3. 人物性格的塑造

电影在人物形象的塑造上,很容易使观众与无名、残剑、飞雪等侠士产生一种身份认同,这与中国人自古以来的“英雄情结”“侠客情怀”相关。而《英雄》和以往的侠客题材电影不同的是,影片要表达的是一个大的主题:天下。它是以天下为宗旨,并由此来定义英雄的。

在这个立意下，无论是刺客，还是被刺的秦王，他们以天下为先、以苍生为重、舍小义取大义，每个人都是影片要歌颂的英雄人物。秦王在众多文艺作品中一直作为暴君存在，却在影片《英雄》中成为最大的英雄。影片中，秦王统一天下的思想，统领着所有人物的思想。四个刺客的家仇国恨，在遇到秦王的"统一天下"时，统统被化解。刺客们最终都被"天下"二字所包容，放弃了刺秦。这时的秦王在影片中，已是一个隐喻"天下"的符号，是人们心中"英雄"的象征。在对残剑的认同和对无名杀与不杀的两个场景中，秦王与刺客之间发生了身份上的错位，将刺客视为知己，这一系列矛盾感充分表现出秦王威严、怀疑、沉着、惊奇、犹豫和无可奈何等丰富的性格色彩。

与秦王对立的四个刺客则是一群最终选择了"放弃"的英雄。他们虽互不相识，却在共同的"刺秦报仇"目标中找到了共同点。然而，在刺秦期间，残剑与无名、飞雪在刺秦问题上产生了重大分歧，种种冲突之下，此刻各自的性格特征展露无遗。如正气凛然、深沉凝重的无名，忧国忧民的残剑，心高气傲和舍身求仁的长空，为主人报仇而斗气争风、痛苦绝望的如月，被个人情爱和家国仇恨的矛盾折磨的飞雪。在经历了一系列灵魂的洗礼、碰撞之后，四个刺客又重聚在"天下为先，苍生为重"的武侠最高境界中，达到了"心中无剑"的最高境界，即使共同选择放弃刺秦，他们也是英雄。

（三）《金陵十三钗》

《金陵十三钗》是张艺谋 2011 年执导的战争史诗电影。电影根据严歌苓同名小说改编，首度邀请好莱坞战争特效团队和一线影星克里斯蒂安·贝尔加盟，并启用数十位新人出演。这部电影除了以 4.5 亿票房成为当年国产票房冠军之外，还获得了奥斯卡最佳外语片提名奖，这意味着中国电影正在向国际市场逐渐迈进。《金陵十三钗》作为一部演绎中华民族悲惨命运历史的影片，在拓展中国海外市场方面的努力，具有开疆扩土的重要意义。

1. 叙述视角的多样

《金陵十三钗》的叙述视角既有纯客观视角，又有通过一名念教会学校的小女孩书娟透过教堂破碎的彩色玻璃窗，观察教堂外发生的一切，带领观众慢慢深入故事。在影片情节平铺直叙地推进时，影片直接采取书娟的视角,并伴有带着方言口音的旁白,例如表达她眼里和玉墨的关系、和神父的关系、和父亲的关系时。当呈现整个壮烈场面时,影片常采用客观的全视角。镜头既可以只对准书娟,再根据书娟的眼睛去看世界。此外,影片还让每个角色在必要时成为视角叙述的载体,以在不同场合不同身份下通过自身所看世界表达想法。

2. 电影音乐的运用

由于《金陵十三钗》面对的是国际市场,因此在选择各项配乐时既包含琵琶、二胡等中国乐器,又包括交响乐、小提琴等西方音乐元素。贯穿电影始终的原声音乐足以使观众迅速投入到影片营造的氛围和情绪中。《金陵十三钗》的主题歌为《墨玉》,是站在风尘女子赵玉墨的角度去思考人性的音乐作品。它统领着整部影片的灵魂,配合画面将电影主题演绎得饱满而凄美,将赵玉墨身为女子温软坚韧的情怀和义无反顾的勇敢升华到了一种极致。背景音乐兼顾到风尘女子的世俗气息,儿童唱诗班的天真无邪,天主教堂的宗教背景,美国嬉皮士的明朗直率,国军士兵的血气方刚和日本侵略者的残暴,在表现手法上“既有欧洲十六世纪的合唱形式,又有中国民歌小调,西洋乐器小提琴与中国传统乐器琵琶和二胡水乳交融”。所以本片的背景音乐风格多样、充满变化。

电影中共穿插了三首插曲:第一首是日本军官长谷川在刚刚被屠杀的女学生的尸体旁边用风琴弹唱的日本童谣《故乡》。悠扬的童谣和躲在地下室惊恐万分的女子们形成对比,以视觉和听觉的双重冲击,向观众昭示了法西斯的残忍。第二首是女学生们唱的教堂颂歌《天使歌唱在高天》,原本平和的合唱却流露出惊恐不安的情绪,使观众眼神聚焦于这群女学生身上。合唱所代表的生的希望与美好感染到地下室的那群风尘女子,开始唤醒她们的人性与良知。第三首是“十三钗”唱的《秦淮景》,属于苏州评弹,具有吴侬软语“糯”和“嗲”的特点。在这段音画处理中,张艺谋采用了音乐蒙太奇的表现手法,当风尘女子准备代替女学生们赴约唱起《秦淮景》时,镜头转向孟书娟,进而随着她的眼神,镜头推到玉墨和其姐妹身着旗袍翩翩而来的场景。这一手法的运用体现了孟书娟对“十三钗”的愧疚与思念之情,把不同信仰、不同阶层的人们的命运置于同一时空中,讴歌了人性的伟大。

3. 电影主题的表现

《金陵十三钗》表现的是有着不同生活观的女人如何从分歧走向一致，这使影片主题超越了一般意义上反战的主旨，上升到自我救赎、寻找自我的高度，增强了影片的叙事张力。在表达上，影片始终遵循着孟书娟的视点，将影片叙事置于其对于风尘之事的厌恶和对战争暴力的痛斥中，创造了影片解读战争的独特语境，并将守节与失操的对立作为叙事主线，将风尘女子、学生、神父、军人、日军等共同置于一座教堂的小背景下，使故事更加高潮迭起，充满戏剧化色彩。

后　记

2010年,由我主持申报的"媒介素养理论与实务"通识选修课获中南财经政法大学第二批通识课程立项,经过三年六轮学生的讲授,选课人数近500人,教学体系基本完善,讲课中也积累了一些教学资料,探索了一些教学方法。2012年《媒介素养理论与实务》又获中南财经政法大学首批"通识教材建设项目"立项。经过与北京大学出版社张昕老师、耿协峰老师的多次沟通,最后根据授课内容将书名定为《媒介素养十四讲》。

书稿写作分工确立后,恰逢编写组的张颖老师成为准妈妈、苏新力老师喜做母亲、张力力老师参加博士团挂职到随州旅游局担任副局长一职。于是我将写作团队扩大,邀请我门下的研究生和保送到中国人民大学攻读硕士研究生的郝玥媛加入写作团队,这群可爱的学生们开始领着任务泡图书馆,找案例,看资料;学生执笔写作的书稿我一遍遍地修改,她们也不断地按照老师的要求重新加工、不断完善,终于在规定的交稿时间之前把书稿完成。

本书的写作分工是:吴玉兰(第八讲、第十二讲),张颖(第一讲、第二讲、第三讲),苏新力(第四讲、第五讲、第十三讲),郝玥媛(第六讲,第十一讲),宣天(第九讲),易林(第十讲),肖青(第七讲)、冯仕超(第十四讲)。张力力老师、研究生邢春燕、商跻雯也参加了部分初稿的写作,全书统稿工作由吴玉兰完成。

中南财经政法大学将本书纳入"通识教材建设项目"立项,并予以全额资助,在此我要感谢学校的帮助,感谢教务部廖晗部长的支持!北京大学出版社的张昕老师、耿协峰老师为此书付出了艰辛的劳动,在此表示深深的谢意！

所谓媒介素养教育，就是指导学生正确理解、建设性地享用大众传播资源的教育，通过这种教育，培养学生具有健康的媒介批评能力，使其能够充分利用媒介资源完善自我，参与社会发展。正如《世界交流报告》中指出："随着卫星广播的出现和其他媒介渠道的进一步扩展，无论是在工业化国家，还是在发展中国家，个人接触媒介的时间都有可能增加。因此，世界上许多地区的教育工作者都已感觉到了发展媒介教育的必要性。"20 世纪 60 年代以来，欧美一些发达国家纷纷在本国开展媒介素养教育。随着时间的推移，这一新的领域已越来越显示出其强大的生命力和巨大的社会效益，引起了众多国家的关注。毫无疑问，世界发达国家媒介素养教育蓬勃发展的经验，对于我国媒介教育向素养教育方向的发展，具有重要的启迪作用。

新媒体环境下，信息的传播模式、传播渠道都发生了巨大变化，这在客观上对公众的媒介素养提出了更高的要求，媒介素养的内涵也不断变革。我们希望，通过对媒介的内涵与本质的认识、对媒介的作用或影响的把握及对媒介的使用的认识，能达到提高公众媒介辨识能力的同时也提高媒介应对能力的目的；通过掌握新闻报道体裁与电视基本节目形态，不仅提高对媒介的作用或影响的认识能力，同时也能提高使用媒介的能力，提高通过读报看电视真正提高获取信息能力和发展自我的能力。这也是本书写作的意义所在。

吴玉兰

2014 年 2 月于紫阳家中